Temas Relevantes e Pontos Controvertidos do Direito Previdenciário

CB060146

Ana Paula Fernandes
Roberto de Carvalho Santos
Marco Aurélio Serau Junior
Coordenadores

Temas Relevantes e Pontos Controvertidos do Direito Previdenciário

EDITORA LTDA.
© Todos os direitos reservados

Rua Jaguaribe, 571
CEP 01224-003
São Paulo, SP – Brasil
Fone (11) 2167-1101
www.ltr.com.br
Maio, 2018

Produção Gráfica e Editoração Eletrônica: LINOTEC
Projeto de Capa: FABIO GIGLIO
Impressão: FORMA CERTA

Versão impressa: LTr 6047.4 — ISBN: 978-85-361-9643-5
Versão digital: LTr 9376.0 — ISBN: 978-85-361-9691-6

Dados Internacionais de Catalogação na Publicação (CIP)
(Câmara Brasileira do Livro, SP, Brasil)

Temas relevantes e pontos controvertidos do direito previdenciário / Ana Paula Fernandes, Roberto de Carvalho Santos, Marco Aurélio Serau Junior, coordenadores. – São Paulo : LTr, 2018.

Vários autores.
Bibliografia.

1. Contribuições sociais - Brasil 2. Previdência social - Brasil 3. Processo civil - Brasil 4. Seguridade social - Brasil I. Fernandes, Ana Paula. II. Santos, Roberto de Carvalho. III. Serau Junior, Marco Aurélio.

18-14367   CDU-34:364.3(81)

Índices para catálogo sistemático:

1. Brasil : Direito previdenciário 34:364.3(81)

Sumário

APRESENTAÇÃO 7

PARTE I
TEMAS CONTROVERTIDOS SOBRE BENEFÍCIOS PREVIDENCIÁRIOS

Integralidade e Paridade das Pensões por Morte de Servidores Públicos Pós-Emenda n. 41 e o RE n. 603.580 11
Fernando Ferreira Calazans

Aspectos Polêmicos sobre como Obter Benefícios e Serviços junto ao INSS 19
Herbert Klimger Afonso Alencar

A Seguridade Precisa Ser Biopsicossocial: Apontamentos para uma Construção Inter e Multidisciplinar 23
José Ricardo Caetano Costa

Direito Previdenciário e Direitos Fundamentais: Autoritarismo, Estado Democrático de Direito e Dignidade da Pessoa Humana 28
Marco Aurélio Serau Junior

Aposentadoria Especial – Reforma da Previdência e o Princípio Constitucional do Direito Adquirido 33
Maria Helena Carreira Alvim Ribeiro

Inconstitucionalidade Formal e Material da Lei n. 13.135/2015 e o Controle Difuso de Constitucionalidade 43
Patrícia Teodora da Silva

Evolução do Conceito de Incapacidade na Jurisprudência dos Tribunais sobre os Benefícios por Incapacidade 51
Rodrigo Gomes Langone

Reflexões sobre o Limbo Trabalhista Previdenciário 56
Saulo Cerqueira de Aguiar Soares e Ivana Maria Mello Soares

PARTE II
TEMAS CONTROVERSOS SOBRE PROCESSO JUDICIAL PREVIDENCIÁRIO E REVISÃO DE BENEFÍCIOS

Notas sobre Alguns Importantes Primados Inerentes ao Processo Judicial Previdenciário 67
Alan da Costa Macedo e Fernanda Carvalho Campos e Macedo

TESE DA "VIDA TODA": VAMOS INTERPRETAR PARA DECIDIR OU SIMPLESMENTE DECLARAR A LEI?........... 73
Diego Henrique Schuster

A PRESCRIÇÃO PREVIDENCIÁRIA APÓS A MODIFICAÇÃO OPERADA NO CÓDIGO CIVIL POR MEIO DO ESTATUTO DA PESSOA COM DEFICIÊNCIA 79
Fernanda Valerio Garcia da Silva

A DISCIPLINA GERAL DO NOVO CPC E A SUA CENTRAL BASE PRINCIPIOLÓGICA EM FAVOR DE UM PROCESSO JUSTO 87
Fernando Rubin

O ASSISTENTE TÉCNICO E O CPC/2015........... 99
João Baptista Opitz Neto

AS PECULIARIDADES PROCESSUAIS E JURISDICIONAIS DOS JUIZADOS ESPECIAIS FEDERAIS 104
João Batista Lazzari

EFEITOS DA CONDENAÇÃO TRABALHISTA NO ÂMBITO PREVIDENCIÁRIO: NECESSIDADE DO RECOLHIMENTO DAS CONTRIBUIÇÕES E DO CUMPRIMENTO DAS OBRIGAÇÕES ACESSÓRIAS........... 121
João Batista Lazzari e Valéria Gaurink Dias Fundão

O PRINCÍPIO DA SEGURANÇA JURÍDICA E A OBRIGAÇÃO DE DEVOLUÇÃO DE BENEFÍCIOS PREVIDENCIÁRIOS CONCEDIDOS POR FORÇA DE DECISÃO JUDICIAL CASSADA 136
Roberto de Carvalho Santos

CARACTERÍSTICAS BÁSICAS E PROVAS DA UNIÃO ESTÁVEL........... 145
Wladimir Novaes Martinez

PARTE III
TEMAS CONTROVERTIDOS SOBRE CUSTEIO PREVIDENCIÁRIO

PAGAMENTO DE LUCROS E RESULTADOS – CONDIÇÕES LEGAIS PARA NÃO INCIDÊNCIA DE CONTRIBUIÇÃO PREVIDENCIÁRIA E CONTROVÉRSIAS JURISPRUDENCIAIS NA INTERPRETAÇÃO DA NORMA LEGAL 153
Ana Paula Fernandes

O PAGAMENTO DE LUCROS E RESULTADOS A DIRETORES ESTATUTÁRIOS – REFLEXOS NO CUSTEIO PREVIDENCIÁRIO........ 165
Fábio Zambitte Ibrahim

IMPORTÂNCIA DA FISCALIZAÇÃO DA EMPRESA SOBRE OS TRABALHADORES NO CUMPRIMENTO DAS NORMAS DE SAÚDE E SEGURANÇA NO TRABALHO 171
Giseli Canton Nicolao Yoshioka

TEORIA GERAL DO PLANO DE CUSTEIO DA SEGURIDADE SOCIAL 177
Miguel Horvath Júnior e Rafael Vasconcelos Porto

A POSSIBILIDADE DE COMPENSAÇÃO DO CRÉDITO TRIBUTÁRIO ANTES DO TRÂNSITO EM JULGADO........... 193
Theodoro Vicente Agostinho e Marcelino Alves de Alcântara

APRESENTAÇÃO

O Direito Previdenciário é um dos ramos do Direito em maior ebulição atualmente. O encaminhamento, por parte do Governo Federal, de uma proposta de reforma previdenciária despertou intenso debate travado pela comunidade jurídica sobre as proposições visando à alteração dos regimes previdenciários em vigor no Brasil.

O Instituto de Estudos Previdenciários – IEPREV participou ativamente da discussão envolvendo a PEC n. 287-A, apresentando, por intermédio dos parlamentares, diversas propostas com o objetivo de aperfeiçoar o sistema previdenciário brasileiro, almejando sobretudo a preservação dos direitos sociais fundamentais contemplados no texto constitucional e eliminar iniquidades que contribuem para a deturpação do caráter protetivo do seguro social.

Por outro lado, a intensa judicialização das temáticas previdenciárias e as mudanças legislativas frequentes exigem o estudo permanente dos institutos do Direito Previdenciário, sempre tendo como foco a repercussão prática da produção científica e a capacitação dos profissionais que atuam nesse segmento.

A presente obra tem como escopo discutir temas atuais e polêmicos envolvendo o Regime Geral de Previdência Social, os RPPS – Regimes Próprios de Previdência dos Servidores e o custeio previdenciário.

O Direito Previdenciário passa também por desafios decorrentes de entendimentos emanados do Poder Judiciário que atribuem a uma mesma celeuma interpretações díspares, culminando no aumento da insegurança jurídica e consequentemente imputando uma responsabilidade maior aos estudiosos dos direitos sociais para lançar luzes sobre a obscuridade hermenêutica que prevalece sobre os mais variados temas.

Não há dúvida que o profissional que atua com esse ramo do Direito necessita de permanente atualização para melhor desempenhar seu ofício e garantir dignidade aos cidadãos que têm os seus direitos preteridos pelos gestores dos regimes previdenciários, notadamente em um ambiente de profusas mutações normativas e jurisprudenciais.

Este livro representa uma modesta contribuição para a persecução dos objetivos aqui declinados.

O Instituto de Estudos Previdenciários agradece aos juristas que se prontificaram a produzir os artigos que compõem essa coletânea que tem como notas características a pluralidade e atualidade dos assuntos abordados.

Belo Horizonte/Curitiba, Abril de 2018.

Ana Paula Fernandes
Roberto de Carvalho Santos
Marco Aurélio Serau Junior

Coordenadores

PARTE I
TEMAS CONTROVERTIDOS SOBRE BENEFÍCIOS PREVIDENCIÁRIOS

Integralidade e Paridade das Pensões por Morte de Servidores Públicos Pós-Emenda n. 41 e o RE n. 603.580

Fernando Ferreira Calazans[1]

1. INTRODUÇÃO

O tema deste artigo é o instituto da previdência social. A Previdência Social Brasileira é dividida em dois pilares: o de vinculação obrigatória e o de filiação facultativa, de natureza complementar, conforme previsto, respectivamente, nos arts. 40 e 201 e 202, todos da Constituição Federal de 1988.

O pilar de vinculação obrigatória é constituído por dois tipos de regimes. Os regimes próprios de previdência social (RPPS), que amparam os servidores públicos titulares de cargo de provimento efetivo, e o regime geral de previdência social (RGPS), que protege os trabalhadores da iniciativa privada e os demais agentes públicos não amparados por RPPS.

Este artigo tem por finalidade revisitar a discussão realizada por Calazans (2012)[2] – formas de cálculo e reajuste das pensões por morte de servidores públicos vinculados a RPPS – à luz do entendimento firmado pelo Supremo Tribunal Federal (STF) nos autos do Recurso Extraordinário (RE) n. 603.580[3], julgado pela sistemática da repercussão geral.

Até o julgamento do RE n. 603.580, pairavam dúvidas sobre a aplicação do direito à paridade e integralidade para as pensões de servidores falecidos a partir da Emenda Constitucional n. 41, de 2003, havendo várias correntes de entendimento, conforme descrito por Calazans (2012)[4].

Sucede que a Corte Suprema, embalada pelo voto condutor do aresto, que se baseou no artigo ora revisitado, deu parcial provimento ao RE n. 603.580, interposto pela Unidade Gestora do Regime Próprio de Previdência Social do Estado do Rio de Janeiro para inadmitir a integralidade aos pensionistas, autores da ação, mas lhes garantir o direito à paridade.

Diante disso, este artigo tem por objetivo realizar breves apontamentos sobre a tese firmada pelo STF e os seus efeitos no âmbito do direito previdenciário.

O artigo está estruturado da seguinte forma. Após esta introdução, foram descritas as regras de cálculo e de reajuste das pensões de servidores vinculados a regime próprio de previdência social (RPPS), vigentes desde a Constituição Federal de 1988 (Seção 2). Depois, foram descritos os fundamentos utilizados pelo Supremo Tribunal Federal por ocasião do julgamento do RE n. 603.580, bem como a tese fixada naquele Recurso e a sua aplicação no caso concreto (Seção 3). Em seguida, foram analisadas a teoria da eficácia das normas constitucionais e a teoria da interpretação das normas (Seção 4). Na sequência, analisou-se a aplicação da tese pelo STF naquele caso (Seção 5) para, ao final, apresentar notas finais à guisa de conclusão.

---

(1) Advogado. Mestre em Administração Pública com ênfase em Previdência Social e Especialista em Gestão Previdenciária e em Direito Público. Professor de Direito Previdenciário. Diretor de Seguridade do Fundo de Pensão OABPREV-MG e membro da Comissão de Direito Previdenciário da OAB/MG. E-mail: <fernandocalazans@adv.oabmg.org.br>.

(2) CALAZANS, Fernando Ferreira. A extinção da paridade remuneratória para as pensões pós-Emenda 41: uma questão ainda controvertida no Judiciário Mineiro. *Jurisprudência Mineira*, v. 201, p. 25-32, 2012.

(3) STF, Pleno, RE n. 603.580/RJ, Relator Ministro RICARDO LEWANDOWSKI, j. 20.05.2015, DJe 04.08.2015.

(4) CALAZANS, Fernando Ferreira. A extinção da paridade remuneratória para as pensões pós-Emenda 41: uma questão ainda controvertida no Judiciário Mineiro. *Jurisprudência Mineira*, v. 201, p. 25-32, 2012.

2. REGRAS DE CÁLCULO E DE REAJUSTE DAS PENSÕES DE SERVIDORES PÚBLICOS VINCULADOS A REGIME PRÓPRIO DE PREVIDÊNCIA SOCIAL

Até a Emenda Constitucional (EC) n. 41, de 2003, a pensão por morte de servidor amparado por regime próprio de previdência social (RPPS) correspondia à integralidade do valor dos seus proventos de aposentadoria ou à quantia a que teria direito se estivesse aposentado à data do óbito e era reajustada toda vez que o servidor em atividade recebesse aumento. Era a dicção dos §§ 7º e 8º do art. 40 da Constituição Federal de 1988 (CF/1988):

> Art. 40. [...]
>
> § 7º Lei disporá sobre a concessão do benefício da pensão por morte, que será igual ao valor dos proventos do servidor falecido ou ao valor dos proventos a que teria direito o servidor em atividade na data de seu falecimento, observado o disposto no § 3º.
>
> § 8º Observado o disposto no art. 37, XI, os proventos de aposentadoria e as pensões serão revistos na mesma proporção e na mesma data, sempre que se modificar a remuneração dos servidores em atividade, sendo também estendidos aos aposentados e aos pensionistas quaisquer benefícios ou vantagens posteriormente concedidos aos servidores em atividade, inclusive quando decorrentes da transformação ou reclassificação do cargo ou função em que se deu a aposentadoria ou que serviu de referência para a concessão da pensão, na forma da lei.

Em 31.12.2003, foi publicada a EC n. 41, que deu nova redação aos §§ 7º (regra de cálculo) e 8º (regra de reajuste), do art. 40 da CF/1988, alterando as formas de cálculo e de reajuste das pensões por morte de servidores amparados por RPPS:

> Art. 40. [...]
>
> § 7º Lei disporá sobre a concessão do benefício de pensão por morte, que será igual:
>
> I – ao valor da totalidade dos proventos do servidor falecido, até o limite máximo estabelecido para os benefícios do regime geral de previdência social de que trata o art. 201, acrescido de setenta por cento da parcela excedente a este limite, caso aposentado à data do óbito; ou
>
> II – ao valor da totalidade da remuneração do servidor no cargo efetivo em que se deu o falecimento, até o limite máximo estabelecido para os benefícios do regime geral de previdência social de que trata o art. 201, acrescido de setenta por cento da parcela excedente a este limite, caso em atividade na data do óbito.
>
> § 8º É assegurado o reajustamento dos benefícios para preservar-lhes, em caráter permanente, o valor real, conforme critérios estabelecidos em lei.

Como referidos dispositivos constitucionais não foram dotados de eficácia imediata, posto que o texto constitucional remeteu a sua eficácia à edição de lei, em 20.02.2004, foi publicada a Medida Provisória n. 167, convertida na Lei n. 10.887, de 2004.

De acordo com a MP n. 167 e depois, com a redação originária do art. 15 da Lei n. 10.887/2004, "os proventos de aposentadoria e as pensões de que tratam os arts. 1º e 2º desta Lei serão reajustados na mesma data em que se der o reajuste dos benefícios do regime geral de previdência social", restando omisso quanto ao índice de reajuste a ser aplicado.

Em razão disso, o Ministério da Previdência Social editou a Orientação Normativa n. 03, de 2004. Referida orientação, por seu art. 65, *caput* e parágrafo único, previu que as aposentadorias e pensões, não amparadas pela garantia da paridade, serão reajustadas para preservar-lhes, em caráter permanente, o valor real, na mesma data em que se der o reajuste dos benefícios do RGPS, de acordo com a variação do índice definido em lei pelo ente, e, com fundamento no § 12 do art. 40 da CF/1988[5], estabeleceu que, "na ausência de definição do índice de reajustamento pelo ente, os benefícios serão corrigidos pelos mesmos índices aplicados aos benefícios do RGPS".

Em 2005, publicou-se a EC n. 47, que, em síntese, relativamente aos RPPS, não se consubstanciou em reforma previdenciária, mas apenas estabeleceu alguns ajustes, tais como: a manutenção da paridade para os servidores aposentados pelo art. 6º da EC n. 41, a criação de regra de transição para os servidores que ingressaram no serviço público até 16.12.1998 e a retroação dos seus efeitos a 31.12.2003.

Além disso, a EC n. 47/05, com vigência retroativa a 31.12.2003 (cf. o seu art. 6º), criou regra excepcionalíssima de extensão da garantia da paridade (extinta pela EC n. 41/2003) para as pensões derivadas de óbito de servidores aposentados pela regra prevista no *caput* do art. 3º da EC n. 47/05, adiante transcrito:

> Art. 3º Ressalvado o direito de opção à aposentadoria pelas normas estabelecidas pelo art. 40 da Cons-

---

(5) "Art. 40 [...] § 12. Além do disposto neste artigo, o regime de previdência dos servidores públicos titulares de cargo efetivo observará, no que couber, os requisitos e critérios fixados para o regime geral de previdência social."

tituição Federal ou pelas regras estabelecidas pelos arts. 2º e 6º da Emenda Constitucional n. 41, de 2003, o servidor da União, dos Estados, do Distrito Federal e dos Municípios, incluídas suas autarquias e fundações, que tenha ingressado no serviço público até 16 de dezembro de 1998 poderá aposentar-se com proventos integrais, desde que preencha, cumulativamente, as seguintes condições:

I – trinta e cinco anos de contribuição, se homem, e trinta anos de contribuição, se mulher;

II – vinte e cinco anos de efetivo exercício no serviço público, quinze anos de carreira e cinco anos no cargo em que se der a aposentadoria;

III – idade mínima resultante da redução, relativamente aos limites do art. 40, § 1º, inciso III, alínea *a*, da Constituição Federal, de um ano de idade para cada ano de contribuição que exceder a condição prevista no inciso I do *caput* deste artigo.

Mencionada regra excepcionalíssima, contida no parágrafo único do art. 3º da EC n. 47/2005, que ressuscitou a paridade para as pensões de servidores que tenham se aposentado em conformidade com a regra de transição *supra*, é a que se encontra adiante transcrita:

> Art. 3º [...]
> Parágrafo único. Aplica-se ao valor dos proventos de aposentadorias concedidas com base neste artigo o disposto no art. 7º da Emenda Constitucional n. 41, de 2003, observando-se igual critério de revisão às pensões derivadas dos proventos de servidores falecidos que tenham se aposentado em conformidade com este artigo.

Alguns anos depois, em 2008, a Medida Provisória (MP) n. 431 supriu a ausência de indicação do índice a ser utilizado pelos RPPS para o reajuste dos seus benefícios não amparados pela garantia da paridade, dando nova redação ao art. 15 da Lei n. 10.887. Segundo esse dispositivo, "os proventos de aposentadoria e as pensões de que tratam os §§ 3º e 4º do art. 40 da Constituição Federal e art. 2º da Emenda Constitucional n. 41, de 29 de dezembro de 2003, nos termos dos arts. 1º e 2º desta Lei, serão atualizados, a partir de janeiro de 2008, nas mesmas datas e índices utilizados para fins dos reajustes dos benefícios do regime geral de previdência social".

Aludida MP foi convertida na Lei n. 11.784, de 2008, que deu nova redação ao citado dispositivo, preceituando que "os proventos de aposentadoria e as pensões de que tratam os arts. 1º e 2º desta Lei serão reajustados, a partir de janeiro de 2008, na mesma data e índice em que se der o reajuste dos benefícios do regime geral de previdência social, ressalvados os beneficiados pela garantia de paridade de revisão de proventos de aposentadoria e pensões de acordo com a legislação vigente".

Nesse sentido, o MPS editou a Orientação Normativa n. 02, de 2009, que revogou a Orientação Normativa n. 03, de 2004. Segundo essa nova Orientação (art. 66), a pensão por morte, conferida ao conjunto dos dependentes do segurado falecido a partir de 20.02.2004, corresponderá à totalidade dos rendimentos do servidor falecido, até o limite máximo fixado para os benefícios do RGPS, acrescida de setenta por cento da parcela excedente a esse limite. Segundo Giambiagi (2007b), apesar de os dados atuais ainda apontarem desequilíbrios atuariais bastante expressivos dos RPPS, estes estão controlados devido às reformas previdenciárias promovidas em 1998 e 2003.

Foi nesse contexto que se instalou o dilema acerca da extinção ou não do direito à integralidade e à paridade para as pensões cujos óbitos dos servidores se deram após a EC n. 41/2003.

3. A TESE FIXADA PELO STF NO RE N. 603.580 RG/RJ

Nesta Seção, serão descritos os fundamentos utilizados pelo Supremo Tribunal Federal por ocasião do julgamento do Recurso Extraordinário n. 603.580, bem como a tese fixada naquele Recurso e a sua aplicação no caso concreto.

Até o julgamento do RE n. 603.580, pairavam dúvidas sobre a garantia da aplicação da paridade e integralidade, excluídas da CF/1988 pela EC n. 41/2003, para as pensões de servidores falecidos a partir de 20.02.2004, data de entrada em vigor da MP n. 167/2004, convertida na Lei n. 10.887/2004, que regulamentou os §§ 7º e 8º do art. 40 da CF/1988.

Diante disso, o STF reconheceu repercussão geral naquele caso, fixando o Tema n. 396, intitulado "Direito adquirido aos critérios da paridade e integralidade no pagamento de pensão por morte de servidor aposentado antes do advento da Emenda Constitucional n. 41/2003, mas falecido durante sua vigência".

Tratava-se o caso de revisão de pensão de servidor aposentado em 1992 e falecido em julho de 2004:

> No caso concreto, o Fundo Único de Previdência Social do Estado do Rio de Janeiro (Rioprevidência) e o Estado do Rio recorreram contra acórdão do Tribunal de Justiça do Rio de Janeiro (TJ-RJ) que entendeu ser devida a pensão por morte no valor correspondente à integralidade dos proventos do servidor, aposentado antes da vigência da Reforma da Previdência (Emenda Constitucional

n. 41/2003), mas falecido após a sua publicação (19 de dezembro de 2003).

O servidor estadual havia se aposentado em abril de 1992 e faleceu em julho de 2004. Seus dependentes (viúva e filho) pleitearam judicialmente a revisão da pensão por morte, para que o benefício correspondesse ao vencimento de servidor em atividade, com base nos critérios previstos na Emenda Constitucional (EC) 20/1998.[6]

Na sessão de 20.05.2015, o STF deu parcial provimento ao RE n. 603.580, interposto pela Unidade Gestora do Regime Próprio de Previdência Social do Estado do Rio de Janeiro, para negar o direito à integralidade aos pensionistas, autores da ação, mas, garantir-lhes o direito à paridade por entender que o instituidor da pensão enquadrar-se-ia na regra de transição do art. 3º da EC n. 47/2005, situação que será analisada na Seção 5.

O STF, embalado pelo voto do Relator, o Ministro Ricardo Lewandowski, que, ao se basear no artigo deste autor, ora revisitado, adotou a tese segundo a qual a pensão de servidor falecido a partir de 20.02.2004 e não aposentado pelo art. 3º da EC n. 47/2005 não faz jus à paridade, mesmo que a aposentadoria do servidor tivesse direito à paridade. E assim o fez com base no princípio do *tempus regit actum*, segundo o qual a norma aplicável ao benefício de pensão é aquela vigente à data do óbito do segurado.

Eis a ementa do acórdão:

> RECURSO EXTRAORDINÁRIO. CONSTITUCIONAL. PREVIDENCIÁRIO. PENSÃO POR MORTE. INSTITUIDOR APOSENTADO ANTES DA EMENDA CONSTITUCIONAL 41/2003, PORÉM FALECIDO APÓS SEU ADVENTO. DIREITO DO PENSIONISTA À PARIDADE. IMPOSSIBILIDADE. EXCEÇÃO: ART. 3º DA EC N. 47/2005. RECURSO EXTRAORDINÁRIO A QUE SE DÁ PARCIAL PROVIMENTO. I – O benefício previdenciário da pensão por morte deve ser regido pela lei vigente à época do óbito de seu instituidor. II – Às pensões derivadas de óbito de servidores aposentados nos termos do art. 3º da EC n. 47/2005 é garantido o direito à paridade. III – Recurso extraordinário a que se dá parcial provimento.[7]

Ao concluir o julgamento do RE n. 603.580 RG / RJ, o STF fixou a seguinte tese:

> Os pensionistas de servidor falecido posteriormente à EC n. 41/2003 têm direito à paridade com servidores em atividade (EC n. 41/2003, art. 7º), caso se enquadrem na regra de transição prevista no art. 3º da EC n. 47/2005. Não tem [*SIC*], contudo, direito à integralidade (CF, art. 40, § 7º, inciso I).

4. DAS TEORIAS DA EFICÁCIA E DA INTERPRETAÇÃO DE NORMAS

Nesta Seção, serão tratadas a teoria da eficácia, aplicabilidade e efetividade das normas constitucionais, bem como a teoria da interpretação das normas.

Quanto àquela, para Sarlet, Marinoni e Mitidiero (2013)[8], todas as teorias desenvolvidas[9] possuem elementos semelhantes e cuja sua descrição é o bastante para o desenvolvimento deste trabalho.

Para esses autores, há normas constitucionais que, mesmo detentoras de eficácia e aplicabilidade, não possuem efetividade, principalmente as que remetem à lei a maneira como a garantia constitucional será efetivamente exercida. O que, nas palavras de José Afonso da Silva, seriam normas de eficácia limitada ou, para Maria Helena da Silva, normas com eficácia relativa dependente de complementação legislativa, de aplicação mediata e não dotadas de normatividade suscetível de gerar todos os seus efeitos.

Nesse sentido, eis o entendimento perfilhado pelo STF nos autos do RE n. 569.441/RS[10], julgado pela sistemática da repercussão geral, cujo acórdão restou assim ementado:

> CONSTITUCIONAL E PREVIDENCIÁRIO. PARTICIPAÇÃO NOS LUCROS. NATUREZA JURÍDICA PARA FINS TRIBUTÁRIOS. **EFICÁCIA LIMITADA DO ART. 7º, XI, DA CONSTITUIÇÃO FEDERAL.** INCIDÊNCIA DA CONTRIBUIÇÃO PREVIDENCIÁRIA SOBRE ESSA ESPÉCIE DE GANHO **ATÉ A REGULAMENTAÇÃO DA NORMA CONSTITUCIONAL.** 1. Segundo afirmado por precedentes de ambas as Turmas desse Supremo Tribunal Federal, **a eficácia do preceito veiculado pelo art. 7º, XI, da

---

(6) Disponível em: <http://www.stf.jus.br/portal/cms/verNoticiaDetalhe.asp?idConteudo=291960>. Acesso em: 19 mar. 2018.

(7) STF, Pleno, RE n. 603.580 / RJ, Relator Ministro RICARDO LEWANDOWSKI, j. 20.05.2015, DJe 04.08.2015.

(8) SARLET, Ingo Wolfgang; MARINONI, Luiz Guilherme; MITIDIERO, Daniel. *Curso de Direito Constitucional*. 2. ed. São Paulo: Revista dos Tribunais, 2013.

(9) As de Ruy Barbosa, Pontes de Miranda, José Horácio Meirelles Teixeira, José Afonso da Silva, Celso Ribeiro Bastos, Carlos Ayres Britto, Maria Helena Diniz e Celso Antônio Bandeira de Mello.

(10) STF, Pleno, RE n. 569.441 RG/RS, Relator Ministro DIAS TOFFOLI, j. 30.10.2014, DJe 10.02.2015.

CF – inclusive no que se refere à natureza jurídica dos valores pagos a trabalhadores sob a forma de participação nos lucros para fins tributários – depende de regulamentação. 2. Na medida em que a disciplina do direito à participação nos lucros somente se operou com a edição da Medida Provisória n. 794/1994 e que o fato gerador em causa concretizou-se antes da vigência desse ato normativo, deve incidir, sobre os valores em questão, a respectiva contribuição previdenciária. 3. Recurso extraordinário a que se dá provimento. (destaques nossos)

Diante do exposto, é de se notar que a doutrina e a jurisprudência firme do STF estão alinhadas ao entendimento no sentido de que, apenas após a sua publicação, as normas constitucionais que remetem a sua efetividade à lei terão condições de assegurar a aplicação daquele direito ao seu destinatário.

Relativamente à segunda, a teoria da interpretação das normas, traz-se à colação lição de Carlos Maximiliano[11]. Para esse autor, a interpretação das normas pode se dar de cinco formas: gramatical, lógica, sistemática, histórica e teleológica.

A técnica gramatical se limita a evidenciar o conteúdo literal da norma. O processo lógico visa descobrir o sentido e o alcance das expressões da norma. Por sua vez, o processo sistemático tem por finalidade comparar o dispositivo em análise com outros do mesmo texto normativo ou de leis diversas, mas ambos referentes ao mesmo objeto, haja vista que não se presumem antinomias ou incompatibilidades nos repositórios jurídicos. Por seu turno, a interpretação histórica, visa compreender as razões pelas quais referida regra foi inserida numa norma, já que, nas palavras do autor (p. 137), "o Direito não se inventa; é um produto lento da evolução, adaptado ao meio". Por fim, a técnica teleológica visa examinar as circunstâncias, as razões que contribuíram para a produção da norma.

Antes, mas ainda aplicável, segundo o autor (p. 197-198):

> distinguiam a interpretação em – gramatical e lógica, subdivididas, a primeira, e, estrita e lata, e a segunda, em restritiva, declarativa e extensiva. [...] Hoje as palavras extensiva e restritiva, ou, melhor, estrita, [...] exprimem o efeito conseguido, o resultado a que chegará o investigador empenhado em atingir o conteúdo verdadeiro e integral da norma.

E, adiante, assevera o autor (p. 205) que "é estrita a interpretação das leis excepcionais, das fiscais e das punitivas".

Alinhado à doutrina retro, o STJ[12] registrou que, "em se tratando de norma de exceção, a jurisprudência desta Corte Superior tem consagrado entendimento que sua interpretação deve se dar de forma restritiva (AgRg no REsp 1.111.687/RO, Rel. Ministro NILSON NAVES, SEXTA TURMA, julgado em 16.06.2009, DJe 14.09.2009)".

Por sua vez, o STF entende da mesma maneira, conforme se observa do resultado do julgamento do ARE n. 895.476 – AgRg/MA[13], cujo acórdão se encontra a seguir ementado:

> DIREITO CONSTITUCIONAL. RECURSO EXTRAORDINÁRIO COM AGRAVO. SÚMULA N. 282/STF. INAPLICABILIDADE. ART. 22 DO ADCT. OPÇÃO PELA CARREIRA DE PROCURADOR. IMPOSSIBILIDADE. 1. Considera-se satisfeito o requisito do prequestionamento quando o acórdão recorrido debate a questão constitucional controvertida, mesmo que não mencione textualmente o dispositivo invocado pelo recorrente. Precedentes. 2. **A jurisprudência do Supremo Tribunal Federal confere interpretação restritiva às exceções criadas pelo Ato das Disposições Constitucionais Transitórias à regra do concurso público.** 3. A regra excepcional prevista no art. 22 do ADCT garantiu o direito de opção pela carreira da Defensoria Pública, não podendo ser interpretada de modo a conferir ao recorrente o direito de ingressar, sem concurso público, na carreira de Procurador do Estado. 4. Agravo regimental a que se nega provimento. (destaques nossos)

Na mesma direção, confira excerto da ementa do acórdão proferido pelo Pleno do STF nos autos do Inq. n. 3.983/DF, Relator Ministro Teori Zavascki, j. 03.03.2016, DJe 12.05.2016:

> [...] 3. A previsão constitucional do art. 86, § 4º, da Constituição da República se destina expressamente ao Chefe do Poder Executivo da União, **não autorizando, por sua natureza restritiva, qualquer interpretação que amplie sua incidência** a outras autoridades, nomeadamente do Poder Legislativo. [...] (destaques nossos)

---

(11) MAXIMILIANO, Carlos. *Hermenêutica e Aplicação do Direito*. 14. ed. Rio de Janeiro: Forense, 1994.
(12) STJ, 6ª Turma, HC n. 374.713/RS, Relator Ministro ANTONIO SALDANHA PALHEIRO, j. 06.06.2017, DJe 13.06.2017.
(13) STF, 1ª Turma, ARE n. 895.476 AgR/MA, Relator Ministro ROBERTO BARROSO, j. 28.06.2016, DJe 19.08.2016.

Diante do exposto, é de se notar que a doutrina e a jurisprudência das Cortes Superiores encontram-se alinhadas ao entendimento segundo o qual normas de exceção devem ser interpretadas restritivamente, não cabendo elastecer o seu campo de incidência.

5. ANÁLISE DA APLICAÇÃO DA TESE DO STF AO CASO DO RE N. 603.580

Como visto, o STF deu parcial provimento ao RE n. 603.580 para negar o direito à integralidade aos pensionistas e lhes garantir a paridade por entender que o instituidor da pensão enquadrar-se-ia na regra de transição do art. 3º da EC n. 47/2005.

Ocorre que a Corte Suprema, ao aplicar aquela tese ao caso concreto, equivocou-se, salvo melhor juízo, por duas razões.

5.1. Da eficácia de norma constitucional

O STF, por ocasião do julgamento do RE n. 603.580, fixou tese, já descrita, para assegurar o direito à paridade remuneratória aos "pensionistas de servidor **falecido posteriormente à EC n. 41/2003** [...], caso se enquadrem na regra de transição prevista no art. 3º da EC n. 47/2005" (destaques nossos).

Ocorre que o regramento trazido pela EC n. 41/2003, que modificou a redação dos §§ 7º e 8º do art. 40 da CF/1988, não era dotado de efetividade, pois tais parágrafos fazem menção à lei, ou seja, à norma que lhes garantirá efetividade (eficácia social).

Logo, enquanto não publicada a MP n. 167/2004 em 20.02.2004, data de sua entrada em vigor, os §§ 7º e 8º do art. 40 da CF/1988, com redação da EC n. 41/2003, ainda não tinham sido dotados de eficácia social, o que somente veio a ocorrer com a sua publicação e entrada em vigor.

Em razão disso, os pensionistas de servidores falecidos entre 31.12.2003 (data de publicação da EC n. 41, que extinguiu, na CF/1988, a paridade e a integralidade para as pensões de servidores) e 19.02.2004 (dia anterior à publicação da MP n. 167, que dotou de eficácia os §§ 7º e 8º do art. 40 da CF/88, com redação dada pela EC n. 41) terão garantidos o direito à paridade e integralidade. Isso porque, tais institutos foram mantidos até 19.02.2004, dia anterior à publicação e vigência da MP n. 167, que dotou de efetividade os §§ 7º e 8º do art. 40 da CF/1988, com redação dada pela EC n. 41, e não até 30.12.2003, tal como definido pelo STF.

Logo, ao reverso do decidido pelo STF (em que a integralidade e paridade foram excluídas para os pensionistas cujos óbitos dos servidores ocorreram a partir de 31.12.2003, data de publicação e entrada em vigor da EC n. 41), apenas não terão direito à integralidade e paridade os pensionistas de servidores falecidos a partir de 20.02.2004 (e que não tiverem se enquadrado na regra de transição do art. 3º da EC n. 47).

5.2. Da interpretação restritiva das regras de exceção

A tese fixada pelo STF no RE n. 603.580, *data venia*, incorreu noutro erro, pois determinou a aplicação da regra de aposentadoria prevista no art. 3º da EC n. 47, criada em 2005, para servidor (instituidor da pensão tratada no RE n. 603.580) que se aposentou antes daquele ano, antes mesmo de 31.12.2003, data de publicação da EC n. 41, ensejando impossibilidade lógico-temporal, violadora de um dos princípios da ciência da Hermenêutica, adiante analisado. Eis, novamente, a redação da tese:

> Os pensionistas de servidor falecido posteriormente à EC n. 41/2003 têm direito à paridade com servidores em atividade (EC n. 41, art. 7º), **caso se enquadrem na regra de transição prevista no art. 3º da EC n. 47/2005**. Não tem [SIC], contudo, direito à integralidade (CF, art. 40, § 7º, inciso I). (destaques nossos)

A regra prevista no parágrafo único do art. 3º da EC n. 47/2005, que garante, excepcionalmente, o direito à paridade (extinta com a EC n. 41/2003), apenas pode ser aplicada para os servidores que tiverem se aposentado pela regra do *caput* do art. 3º da EC n. 47/2005, posto se tratar de regra de exceção e que, portanto, deve ser interpretada de maneira restritiva, não havendo falar em ampliação do seu campo de incidência.

No caso dos autos, como o servidor aposentou-se antes mesmo da EC n. 41, portanto, há mais de dois anos antes da criação da citada regra de transição de que cuida o *caput* do art. 3º da EC n. 47/2005, não haveria como aplicá-la ao caso, haja vista que, segundo regra basilar da Hermenêutica, regra excepcional garantidora de direito (a do parágrafo único do art. 3º da EC n. 47/2005) deve ser interpretada de modo restritivo.

Assim, não bastaria que o instituidor daquela pensão, ao se aposentar, tivesse, coincidentemente, completado os requisitos previstos na regra de transição do *caput* do art. 3º da EC n. 47/2005, que sequer existia quando de sua aposentação, havida em 1992. Em verdade, os pensionistas somente podem ser beneficiados pela extensão da regra da paridade se o servidor tiver se aposentado pela regra do *caput* do art. 3º da EC n. 47/2005 – o que não ocorreu, como visto, por absoluta impossibilidade lógico-temporal.

No caso em comento, o instituidor da pensão apenas possuía, à data de sua aposentadoria (1992), os mesmos requisitos estipulados pela regra de transição de que cuida o *caput* do art. 3º da EC n. 47, criada apenas em 2005 e cujo art. 6º da EC n. 47/2005 autorizou a sua aplicação retroativa apenas a 31.12.2003, e não a 1992.

Portanto, não há como elastecer, para o caso versado nos autos do RE n. 603.580, a aplicação da regra excepcionalíssima (parágrafo único do art. 3º da EC n. 47/2005) e ressuscitadora da paridade (extinta em 2003) para as pensões de servidor, pois, no caso em tela, o instituidor da pensão se aposentou bem antes da criação e vigência da regra de transição de aposentadoria prevista no *caput* do art. 3º da EC n. 47/2005.

5.3. Da proposta de revisão da tese fixada pelo STF no RE n. 603.580

Diante do que foi analisado nos itens 5.1 e 5.2 e a fim de dar cumprimento ao Direito, sugere-se que a tese fixada pelo STF seja revista nos seguintes termos:

> Os pensionistas de servidor falecido **a partir de 20.02.2004** têm direito à paridade com servidores em atividade (EC n. 41/2003, art. 7º), **caso tenha se aposentado pela regra de transição prevista no art. 3º da EC n. 47/2005**. Não têm, contudo, direito à integralidade (CF, art. 40, § 7º, inciso I). (destaques nossos)

Dessa forma, e a um só tempo, será dado fiel cumprimento à teoria da efetividade das normas constitucionais e à ciência da Hermenêutica, especialmente o brocardo segundo o qual "é estrita a interpretação das leis excepcionais".

6. NOTAS FINAIS À GUISA DE CONCLUSÃO

O objetivo deste artigo foi o de revisitar a discussão feita pelo autor em 2012 à luz do entendimento firmado pelo STF nos autos do RE n. 603.580, julgado pela sistemática da repercussão geral. Para tanto, foram descritas as regras de cálculo e de reajuste das pensões de servidores vinculados a RPPS. Depois, foram descritos os fundamentos utilizados pelo STF por ocasião do julgamento do RE n. 603.580, bem como a tese fixada naquele Recurso e a sua aplicação no caso concreto. Após, foram analisadas a teoria da efetividade das normas constitucionais e a teoria da interpretação das normas e, na sequência, analisou-se a aplicação da tese pelo STF naquele caso para, ao final, apresentar as considerações finais.

Ao final, o autor, com amparo nas teorias retro, defende a necessidade de revisão da tese fixada pelo STF no RE n. 603.580 no sentido de que apenas não terão direito à paridade os pensionistas de servidores falecidos a partir de 20.02.2004 (e não os que faleceram a partir de 31.12.2003, data de publicação e entrada em vigor da EC n. 41) e que não tiverem se enquadrado na regra de transição do *caput* do art. 3º da EC n. 47/2005; e no sentido de que a regra de exceção, ressuscitadora do direito à paridade (extinta com a EC n. 41/2003) para as pensões de servidores aposentados em conformidade com a regra do *caput* do art. 3º da EC n. 47/2005, deve ser aplicada de modo restritivo, a fim de que apenas aqueles que tenham se aposentado com base naquela regra possam estender, excepcionalmente, a garantia da paridade para as suas pensões.

No entanto, como é sabido que a palavra final acerca deste assunto é reservada à Corte Suprema, o que se espera, com este artigo, é aprofundar o debate sobre a matéria para se chegar, quem sabe, numa revisão de entendimento do STF.

7. REFERÊNCIAS BIBLIOGRÁFICAS

BRASIL. *Constituição da República Federativa do Brasil*. 05 out. 1988. Brasília, 05 out. 1988. Disponível em: <http://www.planalto.gov.br/ccivil_03/constituicao/constitui%C3%A7ao.htm>. Acesso em: 12 set. 2008.

_____. Emenda Constitucional n. 20, de 15 dez. 1998. *Modifica o sistema de previdência social, estabelece normas de transição e dá outras providências.* Brasília, 16 dez. 1998. Disponível em: <http://www.planalto.gov.br/ccivil_03/Constituicao/Emendas/Emc/emc20.htm>. Acesso em: 12 maio 2007.

_____. Emenda Constitucional n. 41, de 19 dez. 2003. *Modifica os arts. 37, 40, 42, 48, 96, 149 e 201 da Constituição Federal, revoga o inciso IX do § 3º do art. 142 da Constituição Federal e dispositivos da Emenda Constitucional n. 20, de 15 de dezembro de 1998, e dá outras providências.* Brasília, 31 dez. 2003. Disponível em: <http://www.planalto.gov.br/CCIVIL_03/Constituicao/Emendas/Emc/emc41.htm>. Acesso em: 12 maio 2007.

_____. Emenda Constitucional n. 47, de 5 jul.2005. *Altera os arts. 37, 40, 195 e 201 da Constituição Federal, para dispor sobre a previdência social, e dá outras providências.* Brasília, 6 jul. 2005. Disponível em: <http://www.planalto.gov.br/CCIVIL_03/Constituicao/Emendas/Emc/emc47.htm>. Acesso em: 12 maio 2007.

_____. Lei n. 10.887, de 18 jun. 2004. *Dispõe sobre a aplicação de disposições da Emenda Constitucional no 41, de 19 de dezembro de 2003, altera dispositivos das Leis ns. 9.717, de 27 de novembro de 1998, 8.213, de 24 de julho de 1991, 9.532, de 10 de dezembro de 1997, e dá outras providências.* Brasília, 21 jun. 2004. Disponível em: <http://www.planalto.gov.br/CCIVIL_/Ato2004-2006/2004/Lei/L10.887.htm>. Acesso em: 22 jan. 2008.

_____. Lei n. 11.784, de 22 set. 2008. *Dispõe sobre a reestruturação do Plano Geral de Cargos do Poder Executivo – PGPE, de que trata a Lei n. 11.357, de 19 de outubro de 2006, [...] e dá outras providências*. Brasília, 23set.2008. Disponível em: <http://www.planalto.gov.br/ccivil_03/_ato2007-2010/2008/Lei/L11784.htm>. Acesso em: 22 jan. 2009.

_____. Medida Provisória n. 167, de 19 fev. 2004. *Dispõe sobre a aplicação de disposições da Emenda Constitucional n. 41, de 19 de dezembro de 2003, altera dispositivos das Leis ns. 9.717, de 27 de novembro de 1998, 9.783, de 28 de janeiro de 1999, 8.213, de 24 de julho de 1991, 9.532, de 10 de dezembro de 1997, e dá outras providências*. Brasília, 21 jun. 2004. Disponível em: < http://www.planalto.gov.br/CCIVIL/_Ato2004-2006/2004/Mpv/167.htm>. Acesso em: 22 jan. 2008.

_____. Medida Provisória n. 431, de 14 maio 2008. *Dispõe sobre a reestruturação do Plano Geral de Cargos do Poder Executivo – PGPE, de que trata a Lei n. 11.357, de 19 de outubro de 2006; [...] e dá outras providências*. Brasília, 14 mai. 2008. Disponível em: <http://www.planalto.gov.br/ccivil_03/_ato2007-2010/2008/Mpv/431.htm>. Acesso em: 22 jan. 2009.

_____. Ministério da Previdência Social. Orientação Normativa MPS/SPS n. 3, 13 ago. 2004. Brasília, [?]. Disponível em: <http://www81.dataprev.gov.br/sislex/paginas/56/MPS-SPS/2004/3.htm>. Acesso em: 19 set. 2005.

_____. Ministério da Previdência Social. Orientação Normativa MPS/SPS n. 2, 31 mar. 2009. Brasília, 02 abr. 2009. Disponível em: <http://www010.dataprev.gov.br/sislex/paginas/56/MPS-SPS/2009/2.htm>. Acesso em: 19 abr. 2009.

CALAZANS, Fernando Ferreira. A extinção da paridade remuneratória para as pensões pós-Emenda 41: uma questão ainda controvertida no Judiciário Mineiro. *Jurisprudência Mineira*, v. 201, p. 25-32, 2012.

Aspectos Polêmicos sobre como Obter Benefícios e Serviços junto ao INSS

Herbert Klimger Afonso Alencar[1]

1. INTRODUÇÃO

Tem-se observado atualmente a crescente busca dos segurados do regime geral aos benefícios previdenciários, em especial após o advento da criação dos Juizados Especiais Federais pela entrada em vigor da Lei n. 10.259/2001. Percebe-se também o aumento da concessão através do processo administrativo, regido pela Lei n. 9.784/1999, que regula o processo administrativo no âmbito da Administração Pública Federal.

A crescente busca pelo benefício previdenciário tanto através de nossos tribunais como diretamente nas Agências da Previdência Social, não é tarefa fácil, pois dia após dia deparamo-nos com diversos contratempos, sejam eles no âmbito administrativo por causa da deficiência e da má formação dos servidores da autarquia previdenciária, seja no âmbito judicial, às vezes, por excesso de processos ou mesmo por despreparo dos magistrados.

O presente trabalho visa identificar as dificuldades encontradas pelos contribuintes na busca pelo seu direito.

2. A BUSCA DO DIREITO NO ÂMBITO ADMINISTRATIVO

Ao ingressar com o pedido de benefício previdenciário junto ao INSS, o segurado já enfrenta o seu primeiro desafio, pois a Previdência Social "**obriga**" o pretendente a agendar seu pedido através do seu sítio na internet www.inss.gov.br ou através do Previ Fone 135, podendo agendar seu atendimento com dia e hora marcados, entretanto, devendo observar as vagas disponíveis na Agência de sua região.

Para muitos, essa seria uma solução para desafogar a crescente demanda e melhorar o atendimento. Ocorre que, na verdade, se um contribuinte for analfabeto sem condições de adquirir um computador e/ou uma linha telefônica, ficará à mercê da benevolência de vizinhos ou mesmo parentes; então, surge aí um primeiro problema já identificado.

Não é demais ressaltar que se o segurado se dirigir diretamente à APS – Agência da Previdência Social ficará "**impedido**" de requerer seu benefício naquele mesmo instante, pois os servidores não efetivam qualquer atendimento se não for por agendamento.

É obvio que existe o atendimento pessoal nas APS's, entretanto, por desconhecimento, preguiça, má vontade, os servidores que lá se encontram forçam o agendamento, provavelmente, para que aquele atendimento seja submetido às estatísticas do INSS.

São raros os atendimentos feitos diretamente pelas APS's aos segurados, atendimentos esses limitados ao fornecimento de uma informação pessoal, tais como os dados cadastrais inseridos no CNIS – Cadastro Nacional de Informações Sociais, e olhem lá, o que vai depender da boa vontade do servidor ou da quantidade de segurados que lá estarão para serem atendidos.

Também convém lembrar que o rol dos serviços oferecidos para o agendamento é taxativo, ou seja, não existe a possibilidade de se agendar pelo Previ Fone ou mesmo pelo sítio oficial www.inss.com.br nenhum benefício ou

---

[1] Economista e Advogado Especializado em Direito Previdenciário e Trabalhista. Presidente da Comissão de Previdência Social da Ordem dos Advogados do Brasil Subseção Barra da Tijuca. Foi Conselheiro Representante dos Trabalhadores na 3ª Composição Adjunta da 10ª Junta de Recursos do Estado do Rio de Janeiro, do Conselho de Recursos da Previdência Social – CRPS, atual CRSS, Colegiado Integrante da Estrutura do Ministério da Previdência Social – MPS. Atual Coordenador Regional no Estado do Rio de Janeiro do IEPREV – Instituto de Estudos Previdenciários.

serviço que não esteja nesse rol, como o benefício de Aposentadoria Especial espécie B46.

A título de ilustração, seguem abaixo o rol de benefícios e serviços disponíveis:

Estes são os serviços oferecidos para o agendamento:
- Aposentadoria;
- Auxílio-reclusão;
- Benefício Assistencial;
- Certidão de Tempo de Contribuição;
- Pecúlio;
- Pensão por Morte;
- Salário-maternidade;
- Acerto de atividade e/ou acerto de inscrição;
- Acerto de dados cadastrais;
- Acerto de recolhimento;
- Acerto de vínculos e remunerações; e
- Cadastro de senha – cadsenha.

Demais Atendimentos:
- Carga para advogado constituído;
- Devolução de documentos do segurado;
- Devolução de carga de processo;
- Recurso de benefícios e CTC;
- Solicitação de cópia de processo de benefícios;
- Vistas de processo de benefícios.

O que se percebe é que mesmo com os mecanismos de acesso aos benefícios e serviços da Previdência Social, os segurados sempre estarão à mercê da boa vontade dos servidores da Previdência Social.

3. DA AUSÊNCIA DE SERVIDORES QUALIFICADOS

Como já mencionado anteriormente, entretanto, agora mais especificamente, faremos comentários acerca de atitudes de servidores que reforçam a assertiva de que estão eles realmente despreparados e alguns deles totalmente desqualificados ao atendimento do público.

Uma das origens dos problemas enfrentados pelos segurados na dificuldade na obtenção dos benefícios e serviços se deu quando alguns servidores oriundos da LBA ingressaram no INSS antes do advento da Constituição sem concurso público, pois a Lei n. 8112/90, ao instituir o Regime Jurídico Único dos servidores públicos federais determinou que os servidores regidos pela CLT passassem a ser estatutários e tivessem a opção de serem lotados no INSS.

Pois bem, a grande maioria desses servidores já não tinha qualquer estímulo para se qualificarem e/ou atuarem com eficiência nas suas novas atribuições, aliado ao fato de que o INSS não realiza ou realiza com uma frequência muito baixa os novos concursos para provimento dos cargos públicos; o seu quadro de servidores ficou e está até os dias de hoje muito deficiente, com uma estimativa de redução drástica devido a possíveis aposentadorias dos atuais servidores com previsão já para o ano de 2019.

Entre os principais problemas identificados, devido a essa falta de mão de obra qualificada, está a discrepância entre as informações contidas no Cadastro Nacional de Informações Sociais – CNIS e os registros e anotações nas CTPS dos segurados, bem como os registros da base de dados que reúne informações sobre vínculo empregatício e remuneração dos empregados nos órgãos oficiais, tais como a Caixa Econômica Federal, responsável pelas informações do FGTS, o CAGED – Cadastro Geral de Empregados e Desempregados que é um registro Administrativo instituído pela Lei n. 4.923, em dezembro de 1965, com o objetivo de acompanhar o processo de admissão e demissão dos empregados regidos pelo regime CLT e dar assistência aos desempregados, além das informações constantes também no PIS.

Tal situação agrava-se ainda mais quando as empresas muitas vezes não repassam as informações corretas, principalmente, por deixarem de recolher as contribuições devidas, as agências de atendimento – APS costumam recusar o reconhecimento do período alegado pelo trabalhador, mesmo registrado em carteira, que não consta da base do CNIS o que gera um grande transtorno ao segurado no momento da concessão do benefício pleiteado, pois muitas vezes influencia na renda mensal do benefício o até mesmo na concessão, pois se não forem computadas as informações atinentes a determinados vínculos, poderá o segurado ter seu benefício negado por falta de qualidade de segurado, o que é muito comum acontecer.

4. MEU INSS

Objetivando facilitar a vida do trabalhador e da trabalhadora contribuinte do Regime Geral de Previdência Social, o INSS – Instituto Nacional do Seguro Social criou o Portal denominado MEU INSS, onde o contribuinte poderá ter acesso a informações e consulta de vários serviços. Além das consultas, o segurado pode também agendar atendimentos presenciais nas agências da autarquia.

Para ter acesso às informações e aos serviços oferecidos pelo Portal MEU INSS, é preciso ter um computador com conexão de internet, fazer um cadastro prévio no sítio na internet no endereço eletrônico <https://meu.inss.gov.br/>.

No portal MEU INSS, o segurado pode acompanhar todas as informações de sua vida laboral, tais como: suas contribuições previdenciárias, seus empregadores e os respectivos períodos laborados.

O Portal MEU INSS oferece os seguintes serviços: Aposentadoria por Idade, Salário-maternidade, Extrato Previdenciário (CNIS – Cadastro Nacional de Informações Sociais), Extrato de Empréstimo Consignado, Histórico de Crédito de Benefícios, Resultados de Perícias, Extrato de Imposto de Renda, Carta de Concessão de Benefícios, Agendamento de Perícias, encontrar agências do INSS, Simulação de Tempo de Contribuição e Consulta a possíveis revisões.

Em casos de dúvidas na utilização do portal MEU INSS, o segurado pode também contar com o auxílio do PREVFONE 135.

Sem dúvidas, o Portal MEU INSS tem o propósito de desafogar as agências do INSS, pois diuturnamente estão lotadas de segurados que necessitam muitas vezes de uma simples informação e são obrigados a enfrentar as enormes filas existentes.

5. DA PERÍCIA MÉDICA PARA OBTENÇÃO DE BENEFÍCIOS

É de atribuição da Perícia Médica do INSS a avaliação da capacidade laborativa dos segurados para a obtenção do benefício previdenciário por incapacidade.

Para que o segurado tenha direito ao benefício por incapacidade pleiteado, é necessário o reconhecimento da incapacidade laborativa, bem como a repercussão sobre a condição laboral de quem não pode garantir sua subsistência durante a incapacidade que pode ser temporária ou definitiva.

A perícia médica do Instituto tem procedimento que produz efeitos de natureza médico-legal. Sendo assim, torna-se única a caracterizar em primeiro plano a incapacidade laborativa do segurado garantindo-lhe a obtenção dos benefícios previdenciários por incapacidade.

A atividade médico-pericial vem causando diversas críticas e muita insatisfação aos segurados da Previdência Social em virtude da má qualidade na elaboração dos laudos periciais e, por consequência, uma elevada quantidade de negativas às concessões que acabam gerando demandas judiciais, muitas vezes, desnecessárias.

Várias polêmicas, inúmeras críticas e queixas em torno da atividade médico-pericial têm marcado os debates sobre a Previdência e gerado controvérsias sobre a estrutura.

A principal, mais não menos importante, é a forma do tratamento dispensado aos segurados pelos médicos peritos, onde em muitas vezes são frios, insensíveis e até desrespeitosos com os segurados.

Tal postura dos médicos peritos, muitas das vezes, é encoberta na própria sala de exame, pois os segurados são impedidos de ter um parente, acompanhante ou mesmo um assistente para que o acompanhe nos exames periciais, gerando na verdade uma desigualdade entre as partes.

Somos sabedores de que o exame pericial é um ato médico, logo revestido de todas as prerrogativas inerentes à profissão médica, entretanto, o que se busca no ato médico pericial no âmbito previdenciário é a verdade real da situação de saúde do trabalhador contribuinte da Previdência Social, ou seja, se existe ou não a incapacidade laborativa.

O corpo pericial da Autarquia Previdenciária não age com a devida e necessária isenção, não analisa o histórico laboral do segurado, não realiza uma anamnese dentro dos padrões exigidos pelo manual de perícia médica, sendo, portanto, inepto para o que se propõe.

A anamnese ocupacional faz parte da entrevista médica, que compreende a história clínica atual, a investigação sobre os diversos aspectos pessoais do trabalhador, os antecedentes pessoais e familiares, a história ocupacional, hábitos e estilo de vida, o exame físico, etc.

Os *Experts* da Autarquia Previdenciária deveriam realizar os exames com base no antecedente laboral do próprio segurado, entretanto, realizam os exames com base na média do rendimento dos trabalhadores, deixando de lado as especificidades do segurado trabalhador, além de não considerarem o histórico de vida e antecedentes médicos do segurado avaliado, o que necessariamente compromete todo o exame médico pericial.

A Lei n. 10.876, de 2004, atribui competências aos médicos peritos. Dentre elas, estão a de emitir parecer quanto à análise de tempo de serviço exposto a ambiente de trabalho insalubre, homologar exames periciais realizados por médicos de empresas conveniadas com o INSS e assessorar as Juntas de Recursos da Previdência Social e a Procuradoria do INSS.

A despeito da importante atividade realizada pelos ilustres peritos, verifica-se um enorme desrespeito às condutas mínimas que deveriam ser executadas pelos *experts*, pois, quando deixam de realizar uma perícia dentro dos padrões mínimos exigidos, causam verdadeiro prejuízo ao segurado que contribui para a Previdência Social e não tem seu direito reconhecido.

Os trabalhos dos peritos acabam sendo influenciados por políticas do governo, onde ditam como e quando devem conceder os benefícios previdenciários requeridos, quando na verdade deveriam ser isentos dessas influências.

As condutas incorretas, com imprecisão e ausência de isenção, influências externas que compõem o processo de avaliação pericial do modelo atual impõem exigências descabidas e desarrazoadas ao profissional médico que não podem ser desconsideradas na formulação das políticas previdenciárias.

Portanto, a conclusão a que se chega é que o médico perito é um profissional de suma importância no processo de reconhecimento dos direitos previdenciários dos benefícios por incapacidade e que deveriam sofrer menos influência de políticas governamentais, deveriam ter mais autonomia, melhor condição de trabalho e também deveriam analisar e realizar as perícias dentro do que determina a legislação aplicável, o que poderia minimizar as situações controvertidas aqui expostas.

Assim como o juiz não julga única e exclusivamente com base só em suas convicções pessoais, pois deve julgar com base em todos os elementos que compõem o processo, o médico perito da autarquia previdenciária também não deve realizar uma importante missão, que é a de reconhecer a incapacidade e, por conseguinte, o reconhecimento de um direito do segurado, sem uma análise mais apurada, isenta e sem observar as condições mínimas de elaboração do laudo de exame pericial, pois as consequências podem ser de grandes proporções para o trabalhador que já sofre com as sequelas de sua doença.

6. CONCLUSÃO

Os benefícios previdenciários são na verdade um direito do segurado que durante toda a sua vida laborativa contribui para o Regime Geral da Previdência Social.

A Previdência Social tem o escopo principal na proteção dos segurados e seus dependentes de contingências sociais que impedem ou diminuem a sua capacidade em auferir renda para manutenção de sua capacidade de prover sua subsistência.

Os benefícios por incapacidade são uma das espécies de proteção que recebe o segurado após sua filiação e manutenção da qualidade de segurado, entretanto, mesmo após preencher todos os requisitos necessários para a obtenção de seu direito, percebe-se que, diante das reflexões alhures, os segurados não conseguem de forma plena e sem obstáculos exercer seu direito constitucional à proteção à saúde, à vida e de modo geral uma proteção dos infortúnios sociais.

Por fim, esclarecemos que tal pesquisa não tem o condão de esgotar o tema abordado, visto que existem outras mazelas que facilmente são identificadas no dia a dia do segurado da Previdência Social, que com certeza será objeto de nova pesquisa acadêmica.

Esperamos que esse artigo possa na verdade contribuir para que nós operadores do direito, bem como os servidores envolvidos nas questões previdenciárias, possamos proporcionar uma melhoria ou mesmo uma possibilidade de minimizarmos o sofrimento dos segurados da Previdência Social, assim buscando um equilíbrio entre as instituições e os segurados que muito depende de uma proteção social mais abrangente e justa.

7. REFERÊNCIAS BIBLIOGRÁFICAS

CAVALCANTE, Mário Sales. Aspectos Polêmicos do Instituto da Readaptação Funcional no Âmbito da Administração Pública.

IBRAHIN, Fábio Zambitte. *Resumo de Direito Previdenciário*. 12. ed. Rio de Janeiro: Impetus, 2012.

MENEZES HASSAM, Eduardo Amin. Aspectos Controvertidos dos Benefícios Assistenciais. *Revista do Curso de Direito da UNIFACS 150*, 2012.

Disponível em: <http://www3.mte.gov.br/casa_japao/caged_historico.asp>.

Disponível em: <http://www.Inss.gov.br>.

Disponível em: <http://www.meu.inss.gov.br>.

A Seguridade Precisa Ser Biopsicossocial: Apontamentos para uma Construção Inter e Multidisciplinar

José Ricardo Caetano Costa[1]

1. INTRODUÇÃO

Parece consenso que o *modus operandi* do sistema pericial realizado no âmbito da Previdência Social, especialmente no que respeita à concessão dos benefícios por incapacidade, está desde muito fracassado. Não dá conta de uma realidade altamente complexa e mutante, que é o adoecimento dos segurados, especial dos trabalhadores e trabalhadoras, diante de um mundo do trabalho também complexo e fluido.

O sistema pericial mantido pela Previdência Social, *de per si*, não possui condições de dar respostas aos pleitos dos segurados e seguradas que buscam a proteção social no âmbito da política pública de seguridade.

Não é diferente com os que buscam os benefícios assistenciais, subcidadãos que foram excluídos do "mundo do trabalho", dele não participando, relegados à condição de subcidadãos[2]. Para com estes, este sistema pericial, pois é o INSS que faz o processo de avaliação aos pretendentes do BPC da LOAS (triagem, gestão e pagamento),

Com efeito, se a arquitetura constitucional de 1988 apontou, ou pelo menos acenou, para um conceito integral e integradouro de "seguridade social", as suas três áreas deveriam ser pensadas conjuntamente. Porém, ao longo destas três décadas, parece ter-se perdido essa perspectiva (SERAU JR.; CRESPO BRAUNER; COSTA, 2015).

Este artigo se propõe justamente a pensar sobre a implementação de política pública para a integração das três áreas que compõem a seguridade social: previdência, saúde e assistência social.

Para tanto, propomos a instituição de um procedimento operacional interdisciplinar e integrador destas áreas, quando do encaminhamento dos pedidos de auxílios-doença e dos benefícios de prestação continuada da LOAS (Lei n. 8.742/1993).

Segundo esta nova metodologia procedimental, os segurados e pretendentes dos benefícios assistenciais seriam avaliados pelas equipes multidisciplinares já atuantes nas UBS, especialmente pelas equipes da Estratégia da Saúde da Família (ESF), bem como dos Centros de Atendimento Psicossociais (CAPs). O laudo multidisciplinar emitido por estas equipes seriam suficientes para a validação dos pedidos iniciais dos auxílios-doença, comum ou acidentário (B-31 e B-91, respectivamente), bem como para a concessão inicial dos benefícios assistenciais, por idade ou por incapacidade douradoura/deficiência (B-88 e B-87).

Frise-se, de inicio, que não se está a propor a substituição do sistema pericial do INSS, uma vez que todos os Pedidos de Recursos (PR), de Prorrogações (PP), bem como dos demais recursos administrativos, serão examinados pelo Corpo Pericial da Autarquia. Somente os pedidos iniciais serão feitos por estas equipes

---

[1] Professor Adjunto da Faculdade de Direito e do Mestrado em Direito e Justiça Social da FURG/RS. Mestre em Direito (UNISINOS), Mestre em Desenvolvimento Social (UCPel). Doutor em Serviço Social (PUCRS). Pós-doutor em Educação Ambiental (PPGEA/FURG). Advogado Previdenciarista.

[2] Fato este comprovado pelos dois critérios utilizados pelo sistema, a renda familiar e o critério inicial da deficiência. No primeiro, o minguado critério de renda inferior a ¼ do SM imposto pela Lei n. 8742/1993, passa a exigir a condição de miserável (e não de necessitado, como previsto no art. 203, V, da CF/1988), para fazer jus ao referido. No segundo, a exigência inicial era a da incapacidade para o trabalho e também para os atos da vida civil (AVC), estabelecendo na prática uma regra em que para terem estes direitos deveriam abrir mão de todos os demais direitos (Conf. SERAU Jr.; COSTA, 2015; 2016).

multidisciplinares, como pretende-se demonstrar no decorrer deste artigo.

2. A SOBRECARGA DO SISTEMA PERICIAL NA AVALIAÇÃO INICIAL DOS PEDIDOS DE BENEFÍCIOS POR INCAPACIDADE

Parece incontroverso o fato de o sistema pericial, há muito tempo, não dar conta mais da grande quantidade de benefícios por incapacidade, especialmente no que respeita aos auxílios-doença comum (B-31). Não há dúvida de que as perícias médicas são as que mais movimentam o sistema previdenciário, congestionando as agências, ocupando em demasia os servidores com os trâmites burocráticos os mais diversos, do ingresso do pedido aos recursos interpostos.

Com efeito, os usuários do sistema apresentam os mais variados argumentos, que começam com as queixas subjetivas das patologias e suas consequências, até a falta da avaliação dos exames levados ao ato pericial. Por outro lado, os médicos peritos justificam o diminuto tempo das avaliações em decorrência do grande fluxo de pedidos. O que vale dizer, amiúde, que o sistema não está a contento.

Quiçá as medidas provisórias (MP ns. 639/2016 e 767/2017, convertidas na Lei n. 13.457/2017), que buscaram a avaliação dos benefícios concedidos há mais de dois anos, inclusive aqueles implantados por ordem judicial, tenham trazido à tona essa problemática de forma mais visceral: segundo os dados oficiais, em torno de 84% dos benefícios revisados foram cessados, o que importou em um valor em torno de um bilhão e meio, pagos nestes benefícios somados.

A grande questão pode ser assim resumida: caso o sistema pericial funcionasse, não haveria a necessidade desta revisão em massa, com todos os problemas que traz à política pública quando feita às pressas, com um sistema deficiente de material humano (médicos, assistentes sociais, servidores, além de estrutura física propriamente dita).

Não temos dúvida, portanto, de que o alívio das perícias iniciais tornaram o sistema mais célere, eficiente e justo (dando mais credibilidade e confiabilidade ao sistema).

Ao depois, como tentaremos demonstrar adiante, entendemos que tanto o sistema de saúde, especialmente por meio das ESF, bem como dos CAPs relacionados à Assistência Social, podem dar conta destas avaliações iniciais.

3. A NECESSIDADE DA AVALIAÇÃO BIOPSICOSSOCIAL OU MULTIDISCIPLINAR

Os conceitos de deficiência e incapacidade laboral sofreram alterações profundas a partir da Classificação Internacional de Funcionalidade (CIF-OMS-2001), e da Convenção Internacional das Pessoas Portadoras de Deficiências (ONU-2007), ambos construídos com a participação ativa do Brasil. A Convenção, frise-se, ingressou em nosso ordenamento jurídico com status de Emenda Constitucional por meio do Decreto Legislativo n. 186/2008 e do Decreto Executivo n. 6949/2009.

Esses novos paradigmas (COSTA, 2014 e 2016), alteraram a compreensão do que é doença, uma vez que avalia não somente a patologia, mas sim a falta de saúde dos segurados, buscando a avaliação das demais condições sociais e as barreiras que enfrentam cotidianamente. São estas barreiras e condições, por sua vez, que impedem o acesso ao mercado de trabalho.

A Lei n. 12.435/2011, em razão disso, introduziu em nosso sistema o conceito de incapacidade duradoura (dois anos ou mais), para fins de concessão do BPC assistencial da LOAS. A nova aposentadoria especial dos deficientes, trazida pela Lei Complementar n. 142/2013, sacramentou a modalidade de avaliação biopsicossocial (médica e social) na configuração dos níveis de deficiência (médio, moderado ou grave). Por fim, o ESTATUTO DOS PORTADORES DE DEFICIÊNCIA (Lei n. 13.246/2015) instituiu definitivamente a avaliação biopsicossocial quando, em seu art. 2º, aponta sendo este o modo de verificação da incapacidade duradoura ou deficiência, dando o prazo de dois anos após a sua vigência para começar a aplicação deste sistema de avaliação multidisciplinar (05.01.2018).

Com efeito, esta nova metodologia somente poderá ser implantada a partir de uma concepção integradora das áreas que compõem a seguridade social, tal como restou consignado em nossa Carta Magna de 1988.

4. A INTERAÇÃO DAS POLÍTICAS PÚBLICAS SECURITÁRIAS

A Seguridade Social arquitetada na CF/1988 deve ser compreendida como política pública de proteção social, objetivando contribuir para alcançar os objetivos de nossa República Federativa, mormente no empenho para reduzir as desigualdades sociais e regionais, bem como contribuir para a construção da justiça social (o que pressupõe políticas compensatórias aos mais pobres).

Pela análise dos debates constitucionais, bem como pela forma com que se apresentou a Seguridade Social, a leitura conflui para a concepção íntegra e integradora da Previdência, Saúde e Assistência. Muito embora seus alcances sejam distintos (a primeira contributiva, a segunda universalizante e a assistência particularizada a quem dela necessitar), a visão em conjunto é que poderá permitir uma politica pública protetiva com maior eficácia e efetividade.

Portanto, não pode haver cisão entre estas áreas, muito embora o gestor tenha feito a opção da criação de Ministérios em separado para dar conta destas políticas. Quando o trabalhador adoece e necessita do SUS para o fornecimento do auxílio necessário ao restabelecimento de sua capacidade laboral, deve haver uma boa comunicação com o sistema previdenciário que, na outra ponta, apreciará seu pedido de auxílio-doença.

É o mesmo caso dos pedidos dos benefícios assistenciais, com a intervenção dos CAPs. Não pode haver cisão, mas sim interlocução, cooperação constante entre estas áreas. Com efeito, é justamente na UBS, nos Postos de Atendimento do SUS, na documentação da ESF, nos documentos dos CAPs, que estão concentrados os laudos, os exames e o histórico da vida dos segurados. Por certo que, neste caso, estamos retratando a realidade dos 70% dos usuários do sistema, que são pobres e vulneráveis, dependendo das políticas de proteção social para manterem um mínimo de dignidade. Ninguém melhor do que estes, portanto, para elaborar o laudo multidisciplinar e biopsicossocial que embasara os pedidos administrativos por incapacidade ou deficiência.

5. AS POSSIBILIDADES REAIS DE DIMINUIÇÃO DA JUDICIALIZAÇÃO DAS DEMANDAS

Os dados apontados pelo CNJ (2015) indicam ser o auxílio-doença comum o benefício mais pedido judicialmente junto aos Juizados Especiais Federais. O custo destes processos, pegos pelo contribuinte, poderá ser reduzido caso o sistema previdenciário avalie melhor os pedidos de auxílio-doença.

Acredita-se que o número de ações judiciais tende a cair consideravelmente caso esse processo seja implantado: a) diante da necessidade da população usuária do SUS na utilização do sistema público de saúde, o caminho natural será a procura dos Postos e dos CAPs para a obtenção de atestados, exames e outros procedimentos. O usuário do sistema optará pelo encaminhamento via SUS ao invés de aventurar-se sozinho em um protocolo de benefício; b) o número de ações que chegarão ao Judiciário tenderão a cair, mormente quando a triagem multidisciplinar feita pelas equipes naturalmente eliminarão as chances daqueles pedidos infundados, muitas vezes feitos sem o mínimo de chance de terem êxito; c) as ações distribuídas tendem a ser, além de menor quantidade, mais complexas, exigindo uma análise mais acurada destes casos.

6. A UTILIZAÇÃO DO LAUDO MULTIDISCIPLINAR ELETRÔNICO

A utilização de formulários e documentos eletrônicos já é uma realidade, a partir da assinatura digital dos servidores públicos, a exemplo dos atos dos magistrados nos processos virtuais.

Cremos que é possível esta comunicação entre INSS-SUS-CAPs ser totalmente virtual, diante dos procedimentos digitais eletrônicos já disponíveis nos sistemas governamentais. Vejamos um exemplo: um segurado, portador de doença psíquica grave, passa a realizar seu tratamento junto ao CAPs de sua região. Realiza consultas periódicas, sessões de terapia, entre outros procedimentos. Supondo que um empregado, segurado obrigatório da Previdência Social, portanto, obtém laudo multidisciplinar, assinado pelo médico do Centro e pela psicóloga que o trata, que descrevem seu quadro patológico e tudo o que diz respeito aos efeitos dessa patologia. Este é enviado eletronicamente para o INSS, que o acessa mediante agendamento feito pelo segurado, concedendo o benefício por incapacidade pelo lapso de tempo que a equipe multidisciplinar entendeu razoável para que faça o tratamento. Expirado esse prazo, o segurado pode fazer um pedido de prorrogação ou de reconsideração, conforme o caso, vindo a ser avaliado pelos peritos médicos do INSS. Por certo que os documentos atuais obtidos no sistema público devem ser sopesados quando da perícia médica administrativa.

Por outro lado, é mais que urgente a necessidade de termos institucionalizado um PRONTUÁRIO ELETRÔNICO, a partir dos dados existentes no SUS, de modo a tornar fluido o processo de comunicação entre os sistemas envolvidos. Não é possível que a política pública governamental utilize todas as ferramentas digitais e eletrônicas quando do controle e fiscalização dos cidadãos, especialmente no que respeita às cobranças de tributos, sendo totalmente ineficiente quando se trata de entregar a estes mesmos cidadãos os direitos sociais a que fazem jus. Não é possível um Estado Arrecadador ser eficiente ao máximo quando da cobrança dos tributos, genericamente falando, e totalmente ineficiente quando da prestação dos direitos sociais.

A cada vez que o cidadão busca um posto de saúde, uma Unidade de Atendimento Básico (UBS), um auxílio no CAPs, seja aonde for, em que município ou Estado estiver, absolutamente tudo poderá constar registrado em sua ficha cadastral. São estes dados, portanto, que devem servir de apoio e subsídio para a emissão dos Pareceres Multi e Interdisciplinares propostos.

Esta perspectiva, como veremos no tópico a seguir, encontra guarida na Lei n. 13.135/2015, bastando essencialmente um empenho dos gestores e legisladores para que seja efetivamente perfectibilizada.

7. FUNDAMENTO LEGISLATIVO PARA A COOPERAÇÃO INTERINSTITUCIONAL PROPOSTA

A Lei n. 13.135/2015 trouxe o fundamento para esse processo de cooperação interinstitucional ora proposto, quando inseriu a cooperação como princípio entre os órgãos e entidades públicas (inciso I, § 5º, do art. 60, da Lei de Benefícios). Vejamos esse dispositivo pela importância que o revela:

> Art. 60. O auxílio-doença será devido ao segurado empregado a contar do décimo sexto dia do afastamento da atividade, e, no caso dos demais segurados, a contar da data do início da incapacidade e enquanto ele permanecer incapaz.
>
> § 5º Nos casos de impossibilidade de realização de perícia médica pelo órgão ou setor próprio competente, assim como de efetiva incapacidade física ou técnica de implementação das atividades e de atendimento adequado à clientela da previdência social, o INSS poderá, sem ônus para os segurados, celebrar, nos termos do regulamento, convênios, termos de execução descentralizada, termos de fomento ou de colaboração, contratos não onerosos ou **acordos de cooperação técnica para realização de perícia médica**, por delegação ou simples cooperação técnica, sob sua coordenação e supervisão, com:
>
> I – órgãos e entidades públicos ou que integrem o Sistema Único de Saúde (SUS);
>
> (...)

Note-se que existe, a partir da lei *supra*, autorização legislativa para que o Poder Executivo faça acordos de cooperação técnica para fins de perícia. Parece que o pressuposto da "incapacidade física ou técnica" está dada, desde há muito, de modo a ensejar a sistemática ora apontada.

Com efeito, seria de todo estranho que o Poder Público priorizasse outros órgãos afora o SUS, uma vez que ele pode dar conta da avaliação multidisciplinar proposta.

8. DAS EQUIPES MULTIDISCIPLINARES DA ESF E DOS CAPS

Tanto a ESF como os CAPs já utilizam equipes inter e multidisciplinares na avaliação da população que está sob sua jurisdição. As equipes são compostas por médicos, psicólogos, terapeutas ocupacionais, assistentes sociais, enfermeiras, servidores públicos e os agentes de saúde, além de outros profissionais.

Trata-se de um sistema altamente complexo e dinâmico que, mesmo com todos os problemas estruturais que são conhecidos, não deixam de realizar um trabalho de excelência em saúde pública da população mais carente.

Na página virtual do Ministério da Saúde, temos a dimensão desta realidade, conforme dados relativos ao ano de 2015. Vejamos:

- 40,7 mil UBSs
- 39,1 mil Equipes de saúde da família
- 23,8 mil Equipes de saúde bucal
- 265,2 mil agentes comunitários
- Cada ESF beneficia em média 3,5 mil pessoas
- Mais de 134 milhões de pessoas cobertas
- Mais médicos: 18.240 vagas para médicos
- Mais médicos: beneficia mais 63 milhões de pessoas em meio aos 134 milhões citados acima

FONTE: Ministério da Saúde (2015)

Em relação aos Centros de Atendimento Psicossocial (CAPs), temos igualmente um exemplo de modelo integrador e multidisciplinar quando vimos a seguinte composição destes:

> **A equipe técnica mínima para atuação no CAPS I, para o atendimento de 20 (vinte) pacientes por turno, tendo como limite máximo 30 (trinta) pacientes/dia, em regime de atendimento intensivo, será composta por:**
>
> a. 01 (um) médico com formação em saúde mental;
>
> b. 01 (um) enfermeiro;
>
> c. 03 (três) profissionais de nível superior entre as seguintes categorias profissionais: psicólogo, assistente social, terapeuta ocupacional, pedagogo ou outro profissional necessário ao projeto terapêutico;
>
> d. 04 (quatro) profissionais de nível médio: técnico e/ou auxiliar de enfermagem, técnico administrativo, técnico educacional e artesão.

FONTE: <portalsaude.saude.gov.br>.

Entendemos que tanto a ESF como os CAPs podem dar conta da avaliação inicial dos segurados que buscam algum benefício por incapacidade ou o benefício assistencial da LOAS.

9. CONCLUSÕES (OU ENCAMINHAMENTOS)

Este artigo, diferentemente de tantos outros que já produzimos, aponta mais para alguns encaminhamentos para a efetivação da proposta levantada do que conclusões propriamente ditas.

Com efeito, diante da falência do modelo pericial vigente, dispensando os comentários sobre seus malefícios, especialmente aos segurados que dele dependem para a concessão dos seus benefícios por incapacidade laboral, torna-se imperativo que tenhamos outras soluções que o substituam. Talvez não se trate de substituição propriamente dita, mas sim de seu aperfeiçoamento. Isso porque o sistema pericial vigente, nos moldes atuais, ainda estará presente.

Parece-nos fundamental que a política pública relacionada à Seguridade Social seja vista de forma integrada e integradoura, como sugerida no presente artigo. Não é possível que tenhamos sequelas e espasmos em um sistema que deve ser uno em sua essência: o sentido buscado, ao fim e ao cabo, não pode ser outro além de proteger o cidadão mais sensível e vulnerável. Toda e qualquer falha neste sistema prejudicará justamente a parte mais frágil na relação com o Estado.

Este Estado, por sua vez, que se inscreve como de Direito e também Democrático, na acepção constitucional, tem o dever de utilizar todos os meios disponíveis para conseguir o melhor resultado possível na busca de uma política pública protetiva eficiente e eficaz.

A utilização de um prontuário eletrônico integrado entre todos os sistemas, cujos dados cadastrais dos usuários são de fácil acesso, é ponto inicial para que esta proposta se efetive.

Por outro lado, o respeito a todos os profissionais que trabalham com as políticas públicas de saúde, o que começa desde o servidor que atende no Pronto-Socorro ou que faz a ficha do cidadão na UBS ou CAPs, passando pelos demais trabalhadores do sistema (médicos, psicólogos, assistentes sociais, enfermeiros, entre outros), é condição absoluta para que esta política funcione. Não pode haver distinção ou gradação axiológica entre um atestado ou laudo médico fornecido pelo médico do posto de saúde do bairro em que mora o segurado, daquele emitido por outro médico – mesmo que seja um perito do INSS – ´pois ambos possuem a mesma fé pública.

A avaliação multidisciplinar ora proposta dará, certamente, uma nova concepção da política pública securitária, o que reverterá em maior benefício e bem-estar aos cidadãos que necessitam do sistema.

Como vimos, a autorização legislativa outorgada pela Lei n. 13.135/2015, que deu nova redação ao inciso I, § 5º, do art. 60, da LBPS, é um primeiro passo para que esta cooperação interinstitucional entre as três áreas da Seguridade Social se inter-relacionem. O restante é projeto político na construção de política pública. Este artigo busca subsidiar justamente esta construção.

10. REFERÊNCIAS BIBLIOGRÁFICAS

COSTA, José Ricardo Caetano Costa. *Direito do Trabalho e Direito Previdenciário*: subsídios ao trabalho social. Jundiaí, SP: Paco Editorial, 2013.

COSTA, José Ricardo Caetano. *Pericia Biopsicossocial*: perspectivas de um novo modelo pericial. Caxias do Sul: Plenum, 2014.

COSTA, José Ricardo Caetano. Perícia biopsicossocial: reflexões para a efetivação dos direitos sociais previdenciários por incapacidade laboral a partir de um novo paradigma. *JURIS-Revista da Faculdade de Direito*, 21.1 (2016): 119-148.

JUSTIÇA EM NÚMEROS 2016: ano-base 2015/Conselho Nacional de Justiça – Brasília: CNJ, 2016.

SERAU Jr., Marco Aurélio; BRAUNER, Maria Claudia Crespo; COSTA, José Ricardo Caetano. *Direito e Saúde*: construindo a Justiça Social. São Paulo: LTr, 2016.

_____; COSTA, José Ricardo Caetano (Orgs.). *Benefício Assistencial*: temas polêmicos. São Paulo: LTr, 2015.

_____. (Orgs.). *Assistance Benefits in Brazil*: chances and challenges to the exercise of a constitucional right. Switzerland: Springer International Publisching Ag, v. 1, 197 p., 2016.

Direito Previdenciário e Direitos Fundamentais: Autoritarismo, Estado Democrático de Direito e Dignidade da Pessoa Humana[1]

Marco Aurélio Serau Junior[2]

1. INTRODUÇÃO

Há momentos históricos em que se deve extrapolar o estudo e a análise do Direito que ainda estejam presos ao simples Positivismo Jurídico. Deve-se muitas vezes superar o aspecto meramente dogmático, pois há quadros históricos em que há necessidade de avançar para o estudo da Ciência Política, da Sociologia ou de outras áreas jurídicas com forte diálogo com esses campos externos ao Direito, como é o caso do Direito Constitucional e, dentro desse ramo, em particular da Teoria dos Direitos Fundamentais.

Existem situações em que é imprescindível desvincular-se do meramente normativo e voltar a "pensar" o Direito, de modo livre e astuto.

Tal é o momento pelo qual estamos passando, caracterizado por intensa instabilidade político-institucional, recém-saídos que estamos de um polêmico processo de *impeachment*, e de toda alteração da ordem político-jurídica que lhe sucedeu.

Em resumo, um cenário turbulento no qual se desenham duas profundas reformas legislativas no campo dos direitos sociais, a trabalhista, já consolidada na Lei n. 13.467/2017 e outras pequenas leis que lhe seguiram, e a reforma previdenciária, consubstanciada na PEC n. 287/2016, ainda em trâmite no Congresso Nacional, embora suspensa em razão da Intervenção Federal no Estado do Rio de Janeiro, nos termos do art. 60, § 1º, da Constituição Federal.

Esse texto não se destina a discutir, diverso do que seria de se esperar, a provável reforma previdenciária.

Além do aspecto normativo indicado há pouco, a Reforma Previdenciária também se encontra paralisada em razão de ausência de quórum político e direcionamento dos parlamentares às respectivas agendas eleitorais e tentativas de reeleição, visto se tratar de ano eleitoral.

Há outros problemas de ainda maior gravidade a afligir a militância de direitos previdenciários e, ainda mais, os destinatários destes importantes direitos sociais, isto é, os milhares de segurados e pensionistas brasileiros.

Com esta perspectiva e este alerta, passamos a analisar o tema de fundo desta Conferência, que é a constatação da derrocada do Estado de Direito e o florescimento do autoritarismo e de variadas violações à dignidade da pessoa humana, de que não se encontra alheio o Direito Previdenciário.

2. PREVIDÊNCIA SOCIAL COMO DIREITO FUNDAMENTAL

Em 2009, defendi minha dissertação de Mestrado perante a Faculdade de Direito da USP, com uma pioneira tese sobre os direitos previdenciários como direitos fundamentais, destacando a íntima vinculação deste grupo de direitos com a dignidade da pessoa humana,

---

(1) Artigo que resume a Conferência de abertura proferida no III Congresso de Direito Previdenciário do IEPREV, em Belo Horizonte/MG, dia 19.05.2017.

(2) Professor da UFPR – Universidade Federal do Paraná. Doutor e Mestre em Direitos Humanos (USP). Diretor Científico do IBDP – Instituto Brasileiro de Direito Previdenciário. Membro estrangeiro da AAJC – Associação Argentina de Justicia Constitucional. Autor de diversas obras, como *Desaposentação* – novas perspectivas teóricas e práticas (6. ed., LTr, 2016); *Resolução do conflito previdenciário e direitos fundamentais* (LTr, 2015); *Processo Previdenciário*: o dever de fundamentação das decisões judiciais (LTr, 2016).

amarrando todas as políticas públicas e toda a atividade estatal para sua plena concretização.

Também tive oportunidade de deduzir importantes consequências desse raciocínio. A primeira delas reside no fato de que as normas jurídicas infraconstitucionais, bem como a conduta das autoridades administrativas responsáveis pela política pública e serviço público previdenciário não poderão confrontar os ditames constitucionais (SERAU JR., 2011).

Da mesma maneira, a premissa com a qual concluí meu trabalho de Mestrado apontava para a plena exigibilidade judicial dos direitos fundamentais previdenciários, bem como indicava a vedação do retrocesso social nesse campo.

Abandonei o tema da jusfundamentalidade dos direitos previdenciários considerando que se tratava de algo já bastante arraigado na cultura jurídica brasileira, tendo migrado minha atenção acadêmica para outros alvos, como a resolução do conflito previdenciário (SERAU JR., 2015) e o exame da jurisdição de direitos sociais.

Até esse momento o principal ataque aos direitos sociais previdenciários parecia vir, unicamente, do campo econômico: os argumentos da reserva do financeiramente possível, da primazia da regra da contrapartida e a própria hermenêutica jurídica contaminada pelo viés economicista (SAVARIS, 2011; SERAU JR., 2015) pareciam ser os principais inimigos à concretização dos direitos fundamentais sociais.

Entretanto, atualmente, volta à baila a atualidade desse temário dos direitos previdenciários como direitos fundamentais, sobretudo diante do acentuado grau de autoritarismo e desrespeito aos primados do Estado Democrático de Direito porque estamos passando em nosso país – sem prejuízo da permanência do discurso dominado pelo neoliberalismo econômico.

Esse cenário de autoritarismo que regressa será o objeto de nosso próximo tópico.

3. ABUSOS E ATOS DE AUTORITARISMO EM RELAÇÃO AO CAMPO DO DIREITO PREVIDENCIÁRIO

Atualmente, além do ataque neoliberal (viés econômico), podemos identificar uma série de investidas ao cumprimento e à eficácia dos direitos sociais, em particular os direitos previdenciários, de viés autoritário/antirrepublicano.

É de se assinalar que esse tipo de atuação autoritária se espraia pelos 3 Poderes da República: Legislativo, Executivo e Judiciário.

Iremos tratar, doravante, desses exemplos de atuação estatal abusiva separadamente conforme ocorrem isoladamente em cada uma dessas esferas públicas, compondo, todavia, um único quadro de abandono dos postulados constitucionais.

3.1. Abusos e atos de autoritarismo com origem no Poder Legislativo

É mais difícil identificar autoritarismo ou abandono dos postulados constitucionais no âmbito do Poder Legislativo, visto que ainda prevalece a ideia de que este Poder possui liberdade praticamente ilimitada de "inovar" o ordenamento jurídico.

Entretanto, essa premissa não é mais válida desde o advento do Constitucionalismo, e os legisladores não mais possuem esse "cheque em branco" do constituinte. Devem ser acatadas as premissas constitucionais (regras, valores e princípios), bem como deve ser observada a coerência com todo o conjunto normativo.

Nesse sentido, exemplifico minha tese com a nova redação dada ao art. 115, § 3º, da Lei n. 8.213/1991, conforme introduzido pela Medida Provisória n. 780/2017, posteriormente convertida na Lei n. 13.494/2017:

> § 3º Serão inscritos em dívida ativa pela Procuradoria-Geral Federal os créditos constituídos pelo INSS em razão de benefício previdenciário ou assistencial pago indevidamente ou além do devido, hipótese em que se aplica o disposto na Lei n. 6.830, de 22 de setembro de 1980, para a execução judicial.

A pretensão legislativa, aqui, é a de permitir a inscrição na Dívida Ativa da União (ensejando a utilização da Lei de Execução Fiscal) de valores derivados do que se denomina "benefício previdenciário indevido", isto é, aqueles decorrentes de decisão judicial provisória (tutelas ou liminares), posteriormente cassada pela sentença ou acórdão.

Além de se discutir sobre a confiança no sistema judicial, deve-se considerar que o STJ decidiu no Recurso Especial Repetitivo n. 1.350.804/PR, pelo descabimento de execução fiscal para cobrança desse tipo de valor decorrente de benefício previdenciário, diante da inexistência de liquidez e certeza, requisitos indispensáveis a qualquer título executivo.

O entendimento do STJ não é imodificável, mas se expressa em balizas fundamentais da Teoria Geral do Processo de Execução, qual seja, a necessidade de configuração de título judicial líquido e certo a justificar a execução forçada. Essas características, todavia, não se encontram nessa modalidade de valor exigido dos segurados, a começar da própria existência de dívida, visto se tratar de verba notoriamente alimentar.

No campo do respeito à legalidade, não bastaria a criação de um singelo artigo de lei para afastar as demais exigências de legalidade encontradas no restante do ordenamento jurídico.

Outra arbitrariedade legislativa que deve ser apontada é a concessão, mediante edições de diversas leis, concedendo anistias e remissões tributárias, bem como parcelamentos facilitados de contribuições previdenciárias em atraso a grandes devedores da Seguridade Social, como clubes de futebol e o agronegócio.

O maior exemplo de "abuso legislativo", todavia, ainda parece residir na proposta de Reforma Previdenciária. Nem tanto pelo procedimento legislativo, também questionável, mas muito mais pelo conteúdo contrário a muitas coisas: a diversas normas do nosso Direito Constitucional e do Direito Internacional de Direitos Humanos, com impacto no Direito Previdenciário, mas sobretudo contrárias à realidade social brasileira e, portanto, desproporcionais e desarrazoadas mais que inconstitucionais (a exemplo da idade mínima para aposentadoria variável e progressiva).

3.2. Abusos e atos de autoritarismo praticados pelo Poder Executivo

Se é mais raro identificar a atuação legislativa como abusiva, é mais recorrente a atenção a eventuais abusos de poder praticados pelo Poder Executivo.

O histórico do Direito Público brasileiro é pródigo em eventos dessa natureza; o campo do Direito Previdenciário não escapa dessa chaga.

A título de exemplo, podemos aventar o Decreto n. 8.805, de 05.11.2016, que altera o regulamento do benefício assistencial previsto no art. 203, inciso V, da Constituição Federal, o qual se encontra no Decreto n. 6.214/2007.

O art. 7º do Regulamento do BPC, na redação dada pelo Decreto n. 8.805/2016, estabelecia que o BPC seria devido apenas a brasileiros e portugueses residentes, excluindo formalmente do direito à assistência social os estrangeiros de demais nacionalidades.

Esse dispositivo promoveu, aparentemente, restrição inconstitucional em relação aos migrantes, em descompasso com diversas disposições de Direito Internacional e em descompasso, ainda maior, com a discussão que atualmente se trava a respeito das novas responsabilidades internacionais com migrantes – das quais o Brasil não está excluído.

O Supremo Tribunal Federal, por sua vez, concluiu julgamento do RE n. 587.970, em 20.04.2017, na sistemática da repercussão geral (art. 1.036 do CPC/2015), onde consagrou a tese da possibilidade de concessão do benefício assistencial para estrangeiro residente no Brasil, de qualquer nacionalidade, quando preenchidos os requisitos constitucionais e legais para tanto, tornando inconstitucional o conteúdo do art. 7º do Decreto n. 8.805/2016.

O que chama a atenção e provoca alarme, nesse caso, é a pretensão autoritária do mero poder regulamentar em, através de singelo Decreto, cuja amplitude é tão somente a de assegurar a fiel execução das leis (art. 84, inciso IV, da Constituição Federal), impossibilitar o exercício de direitos, com claro fundamento constitucional e de Direito Internacional, que se encontrava sendo apreciado pela Corte Constitucional brasileira.

Outro exemplo, mais recente, reside na edição da Portaria Conjunta PGF/INSS n. 2, de 16.01.2018, que permite, em síntese, a cobrança administrativa de benefícios previdenciários que o INSS entende como "indevidos", isto é, aqueles que tenham sido "concedido por decisão judicial provisória que é posteriormente revogada ou reformada, ou por decisão transitada em julgado que venha a ser rescindida", nos termos do art. 1º, *caput*, da Portaria.

A Portaria em tela, buscando adquirir aparência de legalidade, define em seu art. 1º, incisos I e II, que a cobrança dos valores indicados se dará, apenas *preferencialmente,* nos próprios autos do processo judicial em que proferida a decisão provisória que é posteriormente revogada ou reformada, ou nos autos do processo da ação rescisória, quando se tratar de desconstituição de decisão com trânsito em julgado.

O ressarcimento de valores pagos a título de tutela provisória (antiga tutela antecipada do art. 273 do Código de Processo Civil de 1973) deve ser liquidado nos próprios autos onde foi concedida e posteriormente revogada, nos termos do art. 302, parágrafo único, do CPC/2015. Mas a Portaria Conjunta PGF/INSS n. 2, de 16.01.2018, dispõe que o respeito aos parâmetros do art. 302, parágrafo único, do CPC/2015, é meramente opcional, isto é, será seguido esse procedimento apenas se possível, mas não se trataria de procedimento legal obrigatório, ainda que previsto no Código de Processo Civil.

Também incorre em inconstitucionalidade, vez que ofende o art. 2º, *caput*, da Constituição Federal, que traz o princípio da separação de poderes, vez que o INSS passará a efetuar cobrança administrativa de benefício previdenciário decidido na via judicial. Se a esfera judicial, pelas razões que entendeu mais adequadas, não dispôs a respeito de eventual devolução de valores, não pode a Administração Pública, sem autorização judicial, vir a promover a cobrança desse tipo de valor.

Outra situação de bizarrice jurídica constante da Portaria reside na pretensão de dispensa do contraditório e da ampla defesa na esfera administrativa. De fato, é espantosa a dicção do art. 2º, § 4º, da aludida Portaria:

> § 4º Não haverá instrução, nem a necessidade de oportunizar prazo para defesa no âmbito do processo administrativo de cobrança, resguardando-se a eficácia preclusiva da coisa julgada formada pelo processo judicial já transitado em julgado, no bojo do qual o segurado já pôde exercer o seu direito à ampla defesa e ao contraditório, em feito conduzido pelo Poder Judiciário de acordo com a legislação processual civil, que culminou na formação de um título executivo judicial apto a ser exigido, na forma do art. 515, I, do Código de Processo Civil/2015.

Ora, o que se vê é a ofensa direta e frontal aos princípios do devido processo legal e do amplo acesso à justiça, consagrado no art. 5º, incisos XXXV, LIV e LV, da Constituição Federal:

> XXXV – a lei não excluirá da apreciação do Poder Judiciário lesão ou ameaça a direito;
>
> LIV – ninguém será privado da liberdade ou de seus bens sem o devido processo legal;
>
> LV – aos litigantes, em processo judicial ou administrativo, e aos acusados em geral são assegurados o contraditório e ampla defesa, com os meios e recursos a ela inerentes;
>
> (...)

Não se pode admitir que a "dívida" do segurado já seja líquida, tendo em vista anterior processo judicial onde este teria tido a oportunidade de se defender e, portanto, configurado o devido processo legal. Este deve se dar também, e especificamente, no processo administrativo a cargo do INSS, a fim de apurar eventuais valores a serem devolvidos, quais critérios e por quais percentuais.

E isso se opera por pura e simples aplicação dos dispositivos constitucionais supracitados, de aplicação literal e expressa, sem necessidade de maiores elocubrações para identificar sua pertinência a esse tipo de situação administrativa.

Além destes exemplos de abusos travestidos de supostos "atos normativos", não se pode esquecer de mencionar as cotidianas violações de direitos dos segurados e prerrogativas profissionais de seus defensores, através de atos cotidianos de mau atendimento ou perícias médicas desarrazoáveis.

3.3. Abusos e atos de autoritarismo no âmbito do Poder Judiciário

Foi dito que é raro falar em autoritarismo no âmbito do Poder Legislativo. Muito mais excepcional é apontar esse tipo de arbitrariedade praticada pela esfera judicial.

Mas estas existem e, quiçá, são comezinhas.

Estas arbitrariedades podem ser identificadas em diversas situações que são narradas corriqueiramente por aqueles que militam nos fóruns previdenciários: demora na apreciação judicial dos processos; perícias médicas realizadas com total desconsideração do caso concreto ou da pessoa humana objeto da perícia; julgamentos de processos sem a leitura (não se fala nem em "análise") das provas e consideração dos argumentos jurídicos apresentados; jurisprudência defensiva que freia desavergonhadamente e sem fundamento a admissão de recursos para as esferas superiores; e audiências de conciliação em que se "força" a celebração de acordos muitas vezes com o único objetivo de redução de acervo judiciário.

Além destas práticas inadequadas de gestão judiciária (se é que se podem denominar por esta expressão), preocupa muito quando a arbitrariedade e o descaso para com o Direito se dá no ato de julgar.

Talvez o símbolo dessa indignação e desrespeito seja o julgamento contido no RE n. 661.256, onde se impossibilitou a concessão da chamada *desaposentação*.

A insurgência não reside no conteúdo do julgamento. Gravita sobretudo na sua *forma* e na ausência gritante de fundamentação. Ali se consagrou a seguinte tese:

> No âmbito do Regime Geral de Previdência Social (RGPS), somente lei pode criar benefícios e vantagens previdenciárias, não havendo, por ora, previsão legal do direito à 'desaposentação', sendo constitucional a regra do art. 18, § 2º, da Lei n. 8.213/1991.

Muito se falou do eventual viés político e dos argumentos meramente econômicos adotados pelo Excelso Pretório. Da falta de conhecimento específico sobre Direito Previdenciário e sobre a realidade atuarial do sistema de Seguridade Social. Da mesma maneira, é chocante a conclusão de que prevalece o art. 18, § 2º, da Lei n. 8.213/1991, sobre todo o sistema e princípios constitucionais de Previdência Social, os quais eram utilizados para a construção da tese da desaposentação.

Destaco, entretanto, a análise da questão da *contrapartida social em relação às contribuições previdenciárias carreadas ao sistema previdenciário*: o segurado que recolhe contribuições previdenciárias possuiria o direito de receber, em troca, prestações previdenciárias por parte do Estado?

O STF já analisou a questão algumas vezes, em julgados importantes. Na ADI n. 3.105, por exemplo, já definiu que o servidor aposentado deve recolher contribuições previdenciárias, em nome do princípio da solidariedade social (que foi completamente *ressignificado*), sem esperar novas prestações previdenciárias em troca.

No julgamento da desaposentação, ora finalizado, restou claro que a posição do STF vai no sentido de que o recolhimento das contribuições previdenciárias, que são tributo vinculado, não mais enseja qualquer forma de direito ou expectativa de direito aos segurados.

Este elemento é de altíssima arbitrariedade e descompasso com os parâmetros de cidadania: a imposição tributária passa a ser dotada de efeito confiscatório e prevalece ante qualquer forma de contrapartida ou contraprestação em termos de adequados benefícios previdenciários.

Para além da derrota do tema da desaposentação no STF, o mais grave são os caminhos apontados pela argumentação contida no julgamento: a contrapartida social é desnecessária e fica completamente ao arbítrio do legislador, desligada de qualquer baliza constitucional que dê contornos de razoabilidade e proporcionalidade (consoante expressa toda a Teoria Geral dos Direitos Fundamentais): um mero preceito legal (como o art. 18, § 2º, da Lei n. 8.213/1991) passa a prevalecer sobre os ditames constitucionais; os direitos fundamentais previdenciários tornam-se ainda mais vulneráveis.

4. CONCLUSÕES

A estrutura da Previdência Social, tendo em vista sua íntima conexão com o tema da dignidade da pessoa humana, sobretudo pela pertinência temática das políticas e serviços públicos previdenciários, bem como pelo respaldo no bloco de constitucionalidade, é notoriamente configurada como direito fundamental.

Apesar dessa consistência normativa e jurídica, diversos atos de abuso e autoritarismo têm sido praticados no cenário político-institucional brasileiro mais recente.

Essa perpetração de abusos se dá no âmbito dos 3 Poderes da República: Legislativo, Executivo e até mesmo no Judiciário, causando preocupação e perplexidade.

A única conclusão possível não advém apenas da Lógica Jurídica, mas do próprio sentido de Justiça Social que deve pautar a construção do Estado Democrático de Direito.

5. REFERÊNCIAS BIBLIOGRÁFICAS

SAVARIS, José Antonio. *Uma teoria da decisão judicial da Previdência Social*: contributo para a superação da prática utilitarista. São Paulo: Conceito, 2011.

SERAU JR., Marco Aurélio. *Seguridade Social como direito fundamental material*. 2. ed. rev. e atual. Curitiba: Juruá, 2011.

_____. *Resolução do conflito previdenciário e direitos fundamentais*. São Paulo: LTr, 2015.

Aposentadoria Especial – Reforma da Previdência e o Princípio Constitucional do Direito Adquirido

Maria Helena Carreira Alvim Ribeiro[1]

1. CONCEITUAÇÃO DO BENEFÍCIO DA APOSENTADORIA ESPECIAL

A melhor interpretação que devemos dar ao benefício da aposentadoria especial é a que privilegia os princípios constitucionais do direito à vida, à dignidade da pessoa humana e a saúde, que permitiram ao legislador, ao tratar da Previdência Social no art. 201[2] da CF, manter o instituto da aposentadoria especial.

Ao longo dos anos, os direitos humanos, positivados na Constituição Federal, têm sido fortalecidos, ampliando-se sua garantia, e resguardando a dignidade dos brasileiros e estrangeiros (residentes no País[3]) para protegê-los, inclusive, frente ao Estado.

Vários dispositivos da Constituição Federal tiveram como objetivo a proteção da dignidade da pessoa humana. Consta no *caput* do art. 5º:

> *Todos são iguais perante a lei, sem distinção de qualquer natureza, garantindo-se aos brasileiros e aos estrangeiros residentes no País a inviolabilidade do direito à vida, à liberdade, à igualdade, à segurança e à propriedade, nos termos seguintes: (...)*

Tratando-se de fundamento da República Federativa do Brasil, consta no inciso III do art. 1º da Constituição Federal:

> *A República Federativa do Brasil, formada pela união indissolúvel dos Estados e Municípios e do Distrito Fe-*

---

(1) Ex-advogada da Caixa Econômica do Estado de Minas Gerais, atuou como representante da Caixa Econômica de Minas Gerais junto ao Conselho de Política Financeira do Estado de Minas Gerais na área da Seguridade e Previdência. Ex-procuradora do Estado de Minas Gerais. Ex-procuradora do Instituto Nacional do Seguro Social – INSS. Atuou como Juíza Federal da 29ª Vara Federal da Seção Judiciária de Minas Gerais, especializada em matéria previdenciária, e como Juíza Federal da 1ª e 5ª Vara Federal da Subseção Judiciária de Juiz De Fora/MG - Juizados Especiais Federais. Atuou como Juíza da 4ª vara da subseção judiciária de Juiz de Fora/MG - vara de competência geral. Atuou na 2ª Turma Recursal da Seção judiciária de Minas Gerais. Atuou na 2ª Turma Suplementar do Tribunal Regional da 1ª Região - TRF1 e como Coordenadora do JEF na Subseção Judiciária de Juiz de Fora/MG. Atuou como membro da Câmara Regional da Subseção Judiciária de Juiz De Fora/MG. Autora dos livros Aposentadoria Especial, Regime Geral da Previdência Social e Trabalhador Rural e Segurado Especial, além de ser colaboradora da Escola do Legislativo da ALMG.

(2) Art. 201. A previdência social será organizada sob a forma de regime geral, de caráter contributivo e de filiação obrigatória, observados critérios que preservem o equilíbrio financeiro e atuarial, e atenderá, nos termos da lei, a: (Redação dada pela Emenda Constitucional n. 20, de 1998)
§ 1º É vedada a adoção de requisitos e critérios diferenciados para a concessão de aposentadoria aos beneficiários do regime geral de previdência social, ressalvados os casos de atividades exercidas sob condições especiais que prejudiquem a saúde ou a integridade física e quando se tratar de segurados portadores de deficiência, nos termos definidos em lei complementar. (Redação dada pela Emenda Constitucional n. 47, de 2005)

(3) O Informativo n. 502 do STF transcreve a decisão do Ministro Celso de Mello reconhecendo o direito de estrangeiro não residente, afastando a interpretação literal do *caput* do art. 5º, da CF/1988. "O fato de o paciente ostentar a condição jurídica de estrangeiro e de não possuir domicílio no Brasil não lhe inibe, só por si, o acesso aos instrumentos processuais de tutela da liberdade nem lhe subtrai, por tais razões, o direito de ver respeitadas, pelo Poder Público, as prerrogativas de ordem jurídica e as garantias de *índole* constitucional que o ordenamento positivo brasileiro confere e assegura a qualquer pessoa que sofra persecução penal instaurada pelo Estado." (STF, HC n. 94016 MC/SP, Rel. Min. Celso de Mello. Decisão publicada no DJE de 07.04.2008.). Disponível em: <http://www.stf.jus.br/arquivo/informativo/documento/informativo502.htm#transcricao1>. Acesso em: 04 out. 2017. O REsp n. 1.225.854 reconhece que estrangeiros não residentes no Brasil têm direito à gratuidade de Justiça em processo que tramita em Novo Hamburgo (RS). Por sua vez, o posicionamento do STF é no sentido da atenção e tratamento médico necessário ao estrangeiro não residente no País em respeito à dignidade da pessoa humana. A própria Constituição Federal positivou a dignidade da pessoa humana em seu art. 1º, inciso III, assegurando os direitos fundamentais a todos os seres humanos, independentemente de nacionalidade.

deral, constitui-se em Estado Democrático de Direito e tem como fundamentos:

III – a dignidade da pessoa humana; (...)

Luís Roberto Barroso ensina: "*A dignidade da pessoa humana expressa um conjunto de valores civilizatórios incorporados ao patrimônio da humanidade. O conteúdo jurídico do princípio vem associado aos direitos fundamentais, envolvendo aspectos dos direitos individuais, políticos e sociais.*[4]

Daniel Machado da Rocha e José Antonio Savaris destacam em obra de sua autoria[5]:

Com a Constituição da República de 1988, a dignidade da pessoa humana, a cidadania e o valor social do trabalho passaram a ser considerados fundamentos de nosso Estado Democrático de Direito.[6] *(...)*

Fundada na dignidade da pessoa humana, a Constituição da República assume como fundamentais diversos objetivos dos quais somente tem sentido falar segundo uma perspectiva que visualize a fundamentalidade dos direitos sociais, que, desde sua emergência, constituem objeto de intensos debates ideológicos.

Tão intima é a conexão do direito à seguridade social com o princípio da dignidade da pessoa humana que se torna inegável sua natureza de direito humano e fundamental.[7]

Para Flávia Piovesan, infere-se dos dispositivos constitucionais:

Quão acentuada é a preocupação da Constituição em assegurar os valores da dignidade e do bem-estar da pessoa humana, com um imperativo de justiça social.[8]

Ainda que a dignidade da pessoa humana não seja um conceito jurídico, mas "filosófico", não é admitida qualquer restrição ou supressão, nem possibilidade de qualquer interpretação no sentido de limitá-la.

Ana Paula Fernandes destaca que em "*um Estado Democrático de Direito, os direitos fundamentais servem de norte para a ação dos poderes constituídos, impondo limites e servindo-lhes de diretrizes*"[9].

Ressalta que:

as dimensões, objetiva e subjetiva, revelam um binômio de poder-dever, pois impedem o legislador de restringir os direitos fundamentais e exigem, por outro lado, a edição de normas que garantam a efetivação desses mesmos direitos, exigindo do Estado, ora condutas positivas, ora negativas, ou seja, de ação ou abstenção, respectivamente.

Os Tribunais Superiores têm fundamentado decisões no princípio dignidade da pessoa humana:

PROCESSUAL CIVIL. PREVIDENCIÁRIO. CONSTITUCIONAL. **VALORES INDEVIDOS RECEBIDOS POR FORÇA DE ANTECIPAÇÃO DE TUTELA POSTERIORMENTE REVOGADA. DEVOLUÇÃO.** ENTENDIMENTO DO TRIBUNAL DE ORIGEM FUNDAMENTADO EM INTERPRETAÇÃO CONSTITUCIONAL. COMPETÊNCIA DO STF. 1. Na hipótese dos autos, o Tribunal de origem, ao decidir a *vexata quaestio*, consignou (fls. 148-150/e-STJ): "(...) Discute-se sobre a possibilidade de cobrança de valores pagos pelo INSS por força de antecipação de tutela posteriormente revogada. Não obstante tenha sido revogada a antecipação dos efeitos da tutela é incabível a restituição dos valores recebidos a esse título. Está consolidado o entendimento jurisprudencial no sentido de que em se tratando de valores percebidos de boa-fé pelo segurado, seja por erro da Administração, seja em razão de antecipação de tutela, não é cabível a repetição das parcelas pagas. Os princípios da razoabilidade, da segurança jurídica e da **dignidade da pessoa humana**, aplicados à hipótese, conduzem à impossibilidade de repetição das verbas previdenciárias. Trata-se de benefício de caráter alimentar, recebido pelo beneficiário de boa-fé. Deve-se ter por inaplicável o art. 115 da Lei 8.213/1991 na hipótese de inexistência de má-fé do segurado. Não

---

(4) BARROSO, Luís Roberto. *Revista Direito Federal* – Revista da Associação dos Juízes Federais do Brasil. Brasília: Impetus Desenvolvimento Educacional, a. 20, n. 67, p. 79, 2001.

(5) ROCHA, Daniel Machado da; SAVARIS, José Antonio. *Curso de direito previdenciário*: fundamentos de interpretação e aplicação do direito previdenciário. Curitiba: Alteridade, 2014. p. 105.

(6) Art. 1º A República Federativa do Brasil, formada pela união indissolúvel dos Estados e Municípios e do Distrito Federal, constitui-se em Estado Democrático de Direito e tem como fundamentos: I – a soberania; II – a cidadania; III – a dignidade da pessoa humana; IV – os valores sociais do trabalho e da livre iniciativa; V – o pluralismo político.

(7) ROCHA, Daniel Machado da; SAVARIS, José Antonio. *Op. cit.*, p. 109.

(8) PIOVESAN, Flávia. *Direitos Humanos e o Direito Constitucional Internacional*. 2. ed. São Paulo: Max Limonad, 1997. p. 59.

(9) FERNANDES, Ana Paula. *Os direitos previdenciários no Supremo Tribunal Federal*. São Paulo: LTr, 2015. p. 27.

se trata de reconhecer a inconstitucionalidade do dispositivo, mas que a sua aplicação ao caso concreto não é compatível com a generalidade e a abstração de seu preceito, o que afasta a necessidade de observância da cláusula de reserva de plenário (art. 97 da Constituição Federal). Nesse sentido vem decidindo o STF, v. g.: AI 820.685-AgR, Rel. Min. Ellen Gracie; AI 746.442-AgR, Rel. Min. Cármen Lúcia. Um dos precedentes, da relatoria da Ministra Rosa Weber, embora não vinculante, bem sinaliza para a orientação do STF quanto ao tema:" (...) "Não bastasse essa última decisão, o STF, quando instado a decidir sobre o tema, vem entendendo pela inaplicabilidade do art. 115 da Lei 8.213/1991 nas hipóteses de inexistência de má-fé do beneficiário. Não se trata de reconhecer a inconstitucionalidade do dispositivo, mas que a sua aplicação ao caso concreto não é compatível com a generalidade e a abstração de seu preceito, o que afasta a necessidade de observância da cláusula de reserva de plenário (art. 97 da Constituição Federal). Nesse sentido vem decidindo o STF, v. g.: AI 820.685-AgR, Rel. Min. Ellen Gracie; AI 746.442-AgR, Rel. Min. Cármen Lúcia." 2. Extrai-se do acórdão objurgado que a *quaestio iuris* foi decidida sob o enfoque constitucional, razão pela qual descabe ao Superior Tribunal de Justiça se manifestar sobre a matéria, sob pena de invadir a competência do Supremo Tribunal Federal. 3. Recurso Especial não conhecido. (REsp 201702291373. REsp – RECURSO ESPECIAL – 1.694.702. Relator Herman Benjamin, 2ª T., DJE DATA: 11.10.2017).

*PROCESSUAL CIVIL E ADMINISTRATIVO. EMBARGOS DE DIVERGÊNCIA EM AGRAVO. PENSÃO POR MORTE. MENOR SOB GUARDA. ALTERAÇÕES LEGISLATIVAS. ART. 16 DA LEI N. 8.213/1990. MODIFICAÇÃO PELA MP N. 1.523/1996, CONVERTIDA NA LEI N. 9.528/1997. CONFRONTO COM O ART. 33, § 3º, DO ECA. INTERPRETAÇÃO COMPATÍVEL COM A **DIGNIDADE DA PESSOA HUMANA** E COM O PRINCÍPIO DE PROTEÇÃO INTEGRAL DO MENOR. 1. Tem-se no presente feito como questão de fundo a possibilidade de assegurar benefício de pensão por morte a menor sob guarda judicial, em face da prevalência do disposto no art. 33, § 3º, do Estatuto da Criança e do Adolescente – ECA sobre norma previdenciária de natureza específica, ou seja, sobre o art. 16, § 2º da Lei n. 8.213/1991, alterada pela Lei n. 9.528/1997. 2. Havendo plano de proteção em arcabouço sistêmico constitucional e comprovada a guarda, em face da prevalência do disposto no art. 33, § 3º, do Estatuto da Criança e do Adolescente – ECA sobre norma previdenciária de natureza específica, ao menor sob guarda deve ser assegurado o benefício de pensão por morte, mesmo se o falecimento do instituidor se deu após a modificação legislativa promovida pela Lei n. 9.528/1997 na Lei n. 8.213/1990. Precedente: EREsp 1.141.788/RS, Rel. Ministro João Otávio de Noronha, Corte Especial, DJe 16.12.2016. 3. Embargos de divergência providos.* (EAG 200800809585. EAG – EMBARGOS DE DIVERGÊNCIA EM AGRAVO – 1.038.727. Relator Benedito Gonçalves. Corte Especial. STJ. DJE DATA:27.10.2017.)

A Constituição tem enorme importância na preservação dos direitos do segurado pela impossibilidade de uma legislação infraconstitucional tutelar todas as situações concretas que poderiam ocorrer em relação ao ambiente laboral.

Ressalta-se a importância do direito adquirido nesse contexto, pois os direitos adquiridos devem ser preservados quando editadas novas leis ou revogadas aquelas em vigor; quando suprimida totalmente a norma anterior (ab-rogação), ou tornada sem efeito parte da norma anterior (derrogação).

A Constituição Federal e o ordenamento brasileiro referem-se expressamente ao princípio do direito adquirido:

> Art. 5º, XXXVI – a lei não prejudicará o direito adquirido, o ato jurídico perfeito e a coisa julgada;

O enquadramento do tempo de atividade especial exige o estudo de uma sucessão de leis, de normas que foram revogadas, mas continuam, e continuarão, a ser aplicadas em relação ao tempo trabalhado durante a sua vigência, em razão do direito adquirido, ainda que venha a ocorrer uma nova regulamentação da matéria por qualquer instrumento legal.

Comecemos pela expressão direito.

A pergunta "o que é o direito?" pode causar perplexidade.

Trata-se de questão tratada nos cursos de Introdução e de Filosofia do Direito, para a qual não há apenas única resposta, pois a palavra direito possui mais de um significado.

Não se confunde direito com as suas fontes, como a lei que é a positivação do direito.

Nesse sentido, Koogan/Houaiss Enciclopédia e Dicionário define como "complexo de leis ou normas que regem as relações entre os homens. Ciência que estuda essas normas"[10].

Para Marcus Paulo Acquaviva:

> *A palavra direito provém do latim* directu, *que suplantou a expressão* jus *do latim clássico por*

---

(10) Koogan/Houaiss Enciclopédia e Dicionário; Edições Delta; 1993.

ser mais expressiva". "Significa remotamente, portando guiar, conduzir", acrescenta que, "as acepções da palavra direito variam grandemente" e que "a palavra apresenta acepções várias, embora análogas".[11]

Direito pode se referir à ciência do direito ou ao conjunto de normas jurídicas vigentes em um país (direito objetivo). Também pode ter o sentido de íntegro, honrado. É aquilo que é justo, reto e conforme a lei. É ainda uma regalia, um privilégio, uma prerrogativa.[12]

Reunião das regras e leis que mantêm ou regulam a vida em sociedade. Ciência que estuda essas normas, leis e regras, em seu aspecto geral ou particular: direito civil; direito penal. Reunião dessas leis e normas que vigoram num país. Aquilo que é garantido ao indivíduo por razão da lei ou dos hábitos sociais: direito de frequentar qualquer escola. Que expressa justiça; correto. adjetivo. Que respeita as leis, as normas e os bons costumes; honesto.[13]

O direito não é imutável; é dinâmico, e se transforma; compreendido como o conjunto de regras impostas pelo Estado para orientar a conduta das pessoas, garantia da ordem e da justiça, sua criação pode se originar também da interpretação do sentido dessas normas.

Ao decidir uma causa, o Poder Judiciário aprecia a validade das leis e dos regulamentos, examinando, *incidenter tantum*, sua constitucionalidade ou inconstitucionalidade, constituindo uma fonte de criação do direito.

Mas, ainda que atue no sentido de encontrar a melhor interpretação, a mais racional, a mais justa, é tarefa indeclinável do Poder Judiciário considerar a questão relativa ao direito adquirido do segurado ao longo do tempo em que ocorreu a prestação de serviços nocivos à sua saúde ou integridade física.

No campo da legislação, a LIMDB[14] – Lei de Introdução às Normas do Direito Brasileiro (redação dada pela Lei n. 12.376, de 2010, dispõe:

Art. 6º A Lei em vigor terá efeito imediato e geral, respeitados o ato jurídico perfeito, o direito adquirido e a coisa julgada. (Redação dada pela Lei n. 3.238, de 1957)

§ 2º Consideram-se adquiridos assim os direitos que o seu titular, ou alguém por ele, possa exercer, como aqueles cujo começo do exercício tenha termo pré-fixo, ou condição pré-estabelecida inalterável, a arbítrio de outrem. (Incluído pela Lei n. 3.238, de 1957)

A doutrina não assentou o conceito de direito adquirido.

Direito adquirido é o que implementa todos os requisitos para ser exercido, enquanto a expectativa de direito depende de um requisito legal ou um fato específico para a sua aquisição.

José Afonso da Silva o define como:

um direito exercitável segundo a vontade do titular e exigível na via jurisdicional quando o seu exercício é obstado pelo sujeito obrigado à prestação correspondente.

Se o direito subjetivo não foi exercido, vindo a lei nova, transforma-se em direito adquirido, porque era direito exercitável e exigível à vontade de seu titular. Incorporou-se no seu patrimônio, para ser exercido quando convier. A lei nova não pode prejudicá-lo, só pelo fato de o titular não o ter exercido antes.[15]

Não se trata aqui da questão da retroatividade da lei, mas tão só de limite de sua aplicação. A lei nova não se aplica à situação objetiva constituída sob o império da lei anterior.

Tratando-se de comprovação da atividade especial, a aplicação de leis e decretos revogados não pode ser confundida com a figura da repristinação ou com o princípio da irretroatividade da lei.

Como ensina o citado autor,

*a Constituição não veda a retroatividade da lei, a não ser da lei penal que não beneficie o réu. Afora isto, o princípio da irretroatividade da lei não é de Direito Constitucional, mas **princípio geral de Direito**. Decorre do princípio de que as leis são feitas para vigorar e incidir para o futuro. Isto é: são feitas para reger situações que se apresentem a partir do momento em que entram em vigor.*

---

(11) ACQUAVIVA, Marcus Cláudio. *Técnica Jurídica e Redação Forense*. Brasiliense Coleções. 1986. p. 62-63.
(12) Dicionário Houaiss, verbete "direito".
(13) Disponível em: <https://www.dicio.com.br/direito/>. Acesso em: 11.03.2018.
(14) A Lei de Introdução às Normas do Direito Brasileiro cuida dos seguintes assuntos: a) vigência e eficácia das normas jurídicas; b) conflito de leis no tempo; c) conflito de leis no espaço; d) critérios hermenêuticos; e) critérios de integração do ordenamento jurídico; f) normas de direito internacional privado (arts. 7º a 19).
(15) SILVA, José Afonso da. *Curso de Direito Constitucional Positivo*. 15. ed. São Paulo: Malheiros, 1998. p. 434-435.

Definindo o seu conceito, transcrevemos lição de Marcus Cláudio Acquaviva, para quem princípios gerais de direito são:

> princípios que decorrem do próprio fundamento da legislação positiva, que, embora não se mostrando expressos, constituem os pressupostos lógicos necessários das normas legislativas.[16]

Para Miguel Reale, *princípios gerais de direito são enunciações normativas de valor genérico, que condicionam e orientam a compreensão do ordenamento jurídico, quer para a sua aplicação e integração, quer para a elaboração de novas normas. Cobrem, desse modo, tanto o campo da pesquisa pura do Direito quanto o de sua atualização prática*[17].

Wladimir Flávio Luiz Braga escreve:

> Na seara específica da Teoria Geral do Direito, os PRINCÍPIOS GERAIS são enunciados normativos – de valor muitas vezes universal – que orientam a compreensão do ordenamento jurídico no tocante à elaboração, aplicação, integração, alteração (derrogação) ou supressão (ab-rogação) das normas. Representam o núcleo do sistema legal. São, pois, as ideias de justiça, liberdade, igualdade, democracia, dignidade, etc., que serviram, servem e poderão continuar servindo de alicerce para o edifício do Direito, em permanente construção.[18]

Em relação ao direito adquirido, José Afonso da Silva ensina que:

> Cumpre fazer uma observação final, a respeito da relação entre direito adquirido e direito público. Não é rara a afirmativa de que não há direito adquirido em face da lei de ordem pública ou de direito público, a generalização não é correta nesses termos. O que se diz com boa razão é que não corre direito adquirido contra o interesse coletivo, porque aquele é manifestação de interesse particular que não pode prevalecer o sobre o interesse geral.[19]

Maria Helena Diniz entende que "*direito adquirido é o que se incorporou definitivamente ao patrimônio e à personalidade de seu titular, de modo que nem a lei, nem fato posterior podem alterar tal situação jurídica, pois há direito concreto, ou seja, subjetivo, e não direito potencial ou abstrato*".

Segundo Geni Koskur:

> O direito adquirido tira a sua existência dos fatos jurídicos passados e definitivos, quando seu titular os pode exercer. No entanto, não deixa de ser adquirido o direito, mesmo quando o seu exercício dependa de um termo prefixado ou de condição preestabelecida, inalterável a arbítrio de outrem.
>
> Portanto, sob o ponto de vista da retroatividade das leis, não somente se consideram adquiridos os direitos aperfeiçoados ao tempo em que se promulga a lei nova, como os que estejam subornados a condições ainda não verificadas, desde que não indiquem alteráveis ao arbítrio de outro.[20]

Para Sergio Pinto Martins, "direito adquirido é o que entrou para o patrimônio jurídico da pessoa, podendo ser exercido a qualquer momento".

2. POSICIONAMENTOS DO STF QUANTO AO DIREITO ADQUIRIDO

O STF tem se manifestado acerca desse importante tema, encontrando-se na Súmula n. 359 uma das primeiras decisões, ressalvando que a revisão prevista em lei, os proventos da inatividade regulam-se pela lei vigente ao tempo em que o militar ou o servidor civil reuniu os requisitos necessários.

No julgamento dos RE n. 72.509 embargos (RTJ 64/408), o Tribunal Pleno, resolvendo questão de ordem, alterou a Súmula n. 359:

> Ressalvada a revisão prevista em lei, os proventos da inatividade regulam-se pela lei vigente ao tempo em que o militar, ou o servidor civil, reuniu os requisitos necessários, inclusive a apresentação do requerimento, quando a inatividade for voluntária, suprimindo-se as palavras "inclusive a apresentação do requerimento, quando a inatividade for voluntária".

---

(16) ACQUAVIVA, Marcus Cláudio. *Técnica Jurídica e Redação Forense*. Brasiliense Coleções, 1986. p. 149.
(17) REALE, Miguel. *Lições Preliminares de Direito*. 25. ed. 22. tir. São Paulo: Saraiva, 2001. p. 285.
(18) Disponível em: <http://fdc.br/Artigos/..%5CArquivos%5CArtigos%5C14%5CPrincipiosGeraisDireito.pdf>. Acesso em: 11 mar. 2018.
(19) SILVA, José Afonso da. Ob. cit., p. 435.
(20) KOSKUR, Geni. Direito Previdenciário Temas Atuais. In: DARTORA, Cleci Maria (Coord). *Fundamentos do direito adquirido e sua aplicabilidade no Direito Previdenciário*. Curitiba: Juruá, 2006.

A Súmula sofreu alteração, mas no RE n. 630.501, o Relator, Ministro Teori Zavascki, assim decidiu:

> Pois bem, ao preencher os requisitos legalmente exigidos para se aposentar por tempo de serviço, o segurado adquire o direito correspondente, direito que passará a integrar o seu patrimônio jurídico, com as configurações, inclusive o valor dos proventos, que lhes der a lei vigente à data da implementação e não à data do requerimento. Foi por essa razão que o Supremo alterou a Súmula n. 359, para desatrelar do direito adquirido o seu exercício. (RE n. 630.501, Voto do Ministro Teori Zavascki, Redator para o acórdão Ministro Marco Aurélio, Tribunal Pleno, julgamento em 21.02.2013, DJe de 26.08.2013, com repercussão geral – tema 334.)

No Recurso Extraordinário n. 258.570-RS, julgado em 05.03.2002, o Ministro Moreira Alves entende:

> EMENTA: Aposentadoria previdenciária. Direito adquirido. Súmula n. 359. Esta Primeira Turma (assim, nos RREE 243.415, 266.927, 231.167 e 258.298) firmou o entendimento que assim é resumido na ementa do acórdão do primeiro desses recursos: "Aposentadoria: proventos: direito adquirido aos proventos conforme à lei regente ao tempo da reunião dos requisitos da inatividade, ainda quando só requerida após a lei menos favorável (Súmula n. 359, revista): aplicabilidade *a fortiori* à aposentadoria previdenciária.

No Recurso Extraordinário n. 82.881/SP, o Ministro Moreira Alves, em seu voto[21], faz as seguintes considerações:

> *O direito que então se adquiriu foi o de ter acrescido, ainda que para efeitos futuros, o tempo de serviço público. Para a aquisição desse direito – que não tem que ver com o direito a aposentar-se, pois é um direito que diz respeito a um dos elementos necessários à aposentadoria, o tempo – basta a ocorrência do fato de cujo nascimento ele depende.*
>
> *(...)*
>
> *O tempo de serviço é apenas um dos elementos necessários à aposentadoria. A qualificação jurídica desse tempo é regida pela lei vigente no momento em que ele é prestado.*
>
> *(...)*
>
> *Há dois direitos diferentes: um é o direito à contagem de tempo; e outro, o direito a aposentar-se.*
>
> *(...)*

> *Esse direito se adquire antes da aposentadoria, embora sua eficácia só ocorra quando se completem os demais requisitos para a aposentação. A lei do tempo da produção do efeito não pode impedi-la sob o fundamento de que, nesse instante, o direito de que decorre o efeito não é mais admitido. É justamente para evitar isso que há a proibição da retroatividade, quando existe direito adquirido antes da lei nova, embora sua eficácia só ocorra depois dela.*

Uma nova legislação, ainda que introduzida por uma emenda constitucional, não poderá atingir o passado das pessoas; não pode legislar para o passado, violando o que se constituiu sob o amparo da ordem jurídica anterior.

Como adverte José Afonso da Silva, o princípio da irretroatividade da lei é princípio geral de Direito.

> *Decorre do princípio de que as leis são feitas para vigorar e incidir para o futuro. Isto é: são feitas para reger situações que se apresentem a partir do momento em que entram em vigor.*

Alçados a nível constitucional, os institutos do direito adquirido, do ato jurídico perfeito e da coisa julgada existem para preservar a segurança jurídica e a irretroatividade da lei.

Em obra de nossa autoria, assim nos manifestamos:

> Não existe controvérsia quanto ao princípio de que o direito não pode molestar o passado das pessoas; a lei pode prover para o presente e o futuro, mas, não pode legislar para o passado, violando o que já se constituiu sob o amparo da ordem jurídica anterior.[22]

Dessa forma, as alterações na legislação previdenciária não terão eficácia em relação ao tempo de trabalho laborado em atividades especiais conforme legislação anterior.

Direitos oriundos de situações jurídicas consolidadas antes da entrada em vigor de uma nova legislação serão sempre resguardados ainda que ocorra uma reforma nas normas pertinentes ao benefício.

3. ALTERAÇÕES SOFRIDAS PELO BENEFÍCIO

Interessante relembrar que após a edição da Lei Eloy Chaves em 1923, foram criadas as Caixas de Aposentadorias e Pensões, começando pela Caixa de

---

(21) Acórdão de maio de 1976.
(22) *Aposentadoria Especial de Profissionais da Área da Saúde e Contribuintes Individuais*. 1. ed. Curitiba: Juruá Editora, 2018.

Aposentadorias e Pensões para os empregados das empresas ferroviárias e posteriormente os portuários, trabalhadores de serviços telegráfico e do rádio, e outras.

Os institutos de aposentadoria e pensão procedem das Caixas de aposentadoria e Pensões (CAPs) de acordo com as categorias profissionais: Instituto de Aposentadoria e Pensões dos Ferroviários e Empregados em Serviços Públicos; Instituto de Aposentadoria e Pensões dos Marítimos; Instituto de Aposentadoria e Pensões dos Comerciários; Instituto de Aposentadoria e Pensões dos Empregados em Transportes e Cargas; Instituto de Aposentadoria e Pensões dos Bancários; Instituto de Aposentadoria e Pensões dos Industriários. Instituto de Previdência e Assistência dos Servidores do Estado – **IPASE**[23].

Observamos que o Decreto n. 35.448, de 1º de maio de 1954[24], que expediu o Regulamento Geral dos Institutos de Aposentadoria e Pensões, já estabelecia em seu art. 29 que:

> Art. 29. A aposentadoria ordinária será concedida ao segurado que, contando, no mínimo, 55 (cinquenta e cinco) anos de idade e 15 (quinze) anos, pelo menos, em serviço que, para esse efeito, forem, por decreto, considerados penosos ou insalubres.[25]

A Lei 3.807, de 26 de agosto de 1960, dispôs sobre a Lei Orgânica da Previdência Social, unificando a legislação dos institutos de aposentadoria e pensão, tratando no art. 31 sobre a aposentadoria especial:

> Art. 31. A aposentadoria especial será concedida ao segurado que, contando no mínimo 50 (cinquenta) anos de idade e 15 (quinze) anos de contribuições tenha trabalhado durante 15 (quinze), 20 (vinte) ou 25 (vinte e cinco) anos pelo menos, conforme a atividade profissional, em serviços, que, para esse efeito, forem considerados penosos, insalubres ou perigosos, por Decreto do Poder Executivo.

A Lei n. 8.213, de 24 de julho de 1991, dispôs sobre os Planos de Benefícios da Previdência Social, conforme determinação da CF[26]:

> *Art. 57. A aposentadoria especial será devida, uma vez cumprida a carência exigida nesta lei, ao segurado que tiver trabalhado durante 15 (quinze), 20 (vinte) ou 25 (vinte e cinco) anos, conforme a atividade profissional, sujeito a condições especiais que prejudiquem a saúde ou a integridade física.*

> Art. 57. A aposentadoria especial será devida, uma vez cumprida a carência exigida nesta Lei, ao segurado que tiver trabalhado sujeito a condições especiais que prejudiquem a saúde ou a integridade física, durante 15 (quinze), 20 (vinte) ou 25 (vinte e cinco) anos, conforme dispuser a lei. (Redação dada pela Lei n. 9.032, de 1995)

A Emenda Constitucional n. 20, de 15.12.1998, veda a adoção de requisitos e critérios diferenciados, mas ressalva os casos de atividades exercidas sob condições especiais que prejudiquem a saúde ou a integridade física, definidos em lei complementar para a concessão de aposentadoria.

Confirmamos que a tentativa de inviabilizar a concessão da aposentadoria especial foi uma constante desde a sua criação; a sucessiva edição de leis ao longo dos anos tratando sobre esse benefício, causou enormes prejuízos aos segurados que requereram o benefício em fase de alteração da legislação previdenciária.

Isso é agravado com petições mal instruídas, que podem, na análise superficial das provas, permitir que a jurisprudência se enverede por caminho danoso ao segurado. Por outro lado, não é incomum encontrarmos decisões judiciais sem fundamentação ou em dissonância com as provas produzidas.

A aquisição do direito ao enquadramento e ao cômputo do tempo de atividade não se confunde com a aquisição do direito à aposentadoria; tanto o direito ao enquadramento, quanto o direito de converter esse tempo laborado em condições especiais, integra-se ao patrimônio do titular, não podendo ser alcançado por uma lei nova, em respeito à garantia constitucional do direito adquirido.

Se houve aquisição do direito, não pode estar condicionado à outra exigência, não podendo a legislação

---

(23) Acrônimos.

(24) Decreto n. 36.132, de 3 de setembro de 1954: Revoga o Decreto n. 35.448, de 1º de maio de 1954.

(25) A aposentadoria ordinária consistirá numa renda mensal calculada como a aposentadoria por invalidez.

(26) ADCT – Art. 59. Os projetos de lei relativos à organização da seguridade social e aos planos de custeio e de benefício serão apresentados no prazo máximo de seis meses da promulgação da Constituição ao Congresso Nacional, que terá seis meses para apreciá-los. Parágrafo único. Aprovados pelo Congresso Nacional, os planos serão implantados progressivamente nos dezoito meses seguintes. Lei n. 8.213/1991. Art. 144. Até 1º de junho de 1992, todos os benefícios de prestação continuada concedidos pela Previdência Social, entre 5 de outubro de 1988 e 5 de abril de 1991, devem ter sua renda mensal inicial recalculada e reajustada, de acordo com as regras estabelecidas nesta Lei. (Revogado pela Medida Provisória n. 2.187-13, de 2001.)

que criar novos requisitos para a concessão do benefício desconsiderar o tempo de atividade nociva já cumprido pelo trabalhador que integra seu patrimônio.

Se considerarmos os princípios da Constituição Federal, que visam à inviolabilidade do direito à vida[27] (art. 5º), a valorização do trabalhador (art. 7º), a proteção da dignidade da pessoa humana[28] (art. 1º), não se pode admitir que aquele que trabalhou sob condições nocivas à sua saúde ou integridade física, não tenha garantido o direito de computá-las como atividades especiais porque requereu a aposentadoria em momento posterior.

Alguns prejuízos não puderam ser minimizados, outros sim, não obstante os empecilhos criados para impedir a sua fruição aos segurados.

Algumas dessas alterações legislativas servirão de exemplo:

1. Decreto n. 62.755, de 22 de maio de 1968 – veio revogar o Decreto n. 53.831, de 24.03.1964, e o seu Quadro Anexo.
2. A Lei n. 5.527[29], de 08.11.1968, restabeleceu o direito ao benefício de aposentadoria especial para categorias profissionais, dispondo que as categorias profissionais que até 22 de maio de 1968 faziam jus à aposentadoria especial na forma do Decreto n. 53.831/1964, que foram excluídas pelo Decreto n. 63.230, de 10.09.1968, conservariam o direito ao benefício nas condições de tempo de serviço, e de idade vigente naquela data.
3. **A Lei n. 5.890/1973 diminuiu a carência para concessão do benefício para 5 (cinco) anos de contribuição; a aposentadoria especial seria concedida ao segurado que tivesse trabalhado durante 15, 20 ou 25 anos, conforme a atividade profissional, em serviços considerados penosos, insalubres ou perigosos, por decreto do Poder Executivo.**
4. A Lei n. 6.643, de 14.05.1979, veio computar o tempo de exercício de administração ou representação sindical para a aposentadoria especial, quando os trabalhadores integrantes das categorias profissionais permanecerem licenciados do emprego ou atividade, para exercerem esses cargos.
5. Lei n. 6.887, de 10.12.1980, permitiu a conversão do tempo de serviço em atividades comuns e em atividades penosas, insalubres ou perigosas, para o deferimento das três aposentadorias especiais, e para a aposentadoria comum[30].
6. **A Lei n. 6.887/1980 permitiu que** o tempo de serviço exercido alternadamente em atividades comuns e em atividades perigosas, penosas ou insalubres, pudesse ser convertido para o deferimento de qualquer uma das três aposentadorias especiais e para a obtenção da aposentadoria comum.
7. A Lei n. 8.213, de 24.07.1991 permite no § 3º do art. 57 a conversão do tempo de serviço exercido **alternadamente** em atividade comum e em atividade especial que seja, ou venha a ser, considerada prejudicial à saúde ou à integridade física, para ser somado após a conversão; o segurado poderia converter o tempo especial em comum e tempo comum especial.
8. A Lei n. 9.032, de 28.04.1995, altera o § 3º[31] do art. 57, retirando a expressão "alternadamente" do § 3º do art. 57; dessa forma, deixa de permitir a conversão de tempo comum em tempo especial. Além disso, retira a presunção absoluta (*juris et jure*) de exposição a agentes nocivos, relativamente às categorias profissionais, excluindo a expressão "conforme a categoria profissional" do *caput* do art. 57, e dando a redação: "conforme dispuser a lei". Passa, ainda, a exigir a comprovação pelo segurado, do tempo de trabalho **permanente, não ocasional nem intermitente.**

---

(27) § 4º A presença no ambiente de trabalho, com possibilidade de exposição a ser apurada na forma dos §§ 2º e 3º, de agentes nocivos reconhecidamente cancerígenos em humanos, listados pelo Ministério do Trabalho e Emprego, será suficiente para a comprovação de efetiva exposição do trabalhador. (Decreto n. 8.123/2013)

(28) Fundamento da República Federativa do Brasil.

(29) Revogada pela Lei n. 9.528, de 10.12.1997.

(30) ... na vigência desta Lei, sejam ou venham a ser consideradas... O extinto Tribunal Federal de Recursos, pela Súmula n. 201, consolidou a jurisprudência, acolhendo o direito à conversão, inclusive quando o segurado tivesse se **aposentado antes** da vigência da Lei n. 6.899/1981.

(31) Retira a expressão "alternadamente" do § 3º do art. 58.

9. A Medida Provisória n. 1.663-10, de 28.05.1998, revoga o § 5º do art. 57 da Lei n. 8.213/1991, que permitia a conversão do tempo de serviço especial em tempo comum. Continuou a ser reeditada até a MP n. 1.663-15, de 22.10.1998; porém, ao ser convertida na Lei n. 9.711/1998, a revogação do § 5º do art. 57 foi suprimida[32].

10. A Medida Provisória n. 1.523, de 11.10.1996, convertida na Lei n. 9.528/1997, altera a redação do art. 58 da Lei n. 8.213, dispondo que a **relação dos agentes nocivos** à saúde ou à integridade física será definida pelo Poder Executivo; exige que a comprovação da exposição aos agentes nocivos seja feita por formulário emitido pela empresa ou seu preposto, com base em laudo técnico de condições ambientais do trabalho expedido por médico do trabalho ou engenheiro de segurança do trabalho, devendo nele constar informação sobre a existência de tecnologia de **proteção coletiva** que diminua a intensidade do agente agressivo a limites de tolerância, e recomendação sobre a sua adoção.

11. A obrigatoriedade de constar informação sobre a proteção individual – EPI, se dá a partir de 12.12.1998, com a edição da Lei n. 9.732, de 11.12.1998[33]. Até a edição dessa Lei alterando o § 2º do art. 58, não havia previsão legal para constar informação sobre a existência de tecnologia de proteção individual; até então NÃO PODE ser desconsiderada a atividade exercida pelo segurado como especial pelo fato de constar no PPP que o EPI utilizado pelo trabalhador foi eficaz. Após 12.12.1998, deve ser considerado que, se a legislação dispõe que a EMPRESA é a responsável pela adoção e uso do EPI, não cabe ao segurado comprovar que usou, ou se o EPI foi eficaz, pois a responsabilidade é da empresa, segundo o § 1º do art. 19 da Lei n. 8.213/1991. A jurisprudência entende que não basta colocar no PPP que o EPI é eficaz; portanto, essa obrigação, inglória para o segurado, deve ser atribuída a quem é o verdadeiro responsável.

É certo que o EPI recebe o Certificado de Aprovação – CA, para que seja sendo autorizada a sua comercialização, mas continua sendo responsabilidade da empresa comprovar que o segurado usou o equipamento, e se o EPI estava em plena condição de higienização e conservação para proteger eficazmente.

12. O Decreto n. 2.172, de 05.03.1997, excluiu as atividades penosas e perigosas, classificando no Anexo IV apenas as atividades insalubres[34].

13. A Lei n. 9.732[35], de 11.12.1998, cria a contribuição para a aposentadoria especial.

14. A Lei n. 10.666[36], de 08.05.2003, veio dispor sobre a concessão da aposentadoria especial ao cooperado de cooperativa de trabalho ou de produção[37].

15. **O Decreto n. 4.827, de 03.09.2003, reduz o nível de ruído a 85 dB(A).**

Ao longo dos anos, a legislação procurou garantir ao segurado uma compensação pelo trabalho prestado em condições nocivas à saúde ou à integridade física, criando a aposentadoria especial que, em parte, apenas lhe proporciona um ganho pelo desgaste resultante do serviço prestado.

---

(32) Em **03.09.2003, foi publicado o Decreto n. 4.827**, alterando o art. 70 do Decreto n. 3.048/1999. **De acordo com esse Decreto**, a caracterização e a comprovação do tempo de atividade sob condições especiais obedecerão ao disposto na legislação em vigor na época da prestação do serviço, e as regras de conversão de tempo de atividade sob condições especiais em tempo de atividade comum constantes deste artigo aplicam-se ao trabalho prestado em qualquer período.

(33) Art. 58, § 2º Do laudo técnico referido no parágrafo anterior deverão constar informação sobre a existência de tecnologia de **proteção coletiva ou individual** que diminua a intensidade do agente agressivo a limites de tolerância e recomendação sobre a sua adoção pelo estabelecimento respectivo.

(34) De acordo com a jurisprudência, as atividades relacionadas nas quais pode haver a exposição são exemplificativas.

(35) Passa a ser financiada com os recursos provenientes da contribuição de que trata o inciso II do art. 22 da Lei n. 8.212, de 24 de julho de 1991, cujas alíquotas serão acrescidas de 12, 9 ou 6 pontos percentual.

(36) Contribuição adicional de 9, 7 ou 5 pontos percentuais, pela empresa tomadora de serviços de cooperado filiado à cooperativa de trabalho (incidente sobre o valor bruto da nota fiscal ou fatura de prestação de serviços) e contribuição adicional de 12, 9 ou 6 pontos percentuais, pela cooperativa de produção (incidente sobre a remuneração paga, devida ou creditada ao cooperado filiado).

(37) § 3º Considera-se cooperativa de produção aquela em que seus associados contribuem com serviços laborativos ou profissionais para a produção em comum de bens, quando a cooperativa detenha por qualquer forma os meios de produção.

É indiscutível que a Constituição pode sofrer revisões dentro de certos limites estabelecidos pela própria Constituição, mas é indispensável assegurar a estabilidade dos direitos do trabalhador submetidos a condições adversas de trabalho, seja agora ou no futuro, que devem ser mantidos, quando estiver em elaboração a edição de novas normas para substituí-los.

Bem a propósito, Anníbal Fernandes expõe a respeito da hermenêutica, em especial, para o direito previdenciário:

> O direito de conquista representado pelos planos de benefícios da Previdência tem uma longa história. Reflete um processo de permanente tensão que sempre se mantém. Revela uma sociedade não apenas de 'hipossuficientes' (Cardone) ou de 'míseros' (Deveali), mas de uns e outros em contraposição com minorias privilegiadas. A Previdência resulta de conflitos de trabalho e não lhe é estranha. E nesse contexto de uma sociedade de desiguais que se realiza a solidariedade social, originada no mutualismo. A interpretação da norma previdenciária fora desse quadro de composição de desigualdades ou de proteção social descaracteriza o sistema previdenciário. Será mais ornamento do que realidade.[38]

4. REFERÊNCIAS BIBLIOGRÁFICAS

BARROSO, Luís Roberto. *Revista Direito Federal* – Revista da Associação dos Juízes Federais do Brasil. Brasília: Impetus Desenvolvimento Educacional, a. 20, n. 67, 2001.

CASTRO, Carlos Alberto Pereira de; LAZZARI, João Batista. *Manual de Direito Previdenciário*. 2. ed. São Paulo: LTr, 2001.

CASTRO, Carlos Alberto Pereira de; LAZZARI, João Batista. *Manual de Direito Previdenciário*. 2. ed. São Paulo: LTr, 2001.

CUNHA, Celso; CINTRA, Luis F. Lindley. *Nova Gramática do Português Contemporâneo*. 3. ed. rev., 2. impr. Nova Fronteira.

EMENDA CONSTITUCIONAL 20, de 16.12.1998.

ENCICLOPÉDIA E DICIONÁRIO Ilustrado. Rio de Janeiro: Delta, 1993.

FAGUNDES, Gilmara. *NR-12 Uma realidade na área hospitalar*. Disponível em: <http://www.saudeetrabalho.com.br/download/NR32-gilmara.pdf>. Acesso em: 12 fev. 2018.

FERNANDES, Ana Paula. *Os direitos previdenciários no Supremo Tribunal Federal*. São Paulo: LTr, 2015.

FERNANDES, Anníbal. *Comentários à Consolidação das Leis da Previdência Social*. Jurisprudência. São Paulo: Atlas,1988. v. 2.

FERRAZ JR., Tercio Sampaio. *Introdução ao Estudo do Direito*. São Paulo: Atlas, 1989.

FREITAS, Nilton. *A aposentadoria especial no Brasil*. Disponível em: <www.instcut.org.br>. Acesso em: 07 jul. 2016.

GRECO Filho, Vicente. *Direito Processual Civil Brasileiro*. 11. ed. atual. São Paulo: Saraiva, 1996. v. 2.

KAZUO, Watanabe. Acesso à Justiça e sociedade Moderna. In: *Participação e processo*. São Paulo: RT, 1988.

KOOGAN/HOUAIS *Enciclopédia e Dicionário Ilustrado*. Edições Delta. Rio de Janeiro: Guanabara Koogan, 1993.

KOSKUR, Geni. Direito Previdenciário – Temas Atuais. In: DARTORA, Cleci Maria (Coord.). *Fundamentos do direito adquirido e sua aplicabilidade no Direito Previdenciário*. Curitiba: Juruá, 2006.

MARTINEZ, Wladimir Novaes. *Aposentadoria Especial*. 2. ed. São Paulo: LTr, 1999.

_____. *Curso de Direito Previdenciário*. São Paulo: LTr, 1997. t. I.

_____. *Revista da Previdência Social*. Dezembro de 1998, 217.

_____. Aspectos Básicos da Aposentadoria Especial. *Previdência em Revista 01*, out. 2000.

_____. Questões Atuais Envolvendo a Aposentadoria Especial. *Revista de Previdência Social*, n. 217, dez. 1998.

MARTINS, Sergio Pinto. *Direito da Seguridade Social*. 13. ed. São Paulo: Atlas, 2000.

MAXIMILIANO, Carlos. *Hermenêutica e aplicação do direito*. 9. ed. Rio de Janeiro: Forense, 1979.

RIBEIRO, Maria Helena Carreira Alvim. *Aposentadoria Especial*: regime geral da previdência social. 8. ed. Curitiba: Juruá, 2016.

_____. *Aposentadoria Especial do Profissional da Área da Saúde e Contribuinte Individual*. 1. ed. Curitiba: Juruá, 2018.

ROCHA, Daniel Machado da; SAVARIS, José Antonio. *Curso de direito previdenciário*: fundamentos de interpretação e aplicação do direito previdenciário. Curitiba: Alteridade, 2014.

RUSSOMANO, Mozart Victor. *Curso de Previdência Social*. Rio de Janeiro: Forense, 1988.

SILVA, José Afonso da. *Aplicabilidade das normas Constitucionais*. São Paulo: RT, 1968.

_____. *Curso de Direito Constitucional Positivo*. 21. ed. São Paulo: Malheiros, 2002.

SOUZA JR., Luiz Lopes de. *A dignidade da pessoa humana e direitos fundamentais*. Disponível em: <http://www.egov.ufsc.br/portal/conteudo/dignidade-da-pessoa-humana-e-os-direitos-fundamentais-princ%C3%ADpio-ou-direito-absoluto.> Acesso em: 14 fev. 2018.

VIANA, Lael Rodrigues. *Aposentadoria Especial*, breve estudos após a Lei n. 9.032/1995. Disponível em: <http://www.agu.gov.br/>. Acesso em: 05 fev. 2018.

---

(38) FERNANDES, Anníbal. *Comentários à Consolidação das Leis da Previdência Social*. Jurisprudência. São Paulo: Atlas, 1988. v. 2, p. 25.

Inconstitucionalidade Formal e Material da Lei n. 13.135/2015 e o Controle Difuso de Constitucionalidade

Patrícia Teodora da Silva[1]

1. INTRODUÇÃO

Trata-se de ausência de critérios para a edição da MP n. 664/2014, convertida na Lei n. 13.135/2015, que alterou diversos artigos da Lei n. 8.213/1991, principalmente no que tange à pensão por morte, objeto do nosso estudo, que vale a pena transcrever, *in verbis:*

> Art. 77. A pensão por morte, havendo mais de um pensionista, será rateada entre todos em parte iguais.
>
> V – para cônjuge ou companheiro: (Incluído pela Lei n. 13.135, de 2015)
>
> a) se inválido ou com deficiência, pela cessação da invalidez ou pelo afastamento da deficiência, respeitados os períodos mínimos decorrentes da aplicação das alíneas *b* e *c*; (Incluído pela Lei n. 13.135, de 2015)
>
> b) em 4 (quatro) meses, se o óbito ocorrer sem que o segurado tenha vertido 18 (dezoito) contribuições mensais ou se o casamento ou a união estável tiverem sido iniciados em menos de 2 (dois) anos antes do óbito do segurado; (Incluído pela Lei n. 13.135, de 2015)
>
> c) transcorridos os seguintes períodos, estabelecidos de acordo com a idade do beneficiário na data de óbito do segurado, se o óbito ocorrer depois de vertidas 18 (dezoito) contribuições mensais e pelo menos 2 (dois) anos após o início do casamento ou da união estável: (Incluído pela Lei n. 13.135, de 2015)
>
> 1) 3 (três) anos, com menos de 21 (vinte e um) anos de idade; (Incluído pela Lei n. 13.135, de 2015)
>
> 2) 6 (seis) anos, entre 21 (vinte e um) e 26 (vinte e seis) anos de idade; (Incluído pela Lei n. 13.135, de 2015)
>
> 3) 10 (dez) anos, entre 27 (vinte e sete) e 29 (vinte e nove) anos de idade; (Incluído pela Lei n. 13.135, de 2015)
>
> 4) 15 (quinze) anos, entre 30 (trinta) e 40 (quarenta) anos de idade; (Incluído pela Lei n. 13.135, de 2015)
>
> 5) 20 (vinte) anos, entre 41 (quarenta e um) e 43 (quarenta e três) anos de idade; (Incluído pela Lei n. 13.135, de 2015)
>
> 6) vitalícia, com 44 (quarenta e quatro) ou mais anos de idade. (Incluído pela Lei n. 13.135, de 2015)
>
> § 2º-A. Serão aplicados, conforme o caso, a regra contida na alínea *a* ou os prazos previstos na alínea *c*, ambas do inciso V do § 2º, se o óbito do segurado decorrer de acidente de qualquer natureza ou de doença profissional ou do trabalho, independentemente do recolhimento de 18 (dezoito) contribuições mensais ou da comprovação de 2 (dois) anos de casamento ou de união estável. (Incluída pela Lei n. 13.135, de 2015)
>
> § 2º-B. Após o transcurso de pelo menos 3 (três) anos e desde que nesse período se verifique o incremento mínimo de um ano inteiro na média nacional única, para ambos os sexos, correspondente à expectativa de sobrevida da população brasileira ao nascer, poderão ser fixadas, em números inteiros, novas idades para os fins previstos na alínea *c* do inciso V do § 2º, em ato do Ministro de Estado da Previdência Social, limitado o acréscimo na comparação com as idades anteriores ao referido incremento. (Incluído pela Lei n. 13.135, de 2015)

---

[1] Advogada graduada pela Universidade de Uberaba. Especialista em Direito Previdenciário e do Trabalho pela PUC-MG. Especialização em curso em Direito Tributário pela PUC-MINAS. Conselheira da OAB-Uberaba 14ª Subseção. Coordenadora do IEPREV no Triângulo Mineiro.

A Lei n. 13.135/2015 trouxe critérios diferenciados para limitar o pagamento da pensão por morte no Regime Geral de Previdência Social, uma vez que este é o tema do presente artigo.

Tais critérios diferenciadores provocarão a cessação de milhares de benefícios ao longo dos anos e, se o instituidor do benefício e o dependente não apresentar 18 meses de contribuição e união estável ou casamento num período superior a 24 meses, terão direito a 4 meses de pensão por morte, pois a pensão por morte ainda independe de carência para a concessão do benefício, conforme descrito no art. 26, inciso I, da Lei n. 8.213/1991:

> Art. 26. Independe de carência a concessão das seguintes prestações:
> I – pensão por morte, auxílio-reclusão, salário-família e auxílio-acidente; (...)

É interessante que, na prática, embora o art. 26 deixe claro que é desnecessária carência para concessão da pensão por morte, a Lei n. 13.135/2015, conversora da MP n. 664, que alterou o art. 77, b, da Lei n 8.213/1991, trouxe um número mínimo de contribuições para que os conviventes em união estável ou casados pudessem receber o benefício, por um período superior a 4 meses.

Não bastasse isso, penalizou homens e mulheres que vivem em união estável ou oficializaram a união por meio do casamento, sendo que criou um tempo que, para a Lei Previdenciária seria necessário, dessa intenção de constituir família, por um período de 24 meses, ou seja, a intenção de constituir família, núcleo para reconhecimento da união estável, e para o casamento, é irrelevante para o legislador derivado, uma vez que receberão pensão por morte por mais de 4 meses, se tiverem essa união ou casamento comprovados por mais de 24 meses e o período superior a 18 contribuições mensais. Na prática, criou um novo conceito de família, desestruturando o ordenamento jurídico.

Não bastassem essas regras que já exclui um grande número de viúvas e viúvos do direito à pensão por morte, a lei trouxe outro limitador: um critério de idade que, segundo o legislador, deve ser observado para recebimento do benefício por um tempo limitado, ou seja, se satisfeitos os critérios de 24 meses de comprovação de união estável, 18 contribuições mensais, e a mulher ou homem tiverem mais de 44 anos de idade, poderão receber o benefício de forma vitalícia.

Para a lei, mesmo que satisfeitos os critérios de 18 contribuições mensais e união com intenção de constituir família por mais de 24 meses, uma mulher com menos de 21 anos de idade, teria direito a três anos de recebimento do benefício de pensão por morte; uma mulher entre 21 anos de idade a 26 anos de idade teria direito a 6 anos de benefício; uma mulher de 27 anos de idade a 29 anos de idade teria direito a 10 anos de recebimento do benefício; uma mulher de 30 anos de idade a 40 anos de idade teria direito a 15 anos de benefício; uma mulher de 41 anos de idade até 43 anos de idade poderia receber por 20 anos a pensão por morte; e somente uma mulher acima de 44 anos de idade poderia receber uma pensão vitalícia.

E não termina por aí a falta de critério do legislador, porque criou uma forma de extinguir a pensão por morte, conforme nota-se pela leitura do § 2º-B, do art. 77, da Lei n. 8.213/1991, já transcrito acima, em que toda a vez que a expectativa de vida subir, após 3 anos da edição da lei, a idade para receber a pensão por morte poderá ser alterada, agravando ainda mais a situação das viúvas neste país, porque as mulheres certamente serão as mais prejudicadas, principalmente as mais humildes.

Esse critério diferenciador de idade não tem nenhum sentido legal e não expressa o princípio da igualdade material. Como o legislador pode saber se uma pessoa de 44 anos de idade tem mais necessidade, ou não, de receber um benefício previdenciário do que uma mulher de 33 anos de idade? E esse aumento da expectativa de vida, em um país de extrema complexidade e desigualdade social? Uma mulher do campo tem a mesma expectativa de vida de uma mulher que desempenha uma atividade urbana? A empregada doméstica do interior do Nordeste tem a mesma expectativa de vida de uma empregada doméstica no interior de São Paulo? Os salários de ambas são similares no contexto socioeconômico de desenvolvimento regional? Essas questões já foram respondidas pelo IPEA, em que foi demonstrando um grande desnível salarial das mulheres em relação aos homens, das mulheres negras em relação às mulheres brancas, homens negros em relação aos homens brancos, por região e por população rural e urbana (IPEA, 2015).

Essa norma, geral, representa retrocesso social e extinção de direito previdenciário, mascarado por regras restritivas de direito. Deve sair do ordenamento jurídico, porque viola os princípios da isonomia e o do devido processo legislativo.

2. INCONSTITUCIONALIDADE FORMAL DA MP N. 664 QUE SE CONVERTEU NA LEI N. 13.135/2015

Segundo Barroso (2016, p. 48), a inconstitucionalidade formal pode se dar por vício de forma (orgânica), em que a competência para a edição do ato não foi observada ou quando a norma foi introduzida, sem observar o devido processo legislativo (inconstitucionalidade formal propriamente dita).

A Medida Provisória n. 664 foi editada sem os critérios de relevância e urgência sem observar os critérios constitucionais para sua forma, contidos no art. 62 da CF, inclusive para normatizar situações que serão alcançadas ao longo dos anos e não imediatamente, razão pela qual padece de vício formal de inconstitucionalidade em sua origem:

> Art. 62. Em caso de relevância e urgência, o Presidente da República poderá adotar medidas provisórias, com força de lei, devendo submetê-las de imediato ao Congresso Nacional. (Planalto, 2018)

Foi celeuma de grandes discussões tratadas na Suprema Corte do Brasil, o entendimento de que relevância e urgência eram assuntos discricionários do Presidente da República até a edição da EC n. 32/2001, conforme ensina Streck (2014), ou seja, uma inconstitucionalidade tão aparente, pois tornava uma Medida Provisória inquestionável, mesmo sendo ato do Poder Executivo, que não representava a vontade popular.

Todavia, a jurisprudência mais moderna da Suprema Corte, explica Streck (2014), iniciada pelo julgamento da ADIn n. 4.048-MC, de relatoria do Ministro Gilmar Mendes, defendeu a Constituição Federal e analisou os critérios de imprevisibilidade e urgência na abertura de crédito suplementar por meio de Medidas Provisórias, declarando desvirtuamento dos parâmetros constitucionais de relevância e urgência, o que se observa pelo voto do Ministro Carlos Britto na ADIn n. 4.049, citando o entendimento jurisprudencial acima, que passo a transcrever do *site* do Supremo Tribunal Federal, no Informativo n. 527:

> Em seguida, rejeitou-se, de igual modo, o eventual prejuízo da ação direta em face da conversão da Medida Provisória n. 402/2007 na Lei n. 11.656/2008. Após esclarecer que inexistiu alteração substancial por efeito dessa conversão e de que houve pedido de aditamento à inicial, aplicou-se a orientação fixada pelo Supremo no sentido da ausência de óbice processual ao julgamento da ação direta de inconstitucionalidade, porque a lei de conversão não convalida os vícios existentes na medida provisória. No mérito, entendeu-se, também na linha do aludido precedente (ADI 4.048 MC/DF), que nenhuma das despesas a que faz referência a norma impugnada se ajusta aos conceitos de imprevisibilidade e urgência exigidos pelo § 3º do art. 167 da CF, destinando-se ela, ao contrário, "à execução de investimentos e de despesas de custeio imprescindíveis ao desenvolvimento de ações do Governo Federal". Concluiu-se que estaria caracterizada, na hipótese, uma tentativa de contornar a vedação imposta pelo inciso V do art. 167 da CF, visto que a Medida Provisória n. 402/2007 categoriza como de natureza extraordinária crédito que, em verdade, não passa de especial, ou, então, suplementar, tipos que dependem de prévia autorização legislativa. Vencidos os Ministros Menezes Direito e Cezar Peluso, que denegavam a cautelar ao fundamento de não ser possível ao Supremo substituir-se no exame da urgência ou da imprevisibilidade das providências tomadas no campo do Poder Executivo em termos de crédito extraordinário. Vencido, também, o Min. Ricardo Lewandowski, que admitia a aferição desses pressupostos pelo Judiciário apenas em casos de abuso de poder ou desvio de finalidade, o que não teria ocorrido na espécie, e salientava, ainda, que o § 3º do art. 167 da CF apresenta um rol exemplificativo e não taxativo, e o Min. Eros Grau, que, reputando possível essa aferição, considerava, entretanto, tendo em conta os argumentos do Min. Ricardo Lewandowski, presentes, no caso, os referidos pressupostos. ADI 4.049 MC/DF, rel. Min. Carlos Britto, 05.11.2008. (ADI-4.049) (STF, 2018)

A MP n. 664/2014, convertida na Lei n. 13.135/2015, descreve em sua exposição de motivos que é relevante e urgente a matéria, porque o acréscimo das despesas com pensão por morte no período entre 2006 a 2013 representou um aumento de 1.8% do PIB. Todavia, traz critérios para solução que somente terão impacto ao longo do tempo, sem estudo atuarial, inclusive representando extinção de benefício previdenciário ao longo do tempo.

A amostragem do Governo, que vem fazendo uma campanha para convencer a população da necessidade de restrição de direitos sociais, sem produzir um cenário claro, objetivo e democrático, no qual a população pudesse participar por meio do Conselho Nacional da Previdência Social e outras entidades, não está completa e não apresenta a fórmula utilizada para se chegar às amostragens das tabelas inseridas na exposição de motivos, o que implica reconhecer que trazer motivos de crescimento do pagamento de pensão por morte por longos períodos não é um assunto urgente, devendo ser debatido num ambiente democrático com a sociedade, assegurando uma auditoria nas contas públicas.

No item 6 da exposição de motivos da MP n. 664/2014, convertida na Lei n. 13.135/2015, a inclusão de "carência" disfarçada por meio de MP não observa o debate necessário com a sociedade para que seja aferido o custo-benefício da inserção desse limitador, e que, à vista disso, ofende o art. 10 da Constituição Federal, pois trata-se de um retrocesso social, *in verbis*:

> Art. 10. É assegurada a participação dos trabalhadores e empregadores nos colegiados dos órgãos públicos em que seus interesses profissionais ou previdenciários sejam objeto de discussão e deliberação.

Esse debate democrático é realizado por meio dos Conselhos da Previdência Social, os quais têm representantes de todos os seguimentos sociais, já instituídos pela Lei n. 8.213/1991:

> Art. 3º Fica instituído o Conselho Nacional de Previdência Social – CNPS, órgão superior de deliberação colegiada, que terá como membros:
>
> I – 4 (quatro) representantes do Governo Federal;
>
> II – 7 (sete) representantes da sociedade civil, sendo:
>
> a) 2 (dois) representantes dos aposentados e pensionistas;
>
> b) 2 (dois) representantes dos trabalhadores em atividades;
>
> c) 3 (três) representantes dos empregadores;
>
> I – seis representantes do Governo Federal; (Redação dada pela Lei n. 8.619, de 1993)
>
> II – nove representantes da sociedade civil, sendo: (Redação dada pela Lei n. 8.619, de 1993)
>
> a) três representantes dos aposentados e pensionistas; (Redação dada pela Lei n. 8.619, de 1993)
>
> b) três representantes dos trabalhadores em atividade; (Redação dada pela Lei n. 8.619, de 1993)
>
> c) três representantes dos empregadores. (Redação dada pela Lei n. 8.619, de 1993)

Veja que o Conselho Nacional da Previdência Social é um órgão plural, apto a discutir matéria legislativa, conforme descrito na Lei n. 8.213/1991:

> Art. 4º Compete ao Conselho Nacional de Previdência Social – CNPS:
>
> I – estabelecer diretrizes gerais e apreciar as decisões de políticas aplicáveis à Previdência Social;
>
> II – participar, acompanhar e avaliar sistematicamente a gestão previdenciária; (...)

Diante do art. 10 da Constituição Federal, não se pode falar em urgência da matéria para que se justificasse a edição de uma Medida Provisória em que o impacto só será sentido anos após a edição da lei conversora, sem um amplo debate democrático. Explico: a pensão por morte é um benefício de caráter permanente e de natureza imprevisível. Somente no tempo, o impacto com o pagamento deste benefício é sentido, pois pressupõe a morte, e que o falecido ostente a vinculação ao Regime Geral da Previdência Social. Assim, não há requisito de urgência e relevância a justificar que princípios democráticos de discussão da matéria não sejam observados pelo legislador derivado.

3. INCONSTITUCIONALIDADE MATERIAL DA MP N. 664 QUE SE CONVERTEU NA LEI N. 13.135/2015

Outro ponto relevante da exposição de motivos que afigura longe de ser urgente e relevante, inclusive, é um ponto discriminador, mas que não alcança a igualdade material, pois um aspecto individual afetará milhares de dependentes, foi critério de diferenciação entre homens e mulheres por idade, sem nenhum estudo ou outro critério objetivo a justificar a discriminação. Neste ponto, violou o princípio da isonomia no que tange ao aspecto material, sendo que não há como validar a Lei n. 13.135/2015 diante da Constituição Federal. Senão, vejamos o que diz o art. 5º da Constituição Federal:

> Art. 5º Todos são iguais perante a lei, sem distinção de qualquer natureza, garantindo-se aos brasileiros e aos estrangeiros residentes no País a inviolabilidade do direito à vida, à liberdade, à igualdade, à segurança e à propriedade, nos termos seguintes:
>
> (...)

O princípio da isonomia está descrito no art. 5º da Constituição Federal, e representa uma isonomia formal, por isso, deve ser interpretado com diversos outros artigos da Constituição Federal buscando a efetiva isonomia material:

> Já as bases da igualdade material podem ser encontradas em vários dispositivos, tais como: o inciso III do art. 1º, que consagra o princípio da dignidade da pessoa humana; os incisos I, III e na parte final do inciso IV do art. 3º que garante que, dentro dos objetivos da República Federativa do Brasil, deve-se construir uma sociedade livre, justa e solidária, erradicar a pobreza e a marginalização, além de reduzir as desigualdades e proibir qualquer forma de discriminação; o inciso I do art. 5º, que proíbe que mulheres e homens sejam tratados de forma desigual no que tange aos direitos e obrigações; os incisos XX e XXX e XXXI do art. 7º, que protege as mulheres no mercado de trabalho, proíbe diferenças de salários por motivo de sexo, idade, cor ou estado civil e proíbe a discriminação do trabalhador portador de deficiência no que se refere ao salário e critérios de admissão; o inciso VIII do art. 37, que reserva um percentual de vagas em empregos públicos para pessoas com deficiência

e, por fim, o inciso IX do art. 170, que concede o tratamento favorecido às empresas de pequeno porte. (MAIA e CORREIA, p. 173, 2016.)

Interpretando todos os artigos da Constituição Federal acima, nota-se que, para se buscar uma isonomia plena, não basta dizer que todos são iguais perante a lei, mas utilizar o fator de discrímen que traduza em uma participação plena de toda a sociedade, respeitando suas diferenças, e equilibrando os sujeitos, para que todos sejam alcançados na efetivação dos direitos fundamentais.

Assim, não há nenhuma proteção jurídica para que se faça diferenciação por idade entre mulheres, sem nenhuma característica ou relevância que conclua essa necessidade, de forma que umas terão maior proteção jurídica, porque são poucos anos mais velhas, e outras não terão a mesma proteção jurídica, pelo critério unicamente da idade. O princípio da dignidade da pessoa humana deve ser aplicado para todos e todas, e quem perde o companheiro ou companheira mantém as mesmas dívidas, os mesmos planos comuns, que certamente o sobrevivente terá que arcar.

Por fim, a Constituição Federal não exige nenhum critério de tempo para a criação de uma família. Unidade familiar com direitos e obrigações recíprocas.

> Art. 226. A família, base da sociedade, tem especial proteção do Estado.
> (...)
> § 3º Para efeito da proteção do Estado, é reconhecida a união estável entre o homem e a mulher como entidade familiar, devendo a lei facilitar sua conversão em casamento. (Regulamento)
> § 4º Entende-se, também, como entidade familiar a comunidade formada por qualquer dos pais e seus descendentes.
> § 5º Os direitos e deveres referentes à sociedade conjugal são exercidos igualmente pelo homem e pela mulher.
> § 6º O casamento civil pode ser dissolvido pelo divórcio. (Redação dada Pela Emenda Constitucional n. 66, de 2010)
> § 7º Fundado nos princípios da dignidade da pessoa humana e da paternidade responsável, o planejamento familiar é livre decisão do casal, competindo ao Estado propiciar recursos educacionais e científicos para o exercício desse direito, vedada qualquer forma coercitiva por parte de instituições oficiais ou privadas. Regulamento (Planalto, acesso em 2018)

A MP n. 664, convertida na Lei n. 13.135/2015, quebra a harmonia com o sistema jurídico, pois cria um "conceito" de família baseado no tempo de casamento ou união estável, ou seja, para que o companheiro ou companheira sobrevivente receba pensão por morte por mais de 4 meses deve comprovar união ou casamento por dois anos (24 meses). Qual a mensuração para restringir uma unidade familiar, quando, por uma fatalidade, um dos membros dessa unidade falece, comprovando que a principal finalidade é restringir benefícios às mulheres de forma geral? Veja que o representante do Governo utilizou a seguinte frase para tentar justificar os critérios de relevância e urgência:

> De igual maneira, é possível a formalização de relações afetivas, seja pelo casamento ou pela união estável, de pessoas mais idosas ou mesmo acometidas de doenças terminais, com o objetivo exclusivo de que o benefício previdenciário recebido pelo segurado em vida seja transferido a outra pessoa. Ocorre que a pensão por morte não tem a natureza de verba transmissível por herança e tais uniões desvirtuam a natureza da previdência social e a cobertura dos riscos determinados pela Constituição Federal, uma vez que a sua única finalidade é de garantir a perpetuação do benefício recebido em vida para outra pessoa, ainda que os laços afetivos não existissem em vida com intensidade de, se não fosse a questão previdenciária, justificar a formação de tal relação. Para corrigir tais distorções se propõe que formalização de casamento ou união estável só gerem o direito a pensão caso tais eventos tenham ocorrido 2 anos antes da morte do segurado, ressalvados o caso de invalidez do cônjuge, companheiro ou companheira após o início do casamento ou união estável, e a morte do segurado decorrente de acidente. (Planalto, 2014, exposição de motivos)

Criou-se uma presunção de má-fé vedada no ordenamento jurídico brasileiro. Neste ponto, onde está o requisito de urgência e relevância ao citar-se, na exposição de motivos, apenas casos individuais, não demonstrados? Criou-se um limitador de tempo para conceituação do casamento e união estável que ofende o conceito de unidade familiar adotado pelo Código Civil e Constituição Federal.

De igual sorte, longe de ser um critério de relevância e urgência, o que a exposição de motivos demonstra é uma tentativa de crescer o superávit primário, por meio de limitação de despesas do Governo com a Previdência Social, sem discussão com a sociedade acerca da utilização de recursos vinculados da seguridade social, por meio de sobra de caixa, o que, inexoravelmente, seria utilizado para pagamento da amortização e juros da dívida pública. Essa sim, vertida de uma urgência e relevante necessidade de ser auditada com finalidade de esclarecer a população sobre o início e a manutenção dessa monstruosa dívida pública que impede o crescimento do Brasil e obriga os mais humildes a sacrificarem os seus direitos sociais garantidos pela Constituição Cidadã de 1988.

4. CONTROLE DIFUSO DE CONSTITUCIONALIDADE

O controle de constitucionalidade difuso é pouco explorado na prática, e é uma importante arma para a proteção da Constituição Federal e das garantias fundamentais.

Conforme ensina Barroso (2016, p. 116), o controle de constitucionalidade incidental, também chamado de difuso, por via de exceção ou sistema americano, é a possibilidade do cidadão comum garantir a tutela de seus direitos constitucionais, violados por leis inconstitucionais.

Ainda, no que tange ao controle de constitucionalidade, deve-se demonstrar ao juiz num caso concreto que "[...] de fato existe incompatibilidade entre a norma invocada e a Constituição, deverá declarar sua inconstitucionalidade, negando-lhe aplicação ao caso concreto." (Barroso, 2016), ou seja, pede o afastamento da norma inconstitucional no caso concreto, para fins de preservar o direito constitucional subjetivo, principalmente as garantias fundamentais.

Diante da MP n. 664, convertida na Lei n. 13.135/2015, pede-se que seja afastada a sua aplicação por inconstitucionalidade formal e material, e a preservação da norma anterior que vigorava no momento da edição da MP n. 664. Nota-se que o pedido principal ainda é o direito subjetivo da parte requerente que, para conceder o pedido de pensão por morte de forma vitalícia, sejam afastados os efeitos da norma inconstitucional, julgando o pedido principal procedente, qual seja, concessão da pensão por morte de forma vitalícia. Repisando, a questão prejudicial é o pedido de declaração de inconstitucionalidade da norma, que será decidido antecipadamente, como pressuposto para a resolução da questão principal, por qualquer órgão jurisdicional, seja de primeiro, segundo ou terceiro graus:

> O controle incidental de constitucionalidade é um controle exercido de modo difuso, cabendo a todos os órgãos judiciais indistintamente, tanto de primeiro como de segundo grau, bem como aos tribunais superiores. Por tratar-se de atribuição inerente ao desempenho normal da função jurisdicional, qualquer juiz ou tribunal, no ato de realização do direito nas situações concretas que lhe são submetidas, tem o poder-dever de deixar de aplicar o ato legislativo conflitante com a Constituição. Já não se discute mais, nem em doutrina nem na jurisprudência, acerca da plena legitimidade do reconhecimento da inconstitucionalidade por juiz de primeiro grau, seja estadual ou federal. Barroso (2016)

Importante ressaltar que os legitimados para propor ação é qualquer pessoa com capacidade postulatória, incluindo o Ministério Público, pois visa um controle de constitucionalidade num caso concreto, podendo ser utilizado em qualquer rito procedimental, seja ordinário, especial ou sumário, processos de execução, em grau de recurso, ou seja, em qualquer tempo e modo, podendo ser exercido, em qualquer nível do Poder Judicial, conforme ensina Barroso (2016).

5. PRESERVAÇÃO DOS DIREITOS FUNDAMENTAIS E CONTROLE DE INCONSTITUCIONALIDADE DIFUSO

A Constituição Federal disciplina os direitos fundamentais em diversos artigos e traduz, na dignidade da pessoa humana, a razão de ser do Estado Democrático de Direito.

Importante ressaltar que o Direito Previdenciário está inserto como direito fundamental, pois trata-se de direito social, materializando a dignidade da pessoa humana, e busca a melhoria das condições de vida do hipossuficiente, revelando a verdadeira igualdade material entre os indivíduos[2].

Assim, a busca de uma constante melhoria na aplicação desses direitos não coaduna com o retrocesso social, que vem sendo realizado nos últimos anos, por todos os governantes, sob o argumento de déficit previdenciário.

Lucrativo como dizem alguns, deficitário como defendem outros, essa discussão é inócua quando se trata de defender acessão e não retrocesso dos direitos sociais.

---

(2) Os direitos sociais constituem as liberdades positivas, de observância obrigatória em um Estado Social de Direito, tendo por objetivo a melhoria às condições de vida aos hipossuficientes, visando à concretização da igualdade material ou substancial. *Direito Constitucional Descomplicado*/Vicente Paulo, Marcelo Alexandrino. 12. ed. Rio de Janeiro: Forense; São Paulo: Método: 2014. p. 112.

O Supremo Tribunal Federal, quando do julgamento do ARE n. 639.337 (AgRg), de relatoria do Ministro Celso de Mello aplicou a declaração universal dos direitos humanos, no seu art. 25, dando prevalência aos direitos sociais e ao princípio do não retrocesso social, quando julgou o direito à dignidade (mínimo existencial) com a impossibilidade de o "Estado" garantir essa dignidade pela ausência de recursos financeiros (reserva do possível). Em um caso envolvendo direito à educação, e sobressaiu a guarda da Constituição Federal e a defesa da dignidade da pessoa humana, em trecho que vale a pena destacar:

> [...] Declaração Universal dos Direitos da Pessoa Humana, de 1948 (Art. XXV). A PROIBIÇÃO DO RETROCESSO SOCIAL COMO OBSTÁCULO CONSTITUCIONAL À FRUSTRAÇÃO E AO INADIMPLEMENTO, PELO PODER PÚBLICO, DE DIREITOS PRESTACIONAIS. – O princípio da proibição do retrocesso impede, em tema de direitos fundamentais de caráter social, que sejam desconstituídas as conquistas já alcançadas pelo cidadão ou pela formação social em que ele vive. – A cláusula que veda o retrocesso em matéria de direitos a prestações positivas do Estado (como o direito à educação, o direito à saúde ou o direito à segurança pública, v. g.) traduz, no processo de efetivação desses direitos fundamentais individuais ou coletivos, obstáculo a que os níveis de concretização de tais prerrogativas, uma vez atingidos, venham a ser ulteriormente reduzidos ou suprimidos pelo Estado. Doutrina. Em consequência desse princípio, o Estado, após haver reconhecido os direitos prestacionais, assume o dever não só de torná-los efetivos, mas, também, se obriga, sob pena de transgressão ao texto constitucional, a preservá-los, abstendo-se de frustrar – mediante supressão total ou parcial – os direitos sociais já concretizados. (STF disponível em: <http://stf.jus.br/portal/jurisprudencia/listarJurisprudencia.asp?s1=%28MINIMO+EXIST%CANCIAL+RESERVA+DO+POSS%CDVEL%29&pagina=2&base=baseAcordaos&url=http://tinyurl.com/yalphvsj>. Acesso em: 04 mar. 2018.)

Os direitos fundamentais são pressupostos de um "Estado Democrático de Direito" e defender direitos fundamentais é resguardar a democracia, portanto, é função primordial de qualquer Magistrado ou Tribunal. Sem isso, não tem legitimidade constitucional qualquer argumento judicial que tende a relativizar os direitos fundamentais, ainda que se encontre em outro dispositivo constitucional, que não seja cláusula pétrea.

6. CONCLUSÃO

A Constituição Federal prevê o Direito Previdenciário como garantia fundamental, e busca a efetivação do princípio da igualdade material, por meio da garantia da dignidade da pessoa humana.

A Medida Provisória n. 664, convertida na Lei n. 13.135/2015, é de flagrante inconstitucionalidade, pois foi tratada como assunto de relevância e urgência os fatos que limitam direitos sociais ao longo do tempo, sem efeito imediato e sem discussão no espaço democrático com a população, conforme determina o art. 10 da Constituição Federal.

Quando se analisa todo o art. 77 e seus incisos e parágrafos da Lei n. 8.213/1991, insertos pela Lei n. 13.135/2015, nota-se restrição da pensão por morte por critérios que afetam a segurança jurídica, seja discriminando dependentes por idade, sem nenhum estudo atuarial para fundamentar a necessidade dessa medida, seja extinguindo ao longo dos anos o próprio alcance social da pensão por morte, por critérios de aumento de idade com o aumento da expectativa de vida. Esses critérios, não se revelam a melhor forma de tratar o assunto, diante das complexidades regionais e das diferenças socioeconômicas entre as regiões do Brasil. Sem contar o grande abismo social que ainda existe entre os mais humildes e as demais classes sociais.

O Conselho Nacional da Previdência Social deveria ter participado da discussão, assim como outros órgãos da sociedade, pois trata de um retrocesso social, vedado pela Declaração Internacional dos Direitos Humanos.

O princípio da isonomia foi violado, pois trazer critérios de discrímen que não visam à preservação da dignidade da pessoa humana e das conquistas já existentes na ordem jurídica, confronta a Declaração dos Direitos Humanos no art. 25, fato já discutido no Supremo Tribunal Federal que, entre a reserva do possível e o mínimo existencial, sobrevieram a dignidade da pessoa humana e a preservação das conquistas sociais alcançadas ao longo dos anos.

Resta aos dependentes conviventes em união estável ou casados, que pleitearem a pensão por morte e tiverem o benefício limitado no tempo por meio da Medida Provisória n. 664, ingressarem com as ações de declaração de inconstitucionalidade da Lei n. 13.135/2014, incidentalmente, pelo controle difuso, e levar elementos para que os juízes e os tribunais analisem a questão sob a ótica do Direito Constitucional, validade dos tratados internacionais, vedação do retrocesso social, e dignidade da pessoa humana como tradutor da isonomia material, buscando sempre a preservação das conquistas mínimas já existentes no nosso ordenamento jurídico.

7. REFERÊNCIAS BIBLIOGRÁFICAS

ALEXANDRINO, Marcelo; PAULO, Vicente. *Direito Constitucional Descomplicado*. 12. ed. Rio de Janeiro: Forense; São Paulo: Método, 2014.

BARROSO, Luís Roberto. *Curso de Direito Constitucional Contemporâneo*: Os conceitos fundamentais e a construção do novo modelo. 5. ed. São Paulo: Saraiva, 2015. Cap. VI, p. 434-448.

BRASIL. *Portal da Justiça Federal*. Processo: n. 00019645320074036308 **TNU**. Relator: Wilson José Witzel. Disponível em: <htttps://www2.jf.jus.br/juris/tnu/Resposta>.

CASTRO, Carlos Alberto Pereira; LAZZARI, João Batista. *Manual de Direito Previdenciário*. 15. ed. Rio de Janeiro: Forense, 2013. p. 738-771.

FREITAS, André Vicente Leite; DINIZ, Fernanda Paula; PEREIRA, Henrique Viana (Org.). *Direito na Atualidade* – uma análise interdisciplinar. São Paulo: Lumen Juris, 2016. v. II, p. 173-174.

MAIA, João Augusto Leite; CORREIA, Alana Carlch. A Democracia e as Ações Afirmativas como Formas de Efetivação da Igualdade no Estado Democrático de Direito. In: MENDES, Gilmar Ferreira; BRANCO, Paulo Gustavo Gonet. *Curso de Direito Constitucional*. 12. ed. rev. e atual. São Paulo: Saraiva, 2017. (Série IDP)

Disponível em: <http://www.ipea.gov.br/retrato/indicadores.html>.

Disponível em: <http://www.planalto.gov.br/ccivil_03/_ato2011-2014/2014/Exm/ExmMPv664-14.doc>.

Disponível em: <http://www.planalto.gov.br/ccivil_03/_ato2011-2014/2014/mpv/mpv664.htm>.

Disponível em: <http://www.planalto.gov.br/ccivil_03/_Ato2015-2018/2015/Lei/L13135.htm>.

Disponível em: <http://www.planalto.gov.br/ccivil_03/**Constituicao**/Constituicao.htm>.

Disponível em: <http://www.planalto.gov.br/ccivil_03/leis/2002/L10406.htm>.

Disponível em: <http://www.planalto.gov.br/**ccivil**_03/LEIS/L8213cons.htm>.

Disponível em: <http://stf.jus.br/portal/jurisprudencia/listarJurisprudencia.asp?s1=%28MINIMO+EXIST%CANCIAL+RESERVA+DO+POSS%CDVEL%29&pagina=2&base=baseAcordaos&url=http://tinyurl.com/yalphvsj>.

Disponível em: <http://redir.stf.jus.br/paginadorpub/paginador.jsp?docTP=AC&docID=591261>.

Evolução do Conceito de Incapacidade na Jurisprudência dos Tribunais sobre os Benefícios por Incapacidade

Rodrigo Gomes Langone[1]

1. INTRODUÇÃO

O conceito de incapacidade vem evoluindo conforme a sociedade. Inicialmente, o conceito de incapacidade estava relacionado a situações clínicas, físicas e somente à pessoa. Depois verificamos um novo progresso no conceito levando em consideração também situações intelectuais (psicológicas). Atualmente, o conceito de incapacidade esta relacionado não somente à pessoa como também a situações sociais.

2. CONCEITO DE INCAPACIDADE

Quando estudamos a Lei n. 8.213/1991, lei que dispõe sobre o Plano de Benefícios da Previdência Social, verificamos que não há o conceito de incapacidade. Por esse motivo, buscamos o conceito na doutrina.

Segundo o Manual de Perícia Médica da Previdência Social:

> 4.1 – Incapacidade laborativa é a impossibilidade de desempenho das funções específicas de uma atividade ou ocupação, em conseqüência de alterações morfopsicofisiológicas provocadas por doença ou acidente.
>
> (...)
>
> 4.2 – O conceito de incapacidade deve ser analisado quanto ao grau, à duração e à profissão desempenhada.
>
> 4.2.1 – Quanto ao grau a incapacidade laborativa pode ser parcial ou total:
>
> a) será considerado como parcial o grau de incapacidade que ainda permita o desempenho de atividade, sem risco de vida ou agravamento maior e que seja compatível com a percepção de salário aproximado daquele que o interessado auferia antes da doença ou acidente;
>
> b) será considerada como total a incapacidade que gera a impossibilidade de permanecer no trabalho, não permitindo atingir a média de rendimento alcançada, em condições normais, pelos trabalhadores da categoria do examinado.
>
> 4.2.2 – Quanto à duração a incapacidade laborativa pode ser temporária ou de duração indefinida
>
> a) considera-se temporária a incapacidade para a qual se pode esperar recuperação dentro de prazo previsível;
>
> b) a incapacidade indefinida é aquela insuscetível de alteração em prazo previsível com os recursos da terapêutica e reabilitação disponíveis à época.
>
> 4.2.3 – Quanto à profissão a incapacidade laborativa pode ser:
>
> a) uniprofissional – aquela em que o impedimento alcança apenas uma atividade específica;
>
> b) multiprofissional – aquela em que o impedimento abrange diversas atividades profissionais;
>
> c) omniprofissional – aquela que implica a impossibilidade do desempenho de toda e qualquer atividade laborativa, sendo conceito essencialmente teórico, salvo quando em caráter transitório.
>
> 4.3 – A invalidez pode ser conceituada como a incapacidade laborativa total, indefinida e multiprofissional, insuscetível de recuperação ou reabilitação profissional, que corresponde à incapacidade geral de ganho, em conseqüência de doença ou acidente.

---

(1) Advogado. Pós-Graduado em Direito Previdenciário pela Faculdade INESP. Pós-Graduado em Direito Processual Civil pela Universidade Candido Mendes. Membro da Comissão de Direito Previdenciário da 57ª Subseção OAB – Barra/RJ.

> 4.4 – A avaliação da capacidade laborativa dos segurados é feita pela perícia médica e destina-se a permitir resposta aos quesitos estabelecidos, atendidos os conceitos e os critérios legais e regulamentares.

Desde já, verificamos que a incapacidade ocorre com a impossibilidade parcial ou total da atividade laboral.

A Organização Mundial de Saúde conceitua a incapacidade como "qualquer redução ou falta resultante de uma deficiência ou disfunção da capacidade para realizar uma atividade de maneira considerada normal para o ser humano, ou que esteja dentro do espectro considerado normal"[2].

Conclui-se, assim, que a incapacidade pode ser definida como qualquer redução ou falta, seja ela física, psicológica, volitiva, sensorial ou intelectual (resultante de uma deficiência ou disfunção), decorrente ou não de um acidente, que impeça a pessoa de atuar em igualdade de condições com os demais, sendo necessária, para essa aferição, levar em consideração não só a pessoa, como ainda o ambiente em que está inserida[3].

3. AUXÍLIO-DOENÇA

Segundo a Lei n. 8.213/1991, em seu art. 59, dispõe:

> Art. 59. O auxílio-doença será devido ao segurado que, havendo cumprido, quando for o caso, o período de carência exigido nesta Lei, ficar incapacitado para o seu trabalho ou para a sua atividade habitual por mais de 15 (quinze) dias consecutivos.

O auxílio-doença é um benefício concedido em razão da conclusão pericial da incapacidade temporária, possibilitando que o segurado tenha uma recuperação para a atividade que lhe garanta a subsistência.

De acordo com o Manual de Perícia Médica da Previdência Social, entende-se por incapacidade parcial, o seguinte:

a) será considerado como parcial o grau de incapacidade que ainda permita o desempenho de atividade, sem risco de vida ou agravamento maior e que seja compatível com a percepção de salário aproximado daquele que o interessado auferia antes da doença ou acidente;

b) será considerada como total a incapacidade que gera a impossibilidade de permanecer no trabalho, não permitindo atingir a média de rendimento alcançada, em condições normais, pelos trabalhadores da categoria do examinado.

Vejamos a Súmula n. 25 da Advocacia-Geral da União:

> Será concedido auxílio-doença ao segurado considerado temporariamente incapaz para o trabalho ou sua atividade habitual, de forma total ou parcial, atendidos os demais requisitos legais, entendendo-se por incapacidade parcial aquela que permita sua reabilitação para outras atividades laborais.

Vejamos o entendimento do STJ:

> RECURSO ESPECIAL. PREVIDENCIÁRIO. LEI N. 8.213/1991. CONCESSÃO. AUXÍLIO-DOENÇA. INCAPACIDADE. TOTAL. PARCIAL. A Lei N. 8.213/1991 não faz distinção quanto à incapacidade, se deve ser total ou parcial; assim, não é possível restringir o benefício ao segurado, deferindo-o, tão-somente, quando a desventurada incapacidade for parcial.[4]

4. APOSENTADORIA POR INVALIDEZ

A aposentadoria por invalidez é um benefício concedido em razão da conclusão pericial de uma incapacidade insusceptível de reabilitação para o exercício de atividade que lhe garanta a subsistência.

No caso da aposentadoria por invalidez, vejamos as disposições do art. 42 da Lei. n. 8.213/1991:

> Art. 42. A aposentadoria por invalidez, uma vez cumprida, quando for o caso, a carência exigida, será devida ao segurado que, estando ou não em gozo de auxílio-doença, for considerado incapaz e insusceptível de reabilitação para o exercício de atividade que lhe garanta a subsistência, e ser-lhe-á paga enquanto permanecer nesta condição.

No Manual de Perícia Médica da Previdência Social, encontramos o conceito de invalidez. Senão vejamos:

> 4.3 – A invalidez pode ser conceituada como a incapacidade laborativa total, indefinida e multiprofissional, insuscetível de recuperação ou reabilitação profissional, que corresponde à incapacidade geral de ganho, em conseqüência de doença ou acidente.

---

(2) JÚNIOR, M. H. *Direito Previdenciário*. São Paulo: Quartier Latin, 2008. p. 163.
(3) BITTENCOURT, A. L. M. *Manual dos Benefícios por Incapacidade Laboral e Deficiência*. Curitiba: Alteridade, 2016. p. 53.
(4) REsp n. 699.920/SP.

Para Rocha:

> [...] a perda definitiva da capacidade laboral é uma contingência social deflagradora da aposentadoria por invalidez. Distingue-se do auxílio-doença, também para proteger o obreiro da incapacidade laboral, em razão de risco social apresentar-se aqui com totalidades mais intensas e sombrias, vale dizer, em princípio, o quadro é irreversível.[5]

Para a concessão do benefício de aposentadoria por invalidez, será necessário que o segurado esteja incapacitado de maneira total e permanente para atividade laboral. Porém, como veremos a seguir, a conclusão de incapacidade parcial também poderá ser fundamento para a concessão de uma aposentadoria por invalidez, com uma análise mais profunda do conceito de incapacidade denominado incapacidade biopsicossocial.

5. INCAPACIDADE BIOPSICOSSOCIAL

No Poder Judiciário, verificamos uma grande evolução, na caracterização de incapacidade, reconhecendo fatores pessoais e sociais para a concessão de aposentadoria por invalidez, conforme Súmula n. 47 da TNU:

> Uma vez reconhecida a incapacidade parcial para o trabalho, o juiz deve analisar as condições pessoais e sociais do segurado para a concessão de aposentadoria por invalidez.

O entendimento do INSS (Instituto Nacional do Seguro Social) pela impossibilidade de concessão de aposentadoria por invalidez, quando da conclusão pela perícia da incapacidade laborativa fosse somente parcial.

O STJ, aliás, dava guarida à tese do INSS, como se vê nos seguintes precedentes:

> PREVIDENCIÁRIO. APOSENTADORIA POR INVALIDEZ. INCAPACIDADE PARCIAL. I – Estando a Autora incapacitada apenas parcialmente para o trabalho, não faz jus à aposentadoria por invalidez. II – O argumento da dificuldade de obtenção de outro emprego, em face da idade avançada, baixo nível intelectual, não pode ser utilizado para a concessão do benefício, por falta de previsão legal. III – Recurso provido. (REsp 358.983/SP, Rel. Ministro Gilson Dipp, Quinta Turma, julgado em 28.05.2002, DJ 24.06.2002, p. 327)

> AGRAVO REGIMENTAL EM RECURSO ESPECIAL. PREVIDENCIÁRIO. APOSENTADORIA POR INVALIDEZ. ART. 42 DA LEI N. 8.213/1991. AUSÊNCIA DE INCAPACIDADE TOTAL PARA O TRABALHO RECONHECIDA PELO TRIBUNAL *A QUO*. IMPOSSIBILIDADE DE CONCESSÃO DO BENEFÍCIO. 1. Para a concessão da aposentadoria por invalidez, é de mister que o segurado comprove a incapacidade total e definitiva para o exercício de atividade que lhe garanta a subsistência. 2. Tal incapacidade deve ser observada do ponto de vista físico-funcional, sendo irrelevante, assim, na concessão do benefício, os aspectos sócio-econômicos do segurado e de seu meio, à ausência de previsão legal e porque o benefício previdenciário tem natureza diversa daqueloutros de natureza assistencial. Precedentes. 3. Agravo regimental improvido. (AgRg no REsp 501.859/SP, Rel. Ministro Hamilton Carvalhido, Sexta Turma, julgado em 24.02.2005, DJ 09.05.2005, p. 485.)

Importante notar que o STJ alterou seu entendimento jurisprudencial sobre a matéria, passando a sustentar que: Para a concessão de aposentadoria por invalidez, na hipótese em que o laudo pericial tenha concluído pela incapacidade parcial para o trabalho, devem ser considerados, além dos elementos previstos no art. 42 da Lei n. 8.213/1991, os aspectos socioeconômicos, profissionais e culturais do segurado, conforme se lê no Informativo 520, de 12 de junho de 2013.[6]

José Antônio Savaris[7] ressalta a importância de que todas as condições sociais do segurado sejam avaliadas, argumentando que, de nada adiantaria a um trabalhador a existência de capacidade residual para o exercício de atividades que não dependam de esforço físico, se ele sempre trabalhou em atividades que demandam esforço físico acentuado, além de possuir idade avançada e reduzido nível de escolaridade. Nesse caso, a real possibilidade de vir a exercer outra atividade é inexistente.

Conforme Marina Duarte: As condições pessoais do segurado devem ser avaliadas dentro de seu contexto social, devendo-se averiguar sua idade, aptidões,

---

(5) ROCHA, D.M. *Comentários à lei de benefícios da previdência social.*, p. 198.

(6) Precedentes do STJ citados no Informativo n. 520 seguindo a mesma trilha: AgRg no Ag n. 1.425.084-MG, Quinta Turma, DJe 23.04.2012; AgRg no AREsp n. 81.329-PR, Quinta Turma, DJe 1º.03.2012, e AgRg no Ag n. 1.420.849-PB, Sexta Turma, DJe 28.11.2011. AgRg no AREsp n. 283.029-SP, Rel. Min. Humberto Martins, julgado em 09.04.2013.

(7) SAVARIS, José Antônio. *Direito processual previdenciário.* 5. ed. Curitiba: Alteridade, 2014. p. 285-287; 563.

grau de instrução, limitações físicas que irão acompanhá-lo dali pra frente [...].[8]

Nesse sentido:

> Embora tenha o laudo pericial concluído pela incapacidade parcial do segurado, o Magistrado não fica vinculado à prova pericial, podendo decidir contrário a ela quando houver nos autos outros elementos que assim o convençam, como no presente caso" [...] "Em face das limitações impostas pela moléstia incapacitante, avançada idade e baixo grau de escolaridade, seria utopia defender a inserção da segurada no concorrido mercado de trabalho, para iniciar uma nova atividade profissional, motivo pelo qual faz jus à concessão de aposentadoria por invalidez.[9]

Quando o laudo pericial chega à conclusão de que não há de se falar em incapacidade a TNU (Turma Nacional de Uniformização) aplica a Súmula n. 77.

> Súmula n. 77 da TNU: "O julgador não é obrigado a analisar as condições pessoais e sociais quando não reconhecer a incapacidade do requerente para a sua atividade habitual.
>
> Em resumo, podem ocorrer, na prática, as seguintes situações: 1) a doença da parte autora não gera incapacidade; conclusão: não lhe é devido qualquer benefício; 2) a doença da parte autora gera incapacidade parcial, porém, esta não abrange seu trabalho habitual; conclusão: não lhe é devido qualquer benefício, incidindo a Súmula n. 77 da TNU; 3) a doença da parte autora gera incapacidade parcial, que abrange seu trabalho habitual; conclusão: aplica-se a Súmula n. 47 da TNU, devendo as instâncias ordinárias proceder à análise das condições pessoais e sociais do segurado, a fim de averiguar se é possível cogitar-se de sua reabilitação funcional e de seu retorno ao mercado de trabalho. Caso isso não seja possível, configura-se a hipótese de concessão de aposentadoria por invalidez em vez do auxílio-doença[10].

Assim, podemos concluir pelo reconhecimento de condições pessoais e sociais no conceito de incapacidade, para verificar-se a impossibilidade de retorno do segurado para o mercado de trabalho.

Assim, quando não constatada a incapacidade laboral, a TNU aplica a Súmula n. 77.

Nesse sentido, confira-se trecho de precedente da TNU:

> Quando negada a incapacidade para o trabalho habitual, forçoso inadmitir o exame das condições pessoais, já que o mesmo não pode, por si só, afastar a conclusão sobre a aptidão laboral calcada na valoração de prova pericial. (PEDILEF n. 0020741 39.2009.4.03.6301, julgamento: 08.03.2013, DOU 22.03.2013, relator: Juiz Federal André Carvalho Monteiro.)

Importante ressaltar que nas hipótese do segurado ser portador de doença com estigma social a TNU vem afastando a aplicação da Súmula n. 77, passando aplicar a Súmula n. 78:

> Súmula n. 78 da TNU: "Comprovado que o requerente de benefício é portador do vírus HIV, cabe ao julgador verificar as condições pessoais, sociais, econômicas e culturais, de forma a analisar a incapacidade em sentido amplo, em face da elevada estigmatização social da doença.
>
> Incidente de Uniformização de Jurisprudência conhecido e parcialmente provido para (i) reafirmar a tese de que a estigmatização da doença relacionada ao vírus HIV por si só não presume incapacidade laborativa; (ii) fixar a tese de que as condições pessoais, sociais, econômicas e culturais do segurado devem ser analisadas para a aferição da incapacidade nos casos de portadores do vírus HIV e outras doenças de grande estigma social, constituindo exceção à Súmula n. 77, da TNU [...] (PEDILEF n. 5003198-07.2012.4.04.7108, julgamento: 11.09.2014, DOU 17.09.2014, Relatora: Juíza Federal Kyu Soon Lee.)
>
> Colhe-se o seguinte precedente, ilustrativo do período analisado: A intolerância e o preconceito contra os portadores do HIV, que ainda persistem no seio da sociedade brasileira, impossibilitam sua inclusão no mercado de trabalho e, em consequência, a obtenção dos meios para a sua subsistência. 4. O princípio da dignidade humana é fundamento do Estado Democrático de Direito (art. 1º, III, CF) 4.1. O Poder Judiciário tem coibido a discriminação contra o portador do HIV, nos casos concretos e específicos que lhe são submetidos. 4.1.1. Quando o preconceito se manifesta de forma difusa, velada, disfarçada, o Estado-Juiz deve intervir, reconhecendo as diferenças, sob pena de, na sua omissão, compactuar com a intolerância com os portadores

---

(8) DUARTE, Marina Vasques. *Direito previdenciário*. 3. ed. Porto Alegre: Verbo Jurídico, 2004 p. 124.

(9) STJ – AgRg no REsp. 1.000.210/MG, Rel. Min. Napoleão Nunes Maia Filho, 5ª T., j. em 21.09.2010, Dje 18.10.2010.

(10) KOEHLER, Frederico Augusto Leopoldino. *Comentários às Súmulas da Turma Nacional de Uniformização dos Juizados Especiais Federais*. Brasília: Centro de Estudos Judiciários, 2016. p. 248.

dessas mesmas diferenças. 5. Prova pericial incompleta, que não informa se há sinais exteriores da doença, que possam levar a identificação do segurado como portador do vírus HIV. [...] Por este motivo, entendo que há necessidade de se realizar uma nova prova pericial para que o autor seja examinado de forma ampla e minuciosa a fim de aferir se realmente encontra-se capacitado para o trabalho, não sendo razoável admitir que esteja saudável tão somente em face da deficiência da prova pericial realizada. Assim, a prova pericial deve averiguar não somente o quadro clínico geral, mas também aferir e relatar a presença de qualquer sintoma da doença e especialmente a existência de sinais exteriores desta. (PEDILEF 2007.83.00.505258-6/PE, relatora: Juíza Federal Maria Divina Vitória, julgamento: 18.12.2008, DJU 02.02.2009.)

Colaciona-se o recente precedente da TNU, que resume de forma objetiva como deve proceder o julgador ao apreciar pleito de portador de HIV: A situação dos autos se enquadra na última hipótese excepcional acima referida, pois de acordo com a orientação Turma Nacional de Uniformização de jurisprudência, aplicada analogicamente ao caso em apreço, não basta a condição de portador de HIV para assegurar o direito aos benefícios da Seguridade Social, no caso citado tratava-se de benefício assistencial, sendo necessário que estejam presentes uma das seguintes situações: a) incapacidade para prover o próprio sustento, analisada à luz do estado clínico do requerente e de suas condições pessoais e circunstâncias socioeconômicas e culturais; b) no caso do portador de HIV assintomático, a presença de sinais exteriores da doença, que justifiquem o estigma social, tornando desfavorável o ingresso ou reingresso no mercado de trabalho (v. PEDILEF n. 2006.34.00.700191-7/DF, DJ 11.03.2010); ou c) o fato do requerente residir em município pequeno, que caracterize a estigmatização decorrente da ciência por todos de sua enfermidade contagiosa, independentemente do aspecto visual e sintomático da doença (v. PEFILEF n. 2008.72.95.000669-0/SC, DJ 15.12.2010). (PEDILEF 05135003420114058013, Juiz Federal Boaventura João Andrade, TNU, DOU 13.11.2015 páginas 182/326.)

Então podemos chegar ao entendimento do afastamento da aplicação da Súmula n. 77 da TNU, quando verificado caso de segurado portador de doença de estigmatização social.

6. CONCLUSÃO

Com os apontamentos acima, podemos concluir que o conceito de incapacidade evoluiu de uma forma que inicialmente estava ligado diretamente a situações clínicas e físicas da pessoa. Depois, passamos por mais fase de evolução para considerar situações intelectuais (psicológicas). Atualmente, a jurisprudência tem embarcado no entendimento em um conceito mais amplo, ou seja, o conceito de incapacidade biopsicossocial levando em consideração além de fatores médicos, também fatores sociais como idade avançada, grau de escolaridade e acesso ao mercado de trabalho. Assim para um real conceito de incapacidade laboral, devemos verificar três questões fundamentais: no primeiro momento avaliação médica, ou seja, física, biológica, intelectual (psicológicas) e ao final de enfrentar todas essas avalições checamos também avaliação social.

7. REFERÊNCIAS BIBLIOGRÁFICAS

BITTENCOURT, A. L. M. *Manual dos Benefícios por Incapacidade Laboral e Deficiência*. Curitiba: Alteridade, 2016.

DUARTE, Marina Vasques. *Direito previdenciário*. 3. ed. Porto Alegre: Verbo Jurídico, 2004.

JÚNIOR, M. H. *Direito Previdenciário*. São Paulo: Quartier Latin, 2008.

KOEHLER, Frederico Augusto Leopoldino. *Comentários às Súmulas da Turma Nacional de Uniformização dos Juizados Especiais Federais*. Brasília: Centro de Estudos Judiciários. 2016.

ROCHA, D. M. *Comentários à lei de benefícios da previdência social*.

SAVARIS, José Antônio. *Direito processual previdenciário*. 5. ed. Curitiba: Alteridade, 2014.

Reflexões sobre o Limbo Trabalhista Previdenciário

Saulo Cerqueira de Aguiar Soares[1]
Ivana Maria Mello Soares [2]

1. CONSIDERAÇÕES INICIAIS

A Medicina do Trabalho é uma das especialidades médicas mais circundadas em conflitos de interesses, em razão de envolver-se com demandas de empregadores, trabalhadores e do Estado, muitas vezes, situando-se em uma região que tem suas condutas questionadas por todos esses personagens, estando em posição de risco; por exemplo, nos conflitos oriundos das divergências de entendimentos entre o Médico do Trabalho e o Médico do Instituto Nacional do Seguro Social (INSS).

Diante disso, inúmeras controvérsias surgem quando a conclusão sobre a possibilidade de retorno ao trabalho de um empregado é divergente entre o Médico do Trabalho e o Médico do INSS, frequentemente causando sérios prejuízos ao trabalhador, que em posição fragilizada, pela sua condição, busca o Poder Judiciário para solucionar a contenda, por envolver suscitações no âmbito médico, trabalhista e previdenciário.

Logo, é pertinente uma análise médica, ética e jurídica sobre os principais pontos de controvérsias entre o Médico do Trabalho e o Médico do INSS, com o intuito do ajustamento ético e legal de condutas, permitindo ao trabalhador evitar buscar a judicialização do caso e garantir seus direitos de modo conciliatório, tendo o intuito final de preservar a saúde do paciente-trabalhador e prevenir acidentes de trabalho, fomentando uma comunidade de trabalho saudável.

2. REFLEXÕES MÉDICAS E ÉTICAS DO LIMBO TRABALHISTA PREVIDENCIÁRIO

Primeiramente, cabe elucidar a definição do que se entende por limbo trabalhista previdenciário, que consiste não tecnicamente em um limbo jurídico, na perspectiva de que o evento não impede o alcance e a aplicação do Direito, haja vista que há maneiras jurídicas para a solução da questão, mas sim a definição se dá em decorrência da existência de um limbo na visão subjetiva do trabalhador, que se percebe em uma situação de desproteção social, sem receber seu salário da empresa e sem receber o benefício previdenciário.

No âmbito médico e ético, é primordial ter ciência de que o Conselho Federal de Medicina (CFM) expediu a Resolução n. 1.484/1998, que dispõe de normas específicas para médicos que atendem o trabalhador, estabelecendo no inciso I do art. 3º que:

> Aos médicos que trabalham em empresas, independentemente de sua especialidade, é atribuição: I – atuar visando essencialmente à promoção da saúde e à prevenção da doença, conhecendo, para tanto, os processos produtivos e o ambiente de trabalho da empresa. (BRASIL, CFM, Resolução n. 1.484/1998, art. 3º, I.)

Nesse entendimento, a própria resolução considerou que todo médico, independentemente do vínculo empregatício – estatal ou privado, responde pela recuperação

---

(1) Médico do Trabalho, Advogado e Professor. Doutorando em Direito do Trabalho – Pontifícia Universidade Católica de Minas Gerais (PUC/MG). Mestre *Magna cum laude* em Direito do Trabalho – PUC/MG. Especialista em Direito do Trabalho, Previdenciário e Direito Civil – PUC/MG. Especialista em Medicina do Trabalho – FCMMG. Especialista em Direito Médico – Universidade de Araraquara. Bacharel em Direito – PUC/MG.

(2) Fisioterapeuta. Mestre em Educação – Universidade Federal do Piauí. Especialista em Direito Educacional – PUC/MG. Especialista em Ergonomia pela Escola de Engenharia da Universidade Federal de Minas Gerais – UFMG. Bacharelanda em Direito – PUC/MG. Especialista em Fisioterapia do Trabalho – Universidade de Araraquara.

individual do trabalhador, ou seja, não estabelece hierarquização entre médicos do trabalho e médicos do INSS.

Oportunamente, o Código de Ética Médica (CEM) estabelece no inciso IV, como princípio fundamental, que:

> O médico guardará absoluto respeito pelo ser humano e atuará sempre em seu benefício. Jamais utilizará seus conhecimentos para causar sofrimento físico ou moral, para o extermínio do ser humano ou para permitir e acobertar tentativa contra sua dignidade e integridade. (BRASIL, CEM, IV)

Tal dispositivo encontra-se no rol dos princípios fundamentais do CEM. À vista disso, é uma proposição básica que serve como esteio interpretativo de toda a norma deontológica médica. Ao que tange ao inciso citado, determina que o médico deve agir sempre protegendo a integridade psicofísica do ser humano, vinculado ao princípio da Bioética da não maleficência, não podendo o profissional ser conivente na provocação de dano material, moral ou estético em seus pacientes, buscando a afirmação da integridade e dignidade da pessoa humana.

Nesse contexto, o princípio fundamental, insculpido no inciso VIII do CEM determina que:

> O médico não pode, em nenhuma circunstância ou sob nenhum pretexto, renunciar à sua liberdade profissional, nem permitir quaisquer restrições ou imposições que possam prejudicar a eficiência e a correção de seu trabalho. (BRASIL, CEM, VIII)

Vejamos que o CEM pretende garantir a autonomia profissional de cada médico na tomada de decisões, não ficando restrito a imposições de outros médicos que prejudiquem a proteção da integridade psicofísica do paciente. Isto posto, o médico do trabalho não pode, eticamente, ter sua liberdade profissional cerceada pelo médico do INSS, estando com autonomia para tomar condutas embasadas em critérios médicos.

Ademais, o inciso XII do CEM estabelece que:

> O médico empenhar-se-á pela melhor adequação do trabalho ao ser humano, pela eliminação e pelo controle dos riscos à saúde inerentes às atividades laborais. (BRASIL, CEM, XII)

Ao que se extrai, o médico do trabalho e o médico do INSS devem pautar suas condutas objetivando a redução de acidentes de trabalho, adequando o trabalho ao ser humano, inclusive sob os aspectos ergonômicos, consistindo dever médico utilizar sua autonomia profissional para proteger a saúde do paciente-trabalhador.

À guisa de elucidação, estabelece a Norma Regulamentadora n. 7 (NR-7), aprovada pela Portaria n. 3.214/1978 do Ministério do Trabalho e Previdência Social (MTPS), que o Atestado de Saúde Ocupacional – ASO deverá conter a "definição de apto ou inapto para a função específica que o trabalhador vai exercer, exerce ou exerceu" (item 7.4.4.3, b). Assim, o médico "examinador"/médico do trabalho após a análise dos dados obtida por meio da avaliação clínica, abrangendo anamnese ocupacional e exame físico e mental, mais os exames complementares, quando oportuno, deve concluir sobre a aptidão do trabalhador para a função, registrando em prontuário.

Ao que se examina da análise do CEM, não se coaduna com as normas éticas a teoria de hierarquização entre médicos e, muito menos, o cerceamento de autonomia profissional por parte de algum ator envolvido nessa celeuma trabalhista-previdenciário. Portanto, do prisma da análise médica, *a priori*, não comete infração ética o médico "examinador"/médico do trabalho que não acata decisão do médico do INSS, desde que com isso não infrinja qualquer dispositivo do CEM, pois ambos têm ampla liberdade para exercer a Medicina e tomarem condutas baseadas na sua consciência, sempre documentando em prontuário e argumentando sobejamente suas decisões.

No que se refere à realização dos exames ocupacionais, entre eles, o de retorno ao trabalho, cabe destacar a participação de um profissional médico nomeado de médico "examinador" do trabalho. O médico "examinador" do trabalho corresponde ao profissional que pode ser delegado pelo médico coordenador para a realização dos exames ocupacionais previstos na NR-7, Programa de Controle Médico de Saúde Ocupacional – PCMSO.

O item 7.3.2 da NR-7 determina que deve ser:

> profissional médico familiarizado com os princípios da patologia ocupacional e suas causas, bem como com o ambiente, as condições de trabalho e os riscos a que está ou será exposto cada trabalhador da empresa a ser examinado. (BRASIL, MTPS, NR-7)

No entanto, não existe nenhuma fiscalização quanto a saber se o médico "examinador" é realmente familiarizado com os princípios da patologia ocupacional, como determina a legislação, o que inspira a apuração, em uma avaliação crítica da própria situação de trabalho dos médicos "examinadores", se possuem capacidade de atuar na área de modo técnico, tendo em vista que, na generalidade, são recém-formados ou profissionais de longa carreira sem nenhuma vivência em saúde ocupacional. E, em verdade, a ampla maioria dos exames ocupacionais realizados nas clínicas de medicina do trabalho terceirizadas são executados por médicos "examinadores", daí a importância da análise desse profissional.

Destaca Soares (2015, p. 25) acerca do surgimento da nomenclatura médico "examinador" e da escolha do autor pelo uso das aspas que:

> [...] a própria criação do termo examinador foi propositadamente (des)construída pelo meio empresarial com o intento de mitigar o *status* e bom conceito desse profissional médico, com o propósito de relegar os exames ocupacionais a um nível de importância inferior. Chamar o médico responsável pelos relevantíssimos exames ocupacionais, itens essenciais do PCMSO, de mero médico examinador do trabalho é a comprovação da irresponsabilidade para com a saúde dos trabalhadores, em rebaixar os exames ocupacionais à banalidade de um exame qualquer. Tal conduta, visa relegar a um patamar subalterno a importância dos exames ocupacionais e desses profissionais, daí a escolha do uso "examinador" entre aspas, revelando a desconexão do nome dado a esta função. (SOARES, 2015)

Nesse contexto, em que a terminologia da função é degradante, uma pesquisa de campo inédita, com realização de entrevista com médicos "examinadores" do trabalho, realizada por Soares (2015), evidenciou dados alarmantes acerca das condições de trabalho dos médicos "examinadores", o que afeta diretamente a qualidade dos exames ocupacionais e agrava o limbo trabalhista previdenciário. Esse estudo constatou que "dos sujeitos que não têm vínculo empregatício reconhecido, 92% trabalham em clínicas de medicina do trabalho terceirizadas, enquanto somente 8% dentro de algum Serviço Especializado em Engenharia de Segurança e Medicina do Trabalho – SESMT de uma empresa".

Examinando os resultados da pesquisa, avalia Soares (2015) que:

> [...] principalmente em clínicas de medicina do trabalho terceirizadas, ocorre a manutenção de fraudes trabalhistas que visam aparentar como autônomo os médicos "examinadores" que, em verdade, são empregados, conforme disposto na Consolidação das Leis do Trabalho (CLT). Aqui ocorre uma das mais assombrosas patologias do SESMT são os aviltamentos trabalhistas que ocorrem em ampla parte dos SESMTs terceirizados, que são empresas que prestam os serviços de saúde e segurança do trabalho para outras, que não têm serviço próprio. Essas empresas, em grande parte, funcionam com base em fraude trabalhista, contratando os chamados "médicos examinadores" para realizar seus exames ocupacionais, sem nenhuma garantia trabalhista. (SOARES, 2015)

Nesse ambiente de precarização e de fraudes trabalhistas contra os médicos "examinadores", revelado pela pesquisa, perpetradas pelas próprias clínicas de medicina do trabalho, esses profissionais não têm autonomia para a realização de um exame de qualidade, o que certamente acentua os casos de limbo trabalhista previdenciário, complementado com um cenário em que não há nenhuma fiscalização para se certificar se são capacitados tecnicamente.

3. A DESUMANIZAÇÃO DA RELAÇÃO MÉDICO-PACIENTE

A história desvela que os médicos podem ser agentes das mais assombrosas desumanidades. A face mais obscura dessa história é a evidenciada no "Julgamento dos Médicos", em que médicos foram processados no julgamento de Nuremberg, em 1947, após o fim da Segunda Guerra Mundial. Foram 20 médicos julgados, sendo sete condenados à pena de morte e outros à prisão perpétua, por experimentos nazistas de tortura em humanos. Esse julgamento revela a quais atrocidades os médicos são capazes de realizar quando não consideram a vida da pessoa humana como o mais relevante bem jurídico.

Naquele momento, era a ideologia nazista que moveu aqueles médicos; hoje, é a idolatria ao dinheiro que domina a Medicina *business*, e o resultado é o mesmo: a morte cruel de inocentes.

A Medicina *business* pode ser conceituada como o exercício mercantilista da Medicina, em que o alvo da atenção do médico ou do sistema de saúde deixa de ser a saúde do ser humano e passa a ser o dinheiro, em uma violação de princípios éticos e morais da profissão, ocasionando graves riscos à sociedade.

Esse novo perfil de Medicina afeta a relação médico-paciente, que está envolta do discurso jurídico que nossa sociedade aderiu, diante dos dispositivos prioritariamente constantes na Constituição da República de 1988 (CR/1988) e no Código de Defesa do Consumidor (CDC), alcançando debates entre a Medicina e o Direito.

Destacam Soares e Soares (2014) que:

> a Medicina e o Direito são uma arte que cuida do patrimônio mais importante do ser humano: a

vida. São áreas que cada vez mais estão criando encadeamentos profícuos, expressando perspectivas de debates mútuos mais diligentes, em decorrência de um entendimento recente da sociedade de questionar a atividade médica no âmbito judicial. (SOARES E SOARES, 2014, p. 433.)

Nesse diálogo do discurso da Medicina e do Direito, percebe-se que a relação médico-paciente consiste na relação que é formada por vínculos entre o paciente e o profissional médico, que é buscado para amparar um acompanhamento em saúde, que deve ser de forma humanizada, respeitando a autonomia do paciente, que é antes de ser um paciente, uma pessoa e um ser humano.

A relação médico-paciente é a essência da Medicina e, indubitavelmente, tem grande magnitude até mesmo para a cura do doente, como se observa do que destaca Lopes (2011, p. 307), ao afirmar que "a atitude do médico na condução do atendimento a seu paciente tem influência significativa e muitas vezes decisiva no resultado do tratamento".

A relação médico-paciente envolve as expectativas do paciente e do médico. Quanto às expectativas do médico, são quatro as mais proeminentes, envolvendo desde a expectativa da viabilidade de prestígio social por meio dessa profissão mística que recebe a prerrogativa de "doutor" e do uso do jaleco branco; também a expectativa do ganho econômico, com honorários elevados, que pode levar a uma mercantilização da Medicina; a expectativa de satisfação pessoal, geralmente fantasiada da realidade, o que leva à frustração de muitos médicos do sonho que tinham para a prática que vivem; por fim, a expectativa de ajudar, que é uma predisposição à solidariedade (MOREIRA FILHO, 2005, p. 82-91).

As expectativas do paciente, de forma genérica, são seis: a busca de alívio, para livrar-se do sofrimento; a de cura da enfermidade; a espera de salvação, levando a atribuir poderes aos médicos; a de conselhos, recebendo um apoio na luta contra a enfermidade. Nesse quesito, do aconselhamento, o paciente busca o respaldo da opinião de uma "autoridade" para sustentar o que pensa, o que pode ser deletério quando o aconselhamento é externo à enfermidade, emitindo conselhos de vida íntima. Ademais, a expectativa de atenção interessada é buscada pelo paciente, esperando do médico um diálogo vigilante; e, por último, a expectativa de convivência, em uma empatia (MOREIRA FILHO, 2005, p. 91-108).

Essa relação essencial da Medicina, como visto, é repleta de significados para os dois personagens desse relacionamento. E, é a relação médico-paciente que foi ceifada no paradigma da Medicina *business*.

Em sintonia, assevera Knobel (2013), sobre a Medicina, que:

> [...] costumo dizer que os problemas em minha profissão se explicam por meio de quatro palavras que começam com a letra "d": O paciente está despersonalizado, o médico está desprofissionalizado, a assistência médica está desumanizada e a medicina, descaracterizada. (KNOBEL, 2013, p. 2.)

Essa realidade apontada do paciente despersonalizado, do médico desprofissionalizado, da assistência médica desumanizada e da Medicina descaracterizada é o retrato da Medicina *business* potencializando a presença do médico no banco dos réus.

Verifica-se que a desumanização da relação médico-paciente já atingiu a seara ambulatorial, nos consultórios de marcação eletiva, nos exames de baixa e alta complexidade; a hospitalar, nas internações e serviços de urgência e emergência; a ocupacional, que trata dos exames previstos aos trabalhadores, que vêm sendo realizados pró-forma e têm correlação com os altos índices de acidentes do trabalho e doenças ocupacionais, inclusive fatais; e na pericial, atividade que busca a formação de nexo para determinada constatação.

Nesses quatro ambientes, afetados pelo novo paradigma da Medicina, borbulham confrontos entre médicos e pacientes que descabam para processos judicias, como apontam Soares e Soares (2014), ao esclarecer que:

> [...] aumenta consideravelmente as chances de erro médico, que hoje, não são toleradas em virtude da precariedade da relação médico-paciente em que o médico é escolhido não por confiança, mas sim por uma relação fria do plano de saúde. Hoje, instituições hospitalares estão tornando o exercício médico um investimento, e a busca de retorno rápido está desmoralizando a profissão, fomentando a judicialização da saúde. (SOARES E SOARES, 2014, p. 439.)

A Medicina *business* é construção do mercado econômico, que resultou em profundas mudanças da atividade médica, como assinala França (2010) ao elucidar que:

> a Medicina, de uma atividade quase meramente liberal, exercida de forma íntima e solitária,

passou a se organizar de acordo com as necessidades impostas pelas exigências de uma época, sacudida e atordoada pelo vertiginoso desenvolvimento dos dias atuais. [...] O médico das cidades de grande e médio portes já não pode sobreviver liberalmente. Ou se agrega às instituições estatais ou paraestatais, ou serve de "bagrinho" às empresas médicas privadas, cada dia mais proliferantes, cada dia mais opulentas. [...] O limite do ter é inesgotável. Tudo pode ser fonte de riqueza e essa riqueza pode ser multiplicada muitas vezes. A própria doença passou a ser uma dessas fontes e, assim, surgem os empresários médicos, cuja matéria-prima é simplesmente a doença. (FRANÇA, 2010, p. 55.)

Baseado nessas constatações, do avanço da Medicina Empresarial, vaticina França (2010) que:

> o médico, por sua vez, o pobre médico isolado e esquecido, de dois empregos e automóvel à prestação, não pode ser responsável por um estado de coisas que ele não criou, para o qual não foi consultado, e para o qual não concorreu. Esse médico não vai poder sobreviver com dignidade ou com mínimas condições de subsistência. Terá de ser fatalmente atraído e esmagado pelas engrenagens das grandes Empresas Médicas, gananciosas e desumanas, ávidas de mão obra barata e de lucros formidáveis. (FRANÇA, 2010, p. 56.)

Nessa seara, dissemina a imperiosidade do retorno financeiro rápido e farto, que apregoam as consultas à jato e o subemprego. Considera Soares (2011b, p. 2) que "[...] aceitar a pulverização de empregos por parte do médico é agir de má fe".

Conforme Soares (2011a, p. 3) "[...] reconhece-se a necessidade de uma Medicina mais humana que venha a contribuir socialmente e não tenha no lucro o seu fim".

Nessa lata acepção, cabe, adiante, uma análise pormenorizada do cenário ambulatorial, ocupacional e hospitalar como o paradigma da Medicina *business* é fator desumanizante da relação médico-paciente e estimulante da judicialização do setor.

4. REFLEXÕES JURÍDICAS ACERCA DOS ASPECTOS POLÊMICOS

Preliminarmente, antes de pormenorizar no âmbito jurídico, é exigido ter conhecimento do princípio da legalidade, disposto no inciso II, art. 5º, da Constituição Federal, que é imprescindível para o entendimento da solução dos conflitos entre Médico do Trabalho e Médico do INSS, em virtude de que tal princípio determina que "ninguém será obrigado a fazer ou deixar de fazer alguma coisa senão em virtude de lei".

Isto posto, em atividade hermenêutica aplicada à situação fática, ao médico do trabalho é lícito fazer tudo que a lei não proíba expressamente ou que implicitamente permita, em virtude de que, o que não está proibido pelo legislador, encontra-se permitido. Por conseguinte, para uma definição jurídica, é relevante o conhecimento da legislação atinente à área trabalhista e previdenciária.

Nesse panorama legal, prescreve o art. 6º, § 2º, da Lei n. 605/1949, com redação determinada pela Lei n. 2.761/1956, que:

> A doença será comprovada mediante atestado de médico da instituição da previdência social a que estiver filiado o empregado, e, na falta deste e sucessivamente, de médico do Serviço Social do Comércio ou da Indústria; de médico da empresa ou por ela designado; de médico a serviço de representação federal, estadual ou municipal incumbido de assuntos de higiene ou de saúde pública; ou não existindo estes, na localidade em que trabalhar, de médico de sua escolha. (BRASIL, Lei n. 605/1949, art. 6º, § 2º.)

Interpretando a lei, ou seja, revelando seu sentido e seu alcance, fica cristalino que a legislação define uma hierarquização de atestados médicos para comprovação da doença, dando preponderância ao Médico do INSS. Impende destacar que profissionais renomados na saúde ocupacional veiculam a ideia temerária de anulação da referida lei, argumentando ser defasada, devido sua originalidade ser de 1949 (na realidade, com redação de 1956). Diante disso, é imperioso tratar que não existe no ordenamento jurídico a revogação por anacronismo, dado ao aspecto da segurança jurídica que estaria violado, então a consequência da vigência da lei é a sua obrigatoriedade, pelo caráter imperativo do Direito. Logo, é destituído de fundamentação jurídica qualquer alegação de não aplicabilidade da Lei n. 605/1949.

Nesse sentido, entendeu o Tribunal Superior do Trabalho (TST) ao publicar a Súmula n. 15, *in verbis*:

> ATESTADO MÉDICO (mantida) – Res. 121/2003, DJ 19, 20 e 21.11.2003
> A justificação da ausência do empregado motivada por doença, para a percepção do salário-enfermidade e da remuneração do repouso semanal, deve observar a ordem preferencial dos atestados médicos estabelecida em lei. (BRASIL, TST, Súmula n. 15.)

Ante tal súmula, editada pela cúpula da Magistratura do Trabalho, fica evidenciado que o TST aplica a hierarquização de atestados médicos, disposta na Lei n. 605/1949, estando, desta maneira, pacificada essa matéria.

Nesse fio condutor, dispõe o inciso I, § 3º, art. 6º, da Lei n. 11.907/2009, que:

> Compete privativamente aos ocupantes do cargo de Perito Médico Previdenciário ou de Perito Médico da Previdência Social e, supletivamente, aos ocupantes do cargo de Supervisor Médico-Pericial da Carreira de que trata a Lei n. 9.620, de 2 de abril de 1998, no âmbito do Instituto Nacional do Seguro Social – INSS e do Ministério da Previdência Social – MPS, o exercício das atividades Médico-Periciais inerentes ao Regime Geral da Previdência Social de que tratam as Leis ns. 8.212, de 24 de julho de 1991, e 8.213, de 24 de julho de 1991, e à Lei n. 8.742, de 7 de dezembro de 1993, e, em especial a: I – emissão de parecer conclusivo quanto à capacidade laboral para fins previdenciários (BRASIL, Lei n. 11.907/2009, art. 6º, § 3º, I.)

Com efeito, outra lei corrobora com o entendimento da teoria da hierarquização de atestados médicos, exibindo prevalência do Médico do INSS frente ao Médico do Trabalho.

Dispõe o Parecer n. 54/2015 do CFM que "Não há sustentação legal para que o médico do trabalho deixe de cumprir a decisão do médico perito previdenciário".

O entendimento dos tribunais é substancial para compreender como o Poder Judiciário se posiciona. Destarte, analisando a jurisprudência, que consiste em um conjunto de decisões reiteradas uniformes sobre o tema, cabe ênfase ao julgado do Tribunal Regional do Trabalho de Minas Gerais (TRT-3)

> EMENTA: "AFASTAMENTO DO EMPREGADO. INDEFERIMENTO DE BENEFÍCIO PREVIDENCIÁRIO. INAPTIDÃO DECLARADA PELO MÉDICO DA EMPRESA. Comprovada a tentativa do autor de retornar ao trabalho e atestada a sua capacidade pela autarquia previdenciária, cabia a reclamada, no mínimo, readaptar o obreiro em função compatível com a sua condição de saúde, e não simplesmente negar-lhe o direito de retornar ao trabalho, deixando de lhe pagar os salários. Como tal providência não foi tomada, fica a empregadora responsável pelo pagamento dos salários e demais verbas do período compreendido entre o afastamento do empregado e a efetiva concessão do benefício previdenciário. (BRASIL. Tribunal Regional do Trabalho (3ª Região). RO n. 01096-2009-114-03-00-4 Rel: Heriberto de Castro, Minas Gerais, 28 jun. 2011.)

O Egrégio TRT-3 decidiu condenar por danos morais a empresa que não possibilitou o retorno ao trabalho do empregado, ao que se examina de:

> DANO MORAL – RECUSA INJUSTIFICADA NO RETORNO DO EMPREGADO AO TRABALHO – A recusa em receber o autor de volta ao trabalho, deixando-o sem recebimento de remuneração, tendo ciência da negativa do INSS em pagar-lhe benefício previdenciário, mostra-se não só arbitrária, como antiética e contrária aos parâmetros sociais. Essa atitude, além de não ter respaldo no ordenamento jurídico, revela apenas seu intuito de esquivar-se dos ônus devidos perante o trabalhador. (...) (BRASIL. Tribunal Regional do Trabalho (3ª Região). RO n. 00399-2008-068-03-00-2, Rel: Jorge Berg de Mendonça, 17 set. 2008.)

Depreende-se da pluralidade de decisões, que a Justiça do Trabalho vem julgando os casos de controvérsias entre Médico do Trabalho e Médico do INSS de modo uniforme, assegurando o direito do trabalhador mover ação de indenização por danos morais contra a empresa que não permitiu o retorno ao trabalho, já atestado sua capacidade laboral pelo Médico do INSS, possuindo esse preponderância de juízo médico.

Em análise jurídica, apesar de polêmico, é plausível a hierarquização entre Médico do INSS e Médico do Trabalho, tendo aquele preponderância legal nas decisões quanto à decisão da capacidade laboral. Diferentemente da avaliação ética, esse entendimento é possível por ser determinado por lei, sendo uma norma hierarquicamente superior ao CEM, e por atender ao critério da legalidade.

5. PROPOSTAS DE SOLUÇÕES PARA OS ASPECTOS POLÊMICOS

Após a avaliação médica, ética e jurídica convém propor soluções para dirimir os conflitos entre o Médico do Trabalho e o Médico do INSS.

Na prática da saúde ocupacional, uma situação frequente é do trabalhador que, próximo ao término do benefício, não se considera em condições de retornar ao trabalho, mas mesmo assim não toma nenhuma conduta, somente aguarda o exame de retorno ao trabalho, que deve ser realizado obrigatoriamente no primeiro dia de volta ao trabalho do trabalhador ausente por período igual ou superior a 30 (trinta) dias por motivo de doença ou acidente, de natureza ocupacional, ou não, ou parto (item 7.4.3.3 da NR-7). Lamentavelmente, por tantas vezes, não solicita uma nova perícia médica por meio do Pedido de Prorrogação – PP nos 15 (quinze) dias que antecedem a cessação do benefício, embasado no § 2º do art. 277 da Instrução Normativa INSS/PRES n. 45/2010.

Desse modo, é plausível tanto ao médico do trabalho e, principalmente ao médico do INSS, durante a primeira perícia médica, orientar o trabalhador dessa possibilidade de solicitar prorrogação do pedido, evitando futuras controvérsias entre os profissionais médicos.

Por conseguinte, é pertinente ter ciência que o Médico do INSS é um servidor público investido na função, praticando atos administrativos, revestidos pelo atributo da presunção relativa de legitimidade ou presunção de legalidade. Assim, a decisão quanto à capacidade laboral de algum segurado possui legitimidade perante o Direito. Tal fundamentação é embasada que o poder público tem a necessidade de exercer com agilidade suas atribuições, na defesa do interesse público. Se suscitado, por parte do Médico do Trabalho, algum vício em sua formação, levando a uma invalidade do ato, mesmo assim, enquanto não anulado ou sustado temporariamente pelo INSS ou pelo Poder Judiciário, o ato é plenamente eficaz e deve ser cumprido.

Explana, nesse ponto, Alexandrino e Paulo (2013, p. 494) que:

> em decorrência do atributo da presunção de legitimidade, presentes em todos os atos administrativos, os atos caracterizados pela imperatividade podem ser imediatamente impostos aos particulares a partir de sua edição, mesmo que estejam sendo questionados administrativa ou judicialmente quanto à sua validade, salvo na hipótese de impugnação ou recurso administrativo com efeito suspensivo, ou decisão judicial que suste ou impeça a aplicação do ato. (ALEXANDRINO E PAULO, 2013, p. 496.)

Vale salientar, ainda, que o ônus da prova da existência de vício no ato administrativo do Médico do INSS é de quem alega, ou seja, do Médico do Trabalho quando em discordância daquele. Portanto, cabe ponderação do Médico do Trabalho ao questionar a legitimidade do ato administrativo do Médico do INSS, devendo estar amplamente respaldado com laudos do assistencialista, para sua própria defesa.

Nesse contexto, considerando que o trabalhador não tem condições de retornar ao mesmo posto de trabalho, deve o Médico do Trabalho entrar em contato com o empregador desse trabalhador e orientar que o retorno do trabalho pode provocar agravamento de algum problema de saúde, indicando uma nova função ao trabalhador. Possivelmente, o empregador irá recusar a solicitação médica, então, deve indicar ao empregador que, mantendo essa conduta nefasta, poderá ser responsabilizado civilmente, por provocar danos ao trabalhador, embasado nos arts. 186 e 927 do Código Civil, e também ser responsabilizado criminalmente, com fulcro no art. 132 do Código Penal, que tipifica o crime de expor a vida ou a saúde de outrem a perigo; mantendo tudo registrado no prontuário individualizado do paciente.

6. CONSIDERAÇÕES FINAIS

A profissão médica desfigurou-se da doutrina hipocrática, de alto relevo ético, de considerar o paciente a figura central do médico, tornando-o, agora no cenário econômico, um cliente. A cultura médica foi corrompida por um movimento econômico, que tudo precifica, e a mercantilização vem desumanizando a relação médico-paciente.

Verificar-se-á, então, que as divergências entre médico "examinador"/médico do trabalho e médico do INSS apresentam interpretações próprias quando analisadas em cada campo, a citar: o médico/ético e o jurídico. Por sua vez, todo cidadão deve obedecer as que se é exigido em lei, em homenagem ao princípio da legalidade.

O médico do trabalho que diverge da decisão do médico do INSS não comete, *a priori*, infração ética. Assim sendo, não é um fato punível pelo Conselho Regional de Medicina, desde que não infrinja algum artigo do CEM. No entanto, assumindo tal conduta, ofende a legislação, a doutrina majoritária e a jurisprudência, podendo sofrer sanções cíveis e criminais do Estado, em processos judiciais.

A propósito, lamentavelmente, alguns médicos do trabalho não têm conhecimento adequado na seara jurídica, deficiência essa que prejudica o trabalhador em não ter seu caso sanado sem percalços por um profissional com múltiplas competências. De plano, evidencia-se que cabe ao médico do trabalho ser um estudioso da Ciência Jurídica.

Acerca da situação subserviente dos médicos "examinadores" que são vítimas de fraudes trabalhistas do não reconhecimento do vínculo empregatício pelas clínicas de medicina do trabalho, fica incontestável que um novo paradigma para a Medicina do Trabalho deve ser buscado, rompendo o tão comentado silêncio das vítimas, que se mantêm caladas temendo retaliações dos poderosos sócios das clínicas médicas que exploram cruelmente o trabalho de colegas, aproveitando-se da condição, colocando em risco, na verdade, os pacientes/trabalhadores em não terem a garantia de serem consultados por um profissional com autonomia, que não esteja amedrontado e aterrorizado por sócios e diretores ao exercer a profissão.

É preciso garantir não só o Direito do Trabalho mas também o direito ao trabalho, em um ramo jurídico que é marcadamente bipolar, pois mantém o sistema capitalista enquanto busca proteger o trabalhador. Nessa toada, a proteção ao trabalhador deve ser feita por ser uma pessoa, não por exercer um trabalho subordinado, pois, antes de ser um trabalhador, é um cidadão e uma pessoa, sendo plenamente aplicáveis os direitos trabalhistas inespecíficos, como os direitos da personalidade.

Por derradeiro, deve-se fomentar a criação de vínculos entre médico do trabalho e médico do INSS, o que seria, sobremaneira, recompensador para reduzir a judicialização dos casos divergentes, garantindo ao trabalhador a resolução do conflito de modo mais eficiente, e promovendo a saúde do obreiro, com o fim colimado de afirmar a dignidade da pessoa humana, na concretude do Estado Democrático de Direito.

A missão do médico é de prevenir, amenizar, tratar e curar as doenças e os agravos em saúde. É nisso que o médico deve focar sua carreira, sua profissão e sua vida, na busca do avanço civilizatório, tendo honra para lutar contra a teia de aranha que é a Medicina *business*.

7. REFERÊNCIAS BIBLIOGRÁFICAS

ALEXANDRINO, Marcelo; PAULO, Vicente. *Direito Administrativo*. 21. ed. São Paulo: Método.

BARROS JÚNIOR, Edmilson de Almeida. *Código de Ética Médica*: comentado e interpretado. 1. ed. São Paulo: Atlas, 2011.

BRASIL. Conselho Federal de Medicina (CFM). Resolução n. 1931, de 24 de setembro de 2009. Aprova o Código de Ética Médica. *Diário Oficial da União*. 24 set. 2009 (183, seção I):90-2.

FRANÇA, Genival Veloso de. *Direito Médico*. 10. ed. Rio de Janeiro: Guanabara Koogan, 2010.

SOARES, Saulo Cerqueira de Aguiar. Direito Médico: égide da vida. *Âmbito Jurídico*, v. 83, p. 70-76, 2010.

SOARES, Saulo Cerqueira de Aguiar. Direito Médico. *Sapiência* (FAPEPI. Impresso), v. 28, p. 03-03, 2011a. Disponível em: <http://www.fapepi.pi.gov.br/images/revista/sapiencia28.pdf>. Acesso em: 18 jul. 2017.

SOARES, Saulo Cerqueira de Aguiar. Pulverização de empregos pelo médico: a iminente necessidade da fiscalização por registro eletrônico de ponto conforme a Portaria n. 1.510 do Ministério do Trabalho e Emprego – uma análise filosófica. *Âmbito Jurídico*, v. 85, p. 45-50, 2011b.

SOARES, Saulo Cerqueira de Aguiar. *Ser médico 'examinador' do trabalho*: subserviência e precarização do jaleco branco – uma abordagem jurídico-científica. 1. ed. Porto Alegre (RS): Editora Buqui, 2015.

SOARES, Saulo Cerqueira de Aguiar; SOARES, Ivna Maria Mello. Medicina do Trabalho em crise: violações aos direitos humanos e à saúde do trabalhador. In: MARQUES, Aline Damian; SANTOS, Denise Tatiane Girardon dos; SILVA, Roberta da (Org.). *A Humanidade, o Direito e seus (novos) caminhos*. 1. ed. Curitiba (PR): Editora CRV, 2015. v. 1.

PARTE II
TEMAS CONTROVERSOS SOBRE PROCESSO JUDICIAL PREVIDENCIÁRIO E REVISÃO DE BENEFÍCIOS

Notas sobre Alguns Importantes Primados Inerentes ao Processo Judicial Previdenciário

ALAN DA COSTA MACEDO[1]

FERNANDA CARVALHO CAMPOS E MACEDO[2]

1. INTRODUÇÃO

No que se refere às ações judiciais que têm por objeto os benefícios concedidos pelo regime geral ou pelos regimes próprios de previdência, o processo judicial ganha contornos bem distintos dos processos judiciais em geral, tendo em vista que os benefícios previdenciários têm natureza "alimentar", sendo o bem jurídico protegido relativo à subsistência, com contingência social prevista em lei.

No processo judicial previdenciário, tem-se o autor da ação, presumidamente, hipossuficiente e destituído de meios necessários à sua subsistência e, reflexamente sem o aparelhamento estatal para produção de provas. De outro lado, a Administração Pública, com seu grandioso aparato logístico (corpo de procuradores, tecnologia digital, acesso a dados em outros órgãos e de empregadores) e prerrogativas processuais diversas.

Com isso, necessária a aplicação hermenêutica voltada à efetivação do direito material, sob o instrumento processual conforme as regras e princípios constitucionais que são os grandes responsáveis pela efetividade na aplicação do direito material aos inúmeros casos concretos que se apresentam.

A supremacia constitucional na hermenêutica é a grande tônica da constitucionalização do processo, tanto que o novo Código de Processo Civil é estruturado, na sua parte geral, essencialmente, nos princípios que devem nortear a atividade do juiz.

É de conhecimento geral que na luta entre o forte e o fraco, a aplicação da justiça denota a verdadeira visão

---

(1) Servidor da Justiça Federal. Atualmente exerce a função de Assessor de Gabinete na Subseção Judiciária de Juiz de Fora; Bacharel em Direito pela Universidade Federal de Juiz de Fora. Especialista em Direito Constitucional, Previdenciário, Processual e Penal; Bacharel e Licenciado em Ciências Biológicas; Especialista em Ciências da Saúde; Pós-Graduando em Direito Prev-idenciário – RPPS; Foi Coordenador Geral e Diretor do Departamento Jurídico do Sindicato dos Trabalhadores do Poder Judiciário Federal no Estado de Minas Gerais – SITRAEMG (2014-2017). Atuou como Oficial de Gabinete da Juíza Federal Maria Helena Carreira Alvim Ribeiro na 5ª Vara da Subseção Judiciária de Juiz de Fora; Conselheiro Pedagógico e Professor Convidado no Instituto Multidisciplinar de Ensino Preparatório – IMEPREP (2013/2016). Coordenador Pedagógico e Professor nos Cursos de Pós-Graduação e Extensão do Instituto de Estudos Previdenciários – IEPREV. Diretor acadêmico do Departamento de Ações Coletivas do IEPREV. Foi Professor convidado dos Cursos de Pós-Graduação em Direito do Trabalho e Direito Público da Pontifícia Universidade Católica de Minas Gerais – PUC Minas (2016). Ex-Professor de Direito Previdenciário na Graduação em Direito da Faculdade do Sudeste Mineiro – FACSUM; Autor do Livro: "Benefícios Previdenciários por Incapacidade e Perícias Médicas – Teoria e Prática – Acompanha Modelos de Impugnações às Perícias e Recursos nos Juizados Especiais Federais – JEFs. 2ª Ed. Editora Juruá; Co-autor do Livro "Ônus da Prova no Processo Judicial Previdenciário – Editora Juruá, 2018."

(2) Advogada, Sócia Fundadora do Escritório Carvalho Campos & Macedo Sociedade de advogados; Pós-graduada em Direito Público pela Universidade Federal de Juiz de Fora; Pós-graduada em Direito do Trabalho e Processo do Trabalho pelo Complexo Educacional Damásio de Jesus; Pós Graduada em Direito Previdenciário – RGPS pela Universidade Cândido Mendes; Palestrante e Conferencista; Presidente do IEPEDIS – Instituto de Estudos, Pesquisa e Defesa de Direitos Sociais; Vice Presidente da Comissão de Direitos Sociais da OAB – Juiz de Fora (Gestão 2014/2017); Coordenadora Regional do IEPREV na Zona da Mata Mineira; Membro da Comissão de Direito Previdenciário da OAB- MG; Foi Presidente da Comissão de Direito Previdenciário da OAB – Juiz de Fora (2016/março 2017); Presidente do IMEPREP – Instituto Multidisciplinar de Ensino Preparatório (2013/2016); Co-autora do Livro " Ônus da Prova no Processo Judicial Previdenciário – Editora Juruá, 2018.

da liberdade, sendo os princípios os maiores dogmas a vincular o processo à Constituição.

Dessa visão geral é que se deve começar o estudo de alguns importantes princípios aplicáveis ao processo judicial previdenciário.

Pretende-se, aqui, o exame superficial dos principais primados que integram o processo previdenciário sob a ótica de um processo justo, que considere a efetividade e a paridade das armas dentro de um viés garantista.

Saber o conceito e a aplicabilidade de tais princípios e sua aplicação no processo é uma exigência que deve ser feita a todos os operadores do direito na construção do processo justo.

2. OS PRINCÍPIOS E PRIMADOS INERENTES AO DIREITO PREVIDENCIÁRIO

A Constituição de 1988 transformou o Brasil em Estado Democrático de Direito, fundado no valor do Bem-Estar Social, no sentido de se buscar o bem de todos, sem discriminação, importando na tão sonhada justiça social.

Diante da grande gama de objetivos previstos constitucionalmente, algumas questões se apresentaram: como garantir os direitos sociais, como assegurar a efetividade das normas constitucionais e como definir a relação entre a Constituição e o processo para que seja realmente possível o verdadeiro acesso à justiça?

Nos dias atuais, a maioria dos processualistas fica em busca de uma solução que viabilize um processo capaz de remover os obstáculos do acesso à justiça e de se alcançar o verdadeiro modelo processual justo.

A doutrina processual que defende que toda interpretação deve ser feita conforme a Constituição ganha extrema relevância quando o direito material perseguido é um direito social, haja vista que se o processo não conduzir à efetivação dos direitos sociais, estar-se-á diante de uma "utopia constitucional".

No que tange ao processo judicial previdenciário, as ações que se destinam a perquirir direitos nessa seara têm por objetivo os benefícios concedidos pelo Regime Geral de Previdência Social e aqueles relativos aos sistemas próprios de previdência (que regem as situações relativas a servidores públicos).

O professor José Antonio Savaris (2010, p. 58), nessa toada, diz que *"o bem jurídico previdenciário carrega a ideia de que o indivíduo tem necessidade imediata de valores de subsistência, porque se encontra em tese cercado por contingência social prevista em lei"*.

Os princípios relacionados ao Processo Judicial previdenciário estão, em sua maioria, atrelados aos primados constitucionais da Seguridade Social.

Diante da peculiaridade da matéria previdenciária, a doutrina já vem "gritando" para o legislador sobre a necessidade de um ordenamento processual específico e especial em relação aos demais.

Enquanto isso não se materializa, a jurisprudência tem sido vanguarda quanto à fixação e definição de princípios particulares ao Processo Previdenciário.

O Professor José Antônio Savaris deixa bem claro o porquê da existência de princípios particulares ao Processo Judicial Previdenciário quando argumenta que o processo civil comum não é suficiente e, em alguns casos, até inadequado para contemplar as nuances relacionadas às lides previdenciárias que cuidam da tutela de bens de natureza alimentar.

Destaquemos, portanto, alguns importantes primados inerentes ao processo previdenciário a partir dos próximos subcapítulos.

3. PRINCÍPIO DA MÁXIMA PROTEÇÃO SOCIAL E A EFETIVAÇÃO DOS DIREITOS SOCIAIS

Conforme o magistério de Marco Aurélio Serau Júnior, um dos maiores princípios aplicáveis ao processo judicial previdenciário é o da *proteção social*. A Constituição de 1988 é expressa, em muitos dos seus artigos, quanto à necessidade de se interpretar todas as normas sob o viés da efetivação da proteção social. Algumas normas programáticas preveem, inclusive, a ampliação de ações que se destinem à proteção social e, nunca, ao seu retrocesso.

A experiência constitucional brasileira na materialização das suas bases dogmáticas demonstra que o Estado de Bem-Estar Social pretendido ainda é uma utopia.

O Direito da Seguridade Social, que inclui o Direito Previdenciário, é uma das vertentes de um projeto de proteção ampla e dignificadora do cidadão a serviço de um Estado Social que precisa ser muito aperfeiçoado (principalmente em níveis de elaboração e interpretação das normas legais) para atender aos fins sociais a que se destina.

A interpretação das normas infraconstitucionais deve, portanto, servir à materialização da vontade do legislador constituinte em proteger ao máximo os Direitos Sociais.

O intérprete deve sempre estar atento ao balizamento das normas e demais regras principiológicas aos "princípios da máxima proteção social; da efetivação dos Direitos Sociais e do não retrocesso social" que, a nosso sentir, são mandamentos constitucionais de eficácia plena e mesmo aqueles de natureza programática já ostentam tal eficácia do ponto de vista negativo (invalida normas que lhe forem contrários) e irradiante para os demais.

3.1. Interpretações *in dubio pro misero*

É comum a doutrina processual previdenciária afirmar que o juiz previdenciário não pode se comportar como um mero espectador da marcha processual, mas deve participar de forma ativa da instrução do feito com vistas ao alcance da "verdade real".

Acompanhando o tom de Savaris (2014, p. 94), entendemos que a busca pela verdade real nos processos previdenciários não pode ser tratada como uma mera liberalidade de um juiz progressista, mas uma imposição constitucional instituída pela concatenação dos princípios constitucionais relacionados ao "processo" e a "justiça" na acepção mais bela dos termos.

Nesse contexto, uma notável diferença do Processo Previdenciário para o Processo Civil tradicional é a necessidade de um juiz "caçador da verdade", já que esta revelará o direito de caráter alimentar que está intrinsecamente ligado ao "bem da vida".

De acordo com Savaris (2008, p. 43), a solução *in dubio pro misero* deve ser aplicada sob uma perspectiva formal de que, na dúvida, deve-se decidir casuisticamente a evitar-se o sacrifício do direito fundamental em discussão.

A dificuldade do trabalhador em se formalizar no mercado de trabalho, de conhecer os seus direitos para acumular provas do serviço prestado e a ganância de boa parte dos capitalistas (alguns desonestos) em escamotear os direitos para aumentar seus lucros reivindicam a máxima atenção do Juiz na aplicação da regra processual mais protetiva de forma a alcançar a verdadeira igualdade no processo.

3.2. Celeridade x princípio constitucional do devido processo legal

Infelizmente, hoje em dia, em muitos cenários judiciais, opta-se por um sistema jurídico/judicial que prestigia a celeridade mesmo quando em confronto com o devido processo legal. Alguns são os exemplos: redução de possibilidade de recursos; redução de prazos processuais; regulamentação por normas infralegais de "filtros" para admissibilidade de recursos; interpretações restritivas do acesso à jurisdição por magistrados, entre outros.

A nosso sentir, tais condutas não prestigiam as garantias constitucionais que pretendiam materializar o Estado Democrático de Direito que tanto sonhamos, a partir da Carta Magna de 1988. Há um ataque frontal à "Segurança Jurídica" por órgãos que deviam protegê-la como sua maior bandeira.

É cediço que a espera, às vezes, por décadas, de solução para conflitos não gera paz social e, pelo contrário, gera um descrédito na sociedade que incute a crença de que seus direitos não merecem a devida atenção do Estado Juiz. Em muitos casos, a autotutela retorna como solução à ausência do Estado ou mesmo à demora na prestação da tutela judicial.

No entanto, as soluções céleres, mas não efetivas, geram um descrédito maior ainda. A ausência de justiça é bem pior do que a demora da efetivação daquela. Não é razoável afirmar, como ouvimos por aí, que a decisão célere é medida exata para a pacificação social. Não haverá paz social se o pronunciamento jurisdicional não estiver envolto de mínimas garantias inerentes à efetividade da Justiça (dever de fundamentação, razoabilidade, proporcionalidade, garantia de contraditório e ampla defesa e permissão para ampla e necessária produção de provas para a ampliação da cognição do magistrado).

O princípio da celeridade deve ser aplicado com observação aos princípios da razoabilidade e da proporcionalidade, assegurando que o processo não se estenda além do prazo razoável, nem tampouco venha comprometer a plena defesa e o contraditório. A harmonia principiológica é possível e essencial.

4. PRINCÍPIO DA PROTEÇÃO DO DIREITO TRABALHISTA – PROXIMIDADE COM O PROCESSO PREVIDENCIÁRIO

O Princípio da Proteção é um dos princípios reitores do Direito do Trabalho e pode ser considerado como um dos mais importantes dentre os demais princípios. Tanto é que, com o advento da Reforma Trabalhista trazida pelo PL n. 6.787/2016, inúmeros doutrinadores e Juízes do Trabalho já se manifestaram quanto à potencial "inconstitucionalidade" da norma em face da mitigação ao princípio da proteção.

Para o direito da seguridade social, as relações que são geradas em face da proteção do emprego formal são algo muito importante na vida do trabalhador. Nesse passo, a correta anotação do contrato de trabalho, as contribuições previdenciárias corretamente vertidas e o pagamento dos adicionais e gratificações com reflexos nas contribuições sociais estão intrinsecamente ligados com a sua aposentadoria e com os benefícios decorrentes de contingências físicas e sociais. Qualquer erro na anotação laboral, tais como: data da admissão, valor da remuneração real, contribuições especiais para custeio da aposentadoria especial, laudo técnico de condições ambientais de trabalho e inúmeras outras questões influenciarão diretamente no campo dos direitos previdenciários do segurado.

No Direito Previdenciário, o princípio da proteção ganha um contorno de nomenclatura, sendo chamado de *"Princípio da Proteção ao Hipossuficiente"*, o qual disciplina que as normas dos sistemas de proteção social devem sempre ser interpretadas em favor do menos favorecido.

Entendemos que tal princípio tem a égide na interpretação da Constituição Federal de 1988 que tem como fundamento a "igualdade" (devemos tratar os desiguais na medida de suas desigualdades).

O "princípio da paridade das armas" seria a materialização daquele primado Constitucional da igualdade no âmbito do Processo Civil. Sua aplicação é, simplesmente, a garantia de um processo justo.

A "proteção do hipossuficiente", no processo previdenciário, decorre justamente desta isonomia processual que se quer alcançar para um processo que resulte em justiça. A dúvida nunca pode levar o intérprete a uma concepção em favor do mais favorecido.

A busca pela verdade real passa pela materialização daqueles princípios que impulsionam a persecução da verdade e garantem um resultado mais próximo possível do significado de justiça.

5. PRIMADO DA NÃO PRECLUSÃO

Dentre os direitos fundamentais, encontramos o direito à seguridade social que contém a previdência como um dos seus pilares. Além do *status* de Direito fundamental, o Direito Previdenciário também é conceituado, segundo doutrina autorizada, como Direito Humano e, por conseguinte, não sujeito ao regime da preclusão.

Segundo Savaris, *"seria um contrassenso instituir-se um sistema de proteção social ao necessitado, com vistas a proteger-lhe contra estados de necessidade e, ao mesmo tempo, por razões de natureza formal, recusar-lhe satisfação de tal direito fundamental quando necessita e efetivamente faz jus aos recursos indispensáveis à sua manutenção".*

De fato, não há lógica que um simples "decurso de um prazo" seja suficiente para legitimar a negatória ao exercício de um direito fundamental que também é direito humano. O alimento é o substrato, ou seja, sem alimento não há vida. Sendo a vida o princípio reitor (sem a qual não haveria sequer Estado) da Carta Magna de 1988, não se pode relativizá-la a partir de uma questão meramente formal.

Se dois primados como "direito à vida" e "direito à segurança jurídica" forem sopesados, certamente, deverá prevalecer o primeiro. Essa é a lógica do princípio da não preclusão do Direito Previdenciário.

Nesse viés, os direitos previdenciários de caráter eminentemente alimentar que fossem negados a partir de Lei que instituísse a preclusão pela via da decadência (prescrição do fundo de direito) teriam sido indevidamente negados, já que tal legislação seria flagrantemente inconstitucional. No entanto, não é assim que vem entendendo o Supremo Tribunal Federal. Muitas decisões vêm sendo tomadas com base na "proteção à economia" e na "reserva do possível" em detrimento dos direitos de primeira ordem, o que tem levado a alcunha para o STF de Corte Política.

6. PRINCÍPIO DA VERDADE REAL

Nos dias atuais, não mais se admite que o Estado Juiz atue de forma descomprometida com os valores e objetivos gravados em nosso texto constitucional por apego a questões processuais formais, ainda mais quando se trata da tutela de direitos fundamentais.

Exige-se, portanto, do magistrado que as rotinas procedimentais, geralmente desencadeadas por meio de processos, sejam eficientes e eficazes, voltadas a atender finalidades estabelecidas pela lei em sentido amplo.

Daí a natureza instrumental do processo, que se discute há bastante tempo no âmbito do direito processual civil, a qual garante ao juiz os meios necessários para a concretização de valores constitucionalmente afirmados.

Ao lecionar sobre o primado da instrumentalidade no âmbito do processo judicial, Luiz Guilherme Marinoni aduz que o processo não é mais apenas um instrumento voltado à atuação da lei, mas sim um instrumento preocupado com a proteção dos direitos, já que a lei deve ser compreendida na dimensão dos direitos fundamentais constitucionais.

Para isso, ao ser formulado o pedido judicial de tutela para garantia de um benefício previdenciário, deve o magistrado, *a priori*, sanear o feito para, em seguida, cuidar de sua impulsão (convertendo em diligências, indagando sobre provas), ou seja, adotando as medidas necessárias para aferir se estão ou não presentes os requisitos para sua concessão.

De acordo com o princípio da verdade real, a instrução probatória do processo judicial deve ser feita de forma que os autos traduzam a realidade dos fatos com a máxima fidelidade.

Tal tarefa caberá ao juiz, que tem o dever de adotar postura ativa na instrução do feito, sim, já que, no Brasil, adotou-se, majoritariamente, quando a tutela se refere a Direitos Fundamentais, o sistema inquisitorial, em que o juiz tem participação ativa na instrução processual, determinando, de ofício, a produção desta ou daquela prova.

Savaris, nesse sentido, ratifica em linhas mais pedagógicas o que defendemos:

"A verdade real assim concebida representa muito mais do que a verdade a que se chega de forma indi-

ferente e desinteressada (verdade formal). Mas não pode ser confundida com a verdade exata, própria das ciências naturais. A solução pro misero deve ser aplicada quando, em uma perspectiva formal, qualquer dos resultados dispostos pela sentença pareça razoável. Na dúvida, decide-se casuisticamente evitando-se o sacrifício do direito fundamental."

7. PRINCÍPIDO DA COISA JULGADA *SECUNDUM EVENTUS PROBATIONES*

A coisa julgada é tema intrinsicamente ligado ao direito processual civil no contexto de "segurança jurídica". O instituto tem previsão expressa na Constituição Federal, no art. 5º, inciso XXXVI:

> *"XXXVI – a lei não prejudicará o direito adquirido, o ato jurídico perfeito e a coisa julgada;"*
> (...)

A coisa julgada *secundum eventum probationis* é aquela, com base nas lições de Freddie Didier Jr. e Hermes Zaneti Jr., que só se formará caso ocorra exaurimento das provas, ou seja, caso sejam esgotados todos os meios de provas factíveis.

A aplicação da relativização da coisa julgada *secundum eventus probationis*, no processo previdenciário, é corolário de uma ordem justa, respaldada pela eficácia normativa dos princípios constitucionais que consagram o devido processo legal.

Tal como o doutrinador e Juiz Federal José Antonio Savaris, acreditamos que o Direito não pode ser compreendido apenas como um sistema de normatividade jurídica teórica. A decisão judicial deve ser uma atividade materializadora do Direito. Há a necessidade, nesse sentido, de se superar o formalismo positivista para dar espaço às técnicas que permitem a aplicação da justiça baseada no caso concreto através da máxima efetividade processual.

Verificada a lógica do processo previdenciário diante de sua singularidade, a doutrina e a jurisprudência, na interpretação sistemática das normas processuais contidas na legislação infraconstitucional e constitucional, chegaram à conclusão da necessidade de aplicação da técnica de cognição plena e exauriente *secundum eventum probationis* quando não existisse "prova bastante para o desate tranquilo da controvérsia", quando faltasse "suporte probatório suficiente para o convencimento" – ou quando houvesse "dúvida fundada".

Concluindo-se, portanto, que a *ratio decidendi* se deu pela insuficiência de provas, evidencia-se que não houve caráter de definitividade da referida decisão, não se alcançando, por conseguinte, a autoridade de coisa julgada material.

Nesse sentido, caso o magistrado de primeiro grau tenha julgado a lide, equivocadamente, com resolução do mérito e fundamentado tal decisão na insuficiência de provas, a decisão deve ser considerada nula, já que ficou evidente o *error in procedendo*.

No mesmo diapasão, quando, em grau recursal, a preliminar estiver tratando de coisa julgada, a interpretação consentânea do REsp n. 1.352.721/SP será a de que não se considera o alcance da "coisa julgada" a decisão que, a despeito de não ter julgado o feito original extinto sem resolução do mérito, o julgou com resolução de mérito, pois nula em razão do erro procedimental.

8. PRIMADO DA PRIMAZIA DO ACERTAMENTO DAS DECISÕES PREVIDENCIÁRIAS

De acordo com Savaris, o princípio do acertamento da relação jurídica de proteção social se consubstancia no seguinte posicionamento: *"na tarefa de solução do problema concreto que lhe é apresentado, a função jurisdicional deve decidir sobre a existência do direito de proteção previdenciária reivindicando e, se for o caso, concedê-lo nos estritos termos a que o beneficiário faz jus."*

O controle do ato administrativo não pode se resumir na análise da legalidade em termos comissivos, mas também deve se ater às omissões estatais na concessão de benefícios. Se a administração errou em algum ponto, cabe ao Estado Juiz acertar tal erro para efetivação do direito.

O problema exurge justamente quando o "direito" é observado de forma superveniente à análise administrativa.

Inúmeras são as situações em que o segurado não apresenta determinada prova ou indício de prova durante o processo administrativo e, quando busca a tutela judicial, geralmente acompanhado de advogado, leva todos os documentos de que dispõe aos autos, sofrendo com isso a argumentação da Autarquia previdenciária de que não há interesse de agir judicial já que aqueles documentos não foram apresentados em sede administrativa.

Ocorre que, ao analisar diversos processos administrativos, observa-se que o INSS não impulsiona o processo da forma que deveria. Descumpre, inclusive, sua própria Instrução Normativa quanto à instrução dos processos.

Pois bem, se há uma presunção de hipossuficiência intelectual e econômica do segurado em relação à Autarquia previdenciária, é certo que a obrigação pela exigência de documentos que respaldarão a análise sobre a existência ou não do direito ao "melhor benefício" é do INSS. Se o órgão público "erra" no seu dever de instruir o processo administrativo, é totalmente razoável, senão conforme a Constituição, permitir-se que o Estado Juiz "acerte" aquela conduta, aceitando a documentação correta e posteriormente apresentada pelo segurado.

Nossa visão sobre a "teoria do acertamento" se aperfeiçoa e se justifica em sua máxima nas hipóteses em que haveria possibilidade de a administração requerer diligências, exigir documentos e não o fez. Por conseguinte, em juízo, o segurado fornece tais documentos e o juiz, "acertando" a relação jurídica de proteção social, os aceita e concede o direito.

Diante da notória "omissão" na exigência dos documentos, entendemos, ainda, que o direito deva retroagir à DER e não à data da propositura da ação ou da citação como defendem alguns magistrados. O segurado desacompanhado de advogado no Processo Administrativo não poderia saber quais documentos eram exigíveis não fosse sob orientação formal do servidor do INSS.

9. CONSIDERAÇÕES FINAIS

A sensível situação de hipossuficiência do segurado da previdência social, em face da crescente voracidade autárquica por um sistema superavitário, traz aos operadores do direito previdenciário o constante trabalho de impedir ou até mesmo reduzir as consequências nefastas desse avanço sobre os segurados em geral, preservando-se o espírito protetivo, marca reconhecida desse ramo especializado do Direito.

A apuração judicial da verdade está intimamente ligada ao conhecimento de como sucederam os fatos que deram esteio ao processo judicial, para, após a aplicação do conteúdo valorativo que ordinariamente se atribui aos mesmos, inserirem-se as normas positivas para resolução da contenda, buscando-se com esse procedimento a manutenção da ordem, a pacificação social com justiça e a aplicação concreta do Direito.

As constantes mudanças no conteúdo valorativo que a sociedade atribui aos fatos da vida afloram nas normas jurídicas que os regulam, na correlação com o nível de aprovação ou desaprovação que tais condutas passam a desfrutar no senso comum, o que aumenta sensivelmente a importância da busca da verdade no processo judicial.

O juiz, na instrumentalidade do processo judicial previdenciário, sob o foco interpretativo da Constituição Federal, dispõe de peculiaridades na busca da verdade dos fatos não encontrados de forma explícita no Código de Processo Civil.

O processo previdenciário tem contornos bem distintos dos processos judiciais comuns, haja vista que os benefícios previdenciários têm natureza alimentar, carregando a ideia de que o indivíduo tem necessidade imediata de dinheiro para sua subsistência.

Como já dito, diante de tamanha peculiaridade, deveria o processo previdenciário, tanto como o processo público em geral, ter uma legislação processual específica, com rito diferenciado, considerando-se, inclusive, a presunção de hipossuficiência dos autores.

No entanto, até que o legislador positive tal constatação, faz-se necessário que o juiz, intérprete dos mandamentos constitucionais, aplique as regras princiológicas inerentes ao Processo Previdenciário para que o alcance da justiça seja a coroação do seu nobre trabalho.

10. REFERÊNCIAS BIBLIOGRÁFICAS

DIDIER JR., Fredie. O Princípio da colaboração: uma apresentação. *Revista de Processo*, v. 127.

_____. A busca da verdade e a paridade das armas na jurisdição administrativa. *Revista Centro de Estudos Judiciários*, Brasília: CJF, p. 35, out./dez. 2006.

MARINONI, Luiz Guilherme. *Teoria Geral do Processo*. São Paulo: RT, 2006.

SAVARIS, José Antônio. *Direito Processual Previdenciário*. 1. ed. 1. reimpr., 2009. Curitiba: Juruá, 2010.

SERAU JUNIOR, Marco Aurélio. *Curso de Processo Judicial Previdenciário*. 3. ed. São Paulo: Método, 2010.

Tese da "Vida Toda": Vamos Interpretar para Decidir ou Simplesmente Declarar a Lei?

Diego Henrique Schuster[1]

1. INTRODUÇÃO

Antes de qualquer outra coisa, cumpre esclarecer que o que se discute aqui é o direito dos segurados, filiados ao RGPS antes do advento da Lei n. 9.876/1999, de ampliar o período básico de cálculo com a inclusão de salários de contribuição anteriores a julho de 1994, quando mais vantajoso, é claro.

O estudo será dividido, em seu desenvolvimento, em cinco partes. Na primeira parte, são feitas breves considerações sobre como surgiu a tese da "vida toda". Na segunda parte, ganha destaque a importância de se interpretar/reconstruir a história jurídico-institucional das regras de transição. Na terceira, propõe-se uma superação do que sempre "espatifa" na textura fechada da regra. Na quarta e na última, não há como cindir o direito ao melhor benefício da tese da jurídica, tampouco se deixar de oferecer uma resposta constitucionalmente adequada ao cidadão.

Esse artigo seria mais comprido e menos direto se existissem objeções sérias à tese. Porém, o único obstáculo para o direito é a utilização do método silogístico/subsuntivo, numa aplicação mecânica de regras (in)constitucionais e (i)legais. Em tempos de discussão sobre uma possível reforma da previdência social, esse tipo de reflexão é importante, já que a utilização desse tipo de logística faz do Poder Judiciário um mero instrumento do positivismo. Segundo Ronald Dworkin: "Uma vez, porém, que um juiz tenha aceitado o convencionalismo como guia, não terá novas ocasiões de interpretar o registro legislativo como um todo, ao tomar decisões sobre casos específicos. O pragmatismo sobre as melhores regras para o futuro."[2]

2. PRA ENTENDER: COMO SURGIU A TESE DA "VIDA TODA"?

A Constituição Federal, na sua redação original, estabeleceu, no seu art. 202, que as aposentadorias deveriam ser calculadas sobre a média de 36 últimos salários de contribuição, com base, portanto, nos três últimos anos de contribuição do segurado. A Lei n. 8.213/1991 adotou tal regra constitucional de cálculo da aposentadoria para os benefícios previdenciários de modo geral.

A Lei n. 9.876/1999, por vezes, estendeu o PBC para 80% de todo o período contributivo do segurado, o que tem aplicação para os filiados do RGPS a partir de 29.11.1999. Para quem se filiou ao regime antes, o art. 3º, *caput*, trouxe uma regra de transição, para considerar todo o período contributivo desde a competência de julho de 1994, além do que se dominou chamar de "mínimo divisor", no § 2º:

> Art. 3º Para o segurado filiado à Previdência Social até o dia anterior à data de publicação desta Lei, que vier a cumprir as condições exigidas para a concessão dos benefícios do Regime Geral de Previdência Social, no cálculo do salário-de-benefício será considerada a média aritmética simples dos maiores salários-de-contribuição, correspondentes a, no mínimo, oitenta por cento de todo o período contributivo decorrido desde a competência julho de 1994,

---

[1] Mestre em Direito Público e Especialista em Direito Ambiental pela Universidade do Vale do Rio dos Sinos – UNISINOS. Diretor-Adjunto da Diretoria Científica do Instituto Brasileiro de Direito Previdenciário – IBDP. Vencedor do I Concurso Nacional de Teses Previdenciárias – CNTP. Advogado e pesquisador da Lourenço e Souza Advogados Associados. Palestrante e autor de vários artigos jurídicos. Autor do livro *Aposentadoria especial*: entre o princípio da precaução e a proteção social, publicado pela Editora Juruá. Email: <vidareal33@bol.com.br>.

[2] DWORIKN, Ronald. *O império do direito*. 3. ed. São Paulo: Martins Fontes, 2014. p. 272.

observado o disposto nos incisos I e II do *caput* do art. 29 da Lei n. 8.213, de 1991, com a redação dada por esta Lei.

§ 1º (...).

§ 2º *No caso das aposentadorias de que tratam as alíneas b, c e d do inciso I do art. 18, o divisor considerado no cálculo da média a que se refere o caput e o § 1º não poderá ser inferior a sessenta por cento do período decorrido da competência julho de 1994 até a data de início do benefício, limitado a cem por cento de todo o período contributivo.*[3] (grifo nosso)

A tese da "vida toda", no sentido de se considerar toda a vida contributiva do segurado, nasceu como uma alternativa para se tentar afastar a aplicação do "mínimo divisor", que, em alguns casos, pode ser pior do que o fator previdenciário – *uma relativização do § 2º do art. 3º da Lei n. 9.876/1999*. Fica fácil entender o porquê disso: para o segurado que possuir menos de 60% de contribuições entre julho/1994 e o mês anterior a data de início do benefício, o divisor considerado no cálculo será de 60% de todo o período, atribuindo-se o valor ficto de zero até completar essa fração. Exemplificando:

DER 10/2011

Número de competências existentes no período básico de cálculo: 207

Número de contribuições recolhidas: 92

Divisor: 124 (207 x 60%)

O cálculo foi a soma dos 92 SC corrigidos monetariamente e divididos por 124

Nesse caso, o INSS irá considerar R$ 0,00 para 32 competências, causando um significativo prejuízo na renda mensal do titular do benefício[4].

3. PARA ONDE APONTA A PRÉ-COMPREENSÃO QUE SE POSSUI SOBRE AS REGRAS DE TRANSIÇÃO EM MATÉRIA PREVIDENCIÁRIA – CONDIÇÃO PARA COMPREENSÃO?

Não se pode discutir o direito ao segurado optar uma ou outra regra sem antes saber o que é uma regra de transição Se eu não tenho essa pré-compreensão, a tese da "vida toda" sequer se coloca para mim. Segundo Lenio Streck: "Para interpretar, necessitamos compreender; para compreender, temos de ter uma pré-compreensão, constituída de estrutura prévia de sentido – que se funda essencialmente em uma posição prévia (...), visão prévia (...) e concepção prévia".[5]

A tradição no direito pátrio revela a necessidade de períodos de transição para que toda e qualquer mudança no ordenamento normativo seja implementada pouco a pouco. Assim, as regras de transição existem para atenuar os efeitos das novas regras aos segurados já filiados ao regime, e nunca – jamais – para prejudicar. Nesse sentido, há que se fazer uma reconstrução consistente do instituto, ajustando-o ao caso narrado.

Com efeito, a compreensão que se tem das regras de transição aponta para a sua aplicação facultativa diante de uma regra atual mais vantajosa. A regra de transição, como tal, somente deve ser aplicada se a regra nova não for mais benéfica ao segurado, ou seja, se a média dos 80% maiores salários de contribuição do autor (regra nova) resultar em um salário de benefício maior que a média dos 80% maiores salários de contribuição a partir de julho de 1994 (regra de transição), deve-se aplicar a nova regra.

Numa comparação direta entre segurados filiados antes e depois da edição da Lei n. 9.876/1999, e em condições iguais de aposentadoria, considerando a média de toda vida contributiva, chega-se à conclusão de que eles podem acabar recebendo um valor de aposentadoria muito diferente em razão de um poder contar com as contribuições de uma vida toda e o outro, que justamente foi tomado de assalto pela mudança – e, por isso, não pôde planejar sua aposentadoria –, só com as contribuições vertidas após 07/1994, às vezes, período com falhas na contribuição. Enfim, é prejudicado com a regra de transição aquele que também foi prejudicado com a mudança no quadro geral.

Como uma regra de transição, que tem por objetivo atenuar as consequências nocivas da nova lei, pode ser obrigatória para aquelas cuja mudança é mais vantajosa?

---

(3) BRASIL. *Lei n. 9.876, de 26.11.1999*. Dispõe sobre a contribuição previdenciária do contribuinte individual, o cálculo do benefício, altera dispositivos das Leis ns. 8.212 e 8.213, ambas de 24 de julho de 1991, e dá outras providências. Disponível em: <http://www.planalto.gov.br/ccivil_03/leis/l9876.htm>. Acesso em: 24 mar. 2018.

(4) Ver MIYASAKI, Mario Kendy; OLIVEIRA, Elisangela Cristina de. *Revisão Previdenciária do Mínimo Divisor*. Juruá: Curitiba, 2010. FOLMANN, Melissa; SOARES, João Marcelino. *Revisões de Benefícios Previdenciários*. 2. ed. Juruá: Curitiba, 2013.

(5) STRECK, Lenio Luiz. *Dicionário de hermenêutica*: quarenta temas fundamentais da teoria geral do direito à luz da crítica hermenêutica do direito. Porto Alegre: Casa do Direito, 2017. p. 97.

4. DA NECESSIDADE DE UMA RESPOSTA HERMENEUTICAMENTE ADEQUADA

Não precisamos do Poder Judiciário para apenas declarar a lei – como a tradução direta de um texto em língua estrangeira –, mas, e isso sim, para interpretar a regra, no caso concreto. O Direito não cabe na lei. No plano na fundamentação, Ovídio Araújo Baptista da Silva já deitou tinta sobre a diferença entre fundamentar uma decisão judicial e apenas explicá-la, ao afirmar que "o modo de justificar a descoberta da 'vontade da lei' não corresponde a uma verdadeira *fundamentação* da sentença" (grifo do autor)[6].

Com a devida vênia, mas o que o Superior Tribunal de Justiça fez até agora, em sede de decisão monocrática, foi tentar determinar o sentido do texto de maneira abstrata, razão pela qual a interpretação sempre espatifa no texto de lei. A dimensão da faticidade, os princípios constitucionais, a compreensão do que seja uma regra de transição... tudo isso ficou de fora. Parte-se da chamada "igualdade perante a lei", uma igualdade meramente formal, diga-se de passagem, para justificar que, doa a quem doer, a lei não faz distinções:

> Até mesmo porque a alteração legislativa, ou seja, a regra genérica que alterou o art. 29 da Lei n. 8.213/1991, prejudicou quem tinha maiores salários no fim do período básico de cálculo e beneficiou quem teve durante a carreira um salário decrescente. Então, *ao que parece, não há essa lógica constante do acórdão recorrido de que a regra de transição não pode ser mais prejudicial ao segurado do que a regra nova, porquanto a regra nova não prejudicou todo mundo, ao revés, beneficiou alguns e prejudicou outros.*[7]

Não se pode subjugar todas as situações a uma mesma categoria, negligenciando acontecimentos individuais em que a aplicação da regra de transição é mais prejudicial do que a regra atual – *não só porque isso contraria a lógica de uma regra de transição*. A decisão deve abarcar a complexidade do mundo prático (social) e trazer para dentro da aplicação do direito os princípios da igualdade, da coerência, da integridade do direito, para citar apenas estes. É claro que aceitamos distinções arbitrárias sobre certas questões, mas rejeitamos essa "loteria" sugerida pelo Ministro quando o que está em jogo são questões de princípio.

Qual a importância de se afirmar que a regra nova não prejudicou todo mundo e/ou que a regra de transição pode beneficiar quem tinha maiores salários no fim do período básico? Isso resolve o problema de como devemos interpretar as regras de transição? As regras de transição não têm como finalidade salvar alguns, mas, como se viu, atenuar as consequências tão somente negativas da nova lei. Os critérios estabelecidos pela nova lei, esses sim, foram escolhidos ao acaso, como opção legislativa, podendo prejudicar ou beneficiar os segurados filiados após 29.11.1999.

Tais aspectos demonstram a incapacidade dessas logísticas, silogística e subsuntiva, que a interpretação toma dentro do positivismo jurídico, por não serem suficientes para prestar as respostas que a realidade previdenciária exige e necessita. Não é de forma alguma importante citar os diversos opositores da utilização da lógica formal do Direito para se perceber o descrédito pela orientação exegética, sobretudo, por ser considerada insuficiente para compreender e explicar o fenômeno decisório[8].

Para Ovídio Araújo Baptista da Silva, este conservadorismo é patrocinado pelas ideologias políticas formadoras da modernidade, que procuraram fazer com que o direito renda-se à "epistemologia da matemática e das ciências experimentais, com a eliminação da hermenêutica e, consequentemente, da retórica enquanto arte da argumentação forense"[9]. Noutro momento, conclui que a redução da jurisdição apenas à função declaratória é "uma exigência do normativismo a que o mundo moderno está, irremediavelmente, submetido"[10].

Seguindo, então, a premissa lógica utilizada no REsp n. 1.657.503/RS, por exemplo, a regra do art. 29, I, da Lei n. 8.213/1991, somente poderia ser aplicada (integralmente) aos segurados que se filiaram à previdência social após a data da publicação da Lei n. 9.876/1999[11]? Vale detalhar:

> Art. 29. O salário-de-benefício consiste: (Redação dada pela Lei n. 9.876, de 26.11.1999)

---

(6) BAPTISTA DA SILVA, Ovídio Araújo. *Epistemologia das ciências culturais*. Porto Alegre: Verbo Jurídico, 2009. p. 90.

(7) RECURSO ESPECIAL N. 1.657.503 – RS.

(8) NOJIRI, Sérgio. *O dever de fundamentar as decisões judiciais*. 2. ed. São Paulo: Revista dos Tribunais, 2000. p. 76-80.

(9) BAPTISTA DA SILVA, Ovídio Araújo. *A fundamentação das sentenças como garantia constitucional*. Disponível em: <http://www.baptistadasilva.com.br/artigos010.htm>. Acesso em: 2 out. 2009.

(10) BAPTISTA DA SILVA, Ovídio Araújo. *A fundamentação das sentenças como garantia constitucional*. Disponível em: <http://www.baptistadasilva.com.br/artigos010.htm>. Acesso em: 2 out. 2009.

(11) Esse raciocínio foi desenvolvido pela minha querida cunhada e advogada, Denise Porsch.

I – para os benefícios de que tratam as alíneas b e c do inciso I do art. 18, na média aritmética simples dos maiores salários-de-contribuição correspondentes a oitenta por cento de todo o período contributivo, multiplicada pelo fator previdenciário; (Incluído pela Lei n. 9.876, de 26.11.1999)

II – para os benefícios de que tratam as alíneas *a*, *d*, *e* e *h* do inciso I do art. 18, na média aritmética simples dos maiores salários-de-contribuição correspondentes a oitenta por cento de todo o período contributivo. (Incluído pela Lei n. 9.876, de 26.11.1999)[12]

O art. 3º da Lei n. 9.876/1999, na parte final, remete aos incisos I e II do *caput* do art. 29 da Lei de Benefícios, e se é assim, das duas uma: ou se aplicam o fator previdenciário e a média aritmética simples dos maiores salários de contribuição correspondentes a oitenta por cento de todo o período contributivo ou se aplica apenas a regra do *caput*, sem aplicação do fator previdenciário. Acontece que a regra de transição se interpõe apenas entre a mudança no PBC (entre os 36 últimos salários de contribuição e todo o período contributivo), mantendo-se o fator previdenciário para todos os segurados.

Façamos um balanço disso: o fator previdenciário é sempre aplicado aos segurados filiados antes 29.11.1999, mas não se dá a eles a opção de uma aplicação integral do art. 29, I, da Lei n. 8.213/1991, com o aproveitamento de toda vida contributiva. Uma incoerência do legislador agora chancelada por uma decisão judicial.

5. DO DIREITO AO MELHOR BENEFÍCIO

Quando examinado apenas mediante a utilização simplória do método literal/gramatical de interpretação, o art. 122 da Lei n. 8.213/1991[13] nos dá certeza de que o direito adquirido – princípio que fundamenta a regra em foco – assegura ao segurado o benefício com RMI mais vantajosa diante de qualquer mudança no ordenamento normativo jurídico, devendo-se observar as regras (mais favoráveis) vigentes na época e/ou a partir do cumprimento dos requisitos ensejadores da aposentadoria.

Acontece que o Supremo Tribunal Federal, no julgamento do RE n. 630.501/RS, foi além. Ao dizer que o segurado tem direito a escolher o benefício mais vantajoso, "conforme as diversas datas em que o direito poderia ter sido exercido", restou claro que o direito adquirido preserva – também – situação fática já consolidada mesmo ausente modificação no ordenamento jurídico[14].

Diante da singularidade do bem da vida em jogo, há que se (re)pensar o conceito de direito adquirido, numa perspectiva ampla, que leve em conta a necessidade da proteção social e os efeitos que emanam das abusivas reformas do sistema previdenciário.

Conduzindo assim o pensamento, pretende-se sustentar que os conteúdos dos direitos fundamentais sociais não encontram mais ressonância no conceito tradicional de direito adquirido, tampouco no "tudo ou nada" da lei. Enquanto novas normas previdenciárias constituídas de perfil arbitrário e inconstitucional são editadas quase que diariamente, os princípios jurídicos, que comandam as regras devem dar a direção, e não serem anulados por conceitualizações estanques, que fogem da vida real e da história de conquistas constitucionais.

6. DA IMPOSSIBILIDADE DA CORTE ESPECIAL FORNECER AO CIDADÃO UMA RESPOSTA CONFORME A CONSTITUIÇÃO

Perdido em seus paradoxos, o Superior Tribunal de Justiça chegou a decidir que o segurado que não preenche as condições para a concessão da aposentadoria proporcional não faz jus à aposentadoria integral, mesmo contando com 35 anos de contribuição.

Esse mal-entendido pode, em última análise, ser comemorado, já que proporcionou a chance de o Supremo Tribunal Federal se manifestar sobre o tema, inclusive no que diz respeito à função das regras de

---

(12) BRASIL. *Lei n. 8.213, de 24.07.1991*. Dispõe sobre os Planos de Benefícios da Previdência Social e dá outras providências. Disponível em: <http://www.planalto.gov.br/ccivil_03/leis/l8213cons.htm>. Acesso em: 24 mar. 2018.

(13) "Se mais vantajoso, fica assegurado o direito à aposentadoria, nas condições legalmente previstas na data do cumprimento de todos os requisitos necessários à obtenção do benefício, ao segurado que, tendo completado 35 anos de serviço, se homem, ou trinta anos, se mulher, optou por permanecer em atividade." BRASIL. *Lei n. 8.213, de 24.07.1991*. Dispõe sobre os Planos de Benefícios da Previdência Social e dá outras providências. Disponível em: <http://www.planalto.gov.br/ccivil_03/leis/l8213cons.htm>. Acesso em: 24 mar. 2018.

(14) APOSENTADORIA – PROVENTOS – CÁLCULO. Cumpre observar o quadro mais favorável ao beneficiário, *pouco importando o decesso remuneratório ocorrido em data posterior ao implemento das condições legais*. Considerações sobre o instituto do direito adquirido, na voz abalizada da relatora – ministra Ellen Gracie –, subscritas pela maioria. RE 630501, Relator(a): Min. ELLEN GRACIE, Tribunal Pleno, julgado em 21.02.2013, DJe-166 DIVULG 23.08.2013 PUBLIC 26.08.2013 EMENT VOL-02700-01 PP-00057 (grifo nosso).

transição. Vale transcrever o seguinte trecho da decisão proferida em sede embargos no Agravo Regimental no RE n. 524.189, de relatoria do Min. Teori Zavascki:

> Considerando essas circunstâncias, não assiste razão ao STJ ao decidir que, se o embargante sequer havia preenchido as condições para a concessão da aposentadoria proporcional, não faria jus à aposentadoria integral, já que a regra geral do art. 201, § 7º, I, da CF/1988 afigura-se mais favorável aos segurados. No caso, as instâncias de origem assentaram que o embargante totalizou tempo de contribuição equivalente a 35 (trinta e cinco) anos e 26 (vinte e seis) dias, fazendo jus, assim, à aposentadoria integral prevista no art. 201, § 7º, I, da Constituição Federal.

Essa decisão assim restou ementada:

> PREVIDENCIÁRIO. EMBARGOS DE DECLARAÇÃO NO AGRAVO REGIMENTAL NO RECURSO EXTRAORDINÁRIO. APOSENTADORIA POR TEMPO DE CONTRIBUIÇÃO. ART. 9º DA EC 20/98. INAPLICABILIDADE. REGRA DE TRANSIÇÃO MAIS GRAVOSA QUE A NORMA GERAL PREVISTA NO ART. 201, § 7º, I, DA CONSTITUIÇÃO FEDERAL. 35 (TRINTA E CINCO) ANOS DE CONTRIBUIÇÃO. REQUISITO PREENCHIDO. CONCESSÃO DO BENEFÍCIO. EMBARGOS DE DECLARAÇÃO ACOLHIDOS, COM EFEITOS INFRINGENTES. (RE 524.189 – AgRg-ED, Relator(a): Min. TEORI ZAVASCKI, Segunda Turma, julgado em 09.08.2016, ACÓRDÃO ELETRÔNICO DJe-184 DIVULG 30.08.2016 PUBLIC 31.08.2016.)

Com isso, a questão foi resolvida. É evidente que o segurado pode optar pela não aplicação de regra de transição mais gravosa que a regra geral, e isso vale para a tese da "vida toda"[15]. Daqui pra frente, deve ser observado o princípio da coerência, sugestão de caráter dworkiniano incorporada no art. 926 do CPC[16], que visa garantir uma isonômica aplicação principiológica[17].

Assim, se entender o Superior Tribunal de Justiça não ser possível uma interpretação conforme a Constituição, por se ter que enfocar questão exclusivamente constitucional, inviável a reforma, em sede de recurso especial, de decisão proferida pelo Tribunal Regional Federal da 4ª Região, pois, este sim, perquiriu a compatibilidade da regra com a Constituição Federal[18]. Vale transcrever o seguinte trecho do voto-vista do Desembargador Federal João Batista Pinto Silveira:

> Se a *ratio* das regras transitórias é assegurar legislação mais benéfica visando à proteção da confiança do cidadão, vigendo regra permanente mais vantajosa, não é razoável entender-se que aqueles já filiados ao sistema sejam alijados de sua proteção, afastando a possibilidade de adoção de critério universal, decorrente de uma interpretação literal em

---

(15) Um agradecimento especial ao amigo Guilherme Portanova, que me chamou a atenção para essa decisão, exatamente, pensando na tese da "vida toda".

(16) "Os tribunais devem uniformizar sua jurisprudência e mantê-la estável, **íntegra** e coerente." BRASIL. *Lei n. 13.105, de 16 de março de 2015*. Código de Processo Civil. Disponível em: <http://www.planalto.gov.br/ccivil_03/_ato2015-2018/2015/lei/l13105.htm>. Acesso em: 24 mar. 2018.

(17) O direito como integridade "é tanto o produto da interpretação abrangente da prática jurídica quanto a sua inspiração", o que reclama dos juízes uma interpretação contínua do mesmo material, mesmo depois de já tê-lo interpretado com sucesso. DWORKIN, Ronald. *O império do direito*. São Paulo: Martins Fontes, 2014. p. 273.

(18) TRF4, AC 0007063-78.2015.4.04.9999, SEXTA TURMA, Relator para Acórdão JOÃO BATISTA PINTO SILVEIRA, DE 10.10.2016. Não sem razão, no RECURSO ESPECIAL N. 1.673.529 – RS (2017/0119464-3), interposto pelo INSS, o Ministro Napoleão Nunes Maia Filho entendeu que se a Corte de origem (só) analisou a controvérsia sob o enfoque constitucional, isso impede sua revisão nesta Corte. Oportuno o seguinte trecho do AgInt no RECURSO ESPECIAL N. 1.673.529 – RS (2017/0119464-3): "A controvérsia foi dirimida na Corte de origem com fundamento da declaração da inconstitucionalidade do inciso I do art. 29 da Lei n. 8.213/1991, sem redução do texto, e dos incisos II e III do § 9º do mesmo dispositivo, declarada pela Corte Especial do Tribunal Regional Federal da 4ª Região. Nestes termos, se a matéria de fundo foi resolvida no acórdão recorrido sob o enfoque estritamente constitucional é inviável a sua reforma em sede de Recurso Especial, sob pena de usurpação da competência do Supremo Tribunal Federal." Nesse sentido: "PROCESSUAL CIVIL. PREVIDENCIÁRIO. REVOGAÇÃO DE TUTELA ANTECIPADA. DEVOLUÇÃO DE VALORES RECEBIDOS A TÍTULO DE BENEFÍCIO PREVIDENCIÁRIO. ANÁLISE REALIZADA PELO TRIBUNAL DE ORIGEM SOB O ENFOQUE CONSTITUCIONAL. COMPETÊNCIA. STF. 1. Na hipótese dos autos, o Tribunal de origem, ao decidir a *vexata quaestio*, consignou (fls. 295-297/e-STJ); (...). Sucede que o Supremo Tribunal, depois do referido julgamento do STJ, adotou orientação diversa no que se refere aos benefícios previdenciários, conforme o seguinte aresto (...). E como se pode ver, a questão constitucional, relativa à não aplicação do art. 115 da Lei de Benefícios, em casos tais, ficou também resolvida, no sentido de que a não devolução não importa em declarar inconstitucional referido dispositivo da lei (...). 2. Extrai-se do acórdão vergastado que o entendimento do Tribunal de origem tem por enfoque questão constitucional, razão pela qual descabe ao Superior Tribunal de Justiça manifestar-se sobre a *quaestio iuris*, sob pena de invadir a competência do STF. 3. Recurso Especial não conhecido." REsp n. 1.688.255/MG, Rel. Ministro Herman Benjamin, Segunda Turma, julgado em 03.10.2017, DJe 11.10.2017.

desconformidade com a hermenêutica pautada na compatibilização com a Constituição. Ou seja, não se mostra razoável impingir tratamento mais gravoso, simplesmente pelo fato da filiação anterior, quando possível a compatibilização com princípios constitucionais ao admitir-se a norma como regra de transição, logo opcional.

A partir da Lei n. 9.868/1999, são mecanismos aptos à realização da filtragem hermenêutico-constitucional das leis: a interpretação conforme a Constituição e a nulidade parcial sem redução de texto, os quais definitivamente foram incorporados à normatividade jurídico-brasileira. Para Lenio Luiz Streck: "Tais mecanismos, a toda evidência, podem e devem ser utilizados em sede de controle difuso (juízes singulares e tribunais), não sendo monopólio do Supremo Tribunal Federal."[19]

7. UMA ÚLTIMA PALAVRA

Não se fez possível, nestas poucas páginas, deitar tinta sobre a doutrina legal estabelecida desde os primórdios sobre o instituto da regra de transição, com especial atenção para o direito previdenciário, para, em seguida, analisar a possibilidade de o segurado, filiado antes da edição da Lei n. 9.876/1999, optar pela utilização da nova regra, mas esse é o caminho. Analisar o conceito de regra de transição à luz do novo paradigma de Estado Democrático de Direito, sustentado não apenas no pressuposto liberal da confiança, cuja expressão fundamental é a antecipação das regras do jogo, mas na construção de uma estrutura normativa capaz de dar conta da concretização dos direitos fundamentais sociais.

8. REFERÊNCIAS BIBLIOGRÁFICAS

BAPTISTA DA SILVA, Ovídio Araújo. *A fundamentação das sentenças como garantia constitucional*. Disponível em: <http://www.baptistadasilva.com.br/artigos010.htm>. Acesso em: 2 out. 2009.

BAPTISTA DA SILVA, Ovídio Araújo. *Epistemologia das ciências culturais*. Porto Alegre: Verbo Jurídico, 2009.

BRASIL. *Lei n. 8.213, de 24.07.1991*. Dispõe sobre os Planos de Benefícios da Previdência Social e dá outras providências. Disponível em: <http://www.planalto.gov.br/ccivil_03/leis/l8213cons.htm>. Acesso em: 24 mar. 2018.

BRASIL. *Lei n. 9.876, de 26.11.1999*. Dispõe sobre a contribuição previdenciária do contribuinte individual, o cálculo do benefício, altera dispositivos das Leis ns. 8.212 e 8.213, ambas de 24 de julho de 1991, e dá outras providências. Disponível em: <http://www.planalto.gov.br/ccivil_03/leis/l9876.htm>. Acesso em: 24 mar. 2018.

BRASIL. *Lei n. 13.105, de 16 de março de 2015*. Código de Processo Civil. Disponível em: <http://www.planalto.gov.br/ccivil_03/_ato2015-2018/2015/lei/l13105.htm>. Acesso em: 24 mar. 2018.

DWORIKN, Ronald. *O império do direito*. 3. ed. São Paulo: Martins Fontes, 2014.

FOLMANN, Melissa; SOARES, João Marcelino. *Revisões de Benefícios Previdenciários*. 2. ed. Juruá: Curitiba, 2013.

MIYASAKI, Mario Kendy; OLIVEIRA, Elisangela Cristina de. *Revisão Previdenciária do Mínimo Divisor*. Juruá: Curitiba, 2010.

NOJIRI, Sérgio. *O dever de fundamentar as decisões judiciais*. 2. ed. São Paulo: Revista dos Tribunais, 2000.

RE n. 524189 AgR-ED, Relator(a): Min. TEORI ZAVASCKI, Segunda Turma, julgado em 09.08.2016, ACÓRDÃO ELETRÔNICO DJe-184 DIVULG 30.08.2016 PUBLIC 31.08.2016.

RE n. 630501, Relator(a): Min. ELLEN GRACIE, Tribunal Pleno, julgado em 21.02.2013, DJe-166 DIVULG 23.08.2013 PUBLIC 26.08.2013 EMENT VOL-02700-01 PP-00057.

RECURSO ESPECIAL N. 1.657.503 – RS.

REsp n. 1688255/MG, Rel. Ministro HERMAN BENJAMIN, SEGUNDA TURMA, julgado em 03.10.2017, DJe 11.10.2017.

STRECK, Lenio Luiz. *Verdade e consenso*: constituição, hermenêutica e teorias discursivas. 5. ed. rev., mod. e ampl. São Paulo: Saraiva, 2014.

STRECK, Lenio Luiz. *Dicionário de hermenêutica*: quarenta temas fundamentais da teoria geral do direito à luz da crítica hermenêutica do direito. Porto Alegre: Casa do Direito, 2017.

TRF4, AC n. 0007063-78.2015.4.04.9999, SEXTA TURMA, Relator para Acórdão JOÃO BATISTA PINTO SILVEIRA, DE 10.10.2016.

---

(19) STRECK, Lenio Luiz. *Verdade e consenso*: constituição, hermenêutica e teorias discursivas. 5. ed. rev., mod. e ampl. São Paulo: Saraiva, 2014. p. 158-159.

A Prescrição Previdenciária após a Modificação Operada no Código Civil por Meio do Estatuto da Pessoa com Deficiência

Fernanda Valerio Garcia da Silva[1]

1. INTRODUÇÃO

Pelo presente estudo, procurou-se reunir argumentos interpretativos da modificação sofrida no Código Civil, art. 3º, por meio da Lei n. 13.146/2015 que excluiu do rol de absolutamente incapazes os que, por enfermidade ou deficiência mental, não tiverem o necessário discernimento para a prática desses atos e os que, mesmo por causa transitória, não puderem exprimir sua vontade, causando assim questionamento sobre a ocorrência ou não da prescrição em face destes sujeitos.

Para analisar tal problemática, se faz necessário observar os princípios constitucionais norteadores de tal modificação, bem como o que se buscou alcançar com tal mudança, qual seja, a igualdade e liberdade às pessoas que, em razão de sua deficiência, não tinham autonomia para os atos da vida civil e social.

Nesta linha, estuda-se a posição hierárquica dos tratados internacionais de Direitos Humanos, a Convenção de Nova Iorque sobre os direitos da pessoa com deficiência e os direitos que se objetivou com a Lei n. 13.146/2015.

2. TRATADOS INTERNACIONAIS DE DIREITOS HUMANOS

Os tratados constituem hoje a principal fonte de obrigação do Direito Internacional, inclusive por disposição no Estatuto da Corte Internacional de Justiça, art. 38, onde figuram como fonte ao lado do costume internacional, princípios gerais de direito, decisões judiciais e doutrina. Assumiram essa posição, que anteriormente era principalmente reservada ao costume internacional, a partir do crescente positivismo internacional.

A disciplina e regulação dos tratados internacionais entre Estados (não envolvendo organizações internacionais) se deu por meio da Convenção de Viena concluída em 1969. O governo brasileiro depositou o instrumento de ratificação da referida Convenção junto ao Secretário-Geral das Nações Unidas em 25 de setembro de 2009 e em 14 de dezembro do mesmo ano a promulgou, por meio do Decreto n. 7.030, com reserva aos arts. 25 e 66.

A definição de tratado consta no art. 2 da Convenção de Viena, segundo a qual "tratado significa um acordo internacional concluído por escrito entre Estados e regido pelo Direito Internacional, quer conste de um instrumento único, quer de dois ou mais instrumentos conexos, qualquer que seja sua denominação específica". Os tratados são obrigatórios apenas aos Estados-partes, que não podem alegar disposição de direito interno para descumpri-los; os que com ele não consentiram não têm obrigação de cumpri-los, salvo se a matéria constante no tratado tenha sido incorporada pelo costume internacional.

Ao fazer parte de um tratado internacional, o Estado-membro primeiramente o assina demonstrando aquiescência quanto ao seu conteúdo; em seguida, o tratado é apreciado e aprovado pelo Poder Legislativo; posteriormente, tem-se o ato de ratificação pelo Poder Executivo, que é o ato formal a demonstrar

---

[1] Advogada inscrita na OAB/PR n. 73.621. Pós-Graduação em Direito Previdenciário e Processual Previdenciário Aplicado PUC/PR. MBA em planejamento, gestão e contabilidade tributária pela Universidade Positivo. Membro da Comissão de Direito Previdenciário da OAB/PR. Diretora Acadêmica da Comissão de Advogados Iniciantes da OAB/PR. Coordenadora do IEPREV no Paraná.

internacionalmente a ligação do Estado-membro ao tratado e torna-o uma obrigação. Leciona Flávia Piovesan:

> vale dizer, não obstante a assinatura pelo órgão do Poder Executivo, a efetividade do tratado fica, via de regra, condicionada à sua aprovação pelo órgão legislativo e posterior ratificação pela autoridade do órgão executivo – matéria disciplinada pelo Direito interno.[2]

O art. 12 da Convenção estabelece que a assinatura é a demonstração do consentimento, bem como relaciona as hipóteses em que a ratificação é necessária para que haja obrigatoriedade. "Além da assinatura, apreciação, aprovação e ratificação o instrumento de ratificação há de ser depositado em um órgão que assuma a custódia do instrumento."[3] No Brasil, o Presidente da República tem a competência privativa para celebrar tratados os quais ficam sujeitos à aprovação do Congresso Nacional por meio de decreto legislativo.

Ainda que a matéria pareça ser bem resolvida pelas previsões constitucionais, há críticas quanto algumas omissões:

> cabe observar que a Constituição brasileira de 1988, ao estabelecer apenas esses dois dispositivos supracitados (os arts. 49, I, e 84, VIII), traz uma sistemática lacunosa, falha e imperfeita: não prevê, por exemplo, prazo para que o Presidente da República encaminhe ao Congresso Nacional o tratado por ele assinado. Não há ainda previsão de prazo para que o Congresso Nacional aprecie o tratado assinado, tampouco previsão de prazo para que o Presidente da República ratifique o tratado, se aprovado pelo Congresso. Essa sistemática constitucional, ao manter ampla discricionariedade aos Poderes Executivo e Legislativo no processo de formação dos tratados, acaba por contribuir para a afronta ao princípio da boa-fé vigente no Direito Internacional.[4]

Não obstante a ratificação pelo órgão do Poder Executivo, muito se discutiu sobre a posição hierárquica do tratado no cenário nacional. A Constituição da República os inclui no rol dos direitos constitucionalmente protegidos quando dispõe em seu art. 5º, § 2º, que "os direitos e garantias expressos nesta Constituição não excluem outros decorrentes do regime e dos princípios por ela adotados, ou dos tratados internacionais em que a República Federativa do Brasil seja parte", assim "esse processo de inclusão implica a incorporação pelo Texto Constitucional de tais direitos"[5].

Em decorrência do disposto na Constituição da República, art. 5º, § 3º (este parágrafo incluído pela Emenda Constitucional n. 45/2004), "os tratados e convenções internacionais sobre direitos humanos que forem aprovados, em cada Casa do Congresso Nacional, em dois turnos, por três quintos dos votos dos respectivos membros serão equivalentes às Emendas Constitucionais". A respeito da composição realizada por meio da Emenda Constitucional n. 45/2004, leciona Manoel Gonçalves Ferreira Filho:

> decorre dela deverem-se distinguir duas situações. Uma, a dos tratados que, de acordo com o novo § 3º do art. 5º (parágrafo acrescentado por essa Emenda), tiverem sido aprovados pelas Casas do Congresso Nacional, em dois turnos, por três quintos dos votos de seus respectivos membros (procedimento equivalente ao de adoção de emenda constitucional – v. art. 60, § 2º, da Lei Magna); outra, a dos tratados que não forem assim aprovados. No primeiro caso, os direitos decorrentes do tratado têm *status* constitucional, equiparam-se aos direitos fundamentais enunciados pela Constituição (arts. 5º, 6º, etc.). Claro está que ato que contrariar tais direitos incidirá em inconstitucionalidade. No segundo, o *status* é [de] lei infraconstitucional.[6]

O procedimento adotado pelo art. 5º, § 3º, quanto aos tratados internacionais de direitos humanos, permite o pensamento de que essas fontes do direito internacional não mais ostentam a condição de lei ordinária como ocorria antes da Emenda Constitucional n. 45/2004, mas sim o *status* de norma constitucional, tendo supremacia sobre as demais normas do ordenamento.

Desta forma, os tratados internacionais aprovados anteriormente à citada emenda não ostentam a mesma equivalência, nem aqueles que, mesmo de direitos humanos, não tenham observado a liturgia constante na Constituição da República.

---

(2) PIOVESAN, Flávia. *Direitos Humanos e o Direito Constitucional Internacional*. São Paulo: Saraiva, 2006. p. 99.
(3) *Ibid.*, p. 100.
(4) *Ibid.*, p. 102.
(5) *Ibid.*, p. 104.
(6) FILHO, Manoel Gonçalves Ferreira. *Direitos humanos fundamentais*. 11. ed. São Paulo: São Paulo, 2009. p. 101.

Dizer que um tratado, observados os preceitos do art. 5º, § 3º, da Constituição da República, equivale à Emenda Constitucional significa dizer que se alguma norma infraconstitucional for a ele contrário será inconstitucional, não tendo eficácia.

3. A CONVENÇÃO DE NOVA IORQUE SOBRE OS DIREITOS DA PESSOA COM DEFICIÊNCIA E SEU PROTOCOLO FACULTATIVO

De acordo com cada momento histórico, as pessoas com deficiência têm recebido um tipo de tratamento, desde a exclusão do convívio social até a inclusão assistencialista. São também vistas como "Vítimas de um processo histórico de exclusão social e não reconhecidas como sujeitos de direitos, as pessoas com deficiência tem [sic] sido impedidas de exercerem plenamente os seus direitos de cidadania"[7]. No dizer de Alexsandro R. A. Feijó e Tayssa S. P. M. Pinheiro:

> observa-se que a proteção dos direitos dessas pessoas se inicia com a sua exclusão social e passa para a visão assistencialista de integração. Constata-se progresso, é bem verdade, mas o paradigma constitucional exige mudanças mais profundas do que as oferecidas pelo assistencialismo. Com o crescimento do número de pessoas com deficiência, decorrente, sobretudo, de questões genéticas, acidentes de trabalho e sequelas de guerras, a necessidade de assegurar direitos a elas.[8]

Leciona ainda Flávia Piovesan:

> a história da construção dos direitos humanos das pessoas com deficiência compreende quatro fases: a) uma fase de intolerância em relação às pessoas com deficiência, em que a deficiência simbolizava impureza, pecado, ou mesmo, castigo divino; b) uma fase marcada pela invisibilidade das pessoas com deficiência; c) uma terceira fase orientada por uma ótica assistencialista, pautada na perspectiva médica e biológica de que a deficiência era uma "doença a ser curada", sendo o foco centrado no indivíduo "portador da enfermidade"; e d) finalmente uma quarta fase orientada pelo paradigma dos direitos humanos, em que emergem os direitos à inclusão social, com ênfase na relação da pessoa com deficiência e do meio em que ela se insere, bem como a necessidade de eliminar obstáculos e barreiras superáveis, sejam elas culturais, físicas ou sociais, que impeçam o pleno exercício de direitos humanos. Isto é, nessa quarta fase, o problema passa a ser a relação do indivíduo e do meio, este assumido como uma construção coletiva.[9]

Nessa linha de raciocínio, é dever do Estado no exercício de suas atribuições oportunizar a remoção e eliminação das desigualdades que impedem o pleno exercício dos direitos das pessoas com deficiências.

De acordo com informações da ONU:

> cerca de 10% da população mundial, aproximadamente 650 milhões de pessoas, vivem com uma deficiência. São a maior minoria do mundo, e cerca de 80% dessas pessoas vivem em países em desenvolvimento. Entre as pessoas mais pobres do mundo, 20% têm algum tipo de deficiência. (...) Cerca de 30% dos meninos ou meninas de rua têm algum tipo de deficiência, e nos países em desenvolvimento, 90% das crianças com deficiência não frequentam a escola. No mundo desenvolvido, um levantamento realizado nos Estados Unidos em 2004 descobriu que apenas 35% das pessoas economicamente ativas portadoras de deficiência estão em atividade de fato – em comparação com 78% das pessoas sem deficiência. Em um estudo realizado em 2003 pela Universidade de Rutgers (EUA), um terço dos empregadores entrevistados disseram que acreditam que pessoas com deficiência não podem efetivamente realizar as tarefas do trabalho exigido. O segundo motivo mais comum para a não contratação de pessoas com deficiência foi o medo do custo de instalações especiais.

De acordo com o censo 2010 do IBGE – Instituto Brasileiro de Geografia e Estatística:

> considerando a população residente no país, 23,9% possuíam pelo menos uma das defi-

---

(7) FUNDAÇÃO KONRAD ADENAUER NO BRASIL. *A Convenção da ONU sobre os direitos das pessoas com deficiência* – Status *de implementação no Brasil*. Disponível em: <http://www.kas.de/brasilien/pt/publications/28650/>. Acesso em: 21 mar. 2018.

(8) FEIJÓ, Alexsandro Rahbani Aragão; PINHEIRO, Tayssa Simone de Paiva Mohana. *A convenção da ONU sobre o direito das pessoas com deficiência e seus efeitos no direito internacional e no brasileiro*. Disponível em: <http://www.publicadireito.com.br/artigos/?cod=044a23cadb567653>. Acesso em: 23 mar. 2018.

(9) PIOVESAN, Flávia. *Direitos Humanos e o Direito Constitucional Internacional*. São Paulo: Saraiva, 2006. p. 278.

ciências investigadas: visual, auditiva, motora e mental ou intelectual. A prevalência da deficiência variou de acordo com a natureza delas. A deficiência visual apresentou a maior ocorrência, afetando 18,6% da população brasileira. Em segundo lugar está a deficiência motora, ocorrendo em 7% da população, seguida da deficiência auditiva, em 5,10% e da deficiência mental ou intelectual, em 1,40%.[10]

É sabido que, apesar dos esforços das instituições nacionais para promoção da igualdade social, no Brasil, devido a diversos fatores, inclusive as dimensões geográficas do país, poucas são as pessoas realmente alcançadas pelos programas governamentais no sentido de integração e inclusão. O Estatuto da Pessoa com Deficiência vem ampliar o rol de acesso desses sujeitos; no entanto, tem recebido severas críticas pois muitas alterações legislativas acabaram por, ao lhes reconhecer ampla capacidade, fragilizar os seus direitos.

A partir da globalização, a consciência da necessidade de assegurar os direitos das pessoas com deficiência ultrapassou os limites dos Estados e passou a influenciar o surgimento de convenções e tratados internacionais sobre a matéria.

Depois das grandes guerras do século XX que resultou em enorme número de pessoas tornadas deficientes, começa-se a pensar na inclusão e reabilitação profissional, em especial, posteriormente à Convenção n. 159 da Organização Internacional do Trabalho, referendada no Brasil por meio do Decreto n. 129, de 22 de maio de 1991.

Não se pode deixar de citar a Declaração Universal dos Direitos Humanos, de 1948, que fez com que a Organização das Nações Unidas viesse aperfeiçoando o processo da consolidação dos Direitos Humanos por meio de tratados internacionais.

Em 1971, houve um tratamento especializado da matéria quando da Declaração Universal dos Direitos do Deficiente Mental. Em seguida, a Declaração dos Direitos dos Deficientes em 1982 veio colaborar ainda mais para a universalização dos direitos humanos. Em âmbito nacional, temos ainda o Plano Nacional para a Integração da Pessoa Portadora de Deficiência regulamentado pelo Decreto n. 3.298, de 20 de dezembro de 1999. Com importante papel nacional, temos ainda o Conselho Nacional os Direitos da Pessoa com Deficiência – CONADE, criado em 1999, e faz parte da Secretaria de Direitos Humanos, com o papel de acompanhar e avaliar a política nacional para a promoção dos direitos da pessoa com deficiência.

A Convenção Internacional sobre os Direitos da Pessoa com Deficiência – Convenção de Nova Iorque sobre os Direitos da Pessoa com Deficiência – assinada em Nova Iorque em 30 de março de 2007, veio para corroborar o arcabouço de convenções internacionais: o Pacto Internacional dos Direitos Econômicos, Sociais e Culturais; o Pacto Internacional dos Direitos Civis e Políticos; a Convenção Internacional sobre a Eliminação de Todas as Formas de Discriminação Racial; a Convenção sobre a Eliminação de Todas as Formas de Discriminação contra a Mulher; a Convenção contra a Tortura e Outros Tratamentos ou Penas Cruéis, Desumanos ou Degradantes; a Convenção sobre os Direitos da Criança; e a Convenção Internacional sobre a Proteção dos Direitos de Todos os Trabalhadores Migrantes e Membros de suas Famílias.

O Congresso Nacional aprovou a Convenção de Nova Iorque sobre os Direitos da Pessoa com Deficiência por meio do Decreto Legislativo n. 186 em 09 de julho de 2008, e foi internacionalizada pelo Presidente da República pelo Decreto n. 6.949 em 25 de agosto de 2009. A importância da qual se reveste referida Convenção está no fato de que ela foi a única, até o presente momento, a passar pelo crivo da Constituição da República, art. 5º, § 3º, revestindo-se, portanto, do poder constituinte. Como menciona João Marcelino Soares:

> isso significa que a Convenção de Nova York integrou-se à Constituição da República como uma emenda constitucional. Apesar de não constar no texto da CF/1988, ela é formalmente e materialmente constitucional, eis que observou os requisitos formais de aprovação e possui conteúdo constitucional relativo aos direitos fundamentais da pessoa com deficiência.[11]

Destaca-se ainda o fato de que o Brasil teve efetiva participação durante o processo de elaboração da Convenção de Nova Iorque e logo a subscreveu[12]. Cabe também destacar que:

---

(10) CARTILHA DO CENSO 2010 – Pessoas com Deficiência. Disponível em: <http://www.pessoacomdeficiencia.gov.br/app/sites/default/files/publicacoes/cartilha-censo-2010- pessoas-com-deficienciareduzido.pdf>. Acesso em: 23 mar. 2018.

(11) SOARES, João Marcelino. *Aposentadoria da Pessoa com Deficiência*. 2. ed. Curitiba: Juruá. 2014. p. 133.

(12) FONSECA, Ricardo Tadeu Marques. *O conceito revolucionário de Pessoa com Deficiência*. Disponível em: <http://www2.portoalegre.rs.gov.br/smacis/default.php?reg=4&p_secao=96>. Acesso em: 23 mar. 2018.

passados mais de dois anos da entrada em vigor da Convenção, cabe agora ao Brasil submeter à apreciação [sic] do Comitê da ONU sobre os Direitos das Pessoas com Deficiência o seu relatório nacional, informando ao referido órgão responsável por avaliar e monitorar a implementação dos direitos assegurados por este novo tratado internacional de direitos humanos, os progressos alcançados e as dificuldades verificadas ao longo desse período inicial de realização de direitos. No início de abril de 2011, o governo brasileiro, por meio da Secretaria Nacional de Promoção dos Direitos da Pessoa com Deficiência, através do Aviso de Consulta Pública n. 01/2011, publicado no Diário Oficial da União do dia 05 de abril de 2011, deu publicidade ao informe que pretende apresentar ao referido Comitê, a fim de que a sociedade civil faça comentários, críticas e apresente suas contribuições.

A Secretaria de Direitos Humanos é o órgão responsável pelo assessoramento do Chefe de Estado em elaboração e monitoramento das diretrizes para promoção dos direitos da pessoa com deficiência. O Departamento de Políticas Temáticas dos Direitos da Pessoa com Deficiência é o órgão específico dessa Secretaria atuando em conjunto com o já citado órgão colegiado o Conselho Nacional os Direitos da Pessoa com Deficiência – CONADE.

Como menciona Piovesan:

> o propósito maior da Convenção é promover, proteger e assegurar o pleno exercício dos direitos humanos das pessoas com deficiência, demandando dos Estados-partes medidas legislativas, administrativas e de outra natureza para a implementação dos direitos nela previstos.[13]

Além da promoção desses diretos, a Convenção de Nova Iorque teve grande impacto no direito previdenciário pátrio, sendo que este deve ser observado em qualquer mudança que se faça no ordenamento jurídico brasileiro, haja vista o *status* constitucional de tal norma.

4. O CONCEITO CONSTITUCIONAL DE DEFICIÊNCIA

A pessoa com deficiência teve diversas denominações ao longo da história e, considerando a constante evolução mundana, não será surpresa quando novos conceitos forem adotados.

Dentre as variadas expressões para caracterizar os deficientes, tais como "indivíduos de capacidade limitada", "descapacitados", "inválidos", "impedidos", "pessoa com necessidades especiais", "pessoa portadora de deficiência", hoje o termo adotado é "pessoa com deficiência". Lecionam Feijó e Pinheiro:

> apesar do avanço com o texto constitucional, com o aprofundamento e aprimoramento dos estudos na área, houve o abandono da expressão "pessoa portadora de deficiência", com concordância na esfera internacional, de que a deficiência não se porta, está com a pessoa ou na pessoa, razão pela qual a denominação internacionalmente mais frequente é "pessoa com deficiência".[14]

O tratamento legislativo nacional passou pelo conceito de deficiência constante no Decreto n. 3.956/2001 que internalizou a Convenção Interamericana para a Eliminação de Todas as Formas de Discriminação Contra as Pessoas Portadoras de Deficiência, segundo a qual o termo "deficiência" foi definido como uma restrição física, mental ou sensorial, de natureza permanente ou transitória, que limita a capacidade de exercer uma ou mais atividades essenciais da vida diária, causada ou agravada pelo ambiente econômico e social (Decreto n. 3.956/2001, art. 1º).

A Convenção n. 159 da OIT tem o seguinte conceito de pessoa com deficiência: "todas as pessoas cujas possibilidades de obter e conservar um emprego adequado e de progredir no mesmo fiquem substancialmente reduzidas devido a uma deficiência de caráter físico ou mental devidamente comprovada."

Hoje pode-se dizer que o Brasil tem um conceito constitucional de deficiência, vez que, conforme já foi mencionado, a Convenção de Nova Iorque ocupa o *status* de texto constitucional. Neste sentido, o conceito de deficiente no Brasil hoje é, por própria previsão na Convenção e no Decreto n. 6.949/2009, "um conceito em evolução" do qual decorre "que a deficiência resulta da interação entre pessoas com deficiência e as barreiras devidas às atitudes e ao ambiente que impedem a plena e efetiva participação dessas pessoas na sociedade em igualdade de oportunidades com as demais pessoas".

---

(13) PIOVESAN, Flávia. *Direitos Humanos e o Direito Constitucional Internacional*. São Paulo: Saraiva, 2006. p. 280.

(14) FEIJÓ, Alexsandro Rahbani Aragão; PINHEIRO, Tayssa Simone de Paiva Mohana. *A convenção da ONU sobre o direito das pessoas com deficiência e seus efeitos no direito internacional e no brasileiro*. Disponível em: <http://www.publicadireito.com.br/artigos/?cod=044a23cadb567653>. Acesso em: 21 mar. 2018.

Vez que houve a incorporação da norma ao texto constitucional, tem-se o conceito constitucional de deficiência:

> pessoas com deficiência são aquelas que têm impedimentos de longo prazo de natureza física, mental, intelectual ou sensorial, os quais, em interação com diversas barreiras, podem obstruir sua participação plena e efetiva na sociedade em igualdades de condições com as demais pessoas.[15]

Conforme leciona Soares:

> tal conceito parte de uma análise multidisciplinar da deficiência, verificando-se não apenas os aspectos físicos da pessoa mas também como a mesma interage socialmente com suas limitações, de acordo com um novo panorama estabelecido pela Classificação Internacional da Funcionalidade, Incapacidade e Saúde – CIF.[16]

Destaca-se que a Lei n. 8.213/1991[17] já demonstrou uma preocupação à pessoa com deficiência; no entanto, para o caso de reabilitação profissional, ou seja, na hipótese de o segurado já estar no sistema contributivo e em razão de uma deficiência temporária não puder mais exercer a atividade laboral.

O universo de pessoa com deficiência alcançado pela LC n. 142/2013 não é o da pessoa que não consegue exercer atividade laborativa, uma vez que é exigido tempo mínimo de deficiência em atividade para concessão de benefício. Em outras palavras, a prestação disposta nessa LC não é para o deficiente que não pratica o fato gerador da contribuição previdenciária ainda que exista a qualificação de "deficiência grave", como é exigido tempo mínimo de contribuição combinado com tempo mínimo de algum grau de deficiência, infere-se que é necessária a vinculação ao RGPS.

Como um marco para os direitos sociais, a Constituição Federal de 1988 trouxe ao ordenamento jurídico brasileiro disposições acerca da proteção e inclusão social das pessoas com deficiência. Ao proibir qualquer discriminação no tocante a salário e critérios de admissão do trabalhador com deficiência (art. 7º, XXXI) rompe com o modelo assistencialista, pois reconhece a inclusão da pessoa com deficiência no mercado de trabalho.

Preocupou-se também a Carta Magna em seu art. 244 quanto à adaptação dos espaços públicos e meios de transporte para que fossem adequados e acessíveis às pessoas com deficiência.

Neste contexto, portanto, temos que é fundamental ao estado democrático de direito o afastamento de toda forma de discriminação não igualitária, consagrando-se maior proteção aos cidadãos deficientes.

5. A ALTERAÇÃO SOFRIDA PELA LEI N. 13.146/2015

O Estatuto da Pessoa com Deficiência ou a Lei Brasileira de Inclusão da Pessoa com Deficiência foi sancionada em 06.07.2015 sob o n. 13.146/2015, como instrumento de emancipação civil e social e garantia de um mundo de acessibilidade e de inclusão social, de maneira que as pessoas com deficiência estejam no comando de seus direitos.

O reflexo desta inclusão no direito previdenciário deve, portanto, ser interpretado justamente na visão constitucional de proteção aos direitos dos sujeitos.

A modificação sofrida no Código Civil, art. 3º, por meio da Lei n. 13.146/2015 que excluiu do rol de absolutamente incapazes os que, por enfermidade ou deficiência mental, não tiverem o necessário discernimento para a prática desses atos e os que, mesmo por causa transitória, não puderem exprimir sua vontade, deve ser analisada à luz da Constituição, que levará à conclusão de que o prazo prescricional permanece tendo o seu curso impedido ou suspenso contra estes sujeitos que não tenham o necessário discernimento para a prática dos atos da vida civil.

O impedimento do transcurso do prazo prescricional outrora expressamente constante no art. 3º do Código Civil levava em conta que os sujeitos deste rol não têm as mínimas condições de exercerem e compreenderem, por si, os seus direitos, e expressarem sua vontade, o que fariam por meio de seus representantes legais.

---

(15) BRASIL. Decreto n. 6.949 de 25 de agosto de 2009, art. 1. Diário Oficial, Brasília, 2009. Disponível em: <http://www.planalto.gov.br/ccivil_03/_ato2007-2010/2009/decreto/d6949.htm>. Acesso em: 20 mar. 2018.

(16) SOARES, João Marcelino. *Aposentadoria da Pessoa com Deficiência*. 2. ed. Curitiba: Juruá. 2014. p. 133.

(17) Art. 89. A habilitação e a reabilitação profissional e social deverão proporcionar ao beneficiário incapacitado parcial ou totalmente para o trabalho, e às pessoas portadoras de deficiência, os meios para a (re)educação e de (re)adaptação profissional e social indicados para participar do mercado de trabalho e do contexto em que vive.

Esta distinção em relação aos sujeitos com pleno exercício da capacidade civil existia justamente para protegê-los contra os efeitos maléficos que o transcurso do tempo traz sobre elas, neste caso, a sua própria extinção pela prescrição.

A alteração promovida pela Lei n. 13.146/2015, em relação ao regime das incapacidades, atribuiu capacidade civil ilimitada às pessoas com deficiência mental, seja qual for a sua intensidade ou o grau de comprometimento do discernimento do sujeito, repercutindo diretamente no instituto da prescrição contra as pessoas com deficiência conforme já dito no presente trabalho, vez que, seguindo uma interpretação literal das normas do Código Civil, somente os menores de dezesseis anos é que estariam contemplados com a regra protetiva do art. 198, I, do aludido Código, já que os demais deixaram de compor o rol de seu art. 3º.

O questionamento sobre a constitucionalidade de tal alteração é necessário pois não se pode negar que a mesma tem respaldo na Convenção sobre os Direitos das Pessoas com Deficiência que, por sua vez, buscou promover a completa e integral inserção dos indivíduos por ela protegidos no seio da sociedade civil, afastando todos os obstáculos sociais, culturais, históricos, jurídicos, físicos ou de qualquer outra ordem ainda existente na atualidade e que possam restringir o pleno exercício da cidadania, em condições dignas.

Todas as normas que compõem o rol protetivo cujos sujeitos são os deficientes buscam a plena equiparação dos sujeitos e a possibilidade do gozo e exercício dos seus direitos, ou seja, busca-se igualdade.

No entanto, essa busca pela igualdade não se faz apenas pela equiparação e absoluta ausência de discriminação entre pessoas sem e com deficiência. Deve-se observar que as ações afirmativas em favor destes sujeitos é que irá efetivamente protegê-los, porque o que antes o Código Civil protegia era a integridade tanto física quanto patrimonial destes sujeitos que não tinham discernimento.

Conforme previsão na antiga redação do Código Civil, o que tornava o sujeito absolutamente incapaz era a ausência de discernimento, e não simplesmente alguma outra deficiência.

As pessoas com deficiência, por mais que mereçam ter o mesmo tratamento dispensado aos demais, por vezes, necessitam da intervenção de terceiros, dadas as suas condições de vulnerabilidade.

O Tribunal Regional Federal da 4ª Região já teve oportunidade de se manifestar sobre o tema, no entanto, em certo momento, autoriza a não ocorrência da prescrição apenas para os casos em que fique comprovado que anteriormente a modificação trazida pela Lei n. 13.146/2015 o sujeito já era absolutamente incapaz, em outro deixa de aplicar a modificação:

EMENTA: PREVIDENCIÁRIO E PROCESSUAL CIVIL. INCAPAZ PRECRIÇÃO. BENEFÍCIO ASSISTENCIAL. INCAPACIDADE. CRITÉRIO ECONÔMICO. BENEFÍCIO DE VALOR MÍNIMO. DESCONSIDERAÇÃO. CORREÇÃO MONETÁRIA E JUROS DE MORA. FASE DE CUMPRIMENTO DE SENTENÇA. DIFERIMENTO. CAPITALIZAÇÃO. **Comprovada a condição de absolutamente incapaz na vigência do Código Civil anteriormente às alterações promovidas pelo Estatuto da Pessoa com Deficiência, afasta-se a prescrição qüinqüenal.** O benefício assistencial é devido à pessoa portadora de deficiência e ao idoso que comprovem não possuir meios de prover a própria manutenção ou de tê-la provida por sua família. Em relação ao pressuposto econômico, o art. 20, § 3º, da Lei n. 8.742/1993 – LOAS estabelecia que seria considerada hipossuficiente a pessoa com deficiência ou idoso cuja família possuísse renda *per capita* inferior a ¼ do salário mínimo. Entretanto, o Supremo Tribunal Federal, ao analisar os recursos extraordinários 567.985 e 580.963, ambos submetidos à repercussão geral, reconheceu a inconstitucionalidade do § 3º do art. 20 da Lei n. 8.742/1993, assim como do art. 34 da Lei n. 10.741/2003 – Estatuto do Idoso, permitindo que o requisito econômico, para fins de concessão do benefício assistencial, seja aferido caso a caso. O STF, no julgamento do RE 580.963/PR, com repercussão geral, proclamou a inconstitucionalidade por omissão parcial, sem declaração de nulidade, do art. 34, parágrafo único, da Lei n. 10.741/2003 (Estatuto do Idoso), o qual permite desconsiderar, para fins de cálculo da renda mensal *per capita* do grupo familiar do pretendente do benefício assistencial de prestação continuada, o valor de até um salário mínimo percebido por idoso já titular de benefício de mesma natureza. Reconheceu aquela Corte inexistir justificativa plausível para a discriminação dos portadores de deficiência em relação aos idosos, bem como dos idosos beneficiários da assistência social em relação aos idosos titulares de benefícios previdenciários de valor mínimo. Comprovado o preenchimento dos requisitos legais, é devida a concessão do benefício assistencial, desde a DER. Deliberação sobre índices de correção monetária e taxas de juros diferida para a fase de cumprimento de sentença, a iniciar-se com a observância dos critérios da Lei n. 11.960/2009, de modo a racionalizar o andamento do processo, permitindo-se a expedição de precatório pelo valor incontroverso, enquanto pendente, no Supremo Tribunal Federal, decisão sobre o tema com caráter geral e vinculante. Precedentes do STJ e do TRF da

4ª Região. Indevida a capitalização de juros, a qual pressupõe expressa permissão legal, o que inexiste no caso. (TRF4 5000044-82.2011.4.04.7118, SEXTA TURMA, Relatora TAÍS SCHILLING FERRAZ, juntado aos autos em 12.09.2017.)

EMENTA: PREVIDENCIÁRIO. BENEFÍCIO ASSISTENCIAL. REQUISITOS. PRESCRIÇÃO. INCAPAZ. INOCORRÊNCIA. 1. O direito ao benefício assistencial pressupõe o preenchimento dos seguintes requisitos: a) **condição de deficiente** (*incapacidade para o trabalho e para a vida independente*, de acordo com a redação original do art. 20 da LOAS, ou *impedimentos de longo prazo de natureza física, mental, intelectual ou sensorial, os quais, em interação com diversas barreiras, podem obstruir a participação plena e efetiva na sociedade em igualdade de condições com as demais pessoas,* conforme redação atual do referido dispositivo) ou **idoso** (neste caso, considerando-se, desde 1º de janeiro de 2004, a idade de 65 anos); e b) **situação de risco social** (estado de miserabilidade, hipossuficiência econômica ou situação de desamparo) da parte autora e de sua família. 2. Atendidos os pressupostos, deve ser concedido o benefício. 3. Embora a redação do art. 3º do Código Civil tenha sido alterada pela Lei n. 13.146/2015 ("Estatuto da Pessoa com Deficiência"), para definir como absolutamente incapazes de exercer pessoalmente os atos da vida civil apenas os menores de 16 anos, e o inciso I do art. 198 do Código Civil disponha que a prescrição não corre contra os incapazes de que trata o art. 3º, a vulnerabilidade do indivíduo portador de deficiência psíquica ou intelectual não pode jamais ser desconsiderada pelo ordenamento jurídico, ou seja, o Direito não pode fechar os olhos à falta de determinação de alguns indivíduos e tratá-los como se tivessem plena capacidade de interagir em sociedade em condições de igualdade. Assim, ao suprimir a incapacidade absoluta do portador de deficiência psíquica ou intelectual, o Estatuto contempla, da pior e mais prejudicial forma possível, o pressuposto de igualdade nele previsto, dando o mesmo tratamento para os **desiguais.** (TRF4, AC 5000502-66.2015.4.04.7116, QUINTA TURMA, Relator PAULO AFONSO BRUM VAZ, juntado aos autos em 19.10.2016.)

A alteração promovida pela Lei n. 13.146/2015, em relação ao art. 3º do Código Civil, concretizou, na verdade, situação mais gravosa aos sujeitos deficientes, deixando-os em situação de maior vulnerabilidade, o que não se coaduna com os preceitos constitucionais da Convenção sobre os Direitos das Pessoas com Deficiência, o que não está, conforme se pode ver pelos entendimentos colacionados acima, pacificado no âmbito judiciário.

Consideremos que a própria Convenção, que tem *status* constitucional, conforme já dito, impede qualquer dispositivo seu de afastar quaisquer disposições do ordenamento dos Estados-membros mais propícias à realização dos direitos das pessoas com deficiência, deixando claro que não é possível se aceitar redução da esfera de proteção destes sujeitos.

Nesta linha, a supressão da garantia do impedimento ou suspensão da prescrição contra os que, por enfermidade ou deficiência mental, não tiverem o necessário discernimento para a prática desses atos e os que, mesmo por causa transitória, não puderem exprimir sua vontade, é inconstitucional.

6. REFERÊNCIAS BIBLIOGRÁFICAS

CORREIA, Érica Paula Barcha; CORREIA, Marcus Orione Gonçalves. *Curso de Direito da Seguridade Social*. 6. ed. São Paulo: Saraiva, 2012.

FEIJÓ, Alexsandro Rahbani Aragão; PINHEIRO, Tayssa Simone de Paiva Mohana. *A convenção da ONU sobre o direito das pessoas com deficiência e seus efeitos no direito internacional e no brasileiro*. Disponível em: <http://www.publicadireito.com.br/artigos/?cod=044a23cadb567653>. Acesso em: 20 mar. 2018.

FILHO, Manoel Gonçalves Ferreira. *Direitos humanos fundamentais*. 11. ed. São Paulo: Saraiva, 2009.

FONSECA, Ricardo Tadeu Marques. *O conceito revolucionário de Pessoa com Deficiência*. Disponível em: <http://www2.portoalegre.rs.gov.br/smacis/default.php?reg=4&p_secao=96>. Acesso em: 23 mar. 2018.

FUNDAÇÃO KONRAD ADENAUER NO BRASIL. *A Convenção da ONU sobre os direitos das pessoas com deficiência* – Status de implementação no Brasil. Disponível em: <http://www.kas.de/brasilien/pt/publications/28650/>. Acesso em: 21 mar. 2018.

MONTEIRO, Marco Antônio Corrêa. *Tratados Internacionais de Direitos Humanos e Direito Interno*. São Paulo: Saraiva, 2011.

REZEK, José Francisco. *Direito Internacional Público*: Curso Elementar. 10. ed. inteiram. rev. e atual. São Paulo: Saraiva, 2007.

PIOVESAN, Flávia. *Direitos Humanos e o Direito Constitucional Internacional*. São Paulo: Saraiva, 2006.

PÓVOAS, Manuel S. Soares. *Seguro e Previdência* – Ciclo da criatividade e da prosperidade. Estudos e Palestras. [S.l.] [2012] Bradesco Seguros.

SOARES, João Marcelino. *Aposentadoria da Pessoa com Deficiência*. 2. ed. Curitiba: Juruá, 2014.

SOARES, João Marcelino; TANAKA, Eder Eiji. Considerações Preliminares sobre a Lei Complementar n. 142/2013. In: BERWANGER, Jane Lucia Wilhelm; FOLMANN, Melissa. *Previdência Social nos 90 anos da Lei Eloy Chaves*. 1. ed. Curitiba: Juruá, 2013.

TRINDADE, Antônio Augusto Cançado. *A humanização do direito internacional*. Belo Horizonte: Del Rey, 2006.

A Disciplina Geral do Novo CPC e a sua Central Base Principiológica em Favor de um Processo Justo

Fernando Rubin[1]

1. INTRODUÇÃO

Sendo procedimento amplo, aprovado de maneira democrática e após razoável tempo de debate dentro do Congresso Nacional, mormente na Câmara Federal, certo que temos código processual mais afeto ao nosso atual ambiente cultural e que reflete de maneira mais fidedigna as relações do processo com o direito material e com o direito constitucional, daí por que trataremos da base principiológica do *Codex*, estruturada de acordo com a nossa Lei Maior, a exigir, principalmente, respeito ao princípio da não surpresa (com o contraditório prévio) e a legitimidade da decisão final de mérito (com a fundamentação completa das decisões, em especial da sentença)[2].

2. DO ATUAL AMBIENTE CULTURAL E DA DISCIPLINA GERAL DO NOVO CPC

Os avanços justificadores do novel diploma infraconstitucional apontam para um processo civil que venha: estabelecer verdadeira sintonia fina com a CF/1988; criar condições para que o juiz possa proferir decisão de forma mais rente à realidade da causa; simplificar as exigências procedimentais com a preocupação central em resolver problemas ("a substância acima da forma"); imprimir maior grau de organicidade ao sistema ("coesão"); e dar todo o rendimento possível a cada processo ("máximo aproveitamento"), inclusive autorizando a autocomposição envolvendo partes e matérias fora da causa de pedir e pedido[3].

De maneira geral, confirmada pelo art. 1º da Lei n. 13.105/2015, o Novo CPC aponta para a derrocada do conceito de sua autossuficiência[4] para ampla resolução dos conflitos[5] (como sugeria a parte inicial do Código Buzaid/1973)[6], sendo objetivo do *Codex* a retomada de rente relação do direito adjetivo com o direito material e principalmente com "os valores e as normas fundamentais estabelecidas na Constituição da República Federativa do Brasil"[7].

---

(1) Bacharel em Direito pela UFRGS, com a distinção da Láurea Acadêmica. Mestre em processo civil pela UFRGS. Doutorando pela PUCRS. Professor da Graduação e Pós-graduação do Centro Universitário Ritter dos Reis – UNIRITTER, Laureate International Universities. Professor Colaborador da Escola Superior de Advocacia – ESA/RS. Professor Pesquisador do Centro de Estudos Trabalhistas do Rio Grande do Sul – CETRA-IMED. Professor convidado de cursos de Pós-graduação *lato sensu*. Parecerista, Colunista e Articulista. Advogado-Sócio do Escritório de Direito Social.

(2) Utilizaremos como referência geral a nossa mais atualizada e completa obra a respeito do tema: RUBIN, Fernando. *O Novo Código de Processo Civil* – Da construção de um novo modelo processual às principais linhas estruturantes da Lei n. 13.105/2015. Atualizado de acordo com as alterações da Lei n. 13.256/2016. 2. ed. São Paulo: LTr, 2017.

(3) De acordo, inclusive, com informações contidas na Exposição de Motivos do Projeto do Novo CPC. *Exposição dos motivos do anteprojeto do Novo CPC*. Disponível em: <www.senado.gov.br>. Acesso em: 10 set. 2010.

(4) BUZAID, Alfredo. Linhas fundamentais do sistema do código de processo civil brasileiro. In: *Estudos e pareceres de direito processual civil*. Notas de Ada Pellegrini Grinover e Flávio Luiz Yarshell. São Paulo: RT, 2002. p. 31/48.

(5) Não se trata de movimento isolado, já que a codificação civilista contemporânea da mesma forma já vinha se colocando fora de um espirítio cientificista que acreditava no exaurimento da matéria (e de suas problemáticas) pela mera letra da lei (*Codex*). ANDRADE, Fábio Siebeneichlerde. O modelo do código civil brasileiro de 2002 sob a perspectiva das funções atuais da codificação. In: *Direitos Fundamentais e Justiça*, n. 1, p. 155 e ss., out.-dez. 2007.

(6) Temos a partir daqui de pensarmos em um novo pensamento (processual), que deve atingir tanto o estudioso quanto o profissional do foro, "deixando as amarras das puras técnicas e dogmáticas visualizadas como fim em si mesmo" (GAIO JÚNIOR, Antônio Pereira. *Tutela específica das obrigações de fazer* – de acordo com o Novo CPC. 5. ed. Curitiba: Juruá, 2015. p. 35).

(7) "O Novo CPC acha-se estruturado e aparelhado para cumprir a missão de um *processo justo* capaz de realizar a tutela efetiva dos direitos materiais ameaçados ou lesados, sem apego ao formalismo anacrônico e de acordo com os princípios constitucionais democráticos que

O artigo inaugural, juntamente com os próximos onze dispositivos, formam a Parte Geral do Novo CPC, sendo responsáveis por estabelecerem uma *macro-orientação a respeito dos principais eixos do código*, que guardam conexão direta com a CF/1988[8] e auxiliam na exegese dos demais comandos da codificação (*interpretação sistemática*)[9].

Também valioso o registro de que o Novo CPC tem preocupação central com o julgamento do mérito da contenda[10], seja pela decisão com exame do contencioso pelo juiz (*heterocomposição*), seja pela via do acordo (*autocomposição*). Em ambos os casos, a decisão é coberta pelo manto da coisa julgada material (sentenças definitivas), diversamente das hipóteses de extinção sem julgamento de mérito (sentenças terminativas), cuja importância para o sistema processual passa a ser agora significativamente reduzida, a ponto de não ser repetida pelo *codex* a consagrada expressão de Liebman a respeito das "condições da ação"[11].

Sob essas ajustadas perspectivas, não restam muitas dúvidas de que, ultrapassada a fase científica do *processualismo*, o ambiente cultural contemporâneo encaminha para ser enxergado o processo sob um ângulo externo, privilegiando a preocupação com a tutela constitucional de direitos[12] – o que determina claramente que apegos demasiados à forma (*os formalismos perniciosos*[13]) sejam colocados em segundo plano, em favorecimento da matéria e do pronunciamento de mérito. Ao que parecia, sob influência do *cientificismo* do período anterior, era o operador do direito, ao ingressar com a demanda judicial, que deveria se adaptar ao *codex*; sendo que no atual cenário, opera-se fenômeno inverso: cogitando-se de o diploma adjetivo se amoldar, desde a fase postulatória, aos contornos específicos da lide.

Dentre os grandes conceitos do Novo CPC, portanto, sobreleva-se a busca por um processo civil de resultados, econômico, qualificado e efetivo, com aceitação de maior flexibilidade e dinamismo procedimental, visão participativa e colaborativa do processo, respeitada a boa-fé objetiva, simplificação do sistema recursal e prestígio aos precedentes, aumento do risco da sucumbência e amplo espírito de conciliação.

Ademais, fundamental mais uma contextualização inicial: as inovações importantes trazidas pela Lei n. 13.105/2015 circunscrevem-se à órbita das demandas individuais, já que as demandas coletivas seguem tratamento à parte; da mesma forma, seguem tratamento à parte as demandas que correm no rito sumariíssimo dos Juizados Especiais. *Isto não quer dizer, por outro lado, que não seja possível a aplicação subsidiária do Novo CPC a esses modelos, em casos de compatibilidades*[14].

Por sua vez, com relação aos grandes procedimentos destacados por Buzaid (cognição, execução e cautelar), temos que foram oferecidas modificações pontuais na execução e diminuição do tamanho das cautelares, sendo oferecidas efetivamente mudanças centrais no procedimento de conhecimento (o rito comum ordinário de Buzaid[15]), que passa a ser denominado agora de "procedimento comum".

Pois bem. As novidades podem, grosso modo, ser catalogadas em duas amplas ordens: as relativas a consolidações de posicionamentos doutrinários e jurisprudenciais pátrios; e as relativas a construções adjetivas

---

    regem e asseguram o pleno acesso de todos ao Poder Judiciário. (THEODORO JÚNIOR, Humberto. *Curso de direito processual civil* – de acordo com o Novo CPC. 56. ed. Rio de Janeiro: Forense, 2015. v. 1, p. 30.)

(8) A respeito desse momento cultural de estudo do processo com base no âmbito constitucional, pesquisar: ZANETI JÚNIOR, Hermes. *A constitucionalização do processo*. 2. ed. São Paulo: Atlas, 2014; SARLET, Ingo Wolfgang; MARINONI, Luiz Guilherme; MITIDIERO, Daniel. *Curso de direito constitucional*. São Paulo: RT, 2013.

(9) SCHIMITZ, Leonard Ziesemer. A teoria geral do processo e a parte geral do novo código de processo civil. In: *Coleção Novo CPC* – Doutrina selecionada. 2. ed. Salvador: JusPodivm, 2016. v. 1, p. 107/138.

(10) NUNES, Dierle; CRUZ, Clenderson Rodrigues da; DRUMMOND, Lucas Dias Costa. A regra interpretativa da primazia do mérito e o formalismo processual democrático. In: *Coleção Novo CPC* – Doutrina selecionada. 2. ed. Salvador: JusPodivm, 2016. v. 1, p. 139/178.

(11) LIEBMAN, Enrico Tullio. *Estudos sobre o processo civil brasileiro*. São Paulo: José Bushatsky, 1976. A expressão é retirada como também uma das "condições", que é *a possibilidade jurídica do pedido*, permanecendo no texto do *Codex*, nos termos do art. 337, XI, sendo feita menção ao *interesse de agir e à legitimidade processual*. TESHEINER, José Maria Rosa; THAMAY, Rennan Faria Kruger. Condições da ação no Novo CPC. In: *Revista Magister de Direito Civil e Processo Civil*, n. 68 (2015):5/21; WATANABE, Kazuo. *Da cognição no processo civil*. 2. ed. Campinas: Bookseller, 2000. p. 81.

(12) MARINONI, Luiz Guilherme; ARENHART, Sérgio Cruz; MITIDIERO, Daniel. *Novo curso de processo civil*. São Paulo: RT, 2015. v. 1 – Teoria do processo civil, p. 313.

(13) ALVARO DE OLIVEIRA, Carlos Alberto. O formalismo-valorativo no confronto com o formalismo excessivo. In: *Revista de Processo*, n. 137, p. 7/31, 2006.

(14) TORRES, Artur. *A tutela dos direitos individuais* – Considerações acerca do Projeto de Novo Código de Processo Civil. Porto Alegre: Arana, 2013. p. 145 e ss.

(15) O rito comum sumário (arts. 275/281) foi, de fato, suprimido do Novo CPC, restando, pois, tão somente o procedimento comum. Já a respeito do outro grande rito preservado no Brasil, para causas de menor potencial econômico, consultar: RUBIN, Fernando. Os ritos processuais sumariíssimos no Brasil. *Unisul de Fato e de Direito*, v. 10, p. 257-267, 2015.

relacionadas a exemplos vindos de legislações estrangeiras, inclusive do *common law*[16].

Também gostaríamos de referir, propedeuticamente, que muitas outras lançadas novidades acabaram ficando pelo caminho, seja em razão de mudança de redação do Projeto dentro do Congresso Nacional, seja em razão de vetos presidenciais. No primeiro caso, lembramos a questão da alteração da causa de pedir e pedido e da eficácia preclusiva da coisa julgada material; e, no segundo caso, a questão envolvendo a conversão da ação individual em coletiva e o cabimento de sustentação oral em sede de agravo interno. Em todos esses casos, a solução adotada pelo Código Buzaid, por falta de consensos, restou mantida.

Partamos, então, para os centrais pontos merecedores de destaque, vinculados diretamente à parte principiológica do *codex*, a saber, dispositivos constantes nos arts. 1º/11 da Lei n. 13.105/2015, os quais não devem ser vistas propriamente como meras "garantias" processo-constitucionais, mas sim como verdadeiros *direitos fundamentais processuais dos jurisdicionados* – cabendo destacar justamente que a *constitucionalização do processo* passou a exigir exame dos seus *eixos centrais* não só como garantias (meios de defesa contra o Estado), mas principalmente como *direitos ativos de construção e poder de interferência tempestiva das partes* ao longo de todo o desenvolvimento do processo[17].

3. DO CONTRADITÓRIO PRÉVIO E DO DEVER DE FUNDAMENTAÇÃO COMO EIXO CENTRAL DA BASE PRINCIPIOLÓGICA DO *CODEX* EM BUSCA DE UM PROCESSO JUSTO

Embora tenhamos alguns outros importantes eixos da base principiológica do *codex*, como a duração razoável (art. 4º), a boa-fé objetiva (art. 5º) e a lógica da colaboração (arts. 6º/7º), entendemos que são dois os principais dispositivos que configuram o eixo central da base principiológica do *codex* (arts. 10 e 11), a tratar, respectivamente, da *obrigatoriedade do contraditório prévio e do dever de fundamentação completa das decisões* – porque há aqui grande espaço em que projetada verdadeira *infraconstitucionalização do conteúdo do* due process of law *pelo Novo CPC*[18].

Trata-se, repitamos, do *eixo principiológico central do codex*: "o art. 10 exige o contraditório prévio para o exame de toda e qualquer questão, ao passo que consequentemente, realizado o contraditório, a fundamentação pressupõe o exame dos argumentos apresentados (art. 489, § 1º, IV)."[19]

Há, de fato, relação direta e fundamental que se deve fazer entre o *direito ao contraditório prévio* e o *direito à completa fundamentação*, ao passo que na decisão judicial é que se deve demonstrar que toda a atuação dialógica anterior foi muito além do "cumprimento de etapas"[20], ou seja, o magistrado além de a) *necessariamente ouvir as partes, mesmo em matérias que poderia se pronunciar de ofício, ao tempo de julgar deve também* b) *necessariamente se manifestar sobre os principais argumentos trazidos tempestivamente pelas partes, devolvendo aos jurisdicionados a legitimidade que se espera do agente político investido no Estado Democrático de Direito*[21].

Tanto o descumprimento da primeira etapa (formação de contraditório prévio entre as partes litigantes) como o descumprimento da segunda (fundamentação completa de decisão judicial) determinam a nulidade da medida tomada pelo Estado-juiz, interlocutória ou final[22].

---

(16) TARUFFO, Michele. *Processo civil comparado*: ensaios. Tradução de Daniel Mitidiero. São Paulo: Marcial Pons, 2013. p. 11/34, especialmente; SCHAFER, Gilberto. *Súmulas vinculantes* – análise crítica da experiência do Supremo Tribunal Federal. Porto Alegre: Livraria do Advogado, 2012. p. 108/127, especialmente.

(17) ALVARO DE OLIVEIRA, Carlos Alberto. O processo civil na perspectiva dos direitos fundamentais. In: *Revista da Faculdade de Direito da UFRGS*, v. 22, p. 31-42, 2002.

(18) "O conteúdo desse novo processo civil, em expressa sintonia com os propósitos constitucionais, é representado pela ratificação de um conjunto de direitos aptos a permitir o exercício da Cidadania através de direitos constitucionais endoprocessuais." (PORTO, Sérgio Gilberto. *Cadadania processual* – processo constitucional e o novo processo civil. Porto Alegre: Livraria do Advogado, 2016. p. 45 e ss.)

(19) DELLORE, Luiz; GAJARDONI, Fernando da Fonseca; ROQUE, André Vasconcelos; OLIVEIRA JÚNIOR, Zulmar Duarte. *Processo de conhecimento e cumprimento de sentença* – Comentários ao CPC de 2015. São Paulo: Método, 2016. p. 564.

(20) PEIXOTO, Ravi; MACEDO, Lucas Buril de. Ônus da prova e sua dinamização. 2. ed. Salvador: JusPodivm, 2016. p. 35.

(21) GAIO JR., Antônio Pereira; MELLO, Cleyson de Moraes. *Novo CPC comentado*. Belo Horizonte: DelRey, 2016. p. 365.

(22) A respeito desses cenários, que contaminam a decisão tomada pelo julgador com prejuízo a uma das partes litigantes, consultar: REICHELT, Luis Alberto. A exigência de publicidade dos atos processuais na perspectiva do direito ao processo justo. In: *Revista de Processo*, n. 234, p. 77/97, 2014; O direito fundamental das partes à imparcialidade do juiz no direito processual civil. In: *Revista de Processo*, n. 227, p. 105/122, 2014.

Aqui, devemos fazer um necessário parênteses para diferenciar *procedimento justo de processo justo*, a fim de justificarmos a opção pelo ultimo. Seguro que os termos procedimento e processo não se confundem[23]; *o segundo é mais amplo determinando não só o encadeamento adequado de atos previstos em lei em busca de uma solução final do litígio (o rito propriamente dito), como também os fundamentos, inclusive de ordem constitucional, que justificam, na sua integralidade, a tramitação de uma complexa demanda em que se relacionam atividades múltiplas das partes e também do Estado-juiz* – com toda a carga histórica, cultural e de conhecimentos jurídicos que cada ator possui.

Quando se fala em procedimento justo, ou legitimidade do procedimento[24], coloca-se em realce o cumprimento dos comandos procedimentais envolvendo a efetividade (duração razoável) e a segurança jurídica (devido processo) ao longo das diversas etapas do *iter* de cognição (postulatória, saneadora e instrutória), independentemente do resultado final do processo. É que o justo seria já resultado de um procedimento adequado[25], o que não necessariamente levaria em conta os ulteriores termos da solução, ao fim e ao cabo, adotada em cognição exauriente. *Já quando mencionamos o conceito mais amplo de processo justo*[26], *incluímos a perspectiva a respeito dos apropriados objetivos do processo, em que se articulam o resultado justo do procedimento com o resultado adequado da decisão final, com os próprios critérios viáveis para o seu controle – aqui sendo destacada a relação íntima da fundamentação sentencial com o contraditório prévio travado entre as partes litigantes ao longo de todo o iter, sendo suscetível essa decisão final a revisões das cortes superiores, ao menos amplamente nas instâncias ordinárias*[27].

Portanto, o processo justo, para além do procedimento justo[28], "esigenel nostro caso che si guardiallagiustizia della sentenza"[29] (resultado de síntese). Verdadeiro que o procedimento justo é peça preliminar (premissa),"matrice della nozione di giusto processo"[30], ainda mais em demandas com carga fático-probatória significativa[31]. *Mas é demasiadamente limitada a visão que restringe o estudo* (rectius: *o foco*) *do processo civil ao seu procedimento, ainda que se admita, por amor ao debate, que se possa atingir nos casos judiciais concretos aproveitamento ultraeficaz de todas as etapas antecedentes à sentença*; o rito, com as suas modernas técnicas, como as cláusulas abertas e as flexibilizações autorizadas pelos recentes códigos, exige positivo e dinâmico contraditório e coloca-se sempre

---

(23) A respeito de um conceito esplêndido de formação de uma específica "teoria geral de procedimentos", consultar: SCHIMA, Hans. Compiti e limiti di una teoria generale dei procedimenti. Trad. de Tito Carnacini. In: *Rivista trimestrale di diritto e procedura civile*, n. 7, p. 757/772, 1953. Também outro enorme nome alienígena, a respeito do tema: FAZZALARI, Elio. Procedimento e processo (teoria generale). In: *Enciclopedia del diritto*, n. 35, p. 819/835, 1986.

(24) A maior referência na pesquisa da função legitimadora do rito procedimental é o sociólogo:LUHMANN, Nicklas. *Legitimação pelo procedimento*. Tradução Maria da Conceição Corte Real. Editora Universidade de Brasília, 1980. Ver inclusive prefácio de Tercio Sampaio Ferraz Jr., p. 04. Ressalta Luhmann que se deve distinguir claramente a "aceitação das premissas de decisão" da "aceitação da própria decisão", o que justificaria o exame apartado das premissas. No entanto, *e mais de acordo com a nossa visão crítica de procedimento justo*, admite também o sociólogo que a legitimidade do procedimento envolve "o reconhecimento das premissas de decisão, contanto que se decida sobre elas" (p. 32).

(25) Estudos na filosofia do direito chegaram a abordar a concepção de uma *teoria de justiça procedimental pura*, com base em: RALWS, John. *Uma teoria da justiça*. Tradução Almiro Pisetta e Lenita Maria Rímoli Esteves. São Paulo: Martins Fontes, 2002. Especialmente p. 89 e ss. No entanto, *e mais de acordo com a nossa visão crítica de procedimento justo*, mesmo Rawls deixa claro que no âmbito do processo devemos reconhecer a presença da *justiça procedimental imperfeita*, já que "mesmo que a lei seja cuidadosamente obedecida, e os processos conduzidos de forma justa e adequada, pode-se chegar ao resultado errado" (p. 92).

(26) Uma das maiores referências da doutrina processual italiana a respeito do tema de *le garanzie fondamentale del giusto processo* é Luigi Comoglio, que não por acaso é também uma das maiores autoridades mundiais nos estudos críticos do *direito probatório*: COMOGLIO, Luigi Paolo. *Etica e tecnica del giusto processo*. Torino: G. Giappichelli Editore, 2004, especialmente Capítulo II. p. 39 e ss.; Preclusioni istruttorie e diritto alla prova. In: *Rivista di Diritto Processuale*, n. 53, p. 968/995, 1998.

(27) RUBIN, Fernando. O cabimento dos embargos de declaração para a concretização de uma prestação jurisdicional efetiva. *Revista de Processo*, v. 230, p. 175-193, 2014.

(28) REICHELT, Luis Alberto. O direito ao processo justo e suas manifestações no projeto de Novo Código de Processo Civil: primeiras considerações. *Revista da Faculdade de Direito Uniritter*, v. 16, p. 75-88, 2015.

(29) CHIARLONI, Sergio. Giusto Processo. *Revista de processo*, v. 219, p. 119-152, maio 2013.

(30) PICARDI, Nicola. *Audiatur et altera pars*: Le matrici storico-culturali del contraddittorio. In: *Rivista Trimestral e Di Diritto e Procedura Civile*, v. 57, p. 7-22, 2003.

(31) GRASSO, Eduardo. La collaborazionenel processo civile. In: *Rivista di Diritto Processuale*, v. 21, p. 580-609, 1966.

para a prestação de decisão final de mérito e legítima – não propriamente para uma decisão final qualquer[32].

Avancemos, pois, em busca de *um processo justo*, de acordo com os pilares centrais estabelecidos pela parte principiológica do *codex*[33]. Dispõe o art. 10 da Lei n. 13.105/2015 que "em qualquer grau de jurisdição, o órgão jurisdicional não pode decidir com base em fundamento a respeito do qual não se tenha oportunizado manifestação das partes, ainda que se trate de matéria apreciável de ofício".

O peso desse comando realmente é muito grande.

Coloca a lógica da *não surpresa* em patamar elevado, estabelecendo uma paridade entre os participantes da cena processual que até então não se tinha efetivamente. Pelo novel ordenamento, o Estado-juiz não está mais em posição acima das partes para estabelecer comandos abruptos e decisivos para a sorte da guerra ritualizada sem que os litigantes tenham prévia ciência dessa possibilidade, a ponto de poderem se manifestar de maneira ampla, com condições de interferirem na ulterior tomada de posição pelo diretor do processo[34].

Numa análise superficial, o dispositivo poderá limitar a atuação do julgador, impedindo-o de decidir questões que seriam, sob sua visão unilateral, de evidente resolução. A reflexão, todavia, deve ser mais profunda. Como registra Elpídio Donizetti, os operadores do direito, no Brasil, devem perceber que, no âmbito do processo, mais vale uma questão bem discutida uma só vez do que várias questões mal elaboradas e mal resolvidas[35].

Ineludivelmente, a redação proposta pelo Novo CPC representa um avanço considerável, principalmente no mau vezo verificado pela prática de decisões pautadas em perspectiva até então não transfundidas nos autos, sem que se dê às partes o direito de prévia manifestação. O Novo CPC, confirmam Bento Herculano e Zulmar Duarte, busca evitar o que se denominou "decisão surpresa", no que sobressaltava às partes por motivação até então não cogitada, em verdadeira inovação processual, sendo esse um reflexo do processo cooperativo ou colaborativo[36].

Ocorre que o contraditório, em um moderno enfoque a ser conferido ao processo, não se configura tão só como uma garantia processual para as partes, mas também passa a representar instituto vital de auxílio na aproximação do processo com a verdade material e consequentemente com o decidir justo no caso concreto, assumindo assim uma posição de importância suprapartes mais bem definida a exigir um constante e honesto diálogo entre as partes, bem como entre estas e o julgador, os quais necessitariam estar em posição hierárquica similar[37].

Essa ótica publicista do contraditório obviamente não se enquadra devidamente no modelo processual anterior, onde se acreditava que as partes tinham plenas condições de provar a existência do direito que alegavam possuir, devendo, por isso, o julgador manter-se acima e distante (em posição passiva), preocupando-se unicamente com o andamento regular do procedimento (lógica burocrática), que, naturalmente, deveria se

---

(32) E, para que se atinja tal desiderato (a decisão final de mérito e legítima), é fundamental que se examine a liberdade dada às partes e também os movimentos instrutórios permitidos ao Estado-juiz (mesmo *ex officio*), admitindo-se também que os debates travados ao longo do *iter*, de forma dinâmica e dialética, tratam de construir um "novo direito", a partir do direito material e constitucional somado com a carga histórica, cultural e de conhecimentos jurídicos dos atores escalados – e não simplesmente de declarar um direito (neutro) na forma estabelecido aprioristicamente pela lei infraconstitucional material. A respeito, consultar os principais estudos de ALVARO DE OLIVEIRA, Carlos Alberto. *Do formalismo no processo civil*. 2. ed. São Paulo: Saraiva, 2003; Os direitos fundamentais à efetividade e à segurança em perspectiva dinâmica. In: *AJURIS*, n. 35, p. 57/71, 2008.

(33) Lembrando as preocupações de Cappelletti e Garth em obra clássica sobre o acesso (efetivo) à justiça quanto aos riscos de procedimentos modernos e eficientes abandonarem as garantias fundamentais do processo – essencialmente as de *um julgador imparcial e a do amplo e tempestivo contraditório* (CAPPELLETTI, Mauro; GARTH, Bryant. Tradução Ellen Gracie. *Acesso à Justiça*. Porto Alegre: Sérgio Antonio Fabris, 1988. p. 163/164).

(34) "Se há matéria que as partes não se manifestaram, não falaram no processo, qual o motivo de realizar-se a decisão desde logo? Oportunizar as partes de versarem sobre a matéria, com argumentos diversos, demonstrando fundamentos diferentes, comparações com a matéria de direito e os fatos em questão é, no mínimo, salutar. São diversas as formas de contribuição material e processual que ambas as partes podem trazer ao processo; não há motivos para dispensar as partes de manifestarem-se e, simplesmente, decidir sem a devida oportunidade processual para tanto." (LEMOS, Vinícius Silva. *Recursos e processos nos tribunais no Novo CPC*. São Paulo: Lexia, 2015. p. 70/71.)

(35) DONIZETTI, Elpídio. *Novo código de processo civil comentado*. São Paulo: Atlas, 2015. p. 8.

(36) OLIVEIRA JÚNIOR, Zulmar Duarte de; DUARTE, Bento Herculano. *Princípios do processo civil* – noções fundamentais. São Paulo: Método, 2012. p. 38/40, esp. p. 57.

(37) RUBIN, Fernando. O contraditório na visão cooperativa do processo. In: *Revista Dialética de Processo Civil*, n. 94, p. 28/44, 2011.

encaminhar para a prolação de decisão coerente a transitar em julgado[38].

Nesse cenário, o contraditório esteve por muito tempo rebaixado a princípio lógico-formal[39], não obtendo os processos, em regra, os resultados esperados, que devidamente legitimassem o órgão judiciário como meio efetivo de estabelecer a paz social com a justiça no caso concreto.

A partir então de período mais próximo, afeitos à lógica do *processo justo*, os reclames por uma nova ordem social e processual que contemplassem ao lado do valor segurança jurídica, valores outros como a justiça material, a paz social e a efetividade – que passaram a ser previstos inclusive nos últimos textos constitucionais – exigem que a garantia seja repensada sob uma perspectiva mais ampla (e ativa).

Nesse período, então, em meados do século XX, e frente as sobreditas alterações do quadro, a garantia toma um novo corpo (acolhido amplamente agora pelo Novo CPC), recuperando-se o valor essencial do diálogo judicial (princípio da cooperação), para a formação do comando final – repensando-se na pós-modernidade a ideia de *iudicium* vigorante até o século XVII, onde se fazia presente, no processo, uma dimensão retórica e dialética bem nítida.

Realmente, no *ordo isonomico medieval*, adotando-se uma "lógica do provável", a investigação da verdade era tida como resultado de um esforço combinado das partes, e não como derivação de uma razão individual demonstrada por uma das partes[40], que deveria prevalecer (ideia posterior, que incentiva o confronto, a intransigência com o "ponto de vista" da outra parte e a não sociabilidade do saber). Em novos tempos, portanto, volta-se a incentivar a substituição da "demonstração" (*unilateral*) pela "construção" (*plurilateral*)[41].

Sendo essas as perspectivas, sobrelevou-se a necessidade de maior ativismo do Estado-Juiz, que deve comandar o processo, promovendo efetivamente o contraditório, incentivando constante diálogo entre as partes, em todas as fases do feito e mesmo em relação às matérias oficiosas[42], convencendo-se melhor, dessa forma, da viável solução a ser definida no caso concreto (justiça), legitimando assim a decisão (paz social), já que será "construída" (desenvolvida) pelos três integrantes da relação jurídico-processual e não "ditada" (outorgada) arbitrariamente por figura investida em cargo público, hierarquicamente em posição superior aos cidadãos (partes) que discutem direitos perante aquele[43].

Em sede recursal, inclusive, roga-se por essa aplicação ampliada do princípio do contraditório, sendo previsto o oferecimento de vista à parte recorrida antes de tomada de qualquer decisão que possa prejudicar os seus interesses. Nesses termos, o art. 1.023, § 2º, do Novo CPC, disciplina que "O juiz intimará o embargado para, querendo, manifestar-se, no prazo de cinco dias, sobre os embargos opostos, caso seu eventual acolhimento implique a modificação da decisão embargada". A jurisprudência pátria, por sua vez, antes mesmo da aprovação da redação final da Lei n. 13.105/2015, já vinha reconhecendo o direito de prévia vista ao embargado, quando ao recurso pudesse ser dado efeito infringente[44].

E repare-se que essa busca incessante por justiça e paz social, em menor interregno temporal possível e preservada a segurança jurídica, a partir de participação

---

(38) A concepção, outrora vigente, seria então a de que a sentença poderia ser justa ou, eventualmente, até injusta, embora o ideal, à evidência, não seja este. Mas, de qualquer maneira, o que importa é que a sentença se seguia necessariamente a um procedimento legitimado pelo devido processo legal (GRINOVER, Ada Pellegrini. O princípio da ampla defesa. In: *Revista Proc. Geral Est. São Paulo* (19): 9/20).

(39) ALVARO DE OLIVEIRA, Carlos Alberto. A garantia do contraditório. In: *Garantias Constitucionais do processo civil*. José Rogério Cruz e Tucci (Coord.). São Paulo: RT, 1999. p. 132/150.

(40) Daí a lógica de modificação da prova como *ratio* para prova como *argumentum*, cenário amplamente acolhido pelo Novo CPC, como comprovam os arts. 369, parte final c/c 345, IV, da Lei n. 13.105/2015. Sobre esses conceitos técnicos, consultar: REICHELT, Luis Alberto. *A prova no direito processual civil*. Porto Alegre: Livraria do Advogado, 2009. Parte I, p. 146 e ss.

(41) É claro que não caberia, na era pós-moderna, a assunção integral do modelo medievo, até porque esse tinha, por certo, as suas imperfeições. Nele, a prova argumentativa era da alçada das partes, não cabendo ao julgador participar da produção probatória – tornando-se comum a utilização do brocardo *iudex non potest in facto supplere* (RUBIN, Fernando. O contraditório na visão cooperativa do processo. In: *Revista Dialética de Processo Civil*, n. 94, p. 28/44, 2011).

(42) ALVARO DE OLIVEIRA, Carlos Alberto. O formalismo-valorativo no confronto com o formalismo excessivo. In: *Revista de Processo* (137):7/31.

(43) Lembremos, a partir dessa passagem, dos devidos conceitos de "acesso à ordem jurídica justa" e "legitimidade da tutela jurisdicional" tão bem trabalhados em tradicional obra sobre "provas": CAMBI, Eduardo. *A prova civil*: admissibilidade e relevância. São Paulo: RT, 2006. p. 18.

(44) "A atribuição de efeitos infringentes aos embargos de declaração supõe a prévia intimação da contraparte; sem o contraditório, o respectivo julgamento é nulo." (STJ, EAg n. 778.452/SC, Rel. Ministro Ari Pargendler, Corte Especial, DJe de 23.08.2010.)

ativa do julgador com a colaboração das partes, ganha ainda mais notável relevo, ao frisarmos o *aspecto prospectivo do processo contemporâneo*[45]. Realmente, temos de notar que o processo hoje deve estar voltado para o futuro, já que o critério estabelecido em um determinado julgado cada vez mais produz efeitos para a coletividade, servindo de base para casos semelhantes futuros que venham a ser apreciados – a abordagem nova aqui trata de enaltecer a transcendência da decisão do juiz, potencializando inclusive a sua função criativa, a partir da verificação da existência, por um lado, de uma massificação dos litígios e de uma proximidade cada vez maior do indivíduo à coletividade de que faz parte: tornando menos estanque a separação entre o que é de "interesse privado" daquilo que é do "interesse público"; e, de outro lado, as características da nova legislação: alterações na técnica legislativa moderna, considerados fenômenos recentes como a denominada fuga para as "cláusulas gerais", os "conceitos jurídicos indeterminados" e a presença de "normas elásticas", de uma maneira geral.

Assim, sem dúvida, dentro dessa "nova" análise do princípio do contraditório, como garantia de jurisdição[46], há um alargamento da sua importância no processo, de modo que deve ele estar presente (deve ele ser lembrado) a todo tempo, estabelecendo uma relação mais continuada e próxima/menos abstrata entre os figurantes da lide, aqui se incluindo o juiz.

Por sua vez, o art. 11, *caput*, da Lei n. 13.105/2015, estipula que "todos os julgamentos dos órgãos do Poder Judiciário serão públicos, e fundamentadas todas as decisões sob pena de nulidade".

Da mesma forma que o estudo dispositivo anterior, temos um comando principiológico, com base constitucional muito forte (aqui no art. 93, IX, da CF/1988), e que não veio para representar "meras palavras ao vento", já que busca ser consolidado e esmiuçado ao longo do desenvolvimento do *codex*, aqui precisamente pela redação do art. 489, § 1º, da Lei n. 13.105/2015 – *que consideramos como o mais importante dispositivo do Novo CPC.*

Ali se encontra tipificado, de maneira exemplar, que não se considera fundamentada qualquer decisão judicial, seja ela interlocutória, sentença ou acórdão, que: I – se limitar à indicação, à reprodução ou à paráfrase de ato normativo, sem explicar sua relação com a causa ou a questão decidida; II – empregar conceitos jurídicos indeterminados, sem explicar o motivo concreto de sua incidência no caso; III – invocar motivos que se prestariam a justificar qualquer outra decisão; IV – não enfrentar todos os argumentos deduzidos no processo capazes de, em tese, infirmar a conclusão adotada pelo julgador; V – se limitar a invocar precedente ou enunciado de súmula, sem identificar seus fundamentos determinantes nem demonstrar que o caso sob julgamento se ajusta àqueles fundamentos; e VI – deixar de seguir enunciado de súmula, jurisprudência ou precedente invocado pela parte, sem demonstrar a existência de distinção no caso em julgamento ou a superação do entendimento.

A fundamentação é essencial, no nosso Estado Democrático de Direito[47], para legitimar a decisão final proferida, mas também as decisões interlocutórias (como explicitado pelo Novo CPC), razão pela qual a matéria pode ser tema de debate até nas instâncias extraordinárias[48], tendo em vista suposta violação do que dispõem os já nominados dispositivos legais e constitucionais[49].

Ao mesmo tempo que não se nega a importância do ativismo judicial no comando da marcha do processo, ressalta-se *a importância da motivação das decisões (tanto mais elevada quanto for a importância da medida a ser adotada pelo Estado-juiz), ao lado da presença constante do contraditório e da figura do duplo grau de jurisdição*[50]. São com esses (três) elementos essenciais, integrantes de um "sistema de legalidade",

---

(45) KNIJNIK, Danilo. *O recurso especial e a revisão da questão de fato pelo Superior Tribunal de Justiça*. Rio de Janeiro: Forense, 2005. p. 63/70.

(46) GRINOVER, Ada Pellegrini. As garantias constitucionais do processo. In: *Novas tendências do direito processual*. 2. ed. Rio de Janeiro: Forense Universitária, 1990.

(47) MACEDO, Elaine Harzheim; JUNG, Luã Nogueira. (Re)discutindo o livre convencimento judicial: os limites da decisão judicial no Estado Democrático de Direito. In: *Revista Brasileira de Direito Processual*, n. 91, p. 41/61, 2015.

(48) BAHIA, Alexandre Melo Franco. *Recursos extraordinários no STF e no STJ*. 2. ed. Curitiba: Juruá, 2016. p. 200 e ss.

(49) "A exigência da motivação das decisões jurisdicionais não tem consequências meramente processuais (endoprocessuais), invadindo a própria seara da política judiciária, inserindo-se como fator de legitimação do exercício do poder jurisdicional (eficácia extraprocessual)." DELLORE, Luiz; GAJARDONI, Fernando da Fonseca; ROQUE, André Vasconcelos; OLIVEIRA JÚNIOR, Zulmar Duarte. *Teoria geral do processo* – Comentários ao CPC de 2015, Parte Geral. São Paulo: Método, 2015, p. 68.

(50) BARBOSA MOREIRA, J. C. A motivação das decisões judiciais como garantia inerente ao estado de direito. In: *Temas de direito processual*. 2ª série. São Paulo: Saraiva, 1988. p. 83/95.

corporificador do *due process*, que se combate o arbítrio jurisdicional (desvios decorrentes da necessária conduta ativa do julgador), lavrando-se *decisum* final mais próximo da legitimidade exigida pela sociedade política[51].

A discussão quanto à *fundamentação completa* versus *fundamentação suficiente* é conhecida de há muito no ambiente forense, vindo a jurisprudência pátria, na vigência do código anterior, consolidando entendimento, por nós não acolhido, no sentido de que o julgador não está obrigado a desenvolver fundamentação plena, mas tão só suficiente para se posicionar a favor dos interesses de uma das partes litigantes[52].

Há, no entanto, firmes vozes, ao encontro do nosso raciocínio (e agora de acordo com o novel diploma adjetivo[53]), fixando que a eventual autorização concedida ao juiz para não se manifestar expressamente a respeito de todo o material coletado no feito, entendendo-se que bastaria "uma consideração global e sintética dos elementos conhecidos sobre os quais se funda o seu convencimento", nas palavras de Michele Taruffo, é regra que, por trás de uma aparente razoabilidade, esconde grave equívoco procedimental[54].

Egas Moniz de Aragão observa, criticamente, que é comum se dizer que, na fundamentação da sentença/acórdão, o magistrado não precisa examinar todas as questões do processo: isto está absolutamente equivocado; é inadmissível supor que o juiz possa escolher, para julgar, apenas algumas das questões que as partes lhe submeterem. Sejam preliminares, prejudiciais, processuais ou de mérito, o juiz tem de examiná-las todas. Se não fizer, a sentença estará incompleta[55].

Nesse sentido, ainda, Teresa Arruda Alvim Wambier sustenta, partindo-se da premissa da dificuldade do acesso às superiores instâncias ("fruto de mero juízo de constatação"), que há necessidade de uma "significação jurídica diferenciada para o dever de motivar"[56], especialmente em se tratando das instâncias ordinárias[57].

Assim sendo, estamos suficientemente embasados para defender na sua plenitude o disposto no art. 489, § 1º, da Lei n. 13.105/2015, em especial o contido nos incisos III e IV, já que é inadmissível que a parte litigante tenha julgado seu processo com fundamentos que se prestariam a justificar qualquer outra decisão envolvendo terceiros, bem como que o Estado-juiz ao proferir uma decisão no processo não enfrente todos os argumentos centrais trazidos pela parte capazes de desarticular a conclusão adotada pelo julgador.

Nesses exatos termos, já passamos a encontrar, em 2016, ajustada jurisprudência paradigmática:

> APELAÇÃO CÍVEL. ANULATÓRIA DE PARTILHA. SENTENÇA COM FUNDAMENTAÇÃO GENÉRICA E SEM ENFRENTAMENTO AO CASO CONCRETO. NULIDADE POR FALTA DE FUNDAMENTAÇÃO. NECESSIDADE DE OBSERVÂNCIA AO DISPOSTO NO ART. 489, § 1º, III E IV DO CPC/2015. Caso em que a sentença é de tal modo genérica que serviria para julgamento da maioria dos casos em que se pede anulação de acordo de partilha de bens, sob a alegação de vício de consentimento. Da leitura da sentença, não se verifica tenha o juízo enfrentado as alegações trazidas pela parte, que justificariam a anulação do acordo.

---

(51) A questão é bem desenvolvida pela especializada doutrina do processo: DINAMARCO, Cândido Rangel. *A instrumentalidade do processo*. 4. ed. São Paulo: RT, 1994. p. 200; ALVARO DE OLIVEIRA, Carlos Alberto. *Do formalismo no processo civil*. 2. ed. São Paulo: Saraiva, 2003. p. 151. Na teoria geral do direito, o ponto também é destacado, sendo pertinentes as colocações em: ENGISCH, Karl. *Introdução ao pensamento jurídico*. Tradução por J. Baptista Machado. 7. ed. Lisboa: FundaçãoCalousteGulbenkian, 1996. p. 254.

(52) Nesse sentido, dentre outros arestos, seguem-se dois: "O provimento dos embargos de declaração prequestionadores só poderão ser providos no caso de haver omissão, contradição ou obscuridade na decisão recorrida, o que não foi demonstrado do recurso proposto. Salienta-se que o magistrado tem o dever de fundamentar devidamente sua decisão, mas não tem a obrigação de analisar todos os argumentos apresentados pelas partes." (Embargos de Declaração n. 70016937179, Sexta Câmara Cível, Tribunal de Justiça do RS, Relator: Ney Wiedemann Neto, Julgado em 19.10.2006). "Inexiste obrigação do julgador em pronunciar-se sobre cada alegação trazida pelas partes, de forma pontual, bastando que apresente argumentos suficientes às razões de seu convencimento, pretensão de rediscussão da matéria, o que se mostra inviável pela via eleita, já que o recurso ora manejado, originariamente, possui natureza integrativa. Inteligência do art. 535 do CPC." (Embargos de Declaração n. 70022860035, Décima Câmara Cível, Tribunal de Justiça do RS, Relator: Paulo Roberto Lessa Franz, Julgado em 28.02.2008.)

(53) SERAU JR., Marco Aurélio; SCHUSTER, Diego Henrique. *Processo previdenciário*: o dever de fundamentação das decisões judiciais. São Paulo: LTr, 2016. p. 59 e ss.

(54) TARUFFO, Michele. *La motivazione della sentenza*. Padova: CEDAM, 1975. p. 445 e ss.

(55) ARAGÃO, E. D. Moniz. *Sentença e coisa julgada*. Rio de Janeiro: AIDE, 1992. p. 101/103.

(56) WAMBIER, Teresa Arruda Alvim. *Omissão judicial e embargos de declaração*. São Paulo: RT, 2005. p. 248.

(57) RUBIN, Fernando. A importância do segundo grau de jurisdição na revisão e na pacificação de questões fático-jurídicas relevantes. *Revista Dialética de Direito Processual*, v. 133, p. 36-41, 2014.

Hipótese em que se verifica nulidade na sentença, por falta de fundamentação, pois os fundamentos expostos se prestariam a justificar qualquer outra decisão (em ação anulatória de partilha), bem como por que não foram enfrentados todos os argumentos que, em tese, poderiam alterar a conclusão da sentença. Inteligência do art. 489, § 1º III e IV do CPC/2015.[58] (grifo nosso)

No caso do julgado sobredito, realizado pelo TJRS, foi determinada a cassação da sentença com retorno dos autos à origem, mas necessário salientar que prevê o *codex* que pode o Tribunal *ad quem* imediatamente já decidir o mérito da contenda, desde que o processo esteja em condições de imediato julgamento (art. 1013, § 3º, IV), ou seja, desde que não haja necessidade de produção de quaisquer outras provas (art. 355, I)[59].

Dada a relevância e a profundidade do dispositivo em comento, não temos dúvidas de que o mesmo deve ser aplicado a todos os procedimentos, cabendo sua aplicação nos ritos sumariíssimos dos Juizados Especiais, nas demandas cíveis coletivas e mesmo nos procedimentos trabalhistas[60].

Certo que esses campos específicos possuem suas regulamentações adjetivas próprias, mas o Novo CPC deve ser aplicado supletivamente a todos, sempre que o novel texto da Lei n. 13.105/2015 não se mostre colidente com as disposições especiais.

Deixando claro o nosso posicionamento, causou-nos espécie o Enunciado n. 47 da ENFAM (Escola Nacional de Formação e Aperfeiçoamento de Magistrados), ao justamente regulamentar que "o art. 489 do CPC/2015 não se aplica ao sistema de juizados especiais"[61].

Ora, com tantos pontos a serem ajustados diante da redação do novo diploma processual, realmente não entendemos como coerente ser minorada a dimensão do mais importante artigo do *codex*, ainda mais em área (*rito sumariíssimo*) em que vem sendo denunciada a baixa qualidade da fundamentação das decisões e, por consequência, a baixa qualidade da prestação jurisdicional[62].

Já tivemos a oportunidade, em recente ensaio específico[63], de tratar a respeito do polêmico tema. Manifestamo-nos no sentido de que embora a legislação regente dos Juizados Especiais não seja exatamente ruim, a aplicação prática das disposições de estilo e, principalmente, a desconsideração de princípios processuais constitucionais vêm acarretando uma crescente crise de legitimidade das demandas que tramitam nesse ambiente. Assim colocamos porque é recorrente a constatação de não observância suficiente do devido processo legal, sendo deixado, em especial, de se estabelecer o contraditório constante entre as partes e

---

(58) DESCONSTITUÍRAM A SENTENÇA. PREJUDICADO O RECURSO DE APELAÇÃO (Apelação Cível n. 70070909247, Oitava Câmara Cível, Tribunal de Justiça do RS, Relator: Rui Portanova, Julgado em 15.12.2016).

(59) IMHOF, Cristiano. *Novo código de processo civil comentado*. 2. ed. São Paulo: Booklaw, 2016. p. 1478.

(60) *O TST editou a Resolução n. 203, de 15 de março de 2016*, confirmando aplicação do Novo CPC em inúmeras ocasiões no processo trabalhista, com destaque para o dispositivo que regula a completa fundamentação das decisões judiciais. A Comissão, em linhas gerais, reputou inafastável a aplicação subsidiária ao processo do trabalho da nova exigência legal de fundamentação das decisões judiciais (CPC, art. 489, § 1º). Cuidou, contudo, de algumas regras elucidativas e atenuadoras, sobretudo de modo a prevenir controvérsia sobre o alcance dos incisos que tratam das regras sobre precedentes, o que certamente será objeto de oportuno exame crítico da especializada doutrina juslaboral. Disponível em: <http://www.tst.jus.br/documents/10157/429ac88e-9b78-41e5-ae28-2a5f8a27f1fe>. Acesso em: 18 mar. 2016. Aliás, dentre as mais recentes e elucidativas publicações a respeito, consultar: ROSSAL, Francisco. *O Novo CPC e o processo do trabalho*: A Instrução Normativa n. 39/2016 – TST, referências legais, jurisprudenciais e comentários. São Paulo: LTr, 2017.

(61) A Escola Nacional de Formação e Aperfeiçoamento de Magistrados (Enfam) divulgou 62 enunciados que servirão para orientar a magistratura nacional na aplicação do novo Código de Processo Civil. Os textos foram aprovados por cerca de 500 magistrados durante o seminário "O Poder Judiciário e o novo CPC", entre os dias 26 e 28 de agosto de 2015. Teor dos enunciados no sítio *Conjur*: <http://www.conjur.com.br/2015-set-02/enfam-divulga-62-enunciados-aplicacao-cpc>. Acesso em: 17 jan. 2016. Em sentido inverso, pela aplicação ampla do art. 489, § 1º, do Novo CPC, ao sistema dos juizados, temos o *Enunciado 309 do Fórum Permanente de Processualistas Civis (FPPC)*:"O disposto no § 1º do art. 489 do CPC é aplicável no âmbito dos Juizados Especiais. (Grupo: Impactos do CPC nos Juizados e nos procedimentos especiais de legislação extravagante)."

(62) "(...) A conclusão a que se alcança não poderia ser outra senão a de que a fundamentação das decisões judiciais consiste em um dever constitucional inderrogável, intimamente ligado com o direito de acesso à justiça e, por esta razão, evidentemente, não pode ser negligenciado no âmbito dos juizados especiais (...). Seguindo a mesma linha de raciocínio, torna-se inviável manter-se a sentença 'por seus próprios fundamentos' quando a decisão impugnada não está suficientemente fundamentada. Se a decisão recorrida revela vício de fundamentação, não pode o colegiado revisor mantê-la por referência a seus fundamentos, pois eles, na realidade, não existem; nessa hipótese, ainda que não expressamente suscitada pela parte em recurso, a nulidade da sentença deve ser reconhecida de ofício por deixar de observar o dever constitucional de motivação." (SAVARIS, José Antônio; XAVIER, Flávia da Silva. *Manual dos recursos nos juizados especiais federais*. 5. ed. Curitiba: Alteridade, 2015. p. 150/151.)

(63) RUBIN, Fernando. Necessárias questões atuais em processo previdenciário. *Revista Dialética de Direito Processual*, v. 140, p. 45-51, 2014.

dessas com o Estado-juiz antes que o conflito seja levado à decisão final de mérito. Repisamos que, mesmo um processo simplificado – em que há menor liberdade de produção de provas e recursos, e que admite decisões mais concisas, inclusive as proferidas em sede de cognição exauriente –, não pode se transformar em lide onde não são observados relevantes ditames constitucionais no âmbito do direito adjetivo.

Também Daniel Amorim Assumpção Neves, ao comentar a matéria, aponta que o problema é afastar a aplicação dos parágrafos do art. 489 à sentença e a qualquer outra decisão importante nos Juizados Especiais: "não vejo tal postura como elogiável, até porque o art. 489, § 1º, do Novo CPC objetiva dispor sobre o que significa fundamentar decisão, também passando a regular a menção aos elementos de convicção do juiz nos Juizados Especiais; afinal, mencionar os elementos de convencimento é fundamentar, e fundamentar é respeitar o art. 489, § 1º, do Novo CPC."[64]

Ratificamos, assim, a ampla dimensão que deve se dar ao disposto no art. 489 c/c art. 11 da Lei n. 13.105/2015, sendo direito do jurisdicionado exigir do Estado-juiz decisões completas, que devolvam legitimidade ao cidadão que clama avidamente por suficiente prestação jurisdicional. Tal relevante comando se aplica a todos os graus de jurisdição, em matéria de fato, mas também em matéria de direito, ao passo que há expressa previsão de que os centrais argumentos das partes devem ser enfrentados pelo magistrado – capazes de infirmar a conclusão adotada pelo julgador, como também que a invocação do precedente deve ser feita de maneira adequada –, identificando-se os fundamentos determinantes que unem o paradigma e o caso concreto[65].

Mesmo assim, encerramos este ensaio alertando que, dentro das instâncias ordinárias, deve restar menos melindroso para o juiz de primeiro grau, o cumprimento integral dos comandos estudados, ao passo que os Tribunais, em tese, poderão enfrentar um número elevado de pontos de irresignação a merecer enfrentamento detalhado, inclusive os vinculados a preliminares recursais – que podem vir às dezenas, em razão da não preclusividade das decisões interlocutórias de menor monta (não mais sujeitas ao agravo retido, excluído da sistemática recusal do *codex*), fenômeno que (sem ainda a figura do protesto antipreclusivo) acaba por não estabelecer limites confiáveis ao efeito devolutivo do apelo (art. 1.009, § 1º, do Novo CPC)[66].

4. CONCLUSÃO

O novel diploma processual, sem dúvidas, oferece maiores e melhores mecanismos aos operadores do direito para a efetiva e segura tutela de direitos, razão pela qual, grosso modo, devemos, nesse momento ainda inicial de tramitação da Lei n. 13.105/2015, enaltecer os seus comandos estruturais formadores do procedimento comum.

O *codex* apresenta-se como robusto instrumento para melhor reconhecimento e construção de direitos. No âmbito do *formalismo-valorativo* e de acordo com o objetivo de se atingir *processo justo*, encontramos ambiente cultural contemporâneo que encaminha para ser enxergado o processo sob um ângulo externo, privilegiando a preocupação com a tutela constitucional de direitos das partes em que se sobreleva a relevância da *segurança jurídica*, como macroprincípio processual voltado à qualificada prestação jurisdicional – o que determina claramente que apegos demasiados ao rigor da forma e do rito (os *formalismos perniciosos*) sejam colocados em segundo plano (de maneira cuidadosa e sempre controlada pelo Estado-juiz), em favorecimento da matéria e do *pronunciamento de mérito, realizado de forma completa, ampla, que valorize o contraditório prévio estabelecido de forma leal e aprofundada pelas partes, sob pena de reforma do* decisum *em segundo grau de jurisdição*.

Por certo, nesse período incipiente de tramitação do *codex*, os avanços vêm sendo lentos e deve se seguir atenta vigilância e cobrança, para que grandes novidades trazidas pelo contemporâneo sistema adjetivo pátrio não virem letra morta. Nesse sentir, ainda, o maior desafio parece ser concretizar o detalhado texto do art. 489, a fim de que seja reconhecida como nulas decisões, interlocutória ou final, sem a devida fundamentação – o que exige criteriosa e enérgica tomada de posição pelos Tribunais, a fim de determinar a reforma de movimento arbitrário eventualmente tomado pelo juízo *a quo*.

---

(64) NEVES, Daniel Amorim Assumpção. *Novo CPC comentado* – artigo por artigo. Salvador: JusPodivm, 2016. p. 813.

(65) Realmente salientamos aqui a importância do *art. 489, § 1º, V*, ao dispor conjuntamente de dois dos grandes pilares do novel ordenamento: a fundamentação das decisões e o respeito aos precedentes obrigatórios (MARINONI, Luiz Guilherme. *Precedentes obrigatórios*. 3. ed. São Paulo: RT, 2013).

(66) USTÁRROZ, Daniel; PORTO, Sérgio Gilberto. *Manual dos recursos cíveis* – de acordo com o anteprojeto do Novo CPC. 4. ed. Porto Alegre: Livraria do Advogado, 2013. p. 182.

Entendemos ainda que as inovadores disposições do Novo CPC devem ser amplamente acolhidas no sistema dos juizados especiais, nas demandas cíveis coletivas e no sistema processual trabalhista – notadamente o núcleo duro que envolve a aplicação da *teoria geral do processo e os seus direitos fundamentais constitucionais*, contida na parte principiológica do *codex*, como a exigência do contraditório prévio, mesmo em matérias examináveis *ex officio*, e os pilares da fundamentação ampla das decisões judiciais, mesmo interlocutórias.

5. REFERÊNCIAS BIBLIOGRÁFICAS

ALVARO DE OLIVEIRA, Carlos Alberto. A garantia do contraditório. In: *Garantias Constitucionais do processo civil*. José Rogério Cruz e Tucci (Coord.). São Paulo: RT, 1999.

ALVARO DE OLIVEIRA, Carlos Alberto. *Do formalismo no processo civil*. 2. ed. São Paulo: Saraiva, 2003.

_____. O formalismo-valorativo no confronto com o formalismo excessivo. In: *Revista de Processo*, n. 137, p. 7/31, 2006.

_____. Os direitos fundamentais à efetividade e à segurança em perspectiva dinâmica. In: *AJURIS*, n. 35, p. 57/71, 2008.

_____. O processo civil na perspectiva dos direitos fundamentais. In: *Revista da Faculdade de Direito da UFRGS*, v. 22, p. 31-42, 2002.

ANDRADE, Fábio Siebeneichlerde. O modelo do Código Civil brasileiro de 2002 sob a perspectiva das funções atuais da codificação. In: *Direitos Fundamentais e Justiça*, n. 1, p. 155 e ss, out./dez. 2007.

ARAGÃO, E. D. Moniz. *Sentença e coisa julgada*. Rio de Janeiro: AIDE, 1992.

BAHIA, Alexandre Melo Franco. *Recursos extraordinários no STF e no STJ*. 2. ed. Curitiba: Juruá, 2016.

BARBOSA MOREIRA, J. C. A motivação das decisões judiciais como garantia inerente ao estado de direito. In: *Temas de direito processual*. 2ª série. São Paulo: Saraiva, 1988. p. 83/95.

BUZAID, Alfredo. Linhas fundamentais do sistema do Código de Processo Civil brasileiro. In: *Estudos e pareceres de direito processual civil*. Notas de Ada Pellegrini Grinover e Flávio Luiz Yarshell. São Paulo: RT, 2002.

CAMBI, Eduardo. *A prova civil*: admissibilidade e relevância. São Paulo: RT, 2006.

CAPPELLETTI, Mauro; GARTH, Bryant. Tradução Ellen Gracie. *Acesso à Justiça*. Porto Alegre: Sérgio Antonio Fabris, 1988.

CHIARLONI, Sergio. Giusto Processo. *Revista de processo*, v. 219, p. 119-152, maio 2013.

COMOGLIO, Luigi Paolo. *Etica e tecnica del giusto processo*. Torino: G. Giappichelli Editore, 2004.

COMOGLIO, Luigi Paolo. Preclusioni istruttorie e diritto alla prova. In: *Rivistadi Diritto Processuale*, n. 53, p. 968/995, 1998.

DELLORE, Luiz; GAJARDONI, Fernando da Fonseca; ROQUE, André Vasconcelos; OLIVEIRA JÚNIOR, Zulmar Duarte. *Processo de conhecimento e cumprimento de sentença* – Comentários ao CPC de 2015. São Paulo: Método, 2016.

DELLORE, Luiz; GAJARDONI, Fernando da Fonseca; ROQUE, André Vasconcelos; OLIVEIRA JÚNIOR, Zulmar Duarte. *Teoria geral do processo* – Comentários ao CPC de 2015, Parte Geral. São Paulo: Método, 2015.

DINAMARCO, Cândido Rangel. *A instrumentalidade do processo*. 4. ed. São Paulo: RT, 1994.

DONIZETTI, Elpídio. *Novo Código de Processo Civil comentado*. São Paulo: Atlas, 2015.

ENGISCH, Karl. *Introdução ao pensamento jurídico*. Tradução J. Baptista Machado. 7. ed. Lisboa: Fundação Calouste Gulbenkian, 1996.

FAZZALARI, Elio. Procedimento e processo (teoria generale). In: *Enciclopedia del diritto*, n. 35, p. 819/835, 1986.

GAIO JR., Antônio Pereira. *Tutela específica das obrigações de fazer* – de acordo com o Novo CPC. 5. ed. Curitiba: Juruá, 2015.

GAIO JR., Antônio Pereira; MELLO, Cleyson de Moraes. *Novo CPC comentado*. Belo Horizonte: DelRey, 2016.

GRASSO, Eduardo. La collaborazion en el processo civile. In: *Rivista di Diritto Processuale*, v. 21, p. 580-609, 1966.

GRINOVER, Ada Pellegrini. As garantias constitucionais do processo. In: *Novas tendências do direito processual*. 2. ed. Rio de Janeiro: Forense Universitária, 1990.

GRINOVER, Ada Pellegrini. O princípio da ampla defesa. In: *Revista Proc. Geral Est. São Paulo* (19): 9/20.

IMHOF, Cristiano. *Novo Código de Processo Civil comentado*. 2. ed. São Paulo: Booklaw, 2016.

KNIJNIK, Danilo. *O recurso especial e a revisão da questão de fato pelo Superior Tribunal de Justiça*. Rio de Janeiro: Forense, 2005.

LEMOS, Vinícius Silva. *Recursos e processos nos tribunais no Novo CPC*. São Paulo: Lexia, 2015.

LIEBMAN, Enrico Tullio. *Estudos sobre o processo civil brasileiro*. São Paulo: José Bushatsky, 1976.

LUHMANN, Nicklas. *Legitimação pelo procedimento*. Tradução Maria da Conceição Corte Real. Editora Universidade de Brasília, 1980.

MACEDO, Elaine Harzheim; JUNG, Luã Nogueira. (Re)discutindo o livre convencimento judicial: os limites da decisão judicial no Estado Democrático de Direito. In: *Revista Brasileira de Direito Processual*, n. 91, p. 41/61, 2015.

MARINONI, Luiz Guilherme. *Precedentes obrigatórios*. 3. ed. São Paulo: RT, 2013.

MARINONI, Luiz Guilherme; ARENHART, Sérgio Cruz; MITIDIERO, Daniel. *Novo curso de processo civil*. São Paulo: RT, 2015. v. 1 – Teoria do processo civil.

NEVES, Daniel Amorim Assumpção. *Novo CPC comentado* – artigo por artigo. Salvador: JusPodivm, 2016.

NUNES, Dierle; CRUZ, Clenderson Rodrigues da; DRUMMOND, Lucas Dias Costa. A regra interpretativa da primazia do mérito e o formalismo processual democrático. In: *Coleção Novo CPC* – Doutrina selecionada. 2. ed. Salvador: JusPodivm, 2016. v. 1, p. 139/178.

OLIVEIRA JÚNIOR, Zulmar Duarte de; DUARTE, Bento Herculano. *Princípios do processo civil* – noções fundamentais. São Paulo: Método, 2012.

PEIXOTO, Ravi; MACEDO, Lucas Buril de. Ônus da prova e sua dinamização. 2. ed. Salvador: JusPodivm, 2016.

PICARDI, Nicola. *Audiatur et altera pars*: Le matrici storico-culturali del contraddittorio. In: *Rivista Trimestrale Di Diritto e Procedura Civile*, v. 57, p. 7-22, 2003.

PORTO, Sérgio Gilberto. *Cadadania processual* – processo constitucional e o novo processo civil. Porto Alegre: Livraria do Advogado, 2016.

RALWS, John. *Uma teoria da justiça*. Tradução Almiro Pisetta e Lenita Maria Rímoli Esteves. São Paulo: Martins Fontes, 2002.

REICHELT, Luis Alberto. A exigência de publicidade dos atos processuais na perspectiva do direito ao processo justo. In: *Revista de Processo*, n. 234, p. 77/97, 2014.

REICHELT, Luis Alberto. *A prova no direito processual civil*. Porto Alegre: Livraria do Advogado, 2009.

REICHELT, Luis Alberto. O direito ao processo justo e suas manifestações no projeto de Novo Código de Processo Civil: primeiras considerações. *Revista da Faculdade de Direito Uniritter*, v. 16, p. 75-88, 2015.

REICHELT, Luis Alberto. O direito fundamental das partes à imparcialidade do juiz no direito processual civil. In: *Revista de Processo*, n. 227, p. 105/122, 2014.

ROSSAL, Francisco. *O Novo CPC e o processo do trabalho*: A Instrução Normativa n. 39/2016 – TST, referências legais, jurisprudenciais e comentários. São Paulo: LTr, 2017.

RUBIN, Fernando. A importância do segundo grau de jurisdição na revisão e na pacificação de questões fático-jurídicas relevantes. *Revista Dialética de Direito Processual*, v. 133, p. 36-41, 2014.

RUBIN, Fernando. Necessárias questões atuais em processo previdenciário. *Revista Dialética de Direito Processual*, v. 140, p. 45-51, 2014.

RUBIN, Fernando. O cabimento dos embargos de declaração para a concretização de uma prestação jurisdicional efetiva. *Revista de Processo*, v. 230, p. 175-193, 2014.

RUBIN, Fernando. *O Novo Código de Processo Civil* – Da construção de um novo modelo processual às principais linhas estruturantes da Lei n. 13.105/2015. Atualizado de acordo com as alterações da Lei n. 13.256/2016. 2. ed. São Paulo: LTr, 2017.

RUBIN, Fernando. *O contraditório na visão cooperativa do processo* in Revista Dialética de Processo Civil, n. 94, p. 28/44, 2011.

RUBIN, Fernando. *Os ritos processuais sumaríssimos no Brasil*. Unisul de Fato e de Direito, v. 10, p. 257-267, 2015.

SARLET, Ingo Wolfgang; MARINONI, Luiz Guilherme; MITIDIERO, Daniel. *Curso de direito constitucional*. São Paulo: RT, 2013.

SAVARIS, José Antonio; XAVIER, Flávia da Silva. *Manual dos recursos nos juizados especiais federais*. 5. ed. Curitiba: Alteridade, 2015.

SCHAFER, Gilberto. *Súmulas vinculantes* – análise crítica da experiência do Supremo Tribunal Federal. Porto Alegre: Livraria do Advogado, 2012.

SCHIMA, Hans. Compiti e limitidi uma teoria generale dei procedimenti. Tradução Tito Carnacini. In: *Rivista trimestral e di diritto e procedura civile*, n. 7, p. 757/772, 1953.

SCHIMITZ, Leonard Ziesemer. A teoria geral do processo e a parte geral do novo código de processo civil. In: *Coleção Novo CPC* – Doutrina selecionada. 2. ed. Salvador: JusPodivm, 2016. v. 1, p. 107/138.

SERAU JR., Marco Aurélio; SCHUSTER, Diego Henrique. *Processo previdenciário*: o dever de fundamentação das decisões judiciais. São Paulo: LTr, 2016.

TARUFFO, Michele. *La motivazione del la sentenza*. Padova: CEDAM, 1975.

TARUFFO, Michele. *Processo civil comparado*: ensaios. Tradução Daniel Mitidiero. São Paulo: Marcial Pons, 2013.

TESHEINER, José Maria Rosa; THAMAY, Rennan Faria Kruger. Condições da ação no Novo CPC. In: *Revista Magister de Direito Civil e Processo Civil*, n. 68, p. 5/21, 2015.

THEODORO JÚNIOR, Humberto. *Curso de direito processual civil* – de acordo com o Novo CPC. 56. ed. Rio de Janeiro: Forense, 2015. v. 1, p. 30.

TORRES, Artur. *A tutela dos direitos individuais* – Considerações acerca do Projeto de Novo Código de Processo Civil. Porto Alegre: Arana, 2013.

USTÁRROZ, Daniel; PORTO, Sérgio Gilberto. *Manual dos recursos cíveis* – de acordo com o anteprojeto do Novo CPC. 4. ed. Porto Alegre: Livraria do Advogado, 2013.

WAMBIER, Teresa Arruda Alvim. *Omissão judicial e embargos de declaração*. São Paulo: RT, 2005.

WATANABE, Kazuo. *Da cognição no processo civil*. 2. ed. Campinas: Bookseller, 2000.

ZANETI JÚNIOR, Hermes. *A constitucionalização do processo*. 2. ed. São Paulo: Atlas, 2014.

O Assistente Técnico e o CPC/2015

João Baptista Opitz Neto[1]

1. INTRODUÇÃO

Desde março de 2016, está em vigor o Novo Código de Processo Civil (CPC/2015), que, dentre várias mudanças, criticadas por alguns e elogiadas por outros, apresentou modificações na produção da prova pericial.

Este tema é tratado no CPC/2015 entre os arts. 464 e 480, que, entre outras novidades, notadamente valoriza o trabalho do Assistente Técnico das partes.

Não é incomum a quem milita nesta seara já ter escutado o seguinte comentário: "ninguém lê o parecer do Assistente Técnico" ou "o juiz fundamenta a decisão exclusivamente no Laudo Pericial do perito de juizo".

Apesar de discordarmos desta impressão, uma vez que o Parecer Técnico do Assistente Técnico sempre teve o seu valor e constitui importante ferramenta para questionamento do Laudo Pericial do Perito do Juízo, o CPC/2015 veio consagrar a importância deste documento, propiciando e garantindo o contraditório.

Neste artigo, demonstraremos o grande avanço na valorização do trabalho do Assistente Técnico das partes, além das exigências legais na aceitação da prova pericial.

2. PROVA PERICIAL

Para que o Juízo forme sua convicção sobre a matéria em litígio, é necessário que as partes comprovem as suas alegações.

São submetidos à apreciação do Judiciário os mais variados fatos, versando sobre diferentes assuntos, sendo impossível que o magistrado detenha conhecimento específico sobre todos eles.

Por este fato, nosso ordenamento jurídico permite ao Juízo apoiar suas decisões no conhecimento de outros profissionais, especialistas na matéria específica em discussão na lide.

Nasce, assim, a prova pericial, que consiste na análise técnico-científica dos fatos controversos necessários ao julgamento da causa.

A prova pericial é um dos meios de prova admitidos por nosso ordenamento jurídico, não havendo hierarquia entre eles.

Prova constitui, portanto, o instrumento pelo qual se forma a convicção do juiz a respeito da ocorrência ou inocorrência dos fatos controvertidos no processo[2].

O vocábulo prova é originário do latim *proba*, de *probare*, no sentido de demonstrar a veracidade e realidade de um fato. Cumpre ressaltar que a palavra prova tem determinado significado no Direito Processual, mas pode assumir diferentes definições em outros ramos da ciência jurídica. Pode conceituar os instrumentos de que se serve o magistrado para o conhecimento dos fatos submetidos à sua análise, quando se pode falar em prova documental, prova pericial, etc. Também pode representar o procedimento por meio do qual tais instrumentos de cognição se formam e são recepcionados pelo juízo – esse é o espaço em que se alude à produção de prova[3].

O perito judicial, também denominado *Expert*, é um profissional legalmente habilitado dotado de profundo conhecimento da matéria em que atua, sendo especialista em determinado ramo do conhecimento humano. Ao ser nomeado pelo juiz, coloca a serviço da Justiça seus conhecimentos profissionais e técnicos.

---

(1) Mestre em Bioética – UMSA/AR. Especialista em Medicina do Trabalho, Medicina Legal e Perícia Médica. Palestrante e Professor nas áreas de Medicina do Trabalho, Perícia Médica e Meio Ambiente do Trabalho. Diretor do Instituto Paulista de Higiene, Medicina Forense e do Trabalho.
(2) CINTRA, A. C. A.; GRINOVER, A. P.; DINAMARCO, C. R. *Teoria Geral do Processo*. 30. ed. Malheiros Editores, 2014. 402p.
(3) PISANI, A. P.; DIRITTO, L. *Processuale Civile*. Napoli: Jovene, 1994.

Em razão do dever de solucionar a lide, o juiz utilizará as provas para formar seu convencimento, declarando o direito com a verdade encontrada, uma vez que as partes não podem restar à mercê do tempo, nem mesmo o Judiciário pode omitir-se de decidir e solucionar o conflito[4].

Quando a prova se refere a tema tecnicamente específico que requer conhecimento especializado, a legislação tratou de permitir o apoio das decisões judiciais baseadas em conclusões dos profissionais da área em questão.

Embora, não vincule o Juiz, haja vista o respeito ao livre convencimento do Magistrado, o exame pericial pauta-se em normas técnicas, científicas e jurídicas, o que as fazem servir de auxílio à Justiça, esclarecendo os fatos obscuros para o julgador. Não se pode ignorar as regras éticas que albergam a especialidade profissional do perito. O perito deve observar as normas de sua especialidade e as éticas periciais também. Isto porque são estas normas técnicas, éticas e jurídicas que norteiam o trabalho do perito, posto que visam, sobretudo, o resguardo do interesse do particular, como também a administração da justiça[5].

Eis aí a grande valia da perícia para a Justiça, que satisfaz o interesse da justiça e se vislumbra o contraditório.

3. O ASSISTENTE TÉCNICO E A PROVA PERICIAL

Há muito se discute qual seria o papel do Assistente Técnico na produção da prova pericial, sendo, inclusive, questionado por alguns qual a sua importância e pertinência.

Quando nos deparamos com estes questionamentos, sempre devemos fazer a seguinte indagação: o Laudo Pericial do Perito Judicial é absoluto? Seria este profissional infalível?

Como estas premissas não são verdadeiras, resta claro a importância do trabalho do Assistente Técnico das partes.

É confiado ao Assistente Técnico, pela parte envolvida no litígio, a participação na produção da prova pericial.

Prova esta que possui grande relevância por ser, teoricamente, calcada em critérios técnicos e científicos.

Digo "teoricamente" em razão de ainda hoje, infelizmente, ainda nos depararmos com Laudos Periciais sem fundamentação técnica. São a minoria, mas ainda existem.

De qualquer forma, por adotar critérios técnico-científicos, tal prova possui grande importância no esclarecimento da matéria controversa, o que traz ao Perito Judicial grande responsabilidade.

Esta responsabilidade decorre do fato de sua conclusão poder influenciar diretamente no convencimento do magistrado, que, diante dos princípios que norteiam a produção da prova pericial, lhe atribuí importância e veracidade científica.

Apesar de o magistrado não estar adstrito ao Laudo Pericial, podendo inclusive afastar sua conclusão[6], sabemos a relevância atribuída à prova pericial.

Os operadores do Direito justamente recorrem a especialistas, peritos judiciais, por não possuírem conhecimento técnico específico sobre a matéria controversa posta sob análise da perícia técnica. Como então poderiam exercer o contraditório plenamente sobre matéria que lhe é desconhecida?

Caso exista alguma nulidade processual ou equívoco grosseiro do Perito Judicial, certamente, os operadores do Direito facilmente identificarão os mesmos no Laudo Pericial, mas e a questão da análise técnica realizada ou a metodologia empregada? Será que o operador do Direito possui conhecimento técnico sobre a matéria para exercer plenamente o contraditório?

A resposta nos parece óbvia.

Neste sentido, entender que esta prova pode ser produzida sem que outros pontos de vista técnicos sejam apresentados, sem que o perito judicial seja confrontado com entendimento de outro profissional que também possua o conhecimento técnico específico do objeto de análise, não havendo qualquer fiscalização efetiva de seu trabalho, nos remeteria a total cerceamento de defesa das partes.

Como muito bem destacou o Prof. Alan da Costa Macedo em sua obra[7], não podemos considerar a conclusão pericial como absoluta:

> *Dar credibilidade à conclusão pericial é uma coisa, mas torná-la absoluta de forma a nem mesmo pon-*

---

(4) HOLTHAUSEN, F. Z. *Prova judicial*: conceito, origem, objeto, finalidade e destinatário. Âmbito Jurídico. Disponível em: <http://www.ambito-juridico.com.br/site/index.php?n_link=revista_artigos_leitura&artigo_id=5043>. 2008. Acesso em: 01 dez. 2015.

(5) FRANÇA, G. V. *Medicina Legal*. 8. ed. Rio de Janeiro: Guanabara Koogan, 2008.

(6) Art. 479. O juiz apreciará a prova pericial de acordo com o disposto no art. 371, indicando na sentença os motivos que o levaram a considerar ou a deixar de considerar as conclusões do laudo, levando em conta o método utilizado pelo perito. Lei n. 13.105, de 16 de março de 2015.

(7) MACEDO A.C. *Benefícios Previdenciários por Incapacidade e Perícias Médicas – Teoria e Prática*. 1. ed. Paraná: Juruá, 2017.

derar os questionamentos feitos pelos envolvidos no processo que é um atentado ao devido processo legal.

O Assistente Técnico exerce um papel central no exercício do contraditório na produção da prova pericial, já que também possui conhecimento técnico sobre o objeto da pericia.

Este conhecimento lhe permite auxiliar a parte que lhe contratou a interpretar o Laudo Pericial e identificar no mesmo possíveis falhas ou equívocos, contrapondo diferentes entendimentos ou interpretações sobre o fato controverso.

Vamos usar como exemplo a prova pericial na área médica, ciência biológica que possui peculiaridades importantes.

Quando tratamos de perícia médica, devemos ter em mente que a medicina não é uma ciência exata.

A divergência de ideias e conceitos propicia um maior debate sobre os fatos controversos, implicando num aprofundamento da análise técnica.

Se existem diversos entendimentos na área médica sobre um fato específico, podendo não haver unanimidade científica, não é importante que todo este conhecimento seja trazido à tona?

O contraditório não ganha importância neste sentido?

Sem Assistente Técnico, será que haveria discussão neste sentido ou prevaleceria apenas o entendimento trazido pelo Perito Judicial?

São questionamentos que demonstram a importância da atuação do Assistente Técnico.

Ao contrário do que muitos pensam, o Assistente Técnico não é um auxiliar do Perito Judicial, muito menos tem seu trabalho subordinado ao mesmo, sendo-lhe garantidas as mesmas prerrogativas do Perito Judicial, incluindo a utilização de todos os meios lícitos existentes e aceitos para o esclarecimento da matéria controversa.

O Assistente Técnico acaba por ter diversas funções, a saber:

1. fiscaliza a atuação do Perito Judicial, garantindo que a prova pericial tenha sido produzida com critérios técnicos e científicos;
2. traz à luz outros aspectos que podem ter sido esquecidos ou ignorados pelo Perito Judicial;
3. chama a atenção a fatos relevantes ao esclarecimento da matéria controversa;
4. auxilia a parte na interpretação do Laudo Pericial;
5. demonstra ao Perito Judicial quais são as teses da parte e os pontos que merecem ser esclarecidos.

Inegável o relevante papel do Assistente Técnico na produção da prova pericial, garantindo o exercício da ampla defesa e do contraditório pelas partes.

4. O ASSISTENTE TÉCNICO E O CPC/2015

Diante dos fatos já expostos, o CPC/2015 consolidou a importância do Assistente Técnico e consagrou o exercício do contraditório em matéria pericial.

Apesar da doutrina há anos disciplinar a necessidade de os Peritos Judiciais consignarem em seus Laudos Periciais como alcançaram suas conclusões, fundamentando-as tecnicamente, não havia no CPC/1973 explicitamente esta exigência, sendo o conteúdo do Laudo Pericial terra de ninguém.

Cada Perito Judicial fazia de uma forma, inclusive alguns achando que no Laudo Pericial era suficiente apenas responder quesitos.

Acertadamente, o legislador ao tratar da prova pericial no CPC/2015 determinou expressamente o conteúdo mínimo de um Laudo Pericial, avanço significativo à produção da prova pericial[8].

---

(8) Art. 473. O laudo pericial deverá conter:
I – a exposição do objeto da perícia;
II – a análise técnica ou científica realizada pelo perito;
III – a indicação do método utilizado, esclarecendo-o e demonstrando ser predominantemente aceito pelos especialistas da área do conhecimento da qual se originou;
IV – resposta conclusiva a todos os quesitos apresentados pelo juiz, pelas partes e pelo órgão do Ministério Público.
§ 1º No laudo, o perito deve apresentar sua fundamentação em linguagem simples e com coerência lógica, indicando como alcançou suas conclusões.
§ 2º É vedado ao perito ultrapassar os limites de sua designação, bem como emitir opiniões pessoais que excedam o exame técnico ou científico do objeto da perícia.
§ 3º Para o desempenho de sua função, o perito e os assistentes técnicos podem valer-se de todos os meios necessários, ouvindo testemunhas, obtendo informações, solicitando documentos que estejam em poder da parte, de terceiros ou em repartições públicas, bem como instruir o laudo com planilhas, mapas, plantas, desenhos, fotografias ou outros elementos necessários ao esclarecimento do objeto da perícia.

Mas o legislador não se limitou a isto, avançando também em relação ao valor atribuído ao Parecer Técnico do Assistente Técnico, que passou a ser instrumento importante de exercício do contraditório.

Consta no art. 477 do CPC/2015[9]:

> Art. 477. O perito protocolará o laudo em juízo, no prazo fixado pelo juiz, pelo menos 20 (vinte) dias antes da audiência de instrução e julgamento.
>
> § 1º As partes serão intimadas para, querendo, manifestar-se sobre o laudo do perito do juízo no prazo comum de 15 (quinze) dias, podendo o assistente técnico de cada uma das partes, em igual prazo, apresentar seu respectivo parecer.
>
> § 2º O perito do juízo tem o dever de, no prazo de 15 (quinze) dias, esclarecer ponto:
>
> I – sobre o qual exista divergência ou dúvida de qualquer das partes, do juiz ou do órgão do Ministério Público;
>
> II – divergente apresentado no parecer do assistente técnico da parte.
>
> (...)

Como se denota da redação do inciso II, § 2º, do art. 477, do CPC/2015, o perito terá que esclarecer ponto divergente apresentado no Parecer Técnico do Assistente Técnico da parte.

Fica evidente a importância que o CPC/2015 atribui ao Parecer Técnico do Assistente Técnico da parte, uma vez que o perito terá que enfrentar as divergências apresentadas por este.

Trata-se de um efetivo avanço na produção da prova técnica, uma vez que estas divergências e necessidade de esclarecimentos farão com que pontos de vista diferentes sejam apresentados no processo, podendo o magistrado valorar as provas e formar sua convicção.

Além disto, este confronto de ideias fará com que a matéria técnica seja mais discutida e seus conceitos aprofundados, não se limitando a análises superficiais ou pouco fundamentadas.

Tudo isto terá um efeito positivo nas provas periciais, que certamente passaram por um processo de melhora de sua qualidade técnica.

A necessidade de esclarecimentos fará com que o Perito Judicial tenha que se qualificar cada vez mais, pois não será suficiente apenas concluir o seu Laudo Pericial, tendo que ler e entender também o que o Assistente Técnico consignou sobre o caso.

Caso o Perito Judicial não possua conhecimento técnico suficiente sobre a matéria, não terá condições de discutir tecnicamente com o Assistente Técnico, tornando ainda mais evidente essa sua condição.

Neste sentido, haverá ganhos importantes no esclarecimento da matéria técnica, consagrando-se o contraditório.

O entendimento técnico sobre um fato concreto pode mudar dependendo de novos elementos trazidos aos Autos, sejam fáticos ou até mesmo técnicos, possibilitando as partes participarem ativamente da produção da prova técnica.

Ninguém é soberano ou onisciente que não possa estar equivocado em sua interpretação e análise.

Sempre se faz necessária a análise de um determinado fato sob outra perspectiva.

Este confronto de ideias é fundamental e inerente à prova técnica, que deve buscar sempre a verdade ou o mais próximo dela.

Outro efeito benéfico deste dispositivo legal é a necessidade dos peritos judiciais demonstrarem e motivarem a sua conclusão.

Não podemos concordar que ainda hoje peritos judiciais concluam seus Laudos Periciais sem evidenciar como chegaram àquele resultado.

A necessidade de demonstrar como chegou à conclusão do Laudo Pericial está expressa no NCPC em seu art. 473, que trata do conteúdo obrigatório do Laudo Pericial.

> Art. 473. O laudo pericial deverá conter:
>
> (...)
>
> II – a análise técnica ou científica realizada pelo perito;
>
> III – a indicação do método utilizado, esclarecendo-o e demonstrando ser predominantemente aceito pelos especialistas da área do conhecimento da qual se originou;
>
> (...)
>
> § 1º No laudo, o perito deve apresentar sua fundamentação em linguagem simples e com coerência lógica, indicando como alcançou suas conclusões.
>
> (...)

Estes requisitos mínimos do Laudo Pericial poderão ser debatidos e contestados pelo Assistente Técnico, que poderá indicar em seu Parecer Técnico a análise necessária ao fato que necessita ser esclarecido,

---

(9) BRASIL. Código de Processo Civil. Lei n. 13.105, de 16 de março de 2015. Disponível em: <http://www.planalto.gov.br/ccivil_03/_ato2015-2018/2015/lei/l13105.htm>. Acesso em: 01 ago. 2017.

bem como indicar a metodologia que entende ser adequada ao caso concreto.

Caso exista divergência entre o entendimento do Perito Judicial e o Assistente Técnico, isto terá que ser esclarecido, trazendo aos operadores do Direito mais elementos técnicos a serem considerados e maiores condições de embasarem suas alegações.

Agora este debate e exercício pleno do contraditório só será possível caso existam Assistentes Técnicos das partes atuando no processo.

Entendemos que a atuação do Assistente Técnico ganhou destaque no CPC/2015, tornando o mesmo elemento fundamental na produção da prova técnica.

Sabemos que sua existência não é obrigatória, sendo facultado à parte sua indicação.

Não obstante, tornou-se imprescindível a participação do Assistente Técnico, uma vez que se trata de meio efetivo e reconhecido de garantir o pleno exercício do contraditório.

5. CONCLUSÃO

O CPC/2015 trouxe em seu conteúdo inúmeras inovações ao nosso direito processual, merecendo destaque e atenção as novidades relativas à prova pericial.

Está expresso no inciso II do § 2º do art. 477 do CPC/2015 que cabe ao Perito Judicial esclarecer os pontos divergentes apresentados no Parecer Técnico do Assistente Técnico da parte, valorizando sobremaneira este documento.

Com a exigência de o *Expert* esclarecer ponto divergente do Parecer Técnico do Assistente Técnico da parte, necessariamente, haverá um confronto de ideias que irá enriquecer o debate e forçará o Perito Judicial a apresentar argumentos mais sólidos e fundamentados ao Juízo e às partes.

Inegável que a qualidade das perícias deverá apresentar grande melhoria com a efetivação deste dispositivo legal.

Agora esperemos que os operadores do Direito façam este dispositivo ter efetividade na produção da prova técnica, fazendo valer o contraditório sobre a matéria técnica.

A valorização do trabalho do Assistente Técnico da parte no CPC/2015 é inegável, sendo elemento essencial ao exercício pleno do contraditório e ampla defesa.

6. REFERÊNCIAS BIBLIOGRÁFICAS

BRASIL. *Código de Processo Civil*. Lei 13.105, de 16 de março de 2015. Disponível em: <http://www.planalto.gov.br/ccivil_03/_ato2015-2018/2015/lei/l13105.htm>. Acesso em: 01 ago. 2017.

CINTRA, A. C. A.; GRINOVER, A. P.; DINAMARCO, C. R. *Teoria Geral do Processo*. 30. ed. Malheiros Editores, 2014.

FRANÇA, G. V. *Medicina Legal*. 8. ed. Rio de Janeiro: Guanabara Koogan, 2008.

HOLTHAUSEN, F. Z. *Prova judicial*: conceito, origem, objeto, finalidade e destinatário. Âmbito Jurídico. Disponível em: <http://www.ambito-juridico.com.br/site/index.php?n_link=revista_artigos_leitura&artigo_id=5043>. 2008. Acesso em: 01 dez. 2015.

MACEDO, A. C. *Benefícios Previdenciários por Incapacidade e Perícias Médicas* – Teoria e Prática. 1. ed. Paraná: Juruá, 2017.

PISNI, A. P.; DIRITTO, L. *Processuale Civile*. Napoli: Jovene, 1994.

As Peculiaridades Processuais e Jurisdicionais dos Juizados Especiais Federais

João Batista Lazzari[1]

1. INTRODUÇÃO

Com o presente artigo, pretende-se faze uma breve análise das peculiaridades processuais e jurisdicionais dos Juizados Especiais Federais (JEFs) em face dos desafios a serem superados, destacadamente em relação ao respeito ao direito fundamental de produção de provas e, ainda, quanto ao alto índice de recorribilidade das decisões. Esse último, em face da instabilidade jurisprudencial, da falta de observância dos precedentes, da quantidade de recursos cabíveis e da inexistência de oneração que desestimule a busca por instâncias superiores.

Para consecução dos objetivos, é analisada a forma de instrução processual nos JEFs e a aplicação das regras do novo CPC a esse rito, para, em seguida, enfrentar a importante temática das alternativas da justiça conciliativa e o processo de revisão das decisões dos JEFs, diante das várias hipóteses recursais e de eventual superação da coisa julgada em prol de um processo justo.

2. A INSTRUÇÃO PROCESSUAL NOS JUIZADOS ESPECIAIS FEDERAIS E O NOVO CPC

Os Juizados Especiais Federais buscam atender à necessidade de constante reestruturação e modernização dos meios de acesso à Justiça, acompanhando as transformações da sociedade e o desejo majoritário de uma prestação jurisdicional simplificada, sem as amarras e entraves do modelo convencional.

Pode-se afirmar que os JEFs possuem uma dinâmica diferenciada e um procedimento inovador que deve ser compreendido e praticado pelos operadores jurídicos, evitando-se a denominada "ordinarização" do processo.

Segundo Omar Chamon, os Juizados se definem como um sistema absolutamente novo com princípios específicos e que exigem um olhar totalmente diferenciado[2].

Das inovações trazidas pela Lei n. 10.259/2001 merecem destaques: a igualdade de prazos para a prática de qualquer ato processual, entre o particular e o ente público demandado; a abolição do reexame necessário; o pagamento imediato (60 dias) das condenações até 60 salários mínimos (sem precatórios); a desnecessidade de que as partes estejam representadas por advogado para a propositura da ação; e a autorização legal aos representantes judiciais dos entes públicos para conciliar, transigir ou desistir.

Para elucidar o tratamento processual das ações que tramitam nos JEFs, recomendamos a leitura dos enunciados do Fórum Nacional dos Juizados Especiais Federais – FONAJEF, organizado pela Associação dos Juízes Federais – AJUFE, cuja íntegra estão no portal: <www.ajufe.org.br>.

Quanto ao sistema recursal, sugerimos consultar a Resolução CJF n. 345/2015, que trata do Regimento Interno da TNU e a Resolução CJF n. 347/2015, que dispõe sobre a compatibilização dos regimentos internos

---

(1) Doutor e Mestre em Ciência Jurídica pela Universidade do Vale do Itajaí-UNIVALI. Doutor em Direito Público pela Universidade de Perugia/Itália. Pós-Doutorando em Direito Constitucional junto à *Alma Mater Studiorum – Università di Bologna*/Italia. Juiz Federal integrante da 3ª Turma Recursal dos JEFs em Florianópolis/SC. Professor e Diretor da Escola Superior da Magistratura Federal de Santa Catarina. Coautor das obras: *Manual de Direito Previdenciário*, 21. ed, 2018; *Prática Processual Previdenciária*, 10. ed. 2018, dentre outras.

(2) CHAMON, Omar. Os princípios no cotidiano dos Juizados Especiais Federais. In: SERAU JR., Marco Aurélio; DENIS, Donoso (Coord.). *Juizados Especiais Federais*: reflexões nos dez anos de sua instalação. Curitiba: Juruá, 2012. p. 204.

das Turmas Recursais e das Turmas Regionais de Uniformização, além das Súmulas e Questões de Ordem da TNU, disponíveis no portal: <www.jf.jus.br>.

2.1. Competência absoluta dos JEFs e renúncia

Compete ao Juizado Especial Cível processar, conciliar e julgar causas de competência da Justiça Federal até o valor de 60 salários mínimos, bem como executar suas sentenças[3].

A complexidade da causa não exclui a competência dos JEFs, já que o critério escolhido pelo legislador foi o do valor da causa, o qual tem natureza absoluta. Essa é a posição adotada pelo STJ (*STJ, 3ª Seção, CC n. 86.398/RJ, DJ 22.02.2008*).

Sobre os parâmetros para a definição do valor da causa e de renúncia, enaltecemos a decisão proferida pelo TRF da 4ª Região no julgamento do IRDR – Tema n. 2. Vejamos a tese fixada:

> *a) No âmbito dos Juizados Especiais Federais há duas possibilidades de renúncia:*
>
> *(i) uma inicial, considerando a repercussão econômica da demanda que se inaugura, para efeito de definição da competência;*
>
> *(ii) outra, na fase de cumprimento da decisão condenatória, para que o credor, se assim desejar, receba seu crédito mediante requisição de pequeno valor.*
>
> *b) Havendo discussão sobre relação de trato sucessivo no âmbito dos Juizados Especiais Federais, devem ser observadas as seguintes **diretrizes para a apuração de valor da causa, e, logo, para a definição da competência, inclusive mediante renúncia:***
>
> *(i) quando a causa versar apenas sobre prestações vincendas e a obrigação for por tempo indeterminado ou superior a um ano, considera-se para a apuração de seu valor o montante representado por uma anuidade;*
>
> *(ii) quando a causa versar sobre prestações vencidas e vincendas, e a obrigação for por tempo indeterminado ou superior a um ano, considera-se para a apuração do seu valor o montante representado pela soma das parcelas vencidas com uma anuidade das parcelas vincendas;*

> *(iii) obtido o valor da causa nos termos antes especificados, a renúncia para efeito de opção pelo rito previsto na Lei n. 10.259/2001 incide sobre o montante total apurado, consideradas, assim, parcelas vencidas e vincendas.*
>
> *c) Quando da liquidação da condenação, havendo prestações vencidas e vincendas, e tendo o autor renunciado ao excedente a sessenta salários mínimos para litigar nos Juizados Especiais Federais, o montante representado pelo que foi objeto do ato inicial de renúncia (desde o termo inicial das parcelas vencidas até o termo final da anuidade então vincenda) deverá ser apurado considerando-se sessenta salários mínimos vigentes à data do ajuizamento, admitida a partir deste marco, no que toca a este montante, apenas a incidência de juros e atualização monetária. **A acumulação de novas parcelas a este montante inicialmente definido somente se dará em relação às prestações que se vencerem a partir de um ano a contar da data do ajuizamento**, incidindo juros e atualização monetária a partir dos respectivos vencimentos. A sistemática a ser observada para o pagamento (§ 3º do art. 17 da Lei n. 10.259), de todo modo, considerará o valor total do crédito (soma do montante apurado com base na renúncia inicial com o montante apurado com base nas parcelas acumuladas a partir de doze meses contados do ajuizamento). – grifamos –*

2.2. Impactos do Novo Código de Processo Civil nos JEFs

Questiona-se se cabe nos JEFs a aplicação subsidiária do CPC. Pode-se dizer que sim, mas deve-se agir com a devida ponderação e aplicar o CPC somente quando as leis que regem os Juizados Especiais não contenham disposição específica, observando-se, ainda, os seus princípios norteadores[4]. Por exemplo: requisitos da petição inicial, contagem de prazos, regras do contraditório, prioridades, limites do recurso, interesse recursal, julgamento por decisão monocrática. A respeito do tema, os Enunciados que seguem:

> – FONAJEF n. 151: "O CPC/2015 só é aplicável nos Juizados Especiais naquilo que não contrariar os seus princípios norteadores e a sua legislação específica."

---

(3) São excluídas dessa competência as causas referidas no art. 109, incisos II, III e XI, da Constituição Federal, as ações de mandados de segurança, de desapropriação, de divisão e demarcação, populares, execuções fiscais e por improbidade administrativa e as demandas sobre direitos ou interesses difusos, coletivos ou individuais homogêneos, as causas relativas aos imóveis da União e das autarquias e fundações públicas federais, entre outras, previstas no § 1º do art. 3º da Lei n. 10.259/2001.

(4) "O rito dos Juizados Especiais é talhado para ampliar o acesso à justiça (art. 5º, XXXV, da CRFB) mediante redução das formalidades e aceleração da marcha processual, não sendo outra a exegese do art. 98, I, da Carta Magna, que determina sejam adotados nos aludidos Juizados 'os procedimentos oral e sumaríssimo', devendo, portanto, ser apreciadas "cum grano salis" as interpretações que pugnem pela aplicação "subsidiária" de normas alheias ao microssistema dos Juizados Especiais que importem delongas ou incremento de solenidades." (STF, ARE n. 648.629/RJ, Tribunal Pleno, Relator Ministro Luiz Fux, DJe em 07.04.2014).

– JORNADA CJF/CEJ CPC/2017 ENUNCIADO n. 2: "As disposições do CPC aplicam-se supletiva e subsidiariamente às Leis n. 9.099/1995, 10.259/2001 e 12.153/2009, desde que não sejam incompatíveis com as regras e princípios dessas Leis."

O CPC/2015 foi idealizado para harmonizar o sistema processual civil com as garantias constitucionais do Estado Democrático de Direito, buscando o equilíbrio entre conservação e inovação, evitando uma drástica ruptura com as normas em vigor. Destacamos dentre as inovações trazidas pelo CPC/2015:

- o incentivo à realização de conciliação e mediação judiciais (art. 3º, § 3º);
- a prolação de sentenças ou acórdãos pelos juízes e tribunais atendendo, preferencialmente, a ordem cronológica de conclusão, excetuando-se a esta regra "causa que exija urgência no julgamento, assim reconhecida por decisão fundamentada" (art. 12, § 2º, IX);
- a criação do negócio jurídico processual, ou seja, as partes, de comum acordo, poderão alterar o procedimento para a tramitação do processo (art. 190);
- a contagem dos prazos processuais em dias úteis (art. 219);
- o "ônus dinâmico da prova", que faculta ao juiz a redistribuição do ônus probatório (art. 373, § 1º);
- a obrigação de os magistrados de primeiro grau apreciarem os tópicos e argumentos propostos pelas partes, um a um, sob pena de nulidade da decisão (art. 489, § 1º, IV);
- a obrigatoriedade de observância ao sistema de precedentes para fins de estabilização da jurisprudência (art. 926 e parágrafos);
- a possibilidade de modulação dos efeitos das decisões judiciais (art. 927, § 3º);
- a implementação do Incidente de Resolução de Demandas Repetitivas (art. 976);
- a simplificação do sistema recursal, com a uniformização dos prazos (art. 1.070);
- o fim dos embargos infringentes e do agravo retido.

Das inovações do CPC/2015, enumeramos algumas para analisar sua aplicabilidade aos Juizados Especiais, indicando enunciados aprovados pelo Fórum Nacional dos Juizados Especiais Federais – FONAJEF, pelo Seminário "O Poder Judiciário e o novo Código de Processo Civil", organizado pela Escola Nacional de Formação e Aperfeiçoamento de Magistrados – ENFAM e pela I Jornada de Direito Processual Civil CJF/CEJ – 2017.

a) Petição inicial, novos requisitos

O CPC/2015, na Parte Geral, estabelece entre seus princípios e regras fundamentais que "A conciliação, a mediação e outros métodos de solução consensual de conflitos deverão ser estimulados por juízes, advogados, defensores públicos e membros do Ministério Público, inclusive no curso do processo judicial" (art. 3º, § 3º).

Por essa razão, a petição inicial deve indicar a opção ou não pela realização de audiência de conciliação (art. 319, VII). Por outro lado, o réu deverá indicar seu desinteresse na autocomposição, por petição, a ser apresentada com 10 dias de antecedência da data da audiência de conciliação ou de mediação (art. 334, § 5º).

Entendemos que as normas não são contrapostas. Na verdade, elas se complementam, sendo importante mencionar que a Lei n. 10.259/2001, no art. 10, parágrafo único, autoriza os representantes judiciais da União, autarquias, fundações e empresas públicas federais a conciliar transigir ou desistir, nos processos da competência dos Juizados Especiais Federais.

Outra novidade da petição inicial é a constante do art. 319, II, que cuida da qualificação das partes, passando a exigir a indicação da existência de união estável, o número de inscrição no Cadastro de Pessoas Físicas ou no Cadastro Nacional da Pessoa Jurídica, bem como o endereço eletrônico.

Entretanto, os §§ 2º e 3º garantem que a petição não será indeferida se, a despeito da falta de informações a que se refere o inciso II, for possível a citação do réu, ou se a obtenção de tais informações tornar impossível ou excessivamente oneroso o acesso à justiça.

Defendemos, ainda, que na hipótese do indeferimento da inicial, sem exame de mérito, por ausência de alguns desses requisitos, caberá recurso inominado dessa sentença para as Turmas Recursais dos Juizados, como forma de garantia do direito constitucional de acesso à justiça, ratificado pela parte final do § 3º do art. 319 do CPC/2015.

b) Contagem dos prazos: dias úteis e suspensão

De acordo com o art. 219 do CPC/2015, na contagem de prazo em dias, estabelecido por lei ou pelo juiz, computar-se-ão somente os dias úteis.

Embora o tema seja polêmico, por contrariar o princípio da celeridade processual, essa regra tem sido aplicada pelos JEFs em face da decisão do CJF que, ao aprovar as Resoluções ns. 392 e 393, de 19.04.2016, alterando o Regimento Interno da TNU (Resolução

n. 345/2015) e o Regimento Interno das Turmas Regionais de Uniformização e das Turmas Recursais (Resolução n. 347/2015) para adequá-los ao NCPC, determinou a observância da contagem dos prazos em dias úteis[5].

No mesmo sentido, o Enunciado CJF/CEJ n. 19: "O prazo em dias úteis previsto no art. 219 do CPC aplica-se também aos procedimentos regidos pelas Leis ns. 9.099/1995, 10.259/2001 e 12.153/2009.". E, também, o Enunciado FONAJEF n. 175, que diz: "Por falta de previsão legal específica nas leis que tratam dos juizados especiais, aplica-se, nestes, a previsão da contagem dos prazos em dias úteis (CPC/2015, art. 219)."

A regra de contagem em dias úteis não se aplica ao prazo para confirmação das intimações eletrônicas, previsto no art. 5º, § 3º, Lei n. 11.419/2006 (v. g. Enunciado FONAJEF n. 158). Essa lei trata da informatização do processo judicial e não foi modificada pelo Novo CPC. Assim, em caso de processo eletrônico, a parte tem até 10 dias corridos, contados da data do envio da intimação, sob pena de considerar-se a intimação automaticamente realizada na data do término desse prazo. Depois disso, começa a contagem do prazo processual em dias úteis.

A suspensão do curso dos prazos processuais nos dias compreendidos entre 20 de dezembro e 20 de janeiro, inclusive, é prevista no art. 220 do CPC/2015. Durante a suspensão dos prazos, não se realizarão audiências nem sessões de julgamento.

c) Prioridade de tramitação

O CPC/2015 prevê prioridade de tramitação, em qualquer juízo ou tribunal, para os procedimentos judiciais em que figure como parte ou interessado pessoa com idade igual ou superior a 60 anos ou portadora de doença grave, assim compreendida qualquer das enumeradas no art. 6º, inciso XIV, da Lei n. 7.713/1988 (art. 1.048). E, também, para aqueles regulados pela Lei n. 8.069/1990 (Estatuto da Criança e do Adolescente).

Afora essas situações, o Estatuto da Pessoa com Deficiência (Lei n. 13.146, de 06.07.2015) assegura prioridade aos que têm impedimento de longo prazo de natureza física, mental, intelectual ou sensorial, o qual, em interação com uma ou mais barreiras, pode obstruir sua participação plena e efetiva na sociedade em igualdade de condições com as demais pessoas.

Dentre os idosos, é assegurada prioridade especial aos maiores de oitenta anos, atendendo-se suas necessidades sempre preferencialmente em relação aos demais idosos (Lei n. 13.466/2017).

As regras de prioridade são aplicáveis aos JEFs, mas, devido à quantidade de pessoas que estão enquadradas nelas, notadamente nas demandas da Seguridade Social, o resultado nem sempre é o esperado pelas partes.

d) Supressão de instância, conhecimento de questões novas e "não surpresa"

Advinda do princípio constitucional do contraditório, trouxe o CPC/2015 a premissa de que "O juiz não pode decidir, em grau algum de jurisdição, com base em fundamento a respeito do qual não se tenha dado às partes oportunidade de se manifestar, ainda que se trate de matéria sobre a qual deva decidir de ofício" (art. 10).

Em segunda instância, caso o relator constate a ocorrência de fato superveniente à decisão recorrida ou a existência de questão apreciável de ofício ainda não examinada que devam ser considerados no julgamento do recurso, intimará as partes para que se manifestem no prazo de 5 (cinco) dias. E, se a constatação ocorrer durante a sessão de julgamento, esse será imediatamente suspenso a fim de que as partes se manifestem especificamente (art. 933 e § 1º).

Vejamos os Enunciados do FONAJEF e da ENFAM, a respeito dessa matéria:

> – FONAJEF n. 160: Não causa nulidade a não aplicação do art. 10 do NCPC e do art. 487, parágrafo único, do NCPC nos juizados, tendo em vista os princípios da celeridade e informalidade.
>
> – ENFAM n. 1: Entende-se por "fundamento" referido no art. 10 do CPC/2015 o substrato fático que orienta o pedido, e não o enquadramento jurídico atribuído pelas partes.
>
> – ENFAM n. 2: Não ofende a regra do contraditório do art. 10 do CPC/2015 o pronunciamento jurisdicional que invoca princípio, quando a regra jurídica aplicada já debatida no curso do processo é emanação daquele princípio.
>
> – ENFAM n. 3: É desnecessário ouvir as partes quando a manifestação não puder influenciar na solução da causa.
>
> – ENFAM n. 4: Na declaração de incompetência absoluta não se aplica o disposto no art. 10, parte final, do CPC/2015.
>
> – ENFAM n. 5: Não viola o art. 10 do CPC/2015 a decisão com base em elementos de fato documentados nos autos sob o contraditório.

---
(5) Ver a respeito as Resoluções CJF ns. 392 e 393, de 19.04.2016.

– ENFAM n. 6: Não constitui julgamento surpresa o lastreado em fundamentos jurídicos, ainda que diversos dos apresentados pelas partes, desde que embasados em provas submetidas ao contraditório.

Tamanha flexibilização na interpretação dessas regras poderá reduzir os efeitos das normas processuais que são da máxima importância para a efetivação de um processo democrático, seja no procedimento comum, seja nos Juizados Especiais.

e) Produção de provas

No que tange à produção de provas, as normas previstas no CPC/2015 não invalidam as utilizadas pelo microssistema dos Juizados Especiais, mas devem ser compatibilizadas em respeito ao contraditório e à justa solução dos litígios. Nesse sentido, os Enunciados FONAJEF:

> **155**: As disposições do CPC/2015 referentes às provas não revogam as disposições específicas da Lei n. 10.259/2001, sobre perícias (art. 12), e nem as disposições gerais da Lei n. 9.099/1995.
>
> **179**: Cumpre os requisitos do contraditório e da ampla defesa a concessão de vista do laudo pericial pelo prazo de cinco dias, por analogia ao *caput* do art. 12 da Lei n. 10.259/2001.

José Antonio Savaris, ao fazer considerações sobre a prova em direito previdenciário, matéria frequente em grande parte dos processos que tramitam no âmbito dos Juizados Especiais Federais, acentua que:

> Também no direito previdenciário o postulado do devido processo legal assegura aos litigantes, como pressuposto de defesa e exercício do contraditório, o direito constitucional à produção da prova lícita. É um direito fundamental que somente pode ser restringido por lei e na medida em que essa restrição seja proporcional.[6]

Cabe considerar que o CPC/2015 regula de maneira detalhada a produção e valoração dos diversos tipos de provas para uma adequada instrução processual, dentre as quais, as que estabelecem: o direito fundamental à prova (art. 369); os poderes instrutórios do juiz (art. 370); a distribuição do ônus da prova e sua inversão (art. 373); a apreciação da prova (art. 371); a utilização da prova emprestada (art. 372); a utilização da videoconferência (arts. 385 e 453); a exibição de documentos (art. 403); a arguição de falsidade documental (art. 430); a intimação e questionamento das testemunhas (arts. 455 e 459); a possibilidade de substituir a perícia por prova técnica simplificada (art. 464);e a escolha consensual do perito (art. 471).

No caso dos JEFs, a produção da prova deve observar também o disposto no art. 11 da Lei n. 10.259, de 2001, que prevê: "A entidade pública ré deverá fornecer ao Juizado a documentação de que disponha para o esclarecimento da causa, apresentando-a até a instalação da audiência de conciliação."

Essa disposição criou um dever aos entes públicos mediante determinação que deve ser deferida pelo juiz sempre que a parte autora solicitar e indicar os motivos pelos quais não teve acesso aos documentos.

Segundo Bochenek e Nascimento, esse dever de produzir provas pela administração pública, mesmo que contrárias aos seus interesses, tem fundamento nos princípios constitucionais da legalidade e da moralidade[7].

Quanto à realização da prova pericial, a Lei n. 10.259, de 2001, tratou do tema no art. 12. Essa norma é comentada por William Santos Ferreira destacando que:

> Os 2 (dois) modelos de perícia da LJEF são de perícia escrita, com entrega de laudo e contraditório. Um dos motivos desta opção mais formal parece estar ligado ao fato de nos Juizados Especiais Federais o Poder Público sempre integrar o polo passivo da demanda. A diferença entre os dois modelos está no momento de sua realização:
>
> Modelo 1 – **prova pericial pré-conciliatória** – com laudo entregue até 5 dias antes da audiência de conciliação, independentemente de intimação pessoal; (...)
>
> Modelo 2 – **prova pericial pré-audiência instrutória** – quando a prova pericial for necessária ao julgamento, isto é o fato probando envolver questões que demandam conhecimento específico, o laudo deverá ser apresentado até 5 dias antes da audiência de instrução e julgamento, independentemente de intimação das partes, portanto, cabendo a estas diligenciar para antes da audiência ter contato com o laudo, o que em processos eletrônicos é facilitado.[8]

---

(6) SAVARIS, José Antonio. *Direito Processual Previdenciário*. 6. ed. Curitiba: Alteridade Editora, 2016. p. 77.

(7) BOCHENEK, Antônio César; NASCIMENTO, Márcio Augusto. *Juizados Especiais Federais Cíveis*. E-book. Porto Alegre: direitos dos autores, 2011. p. 130.

(8) FERREIRA, Willian Santos. Prova pericial nos Juizados Especiais Federais: acesso à justiça e modelos de operacionalização do direito constitucional à prova. In: SERAU JR., Marco Aurélio; DENIS, Donoso (Coord.). *Juizados Especiais Federais*: reflexões nos dez anos de sua instalação. Curitiba: Juruá, 2012. p. 237-238.

No entanto, considerando-se que a maioria das perícias tem relação com ações que postulam a concessão ou restabelecimento de benefícios por incapacidade (auxílio-doença, aposentadoria por invalidez, auxílio-acidente e benefício assistencial para pessoas portadoras de deficiência), a realização de perícias integradas em ambiente anexo às salas de audiências dos Juizados, sem a apresentação de laudos, pode ser uma boa opção.

Cabe referir que a perícia integrada vem sendo utilizada em alguns JEFs e Varas Comuns, pois traz inúmeras vantagens às partes, entre as quais: abrevia sobremaneira o tempo de tramitação do processo, dando efetividade ao comando constitucional da duração razoável do processo (CF, art. 5º, LXXVIII); permite a concentração dos atos processuais; evita custos com deslocamento das partes, muitas vezes para consultórios situados em localidade diversa do foro; permite o contato direto do Juízo e das partes com o perito, facilitando a busca da verdade real; e evita a produção de laudos incompletos ou lacônicos[9].

O diagnóstico da Pesquisa CJF/IPEA apontou que são necessárias estratégias especialmente orientadas para a realização do elevado número de perícias utilizadas na instrução dos processos. Detectou também que no caso das especialidades clínica médica, ortopedia, neurologia, psiquiatria e medicina do trabalho, as perícias médicas normalmente aconteçam nas instalações do próprio juizado, com alocação de salas e equipamentos. Já nos casos de oftalmologia e otorrinolaringologia, é mais comum as perícias serem realizadas nos consultórios particulares dos peritos ou em clínicas e hospitais[10].

Importante destacar que o elevado quantitativo de ações judiciais com necessidade de realização de prova pericial fez surgir uma série de obstáculos que podem ser observados no Gráfico da Série Pesquisas do CEJ (v. Gráfico abaixo):

Gráfico 2 – Principais obstáculos da perícia médica, segundo a percepção dos diretores de secretaria – Brasil, 2011

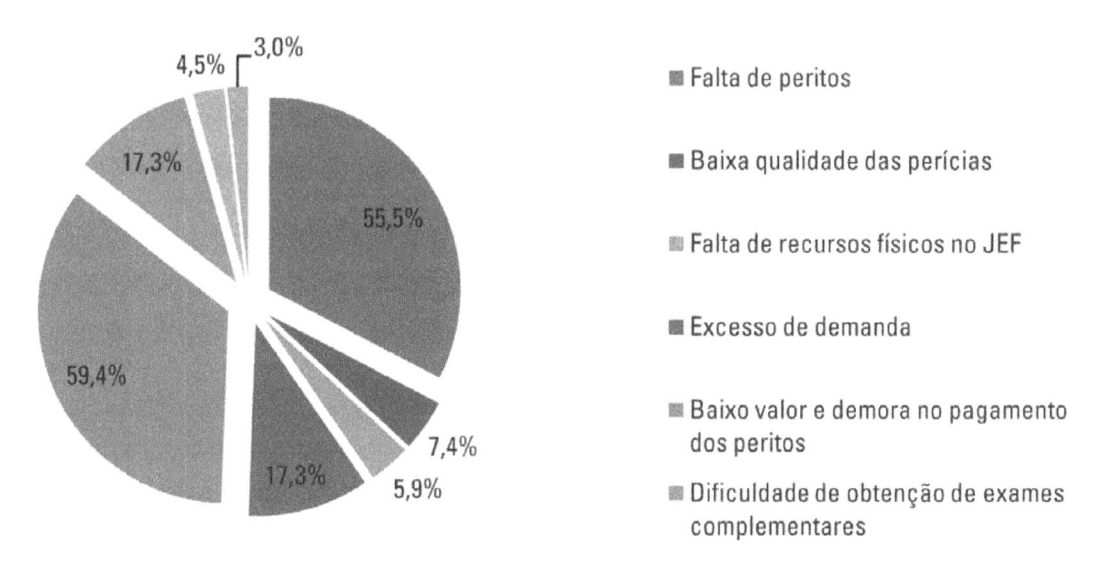

- Falta de peritos: 55,5%
- Baixa qualidade das perícias: 59,4%
- Falta de recursos físicos no JEF: 17,3%
- Excesso de demanda: 5,9%
- Baixo valor e demora no pagamento dos peritos: 7,4%
- Dificuldade de obtenção de exames complementares: 17,3%
- (4,5%)
- (3,0%)

Fonte: BRASIL/CJF, 2012. Elaboração: Diest/Ipea.[11]

Essas dificuldades fazem parte de uma conjuntura relacionada especialmente com o aumento significativo de novas demandas previdenciárias que congestionam os Juizados Especiais Federais.

A superação desses obstáculos é um desafio constante dos magistrados e servidores que atuam nos Juizados, exigindo novas iniciativas de estreitamento dos laços interinstitucionais para que as partes

---

(9) Nesse sentido: TRF da 4ª Região, AG n. 0001728-73.2013.404.0000, Quinta Turma, Relator Desembargador Rogério Fraveto, DE 05.07.2013.

(10) BRASIL. Conselho da Justiça Federal. *Acesso à Justiça Federal*: dez anos de juizados especiais. Conselho da Justiça Federal, Centro de Estudos Judiciários, Instituto de Planejamento Econômico e Social. Brasília: CJF, 2012. p. 125.

(11) *Ibidem*, p. 130.

não sejam prejudicadas na realização dessa prova que é essencial ao deslinde dos processos para obtenção de uma justa solução.

f) Improcedência liminar do pedido

Trata-se de forma abreviada de extinção do processo prevista no art. 332 do CPC/2015, para as causas que dispensem a fase instrutória, permitindo ao juiz, independentemente da citação do réu, julgar liminarmente improcedente o pedido que contrariar:

> I – enunciado de súmula do STF ou do STJ;
>
> II – acórdão proferido pelo STF ou pelo STJ em julgamento de recursos repetitivos;
>
> III – entendimento firmado em incidente de resolução de demandas repetitivas ou de assunção de competência;
>
> IV – enunciado de súmula de tribunal de justiça sobre direito local.

O juiz também poderá julgar liminarmente improcedente o pedido se verificar, desde logo, a ocorrência de decadência ou de prescrição.

Essa sistemática tem aplicação nos Juizados Especiais e foi bem aceita pela magistratura, como demonstram os enunciados que seguem:

> – ENFAM Enunciado n. 43: O art. 332 do CPC/2015 se aplica ao sistema de juizados especiais e o inciso IV também abrange os enunciados e súmulas dos seus órgãos colegiados competentes.
>
> – FONAJEF Enunciado n. 159: Nos termos do Enunciado n. 1 do FONAJEF e à luz dos princípios da celeridade e da informalidade que norteiam o processo no JEF, vocacionado a receber demandas em grande volume e repetitivas, interpreta-se o rol do art. 332 como exemplificativo.

g) Flexibilização do procedimento

A flexibilização do procedimento é condizente com um sistema democrático de direito em que as partes podem colaborar para a solução das demandas e também encontra guarida nos princípios dos Juizados Especiais.

Prevista no CPC/2015 (art. 139, VI), impõe ao juiz o dever de dilatar os prazos processuais e alterar a ordem de produção dos meios de prova, adequando-os às necessidades do conflito de modo a conferir maior efetividade à tutela do direito.

Sobre o tema, foi editado o Enunciado ENFAM n. 35 prevendo que, além das situações em que a flexibilização do procedimento é autorizada pelo art. 139, VI, do CPC/2015, pode o juiz, de ofício, preservada a previsibilidade do rito, adaptá-lo às especificidades da causa, observadas as garantias fundamentais do processo.

h) Observância da ordem cronológica de conclusão para os julgamentos

Com base no art. 12 do CPC/2015, que teve nova redação conferida pela Lei n. 13.256/2016, os juízes e os tribunais atenderão, preferencialmente, à ordem cronológica de conclusão para proferir sentença ou acórdão, e a lista de processos aptos a julgamento deverá estar permanentemente à disposição para consulta pública em cartório e na rede mundial de computadores. Regra aplicável também aos Juizados Especiais.

A ordem cronológica comporta exceções que estão relacionadas no § 2º do art. 12, dentre as quais: as sentenças proferidas em audiência; o julgamento de processos em bloco de teses jurídicas já consolidadas; o julgamento de recursos repetitivos; o julgamento de embargos de declaração e de agravo interno; e a causa que exija urgência no julgamento.

Os Enunciados ENFAM ns. 32, 33 e 34, acabaram por flexibilizar ainda mais a aplicação da ordem. Vejamos:

> – 32: O rol do art. 12, § 2º, do CPC/2015 é exemplificativo, de modo que o juiz poderá, fundamentadamente, proferir sentença ou acórdão fora da ordem cronológica de conclusão, desde que preservadas a moralidade, a publicidade, a impessoalidade e a eficiência na gestão da unidade judiciária.
>
> – 33: A urgência referida no art. 12, § 2º, IX, do CPC/2015 é diversa da necessária para a concessão de tutelas provisórias de urgência, estando autorizada, portanto, a prolação de sentenças e acórdãos fora da ordem cronológica de conclusão, em virtude de particularidades gerenciais da unidade judicial, em decisão devidamente fundamentada.
>
> – 34: A violação das regras dos arts. 12 e 153 do CPC/2015 não é causa de nulidade dos atos praticados no processo decidido/cumprido fora da ordem cronológica, tampouco caracteriza, por si só, parcialidade do julgador ou do serventuário.

De qualquer forma, os Juizados Especiais estão sujeitos a observar essa ordem de julgamento em todos os graus de jurisdição.

i) Dever de fundamentação de todas as decisões

A necessidade da fundamentação das decisões judiciais tem base constitucional e foi regulada pelo art. 489 do CPC/2015, que fixou no § 1º que não se considera fundamentada qualquer decisão judicial, seja ela interlocutória, sentença ou acórdão, que:

> I – se limitar à indicação, à reprodução ou à paráfrase de ato normativo, sem explicar sua relação com a causa ou a questão decidida;
>
> II – empregar conceitos jurídicos indeterminados, sem explicar o motivo concreto de sua incidência no caso;

III – invocar motivos que se prestariam a justificar qualquer outra decisão;

IV – não enfrentar todos os argumentos deduzidos no processo capazes de, em tese, infirmar a conclusão adotada pelo julgador;

V – se limitar a invocar precedente ou enunciado de súmula, sem identificar seus fundamentos determinantes nem demonstrar que o caso sob julgamento se ajusta àqueles fundamentos;

VI – deixar de seguir enunciado de súmula, jurisprudência ou precedente invocado pela parte, sem demonstrar a existência de distinção no caso em julgamento ou a superação do entendimento.

Aqui temos um grande dilema quanto à viabilidade de aplicação dessas regras aos Juizados Especiais. Vejamos os Enunciados que seguem:

– FONAJEF n. 153: A regra do art. 489, parágrafo primeiro, do NCPC deve ser mitigada nos juizados por força da primazia dos princípios da simplicidade e informalidade que regem o JEF.

– JORNADA CJF/CEJ n. 37: Aplica-se aos juizados especiais o disposto nos parágrafos do art. 489 do CPC.

j) Integração da decisão colegiada pelo voto vencido, para fins de prequestionamento

Em conformidade com o art. 941, § 3º, do CPC/2015, o voto vencido será necessariamente declarado e considerado parte integrante do acórdão para todos os fins legais, inclusive de pré-questionamento.

Nos Juizados Especiais, essa exigência não deverá ser observada, em face do princípio da celeridade e da simplicidade das decisões proferidas em grau recursal.

k) Julgamento não unânime

Pelo CPC/2015 (art. 942), quando o resultado da apelação for não unânime, o julgamento terá prosseguimento em sessão a ser designada com a presença de outros julgadores, que serão convocados nos termos previamente definidos no regimento interno, em número suficiente para garantir a possibilidade de inversão do resultado inicial, assegurado às partes e a eventuais terceiros o direito de sustentar oralmente suas razões perante os novos julgadores.

Essa inovação não tem aplicabilidade nos JEFs, em virtude dos princípios da celeridade e simplicidade dos julgamentos proferidos pelas turmas recursais. A respeito, o Enunciado FONAJEF n. 156: "Não se aplica aos juizados especiais a técnica de julgamento não unânime (art. 942, CPC/2015)."

Em conclusão a esse tópico, pode-se dizer que as primeiras impressões lançadas sobre os impactos do CPC/2015 nos Juizados Especiais Federais servem para uma reflexão acerca do tema, dada a importância de uma nova lei geral processual no cenário nacional.

Dentro desse contexto, mostra-se relevante analisar a novel legislação sem se descurar do ideal que move os Juizados Especiais, qual seja, tornar o processo judicial mais simples, célere e efetivo, ampliando o acesso à Justiça, com ênfase nas pessoas menos favorecidas economicamente.

2. A SOLUÇÃO DOS LITÍGIOS PELA CONCILIAÇÃO E MEDIAÇÃO

Neste tópico, vamos analisar as formas alternativas de solução de conflitos, baseadas na conciliação e na mediação, por ser uma das premissas básicas para o êxito dos Juizados Especiais (art. 2º da Lei n. 9.099/1995).

Quanto aos JEFs, a Lei n. 10.259/2001 autoriza não só conciliar, mas também a transigir e a desistir de recorrer das sentenças como forma de agilizar a solução dos processos, ou seja, a conciliação está inserida nos objetivos dos Juizados Especiais de busca da resolução dos litígios com eficácia e rapidez, prevalecendo em relação às formas tradicionais de solução das demandas.

Entretanto, a cultura da mediação e da conciliação precisa ser disseminada de diversas formas para que atinja os resultados esperados, por auxiliar as partes a resolverem seus conflitos com elevado grau de satisfação, ajudando também na prevenção de contendas futuras.

A solução consensual de conflitos é uma tendência do mundo contemporâneo em face da expectativa da sociedade por um judiciário mais ágil e menos burocrata, onde as partes tenham a oportunidade de participar no desfecho da lide.

O Brasil evoluiu no regramento desse tema, especialmente após a edição das normas que seguem:

– **Resolução n. 125, de 29 de novembro de 2010, do Conselho Nacional de Justiça**: que instituiu a Política Judiciária Nacional de tratamento dos conflitos de interesses, tendente a assegurar a todos o direito à solução dos conflitos por meios adequados à sua natureza e peculiaridade.

– **Lei n. 13.105, de 16 de março de 2015 – Novo Código de Processo Civil**: o qual estabelece que a conciliação, a mediação e outros métodos de solução consensual de conflitos deverão ser estimulados por juízes, advogados, defensores públicos e membros do Ministério Público, inclusive no curso do processo judicial (art. 2º, § 3º). E, que incumbe ao juiz "promover, a qualquer tempo, a autocomposição, preferencialmente com auxílio de conciliadores e mediadores judiciais" (art. 139, V);

– **Lei n. 13.140, de 26 de junho de 2015**: que dispõe sobre a mediação entre particulares como meio de solução de controvérsias e sobre a autocomposição de conflitos no âmbito da administração pública.

Quanto à aplicação das normas previstas no CPC/2015, destacamos os seguintes enunciados aprovados na I Jornada de Direito Processual Civil do CJF/CEJ:

> 23 – Na ausência de auxiliares da justiça, o juiz poderá realizar a audiência inaugural do art. 334 do CPC, especialmente se a hipótese for de conciliação.
>
> 24 – Havendo a Fazenda Pública publicizado ampla e previamente as hipóteses em que está autorizada a transigir, pode o juiz dispensar a realização da audiência de mediação e conciliação, com base no art. 334, § 4º, II, do CPC, quando o direito discutido na ação não se enquadrar em tais situações.
>
> 25 – As audiências de conciliação ou mediação, inclusive dos juizados especiais, poderão ser realizadas por videoconferência, áudio, sistemas de troca de mensagens, conversa *on-line*, conversa escrita, eletrônica, telefônica e telemática ou outros mecanismos que estejam à disposição dos profissionais da autocomposição para estabelecer a comunicação entre as partes.

Com base nessas normas, deve-se oferecer mecanismos para tratamento adequado dos conflitos de interesses objetivando alcançar a conciliação ou a mediação entre as partes, nas fases pré-processual e processual.

Esse trabalho pode ser realizado pelos Juizados Especiais em conjunto com os Centros Judiciários de Solução Consensual de Conflitos, cuja atribuição é a realização de sessões e audiências de conciliação e mediação e o desenvolvimento de programas destinados a auxiliar, orientar e estimular a autocomposição.

A criação desses centros foi determinada pelo CPC/2015, cuja composição e a organização serão definidas pelo respectivo tribunal, observadas as normas do Conselho Nacional de Justiça (art. 165).

O CPC/2015 delimita a autuação do conciliador e do mediador da seguinte forma:

– **conciliador**: atuará preferencialmente nos casos em que não houver vínculo anterior entre as partes, poderá sugerir soluções para o litígio, sendo vedada a utilização de qualquer tipo de constrangimento ou intimidação para que as partes conciliem;

– **mediador**: atuará preferencialmente nos casos em que houver vínculo anterior entre as partes, auxiliará aos interessados a compreender as questões e os interesses em conflito, de modo que eles possam, pelo restabelecimento da comunicação, identificar, por si próprios, soluções consensuais que gerem benefícios mútuos.

No cotidiano dos JEFs, a conciliação é mais presente do que a mediação, mas ainda com número reduzido de acordos em face da ausência de interesse dos entes públicos demandados em participar desse processo, à exceção da Caixa Econômica Federal.

De qualquer forma, uma política de conciliação e mediação exige o fortalecimento das relações interinstitucionais e o prévio entendimento com entes públicos envolvidos e órgãos de defesa dos interesses das partes (Ministério Público, Defensoria Pública e OAB), na definição dos procedimentos a serem adotados, criando-se assim condições para a solução consensual dos litígios.

Exemplo destacado é a criação por parte da Procuradoria Federal da Equipe de Trabalho Remoto – Benefício por Incapacidade (ETR-BI). Composta por 17 procuradores federais, a equipe analisa processos em que os segurados pleiteiam a concessão ou o restabelecimento de benefícios por incapacidade e celebra, com a ajuda de sistema eletrônico do TRF4, acordos nos casos em que o autor da ação efetivamente esteja incapacitado e preencha os requisitos para receber o pagamento. O Projeto ETR-BI, proposto pela PRF da 4ª R/AGU e desenvolvido em parceria com a JFRS, com apoio do TRF4, ganhou o prêmio CNJ – 'Conciliar é Legal' 2016.

Por último, ressaltamos que a designação da audiência de conciliação deve observar alguns parâmetros, tais como: a) identificar previamente as matérias passíveis de serem solucionadas por esse meio; b) dependendo de prova pericial, esta deverá ser realizada antes ou de forma integrada com a audiência de conciliação.

Concluímos este tópico afirmando que a busca da pacificação social e a solução harmonizada dos litígios promovem a celeridade e a efetividade, contribuindo para o objetivo de um processo justo nos Juizados Especiais.

3. O PROCESSO DE REVISÃO DAS DECISÕES DOS JUIZADOS ESPECIAIS FEDERAIS: RECURSOS E COISA JULGADA

Neste tópico, serão analisados os recursos e as outras formas de impugnação das decisões proferidas pelos Juizados Especiais, observadas as peculiaridades dos seus respectivos normativos.

No que diz respeito ao papel do julgador das causas submetidas aos Juizados Especiais, cabe pontuar que:

– está autorizado pelo art. 6º da Lei n. 9.099, de 1995, a julgar por equidade com vistas ao atendimento dos fins sociais da lei e das exigências do bem comum;

– deve fazer um exame aprofundado das questões fáticas, para descobrir a realidade social e proferir a decisão mais justa possível;

– deve interpretar com ponderação os princípios em colisão com atribuição de peso maior aos que priorizam a proteção social, tal como apregoa Alexy na sua obra "Teoria dos Direitos Fundamentais"[12];

– deve abandonar a prática utilitarista e da racionalidade puramente econômica, na forma preconizada por José Antonio Savaris.[13]

Em síntese, o juiz que atua nos Juizados Especiais não deve ter um comportamento formal, conservador e insensível à realidade social das partes que litigam nesse sistema de Justiça. O legislador deu ao juiz instrumentos legais apropriados para proferir a melhor decisão, no sentido de ser a mais justa possível na solução dos casos. Cabe, portanto, aos magistrados utilizarem desses poderes para proporcionarem um processo justo aos jurisdicionados.

3.1. Características Gerais do Sistema Recursal dos Juizados Especiais

A Constituição Federal prevê que nos Juizados Especiais o julgamento dos recursos será feito por turmas de juízes de primeiro grau (art. 98, I). Vejamos, então, como foi regulamentada a matéria pelas normas instituidoras dos Juizados Especiais:

– Lei n. 9.099/1995: estabelece que o recurso da sentença será julgado por uma turma composta por três Juízes togados, em exercício no primeiro grau de jurisdição (art. 41, § 1º).

– Lei n. 10.259/2001: prevê que as Turmas Recursais serão instituídas por decisão do Tribunal Regional Federal, que definirá sua composição e área de competência, podendo abranger mais de uma seção judiciária (art. 21).

– Lei n. 12.665/2012: que criou 75 (setenta e cinco) Turmas Recursais no país com os respectivos cargos permanentes de juízes, acabando com a composição por mandatos temporários.

E, diante da previsão da uniformização de jurisprudência em âmbito regional e nacional sobre questões de direito material (art. 14, §§ 1º e 2º), houve a instalação de uma Turma Regional de Uniformização em cada Tribunal Regional Federal e uma Turma Nacional de Uniformização junto ao Conselho da Justiça Federal.

Vejamos agora as principais diretrizes aplicáveis aos recursos:

a) Prazos para Interposição dos Recursos

Os prazos para interposição e resposta dos recursos nos JEFs, alguns disciplinados por lei e outros por Resoluções do CJF, são os seguintes:

– Recurso de medida cautelar: 10 (dez) dias;
– Recurso da sentença: 10 (dez) dias;
– Embargos de Declaração: 5 (cinco) dias;
– Agravos regimental, interno e nos próprios autos: 15 (quinze) dias;
– Incidente de uniformização regional e nacional: 15 (quinze) dias;
– Recurso extraordinário: 15 (quinze) dias.

Nos JEFs, não há prazo diferenciado para a prática de qualquer ato processual pelas pessoas jurídicas de direito público, inclusive para a interposição de recursos, prevalecendo a igualdade de armas entre os litigantes (art. 9º da Lei n. 10.259/2001 e art. 7º da Lei n. 12.153/2009).

b) Efeitos dos recursos

A regra que vige é a de que os recursos tenham somente efeito devolutivo, podendo o Juiz dar-lhes efeito suspensivo, para evitar dano irreparável para a parte (art. 43 da Lei n. 9.099, de 1995).

No entanto, havendo condenação da Fazenda Pública, a execução dos créditos vencidos fica condicionada ao trânsito em julgado da decisão condenatória (art. 100 da Constituição Federal, regulamentado pelo art. 17 da Lei n. 10.259/2001).

c) Fundamentação dos julgamentos em segunda instância

O julgamento em segunda instância poderá ser bastante simplificado para garantir maior

---

(12) ALEXY, Robert. *Teoria dos direitos fundamentais*. 2. ed. São Paulo: Malheiros, 2011. p. 91-102.

(13) SAVARIS, José Antonio. *Uma teoria da decisão judicial da previdência social*: contributo para a superação da prática utilitarista. Florianópolis: Conceito Editorial, 2011. p. 313-316.

agilidade aos feitos. Segundo previsão legal (art. 46 da Lei n. 9.099/1995), basta constar apenas da ata, com a indicação suficiente do processo, fundamentação sucinta e parte dispositiva. Caso a sentença seja confirmada pelos próprios fundamentos, a súmula do julgamento servirá de acórdão.

Em relação a esse tema, o STF, em repercussão geral, reafirmou jurisprudência no sentido de que decisão de Turma Recursal de Juizados Especiais, quando adota os mesmos fundamentos da sentença questionada, não afronta a exigência constitucional de motivação dos atos decisórios (RE n. 635.729, Tribunal Pleno, Relator Ministro Dias Toffoli, DJe de 24.08.2011).

Sobre a validade do julgamento que confirma a sentença pelos próprios fundamentos, mesmo após a entrada em vigor do Novo CPC, foi editado o Enunciado FONAJEF n. 154: "O art. 46 da Lei n. 9.099/1995 não foi revogado pelo novo CPC.

d) Sucumbência

Quanto à condenação em ônus da sucumbência existe norma legal específica (art. 55 da Lei n. 9.099, de 1995) determinando que somente o recorrente vencido arcará com os honorários advocatícios[14].

Dessa forma, o provimento, ainda que parcial, de recurso inominado, afasta a possibilidade de condenação do recorrente ao pagamento de honorários de sucumbência[15].

Essa sistemática tem por objetivo reduzir a recorribilidade das decisões dos Juizados. A condenação na sucumbência passa a ser ônus somente de quem não se conforma com a decisão de primeiro grau e serve como punição para o recorrente vencido.

Pode-se dizer, assim, que nos Juizados Especiais a função da incidência dos honorários advocatícios em face do recorrente vencido é desestimular recursos improcedentes e não remunerar o trabalho desenvolvido para a elaboração de contrarrazões[16].

e) Sobrestamento dos recursos

Quando houver multiplicidade de recursos com fundamento em idêntica questão de direito pendentes de uniformização de jurisprudência ou da análise da constitucionalidade pelo STF, as Turmas Recursais devem adotar o sobrestamento dos processos similares até a decisão dos processos paradigmas, de forma que promovam a posterior confirmação do acórdão recorrido ou sua adaptação à decisão que vier a ser proferida nos recursos indicados.

Esse procedimento está voltado ao escopo de melhor satisfazer o princípio constitucional da celeridade e da razoável duração do processo (art. 5º, LXXVIII, da CF), garantindo a uniformidade de tratamento nas questões de direito.

O sobrestamento de processos ocorre nas seguintes hipóteses:

> I. questão constitucional cuja repercussão geral tenha sido reconhecida pelo STF, quando ainda não realizado o respectivo julgamento de mérito do recurso extraordinário, bem como dos feitos que tratem de matéria sob a apreciação do STJ por meio de incidente de uniformização de jurisprudência e de recurso repetitivo, enquanto pendentes de julgamento;
>
> II. questão pendente de julgamento nas Turmas Uniformização.

Poderá também ser determinado pelo STF, STJ ou Turmas de Uniformização por *sponte propria* o sobrestamento na origem dos recursos e processos cuja controvérsia já esteja pendente de análise pelo colegiado. Nesse caso, caberá aos magistrados que atuam nos Juizados e Turmas Recursais apenas cumprir a ordem quanto aos recursos e processos relacionados àquela controvérsia.

f) Interposição simultânea de incidentes de uniformização e recurso extraordinário

Nos JEFs, havendo interposição simultânea de incidentes de uniformização dirigidos à TRU e à TNU, será julgado, em primeiro lugar, o incidente dirigido à Turma Regional[17].

E, no caso de interposição de recurso extraordinário e pedido de uniformização de jurisprudência, este será processado antes do recurso extraordinário, salvo se houver questão prejudicial de natureza constitucional (regra similar à prevista no CPC para os casos de interposição simultânea de recurso extraordinário e especial).

---

(14) "Art. 55. A sentença de primeiro grau não condenará o vencido em custas e honorários de advogado, ressalvados os casos de litigância de má-fé. Em segundo grau, o recorrente, vencido, pagará as custas e honorários de advogado, que serão fixados entre dez por cento e vinte por cento do valor de condenação ou, não havendo condenação, do valor corrigido da causa."

(15) Nesse sentido: STF, RE n. 506.417-AgRg/AM, Primeira Turma, Relator Min. Dias Toffoli, DJe 01.08.2011.

(16) Nesse sentido: CHIMENTI, Ricardo Cunha. *Teoria e prática dos juizados especiais cíveis estaduais e federais*. 13. ed. São Paulo: Saraiva, 2012. p. 327.

(17) Consoante art. 6º, § 1º, da Resolução CJF n. 345, de 02.06.2015, com redação conferida pela Resolução CJF n. 392, de 19.04.2016.

3.2. Espécies de Recursos contra as Decisões dos Juizados Especiais e outros meios de impugnação

Muito embora os Juizados Especiais tenham por diretriz a redução do número de recursos para proporcionar maior celeridade e efetividade, o sistema estabelecido não condiz com esse propósito, pois há um elenco significativo de situações passíveis de insurgência ou impugnação para instâncias superiores. Vejamos:

a) Recurso de Medida Liminares, Cautelares ou Antecipatórias de Tutela

Esse recurso não é previsto na Lei n. 9.099/1995, mas está inserido na Lei n. 10.259/2001 (arts. 4º e 5º) e na Lei n. 12.153/2009 (arts. 3º e 4º).

O CJF para dirigir as controvérsias a respeito da interpretação dessas normas, fixou a orientação do cabimento de recurso no prazo de dez dias para as Turmas Recursais das decisões que apreciam pedidos de medidas liminares, cautelares ou antecipatória dos efeitos da tutela, sendo a parte recorrida intimada para apresentar resposta em igual prazo (Resolução CJF n. 347/2015 – art. 2º, I, § 1º).

b) Embargos de Declaração

Quanto aos embargos de declaração, o CPC/2015 foi explícito em alterar as regras da Lei n. 9.099/1995, dando nova redação aos artigos:

> Art. 48. Caberão embargos de declaração contra sentença ou acórdão nos casos previstos no Código de Processo Civil.
>
> Art. 50. Os embargos de declaração interrompem o prazo para a interposição de recurso.

Com isso, caberão embargos de declaração contra qualquer decisão judicial para (art. 1.022 do NCPC):

> I – esclarecer obscuridade ou eliminar contradição;
>
> II – suprir omissão de ponto ou questão sobre o qual devia se pronunciar o juiz de ofício ou a requerimento;
>
> III – corrigir erro material.

Também ficou redefinido que os embargos de declaração interrompem o prazo recursal, mesmo quando interpostos contra a sentença proferida nos Juizados Especiais.

c) Recurso contra a Sentença

Também chamado de Recurso Inominado, cabe da sentença definitiva proferida no Juizado Especial, excetuada a homologatória de conciliação ou laudo arbitral (art. 41 da Lei n. 9.099/1995, art. 5º da Lei n. 10.259/2001, art. 4º da Lei n. 12.153/2009).

Os autos serão remetidos às turmas recursais, independentemente de juízo de admissibilidade (Resolução CJF n. 417/2016).

Questão controversa diz respeito ao cabimento ou não de recurso da sentença que extingue o processo sem exame de mérito. Pelo cabimento, destacamos a Súmula n. 6 das TRs de SC: "Cabe recurso inominado da sentença que extingue o processo, com ou apreciação do mérito (Art. 5º da Lei n. 10.259/2001)."

d) Incidentes de Uniformização de Jurisprudência

Na Lei n. 10.259/2001, estão previstos três incidentes de uniformização, quais sejam, o regional para a TRU, o nacional para a TNU e o terceiro para o STJ.

O Incidente Regional caberá quando houver divergência entre decisões sobre questões de direito material proferidas por Turmas Recursais da mesma Região na interpretação da lei (art. 14, § 1º, da Lei n. 10.259/2001).

O Incidente para a TNU, previsto art. 14, § 2º, da Lei n. 10.259/2001, objetiva uniformizar questões de direito material, em três hipóteses: I – divergência entre decisões de Turmas Recursais de diferentes Regiões; II – decisão de Turma Recursal proferida em contrariedade à súmula ou jurisprudência dominante do STJ ou da TNU; III – decisão de TRU proferida em contrariedade à súmula ou jurisprudência dominante do STJ ou da TNU.

O Incidente para o STJ é possível quando a orientação acolhida pela TNU, em questões de direito material, contrariar súmula ou jurisprudência dominante do STJ (art. 14, § 4º, da Lei n. 10.259, de 2001, e Resolução STJ n. 10, de 2007)[18].

Importante acentuar que os incidentes referidos não se prestam para reexame de provas e análise de questões de direito processual e sequer em caso de divergência com a jurisprudência dos Tribunais Regionais Federais ou de Tribunais de Justiça.

O juiz responsável pelo juízo preliminar de admissibilidade devolverá o feito à Turma Recursal para eventual adequação, caso o acórdão recorrido esteja em manifesto confronto com súmula ou jurisprudência

---

(18) BRASIL. Superior Tribunal de Justiça. *Resolução n. 10, de 21 de novembro de 2007*. Dispõe sobre o processamento, no Superior Tribunal de Justiça, de incidente de uniformização da jurisprudência dos Juizados Especiais Federais.

dominante da TNU, do STJ ou do STF. O feito também deverá ser devolvido à Turma de origem quando o acórdão recorrido contrariar julgamento proferido em IRDR, para aplicação da tese firmada.

e) Agravo Regimental

Nos dispositivos legais que tratam dos recursos cabíveis no âmbito dos Juizados Especiais não há previsão do cabimento do Agravo Regimental. No entanto, no caso dos JEFs, o Conselho da Justiça Federal estabeleceu na Resolução n. 347/2015 (alterada pela Res. 392, de 19.04.2016) que esse recurso pode ser manejado no prazo de 15 (quinze) dias em face de decisão monocrática do relator e do presidente da Turma Recursal.

f) Recurso Extraordinário

O Recurso Extraordinário em matéria constitucional de repercussão geral caberá de decisão de última instância, que pode ser de Tribunal, de Turma Recursal e de Uniformização e do STJ (art. 102, III, a, da CF c/c art. 15 da Lei n. 10.259/2001, art. 20 da Lei n. 12.153/2009, e Regimento Interno do STF). Será interposto perante o Presidente da Turma ou Tribunal recorrido que, após as contrarrazões, fará a admissibilidade prévia e posteriormente encaminhará ao STF.

Para efeito da repercussão geral, será considerada a existência, ou não, de questões relevantes do ponto de vista econômico, político, social ou jurídico, que ultrapassem os interesses subjetivos da causa. Haverá também repercussão geral sempre que o recurso impugnar decisão contrária à súmula ou jurisprudência dominante do STF.

g) Agravo contra Inadmissão dos Incidentes de Uniformização e do Recurso Extraordinário

Está previsto no Regimento Interno da TNU que, em caso de inadmissão preliminar do incidente nacional de uniformização, a parte poderá interpor agravo nos próprios autos, no prazo de 15 (quinze) dias, a contar da publicação da decisão recorrida, devendo fundamentar o pleito, demonstrando o equívoco da decisão recorrida e a circunstância de se encontrar em confronto com súmula ou jurisprudência dominante da TNU, do STJ e do STF.

Por simetria, a mesma regra é aplicada nos casos de inadmissão dos incidentes de uniformização para as Turmas Regionais de Uniformização.

Em relação ao incidente endereçado ao STJ, a insurgência pode ser feita por requerimento da parte: "(...) se inadmitido, houver requerimento da parte, o pedido de uniformização será distribuído no Superior Tribunal de Justiça a relator integrante da Seção competente." (art. 1º, § 1º, da Resolução n. 10, de 2007.)

No caso de inadmissão do Recurso Extraordinário, caberá agravo nos próprios autos, no prazo de 15 (quinze) dias, conforme previsão contida no art. 1.042 do CPC/2015.

h) Agravo Interno

Contra decisão de inadmissão de pedido de uniformização regional fundada em julgamento do STF, proferido na sistemática de repercussão geral, ou em súmula da TRU, caberá AGRAVO INTERNO, no prazo de quinze dias, o qual, após o decurso de igual prazo para contrarrazões, será julgado pela Turma Recursal, mediante decisão irrecorrível (art. 3, §§ 5º e 7º da Resolução CJF n. 347/2015).

Contra decisão de inadmissão fundada em julgamento do STF, proferido na sistemática de repercussão geral, ou em súmula ou representativo de controvérsia da TNU, caberá Agravo Interno, no prazo de quinze dias, o qual, após o decurso de igual prazo para contrarrazões, será julgado pela Turma Recursal, mediante decisão irrecorrível (art. 15, §§ 2º e 3º, da Resolução CJF n. 345/2015).

Caberá ainda o Agravo Interno dirigido à turma recursal competente contra decisão de inadmissão de recurso extraordinário que discuta questão constitucional à qual o STF não tenha reconhecido a existência de repercussão geral ou a recurso extraordinário interposto contra acórdão que esteja em conformidade com entendimento do STF exarado no regime de repercussão geral ou em IRDR (art. 1.030 do CPC/2015). Caberá ainda o Agravo Interno, com base nesse mesmo dispositivo do CPC, contra decisão de sobrestamento de recurso extraordinário.

Reconsiderada a decisão que inadmitiu o recurso, o agravo será considerado prejudicado, devendo os autos ser remetidos à instância superior destinatária do incidente/recurso.

i) Outros meios de impugnação das decisões dos JEFs

Afora os recursos nominados e detalhados, as decisões proferidas pelos Juizados Especiais estão sujeitas às seguintes formas de impugnação:

Mandado de Segurança

O Mandado de Segurança é disciplinando pela Lei n. 12.016, de 2009, sendo concedido para proteger direito líquido e certo, não amparado por *habeas corpus* ou *habeas data*, sempre que, ilegalmente ou com abuso de poder, qualquer pessoa física ou jurídica sofrer violação ou houver justo receio de sofrê-la por parte de autoridade, seja de que categoria for e sejam quais forem as funções que exerça (art. 1º)[19].

A ausência de previsão de recursos em relação às decisões interlocutórias na fase da instrução ou mesmo do cumprimento da sentença, não pode ser substituída pela via do mandado de segurança, pois: a) burla o sistema que limitou as decisões passíveis de recurso; b) afeta a celeridade e a efetividade dos juizados; c) vulgariza a natureza do mandado de segurança, transformando-o em recurso substituído. Nesse ponto, a orientação do STF é no sentido de que é incabível o mandado de segurança das decisões interlocutórias exaradas em processos submetidos ao rito sumário dos juizados especiais (RE n. 576.847, Plenário, Rel. Min. Eros Grau, DJe 07.08.2009)[20].

Sendo assim, defendemos que cabe mandado de segurança somente contra ato jurisdicional teratológico que cause gravame e não haja recurso. Nesse sentido, o Enunciado FONAJEF n. 88: "Não se admite Mandado de Segurança para Turma Recursal, exceto na hipótese de ato jurisdicional teratológico contra o qual não caiba recurso."[21]

É da competência das Turmas Recursais processar e julgar os mandados de segurança contra ato de juiz federal no exercício da competência dos Juizados Especiais Federais e contra os seus próprios atos e decisões (Súmula n. 376 do STJ).

No mesmo sentido, há orientação firmada pelo STF, definindo que compete à Turma Recursal o exame de mandado de segurança, quando utilizado como substitutivo recursal, contra ato de juiz federal dos JEFs[22].

Necessário referir, ainda, que o STJ tem entendimento no sentido de cabimento de Mandado de Segurança aos TRFs contra ato das Turmas Recursais para fins exclusivos do controle da competência. O fundamento adotado pela Corte é de que "É necessário estabelecer um mecanismo de controle da competência dos Juizados, sob pena de lhes conferir um poder desproporcional: o de decidir, em caráter definitivo, inclusive as causas para as quais são absolutamente incompetentes, nos termos da lei civil."[23]

Reclamação

O instituto da reclamação é previsto constitucionalmente para a preservação da competência e garantia da autoridade das decisões do Supremo Tribunal Federal e do Superior Tribunal de Justiça (art. 102, I, *I*, e art. 105, I, *f*), cuja regulamentação se deu pela Lei n. 8.038, de 1990. No CPC, o tema está regulamentado no art. 988.

Quanto aos JEFs, a reclamação tem um papel fundamental pois, em caso de procedência do incidente de uniformização, os autos costumam ser devolvidos à Turma Recursal de origem para prosseguir no julgamento com a adoção da premissa uniformizada e análise das questões fáticas. Assim, em eventual recusa na observância da tese fixada pela TRU ou TNU, o remédio reservado para as partes é a reclamação. O tema está regulado no Regimento Interno da TNU (Reslução CJF n. 345/2015 – arts. 45 a 50).

j) Recursos não previstos nos Juizados Especiais Federais

Conforme já referido, não caberá recurso da sentença homologatória de conciliação ou laudo arbitral, por força de disposição legal (art. 41 da Lei n. 9.099/1995 e art. 5º da Lei n. 10.259/2001).

Considerando-se ainda as características dos Juizados Especiais, não são admitidos nesta instância simplificada os seguintes recursos: Agravo de instrumento contra decisões interlocutórias em geral; Recurso adesivo; Recurso oficial/Reexame necessário; Embargos infringentes; Recurso Especial (Súmula n. 203/STJ); Embargos à Execução de Sentença; e Ação Rescisória.

---

(19) BRASIL. *Lei n. 12.016, de 7 de agosto de 2009*. Disciplina o mandado de segurança individual e coletivo e dá outras providências. Disponível em: <http://www.planalto.gov.br/ccivil_03/_ato2007-2010/2009/lei/l12016.htm>. Acesso em: 08 ago. 2013.

(20) EMENTA: "RECURSO EXTRAORDINÁRIO. PROCESSO CIVIL. REPERCUSSÃO GERAL RECONHECIDA. MANDADO DE SEGURANÇA. CABIMENTO. DECISÃO LIMINAR NOS JUIZADOS ESPECIAIS. LEI N. 9.099/95. ART. 5º, LV DA CONSTITUIÇÃO DO BRASIL. PRINCÍPIO CONSTITUCIONAL DA AMPLA DEFESA. AUSÊNCIA DE VIOLAÇÃO. 1. Não cabe mandado de segurança das decisões interlocutórias exaradas em processos submetidos ao rito da Lei n. 9.099/1995. 2. A Lei n. 9.099/1995 está voltada à promoção de celeridade no processamento e julgamento de causas cíveis de complexidade menor. Daí ter consagrado a regra da irrecorribilidade das decisões interlocutórias, inarredável. 3. Não cabe, nos casos por ela abrangidos, aplicação subsidiária do Código de Processo Civil, sob a forma do agravo de instrumento, ou o uso do instituto do mandado de segurança. 4. Não há afronta ao princípio constitucional da ampla defesa (art. 5º, LV da CB), vez que decisões interlocutórias podem ser impugnadas quando da interposição de recurso inominado. Recurso extraordinário a que se nega provimento."

(21) Disponível em: <http://www.ajufe.org.br/portal/images/stories/pdfs/Enunciados_consolidados.pdf>. Acesso em: 06 ago. 2013.

(22) Nesse sentido: RE n. 586.789/PR, Tribunal Pleno, Relator Ministro Ricardo Lewandowski, DJe 24.02.2012.

(23) BRASIL. Superior Tribunal de Justiça, RMS n. 17.524/BA, Corte Especial, Relatora Ministra Nancy Andrighi, DJ 11.09.2006.

3.3. Coisa Julgada no âmbito dos JEFs

Tema extremamente polêmico é o que diz respeito à ocorrência da coisa julgada, especialmente em matéria de benefícios previdenciários, em face de decisões judiciais que tenham negado o direito à prestação postulada ou à revisão da renda mensal.

A análise da existência de coisa julgada material exige a observância da natureza social e alimentar dos benefícios previdenciários e a renovação do direito à prestação a cada mês (trato sucessivo), bem como o disposto no art. 505, I, do CPC/2015, *in verbis*:

> Art. 505. *Nenhum juiz decidirá novamente as questões já decididas relativas à mesma lide, salvo:*
>
> I – *se, tratando-se de relação jurídica de trato continuado, sobreveio modificação no estado de fato ou de direito, caso em que poderá a parte pedir a revisão do que foi estatuído na sentença;*

Em relação aos benefícios por incapacidade é comum ocorrer o agravamento da doença após a perícia judicial ou, mesmo, o surgimento de outra moléstia incapacitante, impedindo o segurado de exercer suas atividades. Em tais casos, será necessário novo requerimento administrativo e nova análise do pedido, não se podendo falar em coisa julgada.

Contrario sensu, a jurisprudência admite que o auxílio-doença concedido judicialmente pode ser cancelado administrativamente em caso de recuperação da capacidade laborativa: TRF/4, AC. n. 2002.04.01.017795-1/SC, *DE* de 06.10.2008; TNU, PU n. 5000525-23.2012.4.04.7114, *DOU* de 07.06.2013.

Quanto ao reconhecimento do tempo de contribuição, é comum o segurado não instruir o seu pedido com os documentos necessários à comprovação do seu direito. Nessa hipótese, o STJ firmou duas orientações.

A primeira, no sentido de que "é possível ao tribunal, na ação rescisória, analisar documento novo para efeito de configuração de início de prova material destinado à comprovação do exercício de atividade rural, ainda que esse documento seja preexistente à propositura da ação em que proferida a decisão rescindenda referente à concessão de aposentadoria rural por idade" (AR n. 3.921-SP, 3ª Seção, Rel. Min. Sebastião Reis Júnior, *DJe* de 07.05.2013). No caso dos JEFs, essa alternativa não é válida em face do não cabimento da ação rescisória.

A segunda e mais atual orientação do STJ, fixada em Representativo de Controvérsia, é de que o juiz deve extinguir o processo sem exame de mérito, possibilitando ao segurado a propositura de nova ação com os documentos necessários para comprovar seu direito:

> APOSENTADORIA POR IDADE RURAL. AUSÊNCIA DE PROVA MATERIAL APTA A COMPROVAR O EXERCÍCIO DA ATIVIDADE RURAL. CARÊNCIA DE PRESSUPOSTO DE CONSTITUIÇÃO E DESENVOLVIMENTO VÁLIDO DO PROCESSO. EXTINÇÃO DO FEITO SEM JULGAMENTO DO MÉRITO, DE MODO QUE A AÇÃO PODE SER REPROPOSTA, DISPONDO A PARTE DOS ELEMENTOS NECESSÁRIOS PARA COMPROVAR O SEU DIREITO. RECURSO ESPECIAL DO INSS DESPROVIDO.
>
> (...) 5. *A ausência de conteúdo probatório eficaz a instruir a inicial, conforme determina o art. 283 do CPC, implica a carência de pressuposto de constituição e desenvolvimento válido do processo, impondo a sua extinção sem o julgamento do mérito (art. 267, IV do CPC) e a consequente possibilidade de o autor intentar novamente a ação (art. 268 do CPC), caso reúna os elementos necessários a tal iniciativa.* (STJ, REsp n. 1.352.721/SP, Corte Especial, Rel. Min. Napoleão Nunes Maia Filho, DJe de 28.04.2016.)

Para o relator desse representativo, "(...) deve-se procurar encontrar na hermenêutica previdenciária a solução que mais se aproxime do caráter social da Carta Magna, a fim de que as normas processuais não venham a obstar a concretude do direito fundamental à prestação previdenciária a que faz jus o segurado".

Passado o prazo da ação rescisória ou na hipótese do seu não cabimento (caso dos Juizados Especiais Federais), a alternativa será apresentar novo requerimento administrativo com novas provas, pois a decisão anterior não pode impedir a reapreciação da pretensão como nova roupagem, afastando-se, assim, a coisa julgada. A corroborar esse entendimento, citamos a decisão da TNU que segue:

> PEDIDO DE UNIFORMIZAÇÃO. PREVIDENCIÁRIO. BENEFÍCIO POR INCAPACIDADE. EXTINÇÃO DO PROCESSO. COISA JULGADA. RENOVAÇÃO DO REQUERIMENTO ADMINISTRATIVO. NOVOS DOCUMENTOS. NÃO INCIDÊNCIA DA SÚMULA TNU N. 43. EXCEPCIONALIDADE DO CASO. RELATIVIZAÇÃO DA COISA JULGADA. PRIMAZIA DA PROTEÇÃO PREVIDENCIÁRIA. INCIDENTE CONHECIDO E PARCIALMENTE PROVIDO.
>
> (...) 10. *Em conclusão, em primeiro lugar está a regra constitucional da proteção previdenciária, permitindo, em determinadas hipóteses, a desconsideração da eficácia plena da coisa julgada, como no caso dos autos, ante a apresentação de novas provas pela autora (CTPS e documentos médicos acerca da continuidade*

do tratamento de suas moléstias). Interpretação diversa implicaria obstáculo ao princípio do acesso à justiça ao hipossuficiente, o que representa um contrassenso ao princípio da instrumentalidade das formas.

11. Assim, excepcionalmente, conheço e dou parcial provimento ao pedido de uniformização da parte autora para afastar a coisa julgada e anular o acórdão recorrido e a sentença, determinando o retorno dos autos ao juízo de origem para reabertura da instrução probatória a fim de se averiguar a idoneidade do registro em CTPS. No caso procedência do pedido, os efeitos financeiros devem retroagir à data do segundo requerimento. (PEDILEF n. 0031861-11.2011.4.03.6301, Relator Juiz Federal João Batista Lazzari, Sessão de 07.05.2015.)

Em conclusão, podemos definir que em primeiro lugar está a regra constitucional da proteção previdenciária, permitindo, em determinadas hipóteses, a desconsideração da eficácia plena da coisa julgada. Essa também é a orientação fixada pelo STJ, que esperamos seja observada em todas as instâncias do Judiciário:

> *Tradicionalmente, o Direito Previdenciário se vale da processualística civil para regular os seus procedimentos, entretanto, não se deve perder de vista as peculiaridades das demandas previdenciárias, que justificam a flexibilização da rígida metodologia civilista, levando-se em conta os cânones constitucionais atinentes à Seguridade Social, que tem como base o contexto social adverso em que se inserem os que buscam judicialmente os benefícios previdenciários. (STJ, REsp n. 1.352.721/SP, Corte Especial, Rel. Min. Napoleão Nunes Maia Filho, DJe de 28.04.2016.)*

4. CONSIDERAÇÕES FINAIS

A criação dos Juizados Especiais representou um grande avanço na prestação jurisdicional da Justiça Federal no Brasil, para torná-la mais ágil, célere e efetiva.

No entanto, com passar do tempo surgiram desafios que devem ser enfrentados e superados para que se obtenha maior efetividade do sistema.

Defende-se a disseminação da prática conciliária nos JEFs, tendo em vista que auxilia as partes a resolverem seus conflitos com elevado grau de satisfação, ajudando também na prevenção de contendas futuras.

Todavia, o maior entrave a ser superado está relacionado ao modelo de revisão das decisões dos JEFs, exigindo reflexões e medidas para reduzir o número de recursos e de instâncias uniformizadoras para torná-lo mais racional e justo.

Para concluir este estudo, nos valem os ensinamentos de Mauro Cappelletti, o qual aponta a nossa responsabilidade enquanto Juristas:

> Devemos estar conscientes de nossa responsabilidade; é nosso dever contribuir para fazer que o direito e os remédios legais reflitam as necessidades, problemas e aspirações atuais da sociedade civil; entre essas necessidades estão seguramente as de desenvolver alternativas aos métodos e remédios, tradicionais, sempre que sejam demasiado caros, lentos e inacessíveis ao povo; daí o dever de encontrar alternativas capazes de melhor atender às urgentes demandas de um tempo de transformações sociais em ritmo de velocidade sem precedente.[24]

5. REFERÊNCIAS BIBLIOGRÁFICAS

ALEXY, Robert. *Teoria dos direitos fundamentais*. 2. ed. São Paulo: Malheiros, 2011.

BOCHENEK, Antônio César; NASCIMENTO, Márcio Augusto. *Juizados Especiais Federais Cíveis*. E-book. Porto Alegre: direitos dos autores, 2011.

BRASIL. Conselho da Justiça Federal. *Acesso à Justiça Federal*: dez anos de juizados especiais. Conselho da Justiça Federal, Centro de Estudos Judiciários, Instituto de Planejamento Econômico e Social. Brasília: CJF, 2012.

BRASIL. *Lei n. 12.016, de 7 de agosto de 2009*. Disciplina o mandado de segurança individual e coletivo e dá outras providências.

BRASIL. Superior Tribunal de Justiça. *Resolução n. 10, de 21 de novembro de 2007*. Dispõe sobre o processamento, no Superior Tribunal de Justiça, de incidente de uniformização da jurisprudência dos Juizados Especiais Federais.

CAPPELLETTI, Mauro. Os métodos alternativos de solução de conflitos no quadro do movimento universal de Acesso à Justiça. In: *Revista de Processo*, São Paulo: Thomson Reuters/Revista dos Tribunais, v. 74, p. 82, abr. 1994.

CASTRO, Carlos Alberto Pereira de; LAZZARI, João Batista. *Manual de direito previdenciário*. 21. ed. Rio de Janeiro: Forense, 2018.

CHAMON, Omar. Os princípios no cotidiano dos Juizados Especiais Federais. In: SERAU JR., Marco Aurélio; DENIS, Donoso (Coord.). *Juizados Especiais Federais*: reflexões nos dez anos de sua instalação. Curitiba: Juruá, 2012.

---

[24] CAPPELLETTI, Mauro. Os métodos alternativos de solução de conflitos no quadro do movimento universal de Acesso à Justiça. *Revista de Processo*. São Paulo: Thomson Reuters/Revista dos Tribunais, v. 74, p. 82, abr. 1994.

CHIMENTI, Ricardo Cunha. *Teoria e prática dos juizados especiais cíveis estaduais e federais*. 13. ed. São Paulo: Saraiva, 2012.

FERREIRA, Willian Santos. Prova pericial nos Juizados Especiais Federais: acesso à justiça e modelos de operacionalização do direito constitucional à prova. In: SERAU JR., Marco Aurélio; DENIS, Donoso (Coord.). *Juizados Especiais Federais*: reflexões nos dez anos de sua instalação. Curitiba: Juruá Editora, 2012.

LAZZARI, João Batista; CASTRO, Carlos Alberto Pereira de; KRAVICHYNCHYN, Gisele Lemos; KRAVICHYNCHYN, Jefferson Luiz. *PRÁTICA PROCESSUAL PREVIDENCIÁRIA – Administrativa e Judicial*. 10. ed. Rio de Janeiro: Forense, 2018.

SAVARIS, José Antonio. *Direito Processual Previdenciário*. 6. ed. Curitiba: Alteridade Editora, 2016.

_____. *Uma teoria da decisão judicial da previdência social*: contributo para a superação da prática utilitarista. Florianópolis: Conceito Editorial, 2011.

Efeitos da Condenação Trabalhista no Âmbito Previdenciário: Necessidade do Recolhimento das Contribuições e do Cumprimento das Obrigações Acessórias

João Batista Lazzari[1]

Valéria Gaurink Dias Fundão[2]

1. INTRODUÇÃO

Este artigo coloca em foco a importância do recolhimento das contribuições previdenciárias decorrentes da condenação pecuniária no âmbito trabalhista, bem como do correto cumprimento das obrigações acessórias a cargo do empregador, tendo em vista que as verbas salariais ou de prestação de serviços auferidas devem repercutir em sua totalidade em favor do segurado mediante a inclusão das informações no CNIS (Cadastro Nacional de Informação Social).

A falta de sintonia entre o resultado da decisão da Justiça do Trabalho e o sistema previdenciário decorre, também, da ausência de postulação para a retificação da GFIP nas competências que envolvem a condenação judicial. A consequência desse relapso costuma surgir no momento em que são postulados os benefícios junto ao INSS, ocasião em que são conferidos os períodos trabalhados e os salários de contribuição constantes no CNIS.

É fato que, normalmente, o trabalhador quando procura o INSS e requer algum benefício, considera baixo o valor da renda mensal, mas não entende o real motivo. Nesse contexto, examinar-se-á o prejuízo econômico que o segurado sofre no cálculo do salário de benefício.

O trabalhador se socorre da Justiça do Trabalho porque no período laborado identificou ausência de anotação da CTPS ou falta de pagamento de verbas a que tinha direito e, consequentemente, as contribuições devidas ao INSS não foram recolhidas.

É da Justiça do Trabalho a competência para executar, de ofício, as contribuições sociais incidentes sobre a folha de salários e demais rendimentos do trabalho, pagos ou creditados, a qualquer título à pessoa que lhe preste serviços, mesmo sem vínculo empregatício, nos termos do art. 114, VIII, da Constituição da República, com a redação dada pela Emenda Constitucional n. 45/2004. Desse modo, cabe à Justiça do Trabalho intimar a empregadora/contratante condenada a apresentar em Juízo a Guia de Recolhimento da GFIP.

E, ainda, é inaceitável que a empresa descumpra a legislação, o que ocasiona prejuízos aos empregados/beneficiários, como também ao erário. Portanto, deve a Justiça do Trabalho ficar atenta a esse descumprimento da lei na execução previdenciária, não deixando de aplicar a *astreinte*, em benefício do

---

[1] Doutor e Mestre em Ciência Jurídica pela Universidade do Vale do Itajaí-UNIVALI. Doutor em Direito Público pela Universidade de Perugia/Itália, Juiz Federal do TRF da 4ª Região. Membro da 3ª Turma Recursal dos JEFs em Florianópolis/SC. Integrante da Turma Nacional de Uniformização dos JEFs (2013-2015). Professor da Escola Superior da Magistratura Federal e do Trabalho de Santa Catarina. Coautor das obras: *Manual de Direito Previdenciário*, 20. ed. Forense, 2017; *Prática Processual Previdenciária*, 9. ed. Forense, 2017, dentre outras.

[2] Graduada em Jornalismo pela Faculdade FAESA, Espírito Santo. Bacharel em Direito pelo CESV, Espírito Santo. Especialista em Direito Previdenciário Presencial pelo INESP – São Paulo. Advogada Trabalhista e Previdenciária. Mestranda em Direitos e Garantias Fundamentais da FDV.

trabalhador e oficiar a Receita Federal para aplicação das multas cabíveis.

Trataremos, pois, nos capítulos que se seguem das questões atinentes ao recolhimento das contribuições nas ações trabalhistas e à forma de cálculo e revisão dos benefícios previdenciários.

No primeiro momento, será abordado o histórico legislativo das contribuições previdenciárias e a Emenda Constitucional n. 45/2004 que estabeleceu, de forma clara e precisa, que a Justiça do Trabalho é competente pra executar, de ofício, as contribuições sociais previstas no art. 195, I, *a*, e II, e seus acréscimos legais, decorrentes das sentenças que proferir.

A realização do presente estudo encontra justificativa no fato de que milhares de trabalhadores que ingressam com ações trabalhistas e obtêm o reconhecimento de vínculo empregatício e/ou o direito ao pagamento de parcelas de natureza salarial, ainda necessitarão ajuizar nova ação judicial contra o INSS na Justiça Federal para fins previdenciários, o que representa uma falta de racionalidade do sistema.

2. EVOLUÇÃO HISTÓRICA DA COMPETÊNCIA DA JUSTIÇA DO TRABALHO NO QUE SE REFERE À CONTRIBUIÇÃO PREVIDENCIÁRIA

Inicialmente, se faz necessário traçar a evolução histórica da competência da Justiça do Trabalho no que se refere à contribuição previdenciária.

Determinou o art. 12 da Lei n. 7.787, de 30.06.1989, a obrigação do recolhimento das contribuições previdenciárias na hipótese de extinção dos processos trabalhistas, *in verbis*:

> Em caso de extinção de processos trabalhistas de qualquer natureza, inclusive a decorrente de acordo entre as partes, de que resultar pagamento de vencimentos, remuneração, salário e outros ganhos habituais do trabalhador, o recolhimento das contribuições devidas à Previdência Social será efetuado *in continenti*.

A palavra *in continenti* significa sem demora, de imediato. A lei, porém, não estabeleceu qual é o prazo para o recolhimento da contribuição previdenciária, entendendo-se que será o mais rápido possível (MARTINS, 2003).

Nesses termos, a partir da própria sentença ou acordo trabalhista, fazia-se incidir as alíquotas legais das contribuições. E mais, caso não fosse possível distinguir entre as várias espécies de verbas objeto de acordo, como ganhos habituais e indenizações (estes últimos não sujeitos à incidência das contribuições), a Autarquia passaria a ser autorizada a fazer incidir a alíquota sobre todo o montante.

Pontua Ana Maria Aparecida de Freitas:

> Observa-se, então que ainda não havia a competência material da Justiça do Trabalho para executar a contribuição previdenciária, mas, apenas, o dever de a autoridade judiciária velar pelo recolhimento do tributo, mas, sem qualquer poder de coerção, nas hipóteses em que o devedor não procedia a comprovação do recolhimento, nos autos.[3]

Em 1990, o TST editou o Provimento n. 1, de 20.01.1990, determinando a observância do art. 12 da Lei n. 7.787/1989, dispondo que a Justiça do Trabalho não possuía competência para compelir executivamente cobranças de contribuições previdenciárias, já que a Constituição Federal atribuía esse dever à Justiça Federal.

A Lei n. 8.212/1991 (Lei Orgânica da Previdência Social – LOPS) incorporou o art. 12 da Lei n. 7.787/1989, em seu art. 43, o qual apenas fazia menção ao pagamento de remuneração ao segurado e não mais a pagamento de vencimentos, remuneração, salários e outros ganhos habituais do trabalhador (MARTINS, 2004, p. 15).

Posteriormente, a Lei n. 8.620, de 05.01.1993, ofereceu nova redação aos arts. 43 e 44 da Lei n. 8.212/1991. O art. 43 da Lei n. 8.212 passou a estar assim especificado:

> Nas ações trabalhistas de que resultar o pagamento de direitos sujeitos à incidência de contribuição previdenciária, o juiz, sob pena de responsabilidade, determinar o imediato recolhimento das importâncias devidas à Seguridade Social.

Já o parágrafo único do art. 43 determinou o seguinte:

> Nas sentenças judiciais ou nos acordos homologados em que não figurarem, discriminadamente, as parcelas legais relativas à contribuição previdenciária, esta incidirá sobre o valor total apurado em liquidação de sentença ou sobre o valor de acordo homologado.

---

(3) FREITAS, Maria Aparecida de. O acesso à justiça e a tutela específica: lide trabalhista e obrigação de empregador informar dados à previdência social. *Revista do Tribunal Regional do Trabalho da 6ª Região*. Recife, v. 19, n. 36, p. 65-88, 2009.

O art. 44 teve sua redação ampliada:

> A autoridade judiciária exigirá a comprovação do fiel cumprimento ao disposto no artigo anterior, inclusive fazendo expedir notificação ao Instituto Nacional do Seguro Social – INSS, dando-lhe ciência dos termos da sentença ou do acordo celebrado.

Desta forma, o Juiz do Trabalho não apenas determinava o imediato recolhimento das contribuições previdenciárias, sob pena de responsabilidade, mas passava a velar pelo seu fiel cumprimento, fazendo expedir notificação ao Instituto Nacional do Seguro Social – INSS, dando ciência dos termos da sentença ou do acordo celebrado, a fim de que a Autarquia Previdenciária cuidasse de cobrar, perante a Justiça Federal comum, a contribuição previdenciária decorrente da reclamação trabalhista, caso o devedor não houvesse comprovado nos autos o regular recolhimento.

Vê-se também ato da Corregedoria da Justiça do Trabalho no art. 10 do Provimento n. 2, de 18 de agosto de 1993:

> Não poderá ser controvertida perante a Justiça do Trabalho qualquer pretensão alusiva às obrigações do demandado pertinentes às contribuições previdenciárias, ressalvada a definição da natureza jurídica das parcelas devidas ao empregado e a correspondente incidência do desconto da contribuição previdenciária.

No período que vai até a vigência da Emenda Constitucional n. 20, de 15.12.1998, a atuação do Juiz do Trabalho consistia em verificar a existência de débito previdenciário e, caso não fosse quitada espontaneamente pelo empregador, não sendo possível a execução da contribuição previdenciária nos próprios autos do processo trabalhista, era expedido um ofício ao INSS.

O INSS, após receber as informações do Juiz do Trabalho, procedia na forma do disposto na Ordem de Serviço Conjunta DAF/DSS n. 66, de 10.10.1997, analisando se existiam parcelas sujeitas à incidência de contribuição previdenciária, fixando prazo para o recolhimento das contribuições devidas, se fosse o caso e, por fim, lavrava a Notificação Fiscal de Lançamento de Débito (NFLD).

Portanto, caso não fossem pagas no prazo estipulado, as parcelas sujeitas à incidência de contribuição previdenciária pelo empregador, ocorreria a inscrição na dívida ativa, possibilitando sua execução em favor de Previdência perante a Justiça Federal.

Com o advento da Emenda Constitucional n. 20/1998, foi acrescentado o § 3º ao art. 114 da Constituição Federal, ampliando a competência ali prevista ao dispor que: "Compete ainda à Justiça do Trabalho executar, de ofício, as contribuições sociais previstas no art. 195, I, *a*, e II, e seus acréscimos legais, decorrentes das sentenças que proferir."

Assim, das decisões emanadas da Justiça do Trabalho, além da execução das verbas trabalhistas em si, devidas ao empregado, devem ser executadas as demais verbas, de natureza previdenciária, decorrentes da relação de emprego.

A norma, oriunda do poder constituinte derivado, suscitou intensa controvérsia doutrinária, chegando-se a cogitar de sua inconstitucionalidade, sob a alegação de violação do princípio da separação dos Poderes, do juízo natural e, ainda, do princípio do devido processo legal, contraditório e ampla defesa. Sergio Pinto Martins (MARTINS, 2004, p. 16) esclareceu que: "o objetivo nítido da disposição mencionada é não só arrecadar a contribuição na própria fonte, mas também poder executá-la na própria fonte."

Com isso, houve a substituição da remessa de informações ao INSS, pela efetiva execução das contribuições devidas a ser processada, a teor do dispositivo na vigente Carta Magna, de ofício, isto é impulsionado pelo Juiz do Trabalho, sem a provocação do órgão previdenciário interessado, sendo o processo do trabalho bastante à sua efetivação.

A Lei n. 10.035, de 25.10.2000, deu nova redação e acrescentou dispositivos à CLT. Por exemplo, o art. 831 da CLT foi acrescido um parágrafo único assim grafado:

> No caso de conciliação, o termo que for lavrado valerá como decisão irrecorrível, salvo para Previdência Social quanto às contribuições que lhe forem devidas.

A redação do referido artigo reiterava o entendimento já cristalizado no Enunciado n. 259 do Tribunal Superior do Trabalho, no que dizia respeito à irrecorribilidade dos acordos celebrados perante a Justiça do Trabalho.

Já o art. 832 da CLT recebeu a seguinte configuração em seus §§ 3º e 4º:

> § 3º As decisões cognitivas ou homologatórias deverão sempre indicar a natureza jurídica das parcelas constantes da condenação ou do acordo homologado, inclusive o limite de responsabilidade de cada parte pelo recolhimento da contribuição previdenciária, se for o caso.
>
> § 4º O INSS será intimado, por via postal, das decisões homologatórias de acordos que contenham parcela indenizatória, sendo-lhe facultado interpor recurso relativo às contribuições que lhe forem devidas.

A normatização criada no art. 832 da CLT impõe às Varas do Trabalho, quer decidindo a controvérsia, quer homologando acordos, a "obrigação" de indicar a natureza jurídica das parcelas, se salarial ou indenizatória, além do limite de responsabilidade de cada parte pelo recolhimento previdenciário.

O art. 876 da CLT teve a si acrescido o parágrafo único assim dispondo:

> Serão executados *ex officio* os créditos previdenciários devidos em decorrência de decisão proferida pelos Juízes e Tribunais do Trabalho, resultantes de condenação ou homologação do acordo.

A redação desse dispositivo foi atualizada em 2017 para:

> A Justiça do Trabalho executará, de ofício, as contribuições sociais previstas na alínea *a* do inciso I e no inciso II do *caput* do art. 195 da Constituição Federal, e seus acréscimos legais, relativas ao objeto da condenação constante das sentenças que proferir e dos acordos que homologar. (Redação dada pela Lei n. 13.467, de 2017)

O comando supracitado reflete o que acabou sendo disposto pela Emenda Constitucional n. 45/2004 e alinhou-se ao procedimento já adotado no âmbito do processo trabalhista, em que o juízo deflagra, *ex officio*, o procedimento executório.

O art. 878-A da CLT está agora assim dispondo:

> Faculta-se ao devedor o pagamento imediato, da parte que entender devida à Previdência Social, sem prejuízo da cobrança de eventuais diferenças encontradas na execução *ex officio*.

O artigo supracitado, mais uma vez, destaca o crédito previdenciário ao dispor sobre a faculdade que tem o devedor de proceder, de imediato, ao pagamento do valor que entender devido à Previdência Social, resguardando-se, mais, o direito de se efetuar a cobrança, na execução de ofício, de possíveis diferenças que sejam ainda encontradas.

O art. 879 CLT estabelece que:

> 1º-A. A liquidação, abrangerá, também, o cálculo das contribuições previdenciárias devidas
>
> 1º-B As partes deverão ser previamente intimadas para a apresentação do cálculo de liquidação, inclusive da contribuição previdenciária incidente.
>
> 2º [...]
>
> 3º Elaborada a conta pela parte ou pelos órgãos auxiliares da Justiça do Trabalho, o juiz procederá à intimação por via postal do Instituto Nacional do Seguro Social – INSS, por intermédio do órgão competente, para manifestação, no prazo de dez dias, sob pena de preclusão.
>
> 4º A atualização do crédito devido à Previdência Social observará os critérios estabelecidos na legislação previdenciária.

Analisando-se as novas disciplinas inseridas no artigo acima mencionado, tem-se, inicialmente, que a inclusão das contribuições previdenciárias no cálculo liquidatário disciplinado pelo 1º artigo, por óbvio se impõe. De igual modo, também o previsto no 1º-B do mesmo artigo, já que o desejável é que as próprias partes (reclamante e reclamado) apresentem os cálculos liquidatários, dos quais, em obediência ao novo comando legal, deverão também constar as contribuições previdenciárias incidentes.

Vale ressaltar que as normas inseridas nos arts. 880, 884, 889 e 897 da CLT recepcionam, especificamente, os efetivos procedimentos a serem adotados, a fim de ser dar comprimento à execução das contribuições previdenciárias apuradas como devidas, observando-se o que já se encontra disposto com pertinência à execução dos créditos trabalhistas.

Na verdade, a Lei n. 10.035, de 25.10.2000, regulamentou o § 3º do art. 114, da Carta Magna, uniformizando o modo pelo qual se dará a execução das contribuições previdenciárias nos autos do processo trabalhista.

Posteriormente, a Emenda Constitucional n. 45/2004 introduziu o inciso VIII ao art. 114 da Constituição, que tinha essa redação do antigo § 3º, espancando-se qualquer dúvida quanto à permanência da competência da Justiça do Trabalho para executar as contribuições devidas à previdência social.

Convém relatar que a Resolução TST n. 126/2005 dispõe sobre normas procedimentais aplicáveis ao processo do trabalho em decorrência desta aplicação da competência da Justiça do Trabalho pela Emenda Constitucional n. 45/2004.

Com isso, o § 3º do art. 114 da Constituição Federal, bem com o parágrafo único do art. 876 da CLT, acrescentados pela Lei n. 10.035/2000 e pela Emenda Constitucional n. 45/2004, já não deixam mais qualquer dúvida quanto à competência da Justiça do Trabalho para determinar descontos previdenciários dos créditos reconhecidos aos empregados nas sentenças por ela proferidas.

Vale ressaltar que a Súmula n. 368 do TST e a Súmula Vinculante n. 53 do STF ratificam o mencionado acima. Confira:

Súmula n. 368 do TST:

DESCONTOS PREVIDENCIÁRIOS. IMPOSTO DE RENDA. COMPETÊNCIA. RESPONSABI-

LIDADE PELO RECOLHIMENTO. FORMA DE CÁLCULO. FATO GERADOR.

I. A Justiça do Trabalho é competente para determinar o recolhimento das contribuições previdenciárias e fiscais provenientes das sentenças que proferir. A competência das Justiça do Trabalho para execução das contribuições previdenciárias alcança as parcelas integrantes do salário de contribuição, pagas em virtude de contrato, ou de emprego reconhecido em juízo, ou decorrentes de anotação da Carteira de Trabalho e Previdenciária Social – CTPS, objeto de acordo homologado em juízo. (ex-OJ n. 141 – Inserida em 27.11.1998)

II – É do empregador a responsabilidade pelo recolhimento das contribuições previdenciárias e fiscais, resultantes de crédito do empregado oriundo de condenação judicial. A culpa do empregador pelo inadimplemento das verbas remuneratórias, contudo, não exime a responsabilidade do empregado pelos pagamentos do imposto de renda devido e da contribuição previdenciária que recaia sobre sua quota-parte. (ex-OJ n. 363 da SBDI-1, parte final)

III – Os descontos previdenciários relativos à contribuição do empregado, no caso de ações trabalhistas, devem ser calculados mês a mês, de conformidade com o art. 276, § 4º, do Decreto n. 3.048/1999 que regulamentou a Lei n. 8.212/1991, aplicando-se as alíquotas previstas no art. 198, observado o limite máximo do salário de contribuição (ex-OJs ns. 32 e 228 da SBDI-1 – inseridas, respectivamente, em 14.03.1994 e 20.06.2001)

IV – Considera-se fato gerador das contribuições previdenciárias decorrentes de créditos trabalhistas reconhecidos ou homologados em juízo, para os serviços prestados até 4.3.2009, inclusive, o efetivo pagamento das verbas, configurando-se a mora a partir do dia dois do mês seguinte ao da liquidação (art. 276, "caput", do Decreto n. 3.048/1999). Eficácia não retroativa da alteração legislativa promovida pela Medida Provisória n. 449/2008, posteriormente convertida na Lei n. 11.941/2009, que deu nova redação ao art. 43 da Lei n. 8.212/1991.

V – Para o labor realizado a partir de 05.03.2009, considera-se fato gerador das contribuições previdenciárias decorrentes de créditos trabalhistas reconhecidos ou homologados em juízo a data da efetiva prestação dos serviços. Sobre as contribuições previdenciárias não recolhidas a partir da prestação dos serviços incidem juros de mora e, uma vez apurados os créditos previdenciários, aplica-se multa a partir do exaurimento do prazo de citação para pagamento, se descumprida a obrigação, observado o limite legal de 20% (art. 61, § 2º, da Lei n. 9.430/1996).

VI – O imposto de renda decorrente de crédito do empregado recebido acumuladamente deve ser calculado sobre o montante dos rendimentos pagos, mediante a utilização de tabela progressiva resultante da multiplicação da quantidade de meses a que se refiram os rendimentos pelos valores constantes da tabela progressiva mensal correspondente ao mês do recebimento ou crédito, nos termos do art. 12-A da Lei n. 7.713, de 22.12.1988, com a redação conferida pela Lei n. 13.149/2015, observado o procedimento previsto nas Instruções Normativas da Receita Federal do Brasil.

Súmula Vinculante n. 53 do STF:

A competência da Justiça do Trabalho prevista no art. 114, VIII, da Constituição Federal alcança a execução de ofício das contribuições previdenciárias relativas ao objeto da condenação constante das sentenças que proferir e acordos por ela homologados.

Ainda, há uma grande celeuma, pois embora seja a Justiça do Trabalho competente em executar as contribuições previdenciárias, inflando os cofres públicos, esses valores muitas das vezes não estão seguindo o fluxo correto, ou seja, os valores recolhidos não estão sendo destinados ao fim que se prestam, não estão abastecendo o Cadastro Nacional de Informações Sociais – CNIS, banco de dados da Previdência Social.

3. RECOLHIMENTO PREVIDENCIÁRIO NAS AÇÕES TRABALHISTAS

A Lei n. 10.035/2000 regulamentou a execução *ex officio* das parcelas previdenciárias incidentes sobre os créditos trabalhistas das sentenças proferidas pela Justiça do Trabalho. Com efeito, deverão ser executados de ofício os créditos previdenciários devidos em função de sentença condenatória ou de acordo.

Quando um empregado ingressa com ação trabalhista para obter a declaração de vínculo de emprego e/ou quando postula apenas o reconhecimento de verbas salariais não pagas durante a relação de trabalho, a decisão a ser proferida na Justiça do Trabalho repercutirá na fixação do benefício previdenciário.

Os pagamentos efetuados a contribuintes individuais decorrentes de ação trabalhista e que reconheçam a prestação de serviço à empresa, mesmo não envolvendo o reconhecimento do vínculo empregatício, devem ser, ainda assim, informados em GFIP, sendo uma para cada competência em que foi prestado o serviço com valor respectivo.

Muitas empresas, quando condenadas na reclamação trabalhista, têm efetuado o recolhimento da contribuição previdenciária de forma equivocada, desrespeitando a lei. Esse recolhimento tem sido feito através de GPS (Guia de Recolhimento da Previdência

Social), no código 2909, em uma única Guia, sendo que o correto seria emitir a GFIP, obrigação acessória, com o fito de alimentar o banco de dados do CNIS da Previdência Social, na forma prevista no art. 113, § 2º, do CTN, no IV e § 2º do art. 32 da Lei n. 8.212/1991.

E, ainda, há empresas recolhendo com o código 1.708. Nem se diga que o procedimento adotado pela Reclamada de recolher a GPS com o código 1,708 não traz prejuízos ao trabalhador, eis que o valor recolhido é considerado como recebimentos de salários ou remunerações em referido mês de competência, podendo interromper o benefício de seguro-desemprego e, ainda, interferir na base de cálculo dos salários utilizados para o recebimento do abono do PIS, aumentando referida base e, inclusive, impedindo que venha a ser pago o abono anual se essa base for majorada o bastante.

Apenas com o preenchimento correto e completo da GFIP com as informações cadastrais e com a individualização do fato gerador a que se refere cada competência, a executada estará desonerada das suas obrigações. Assim, estará garantida a plenitude do exercício, pelo trabalhador, dos seus direitos previdenciários. Portanto, faz-se necessário que a empresa reclamada informe, mediante GFIP, os dados cadastrais do reclamante, as bases de incidência da contribuição e outros elementos referentes à movimentação desse empregado (afastamentos, retornos, entre outros).

Como exemplo, temos uma ação trabalhista que teve sentença proferida em janeiro de 2012, condenando o empregador ao pagamento de verbas remuneratórias no montante de R$ 12.000,00 (doze mil reais), sem especificar as competências. Nesse caso, o empregado postulou valores devidos nos meses de janeiro a dezembro de 2011. Para recolher as contribuições previdenciárias, o adequado seria fazer 12 (doze) guias GFIP's com o código 650, opção 1, rateando-se o valor de R$ 12.000,00 em R$ 1.000,00 para cada competência. O Código de GPS sai automaticamente pelo SEFIP, sendo informado o código 2.909 após o fechamento.

A forma correta é a transmissão dos dados através da guia GFIP preenchida corretamente com as rubricas das verbas salariais deferidas na Justiça do Trabalho, sendo possível identificar as rubricas pagas pela empresa. Nesse sentido, é a jurisprudência:

> CONTRIBUIÇÕES PREVIDENCIÁRIAS. COMPROVAÇÃO DE RECOLHIMENTO POR MEIO DA GUIA GFIP. Ainda que o executado tenha comprovado o recolhimento das contribuições sociais em guia única (GPS), sua apresentação não exaure a obrigação de comprovar também as contribuições previdenciárias procedidas mês a mês sobre os valores devidos à exequente, através das guias GFIP, procedimento imprescindível para a concessão de benefícios previdenciários, em consonância com o disposto no art. 225, IV, § 1º, do Decreto n. 3.048/1999.[4]

Nessas guias, há a descrição individualizada de cada trabalhador, com seu nome completo, números do NIT/PIS e da Carteira de Trabalho e valor remuneratório, conforme bem elucida Fábio Zambite Ibrahim:

> Com o objetivo principal de abastecer o CNIS (Cadastro Nacional de Informações Sociais) com as informações relativas aos segurados da Previdência Social, criou-se um documento no qual as empresas informam dados de todos os segurados que lhe prestem serviço, tais como nome, remuneração, categoria (empregado, avulso etc.), exposição e agentes nocivos etc.
>
> Evitando-se a imposição de mais um formulário às empresas em geral, foi opção do governo a adaptação de documento já existente, no caso a GRE – guia de recolhimento do FGTS. Por isso, a GFIP atualmente atende a duas demandas: a obrigação principal de recolhimento do FGTS e a obrigação acessória previdenciária.
>
> Tal base de dados era facilitar a concessão de benefícios, pois todas as informações relativas ao segurado já constarão do CNIS, podendo-se identificar de pronto seu *status* de categoria de segurado e o cumprimento de determinados requisitos, como por exemplo, carência.
>
> Recentemente, alteração da legislação previdenciária prevê a concessão automática de benefícios previdenciários, a partir dos dados do CNIS, obtidos pela GFIP, retirando-se do segurado a obrigatoriedade de comprovação de dados já existentes no sistema, como sua remuneração (art. 29-A da Lei n. 8.213/1991).
>
> [...]
>
> Também fica claro na lei que a GFIP constitui confissão de dívida e instrumento hábil e suficiente para a exigência do crédito tributário, e suas informações comporão a base de dados para fins de cálculo e concessão dos benéficos previdenciários [...].[5]

A empresa que descumpre a legislação, não emitindo a guia GFIP e deixa de informar os fatos geradores de

---

(4) TRIBUNAL REGIONAL DO TRABALHO DA 4ª REGIÃO. AP: 00452001320095040023 RS 0045200-13.2009.5.04.0023, Relator: João Ghisleni Filho, Data de Julgamento: 26.11.2013, 23ª Vara do Trabalho de Porto Alegre.

(5) IBRAHIM, Fábio Zambite. *Curso de direito previdenciário*. 14. ed. Rio de Janeiro: Impetus, 2009. p. 385 e 387.

tributos, está causando um prejuízo patrimonial e moral ao empregado/segurado, pois tais contribuições recolhidas no processo trabalhista não constarão no CNIS do segurado, para fins dos benefícios previdenciários.

Conforme o disposto no art. 32-A da Lei n. 8.212/1991, o contribuinte que deixar de apresentar a declaração de que trata o inciso IV, do art. 32, desta mesma lei, no prazo fixado ou que a apresentar com incorreções ou omissões será intimado a apresentá-la ou a prestar esclarecimentos com possibilidade de aplicação de multas.

A correção da falta, antes de qualquer procedimento administrativo ou fiscal por parte da Secretaria da Receita Federal do Brasil, caracteriza a denúncia espontânea, afastando a aplicação das penalidades previstas na legislação citada.

Aplicada a multa pela ausência de entrega/transmissão da GFIP/SEFIP, ainda que o valor dela seja recolhido, permanece o impedimento para a obtenção de CND e para a emissão da Certificação de Regularidade perante o FGTS, tornando-se obrigatória a transmissão da GFIP/SEFIP com as informações, bem como a quitação da GRF.

O recolhimento das contribuições previdenciárias não dispensa a entrega da GFIP/SEFIP. Somente se considerará corrigida a infração pela entrega da GFIP/SEFIP com omissão do fato gerador, quando houver o envio de GFIP/SEFIP com a totalidade dos fatos geradores correspondentes à competência (fatos declarados anteriormente mais os omitidos).

O envio de GFIP/SEFIP contendo apenas as informações omitidas não corrige a falta, uma vez que a Previdência utiliza o conceito de GFIP/SEFIP retificadora.

De acordo com o art. 16, § 3º, II, da Lei n. 11.457/2007, compete à Procuradoria-Geral Federal representar judicial e extrajudicialmente a União, nos processos da Justiça do Trabalho relacionados com a cobrança de contribuições previdenciárias, de imposto de renda retido na fonte, e de multas impostas aos empregadores pelos órgãos de fiscalização das relações do trabalho, mediante delegação da Procuradoria-Geral da Fazenda Nacional.

Por esse motivo, é irracional que o trabalhador que ingressou com demanda trabalhista obteve o reconhecimento do seu direito e as contribuições devidas foram recolhidas, ter que propor nova ação judicial para obter os efeitos previdenciários da sentença proferida na Justiça do Trabalho. Menciona Ivan Alemão: "O irônico é que se o trabalhador não tivesse ajuizado a ação, ou seja, se ele tivesse aberto mão de seus direitos (sic), como se diz, a Previdência, muito provavelmente, nada receberia."[6]

Reitere-se que a Justiça do Trabalho é competente para executar de ofício as contribuições sociais incidentes sobre a folha de salários e demais rendimentos do trabalho, pagos ou creditados, a qualquer título, à pessoa que lhe preste serviços, mesmo sem vínculo empregatício, nos termos do art. 114, VIII, da CF/1988, e Súmula n. 368, I, do TST. A Seção Especializada em Execução do TRT4 editou a Orientação Jurisprudencial n. 42 em igual sentido:

> A Justiça do Trabalho é competente para intimar a empregadora para apresentar em juízo a Guia de Recolhimento do Fundo de Garantia por Tempo de Serviço e Informações à Previdência Social (GFIP), pois seu preenchimento e fornecimento constituem obrigação acessória dos recolhimentos previdenciários, cuja execução de ofício cabe a esta Justiça Especializada.

A propósito, o Fórum Interinstitucional Previdenciário de Santa Catarina editou o Enunciado n. 1, de 05.08.2011:

> ENUNCIADO 1 (revisado durante a 3ª reunião, em 05.08.2011) – O Fórum propõe que o TRT da 12ª Região oriente os juízes do trabalho para que façam constar em suas decisões a exigência de preenchimento pelo empregador de uma Guia de Recolhimento do FGTS e Informações à Previdência Social (GFIP) para cada competência e de uma Guia de Previdência Social (GPS) para cada GFIP, possibilitando que o documento seja utilizado para fins previdenciários.

No mesmo sentido, o Fórum Interinstitucional Previdenciário do Paraná editou o Enunciado n. 9, de 09.08.2011:

> O Fórum propõe gestão junto ao Tribunal Regional do Trabalho para que empreenda esforços no sentido de que se faça constar, nas sentenças e termos homologatórios de acordo, a exigência de preenchimento pelo empregador de uma Guia de Recolhimento do FGTS e Informações à Previdência Social (GFIP) para cada competência e de uma Guia de Previdência Social (GPS) para cada GFIP, a fim de que os recolhimentos figurem nas respectivas com-

---

(6) ALEMÃO, Ivan. A intervenção da União representando a Previdência Social no Processo do Trabalho e suas consequências sociais e técnicas. *Revista LTr*, ano 72, p. 1.231-1.240, out. 2008.

petências, possibilitando que o documento seja utilizado para fins de análise previdenciária.

Os referidos enunciados merecem todos os encômios, porque resguardam o devido recolhimento das contribuições previdenciárias, de tal forma que o trabalhador segurado não seja lesado no seu benefício previdenciário. Essa cautela gera economia aos cofres do erário, pois em ação revisional decorrente da falta de informações no CNIS, o INSS é condenado, além do principal, em juros de mora, correção monetária e, a depender do rito, em honorários advocatícios. Além disso, deixa de sobrecarregar a Justiça Federal ou Estadual. Pontua Ana Maria Aparecida de Freitas:

> Num contexto histórico em que ainda tanto se discute acerca do acesso à Justiça, a demora da entrega da prestação jurisdicional e as milhares de ações judiciais que engessam o Judiciário, com demandas que muitas vezes levam anos sem uma solução final, a tutela específica consistente na multa de o empregador expedir tais documentos surge como meio ágil de solução dessas demandas, e o juiz trabalhista define, no mesmo julgado, as questões relativas ao contrato de trabalho e as repercussões previdenciárias decorrentes de sua sentença para o trabalhador.[7]

Há possibilidade de o tributo arrecadado na lide trabalhista ser vinculado ao trabalhador. O direito do trabalho e previdenciário, sempre visando à dignidade da pessoa humana e o valor social do trabalho, devem estar unidos. O magistrado trabalhista pode impor a obrigação de fazer, com multa, para que o empregador cumpra com a obrigação acessória, conforme estabelece a legislação tributária. Caso contrário, no futuro próximo, teremos trabalhadores percebendo benefícios previdenciários em menor valor, por culpa exclusiva da inobservância da legislação, o que irá acarretar requerimentos ou recursos na via administrativa e/ou ações na Justiça Federal e Estadual. Isso significa que, caso seja observado o que a legislação tributária, previdenciária e trabalhista prevê, os conflitos trabalhistas e seus reflexos previdenciários seriam solucionados numa só demanda judicial. Ana Maria Aparecida de Freitas, em sua dissertação de mestrado, destaca:

Ocorre que, mesmo a Justiça do Trabalho arrecadando a contribuição previdenciária decorrente dessa condenação (das horas extras, do adicional de insalubridade, do adicional noturno), essas informações, por regra não chegam ao banco de dados da Previdência Social, o CNIS, e, por conta disso, há a necessidade de, ao mesmo tempo em que se processa a cobrança do tributo, também determinar que o empregador proceda às informações por meio da conectividade social, com a GFIP.[8]

Quanto à imprescindibilidade do preenchimento da GFIP para a comprovação hábil de recolhimentos previdenciários, merece destaque a decisão da 1ª Turma do TRT da 4ª Região, em acórdão da lavra do Desembargador José Felipe Ledur, publicado em 01.04.2009:

> DA COMPROVAÇÃO DOS RECOLHIMENTOS PREVIDENCIÁRIOS. GUIA GFIP. A identificação do segurado, da empresa recolhedora, e o fato gerador da contribuição perante a Previdência Social deve se dar por meio da Guia de Recolhimento ao FGTS e Informações à Previdência Social – GFIP a fim de que os valores recolhidos tenham o destino a que se prestam. Provimento negado. RECURSO ORDINÁRIO DO RECLAMANTE. DIFERENÇAS DE REMUNERAÇÃO VARIÁVEL. Pelo princípio da aptidão para a prova, é do empregador a obrigação de guarda dos documentos correspondentes à contratação. A reclamada não trouxe, aos autos, os documentos necessários à averiguação do correto pagamento da remuneração variável, sendo devidas, portanto, diferenças. Recurso provido. RECURSO ORDINÁRIO DA RECLAMADA. CONTRIBUIÇÕES PREVIDENCIÁRIAS. RECOLHIMENTO. GUIA GFIP. Tem-se que é obrigação da reclamada a comprovação das contribuições previdenciárias procedidas mês a mês sobre os valores devidos ao reclamante, através de guia GFIP, na forma do que dispõe o art. 225, IV, § 1º, do Decreto n. 3.048/1999. Apelo não provido.[9]

Assim, é necessária a atenção do comando sentencial para que conste a determinação da empresa ao apresentar a comprovação com a Guia correta, pois não basta a ela juntar aos autos a guia GPS com código 2.909. Contudo, a apresentação dessa não exaure a obrigação de comprovar também as contribuições

---

(7) FREITAS, Maria Aparecida de. O acesso à justiça e a tutela específica: lide trabalhista e obrigação de empregador informar dados à previdência social. *Revista do Tribunal Regional do Trabalho da 6ª Região*, Recife, v. 19, n. 36, p. 65-88, 2009.

(8) FREITAS, Maria Aparecida de. *A contribuição previdenciária no âmbito da Justiça do Trabalho*: a dignidade e o valor social do trabalhador espelhados na arrecadação desse tributo (Dissertação de mestrado), Recife: Esmatra, jul. 2011, p. 173.

(9) Tribunal Regional do Trabalho da 4ª Região. RO n. 00014835920105040202/RS – 0001483-59.2010.5.04.0202, Relator Juraci Galvão Júnior, Data de Julgamento: 20.02.2014, 2ª Vara do Trabalho de Canoas.

previdenciárias procedidas, mês a mês, sobre os valores devidos ao reclamante, através das guias GFIP, procedimento imprescindível para a concessão dos benefícios previdenciários a ela, em consonância com o disposto no art. 225, IV, § 1º, do Decreto n. 3.048/1999.

> Art. 225. A empresa é também obrigada a:
>
> [...] IV – informar mensalmente ao Instituto Nacional do Seguro Social, por intermédio da Guia de Recolhimento do Fundo de Garantia do Tempo de Serviço e Informações à Previdência Social, na forma por ele estabelecida, dados cadastrais, todos os fatos geradores de contribuição previdenciária e outras informações de interesse daquele Instituto;
>
> § 1º As informações prestadas na Guia de Recolhimento do Fundo de Garantia do Tempo de Serviço e Informações à Previdência Social servirão como base de cálculo das contribuições arrecadadas pelo Instituto Nacional do Seguro Social, comporão a base de dados para fins de cálculo e concessão dos benefícios previdenciários, bem como constituir-se-ão em termo de confissão de dívida, na hipótese do não recolhimento.

O art. 32, IV, da Lei n. 8.212/1991, alterada pela redação dada pela Lei n. 11.941, de 2009, impõe ao contribuinte o dever de informar mensalmente ao INSS os dados relacionados aos fatos geradores de contribuição previdenciária e outras informações de interesse da previdência social, nos termos que se seguem:

> [...] V – declarar à Secretaria da Receita Federal do Brasil e ao Conselho Curador do Fundo de Garantia do Tempo de Serviço – FGTS, na forma, prazo e condições estabelecidos por esses órgãos, dados relacionados a fatos geradores, base de cálculo e valores devidos da contribuição previdenciária e outras informações de interesse do INSS ou do Conselho Curador do FGTS;
>
> [...]
>
> § 2º A declaração de que trata o inciso IV do *caput* deste artigo constitui instrumento hábil e suficiente para a exigência do crédito tributário, e suas informações comporão a base de dados para fins de cálculo e concessão dos benefícios previdenciários.

O art. 43 da Lei n. 8.212/1991, por sua vez, estabelece:

> Art. 43. Nas ações trabalhistas de que resultar o pagamento de direitos sujeitos à incidência de contribuição previdenciária, o juiz, sob pena de responsabilidade, determinará o imediato recolhimento das importâncias devidas à Seguridade Social.
>
> § 1º Nas sentenças judiciais ou nos acordos homologados em que não figurarem, discriminadamente, as parcelas legais relativas às contribuições sociais, estas incidirão sobre o valor total apurado em liquidação de sentença ou sobre o valor do acordo homologado.
>
> § 2º Considera-se ocorrido o fato gerador das contribuições sociais na data da prestação do serviço.
>
> § 3º As contribuições sociais serão apuradas mês a mês, com referência ao período da prestação de serviços, mediante a aplicação de alíquotas, limites máximos do salário-de-contribuição e acréscimos legais moratórios vigentes relativamente a cada uma das competências abrangidas, devendo o recolhimento ser efetuado no mesmo prazo em que devam ser pagos os créditos encontrados em liquidação de sentença ou em acordo homologado, sendo que nesse último caso o recolhimento será feito em tantas parcelas quantas as previstas no acordo, nas mesmas datas em que sejam exigíveis e proporcionalmente a cada uma delas.
>
> § 4º No caso de reconhecimento judicial da prestação de serviços em condições que permitam a aposentadoria especial após 15 (quinze), 20 (vinte) ou 25 (vinte e cinco) anos de contribuição, serão devidos os acréscimos de contribuição de que trata o § 6º do art. 57 da Lei n. 8.213, de 24 de julho de 1991.
>
> § 5º Na hipótese de acordo celebrado após ter sido proferida decisão de mérito, a contribuição será calculada com base no valor do acordo.
>
> § 6º Aplica-se o disposto neste artigo aos valores devidos ou pagos nas Comissões de Conciliação Prévia de que trata a Lei n. 9.958, de 12 de janeiro de 2000.

A Instrução Normativa da Receita Federal do Brasil (RFB) n. 971, de 13.11.2009, que dispõe sobre normas gerais de tributação previdenciária e de arrecadação das contribuições sociais destinadas à Previdência Social e as destinadas a outras entidades ou fundos, administradas pela Secretaria da Receita Federal do Brasil (RFB) estabelece no seu art. 105 e § 1º o seguinte:

> Art. 105. <u>Os fatos geradores de contribuições sociais decorrentes de reclamatória trabalhista deverão ser informados em GFIP, conforme orientações do Manual da GFIP</u>, e as correspondentes contribuições sociais deverão ser recolhidas em documento de arrecadação identificado com código de pagamento específico para esse fim. (grifou-se)
>
> §1º O recolhimento das contribuições sociais devidas deve ser efetuado no mesmo prazo em que devam ser pagos os créditos encontrados em liquidação de sentença ou em acordo homologado, sendo que nesse último caso o recolhimento será feito em tantas parcelas quantas as previstas no acordo,

nas mesmas datas em que sejam exigíveis e proporcionalmente a cada uma delas.

Dessa forma, está explícito o procedimento a ser adotado pelas empresas ao recolherem as contribuições previdenciárias na execução processual trabalhista.

4. PRESTAÇÃO JURISDICIONAL

O Poder Público criou mecanismos de controle das contribuições devidas sobre o trabalho remunerado, por intermédio da GFIP, documento emitido mensalmente e que objetiva alimentar o banco de dados do CNIS, da Previdência Social, e cuja natureza jurídica é declaratória e de confissão de dívida.

O ordenamento processual pátrio possui instrumento hábil para amparar a determinação judicial de expedição das GFIPs, conforme disposição contida no art. 536 do CPC. Assim, aplicado subsidiariamente no processo trabalhista, poderá o magistrado conceder a tutela específica da obrigação de fazer para que o tomador do serviço expeça as GFIPs, pelo sistema de conectividade social, relativas ao período reconhecido judicialmente, sob pena de aplicação de multa.

Portanto, é importante que na inicial trabalhista, para salvaguardar os direitos previdenciários do empregado/trabalhador, conste de forma expressa o pedido de condenação do tomador de serviços nas obrigações de preencher e enviar a GFIP. Deve-se também requerer que a reclamada junte aos autos do processo o protocolo de envio gerado pelo sistema SEFIP para provimento de informações do CNIS, sob pena de multa por tempo de atraso no cumprimento das obrigações acima referidas (*astreinte*), com fulcro no § 1º do art. 536 do CPC, subsidiariamente aplicável ao processo do trabalho, por força do art. 769 da CLT. Mesmo que isto não ocorra, o trabalhador tem direito a retificar e/ou averbar as novas informações oriundas da ação trabalhista, conforme prevê o art. 201, § 11, da CF/1988 e art. 29-A, § 2º, da Lei n. 8.213/1991.

A GFIP, além de alimentar o banco de dados do trabalhador na Previdência Social, constitui confissão de dívida a ensejar, inclusive, a negativação da empresa na Secretaria da Receita Federal do Brasil.

Ademais, uma inovação trazida pela Instrução Normativa n. 77/2015 do INSS/PRES, que revogou a IN n. 45/2010, traz em seu bojo um grande avanço para o segurado, ao dispor uma subseção intitulada "da reclamação trabalhista" (arts. 71 a 75). O art. 75 da IN n. 77/2015 prevê que:

> Quando se tratar de ofício da Justiça do Trabalho determinando a inclusão, exclusão, alteração ou ratificação de vínculos e remunerações e a averbação de tempo de contribuição ou outra determinação decorrente de reclamatória trabalhista, o documento deverá ser encaminhado à PFE-INSS Local para conhecimento e adoção das medidas cabíveis.

As próprias partes podem também se manifestar sobre a execução, alertando ou requerendo seja chamado o feito à ordem para o correto preenchimento das guias previdenciárias.

Convém relatar que algumas Corregedorias Regionais do Trabalho, como as das 24ª, 19ª, 18ª, 17ª, 9ª, 7ª e 4ª Regiões, produziram normas com o fito de promover a apresentação de GFIP com os fatos geradores de contribuições sociais decorrentes de reclamatórias trabalhistas e para provimento de informações no CNIS. Assim, o art. 156, § 1º, do Provimento n. 1/2004, da Corregedoria da 24ª Região, disciplina:

> Art. 156. O recolhimento da contribuição previdenciária será comprovado pelo reclamado, mediante juntada da guia GPS e do protocolo de envio da GFIP – Protocolo de Envio de Conectividade Social –, quando esta última obrigação não for dispensada nos termos da regulamentação específica. (Redação dada pelo Provimento n. 3/2007)
>
> §1º As guias GFIP e GPS deverão ser preenchidas pelo reclamado, a primeira com o código 650, e a segunda com os códigos 2.801 ou 2.909, conforme o recolhimento seja identificado, respectivamente, pelo número da matrícula no CEI ou pelo CNPJ do empregador. (Redação dada pelo Provimento n. 5/2007)

No mesmo sentido, as demais Corregedorias Regionais elaboraram seus provimentos. Nesses, recomenda-se que a sentença obrigue a apresentação das guias próprias, devendo ainda ser prestadas informações, a que se refere o art. 32, IV, da Lei n. 8.212/1991, por meio da GFIP.

Convém relatar que o Tribunal Regional do Trabalho da 17ª Região elaborou a Recomendação TRT da 17ª SECOR n. 03/2017, para:

> Art. 1º Recomendar aos Juízes de Primeiro Grau que incluam expressamente nas decisões que imponham recolhimento de contribuições previdenciárias a obrigação de prestar as informações a que se refere o art. 32, inciso IV, da Lei n. 8.212/1991, por meio da Guia de Recolhimento do Fundo de Garantia do Tempo de Serviço e Informações à Previdência Social.

Eventual alegação de que o art. 114, VIII, da CF, restringe a competência da Justiça do Trabalho para a arrecadação das contribuições previdenciárias incidentes sobre os créditos trabalhistas deferidos, sem abranger as obrigações tributárias acessórias relativas às contribuições sociais, como é o caso da GFIP, não prospera. Mesmo que não conste no pedido na inicial, o preenchimento da GFIP – por ser obrigação acessória prevista em lei – deve ser determinado de ofício pelo juiz responsável pelo feito.

O magistrado, além de determinar que seja efetuado o pagamento das contribuições previdenciárias, também exigirá que seja comprovada nos autos a prestação de informações a que se refere o art. 32, IV, da Lei n. 8.212/1991, e poderá ainda arbitrar uma multa diária, no intuito de fazer com que a reclamada apresente a GFIP.

5. A FORMA DE CÁLCULO DOS BENEFÍCIOS PREVIDENCIÁRIOS E OS IMPACTOS DA SENTENÇA TRABALHISTA

Os benefícios – prestações pecuniárias devidas pela Previdência Social – têm valores apurados de formas diversas. A regra geral, porém, é que os benefícios sejam calculados segundo os critérios previstos pelo art. 201, § 3º, da Constituição Federal, ou seja, levando-se em conta os salários de contribuição, corrigidos monetariamente, para apuração do chamado salário de benefício.

O art. 29 da Lei n. 8.213/1991, na redação que lhes foi dada pelas Leis ns. 9.032/1995, 9.876/1999 e 13.135/2015, estabelece os critérios de cálculo do salário de benefício, a saber:

> Art. 29. O salário-de-benefício consiste:
>
> I – para os benefícios de que tratam as alíneas *b* [aposentadoria por idade] e *c* [aposentadoria por tempo de contribuição] do inciso I do art. 18, na média aritmética simples dos maiores salários-de-contribuição correspondentes a oitenta por cento de todo o período contributivo, multiplicada pelo fator previdenciário;
>
> II – para os benefícios de que tratam as alíneas *a* [aposentadoria por invalidez], *d* [aposentadoria especial], *e* [auxílio-doença] e *h* [auxílio-acidente] do inciso I do art. 18, na média aritmética simples dos maiores salários-de-contribuição correspondentes a oitenta por cento de todo o período contributivo.
>
> § 2º O valor do salário-de-benefício não será inferior ao de um salário mínimo, nem superior ao do limite máximo do salário-de-contribuição na data de início do benefício.
>
> § 3º Serão considerados para cálculo do salário-de-benefício os ganhos habituais do segurado empregado, a qualquer título, sob forma de moeda corrente ou de utilidades, sobre os quais tenha incidido contribuições previdenciárias, exceto o décimo-terceiro salário (gratificação natalina).
>
> § 4º Não será considerado, para o cálculo do salário-de-benefício, o aumento dos salários-de-contribuição que exceder o limite legal, inclusive o voluntariamente concedido nos 36 (trinta e seis) meses imediatamente anteriores ao início do benefício, salvo se homologado pela Justiça do Trabalho, resultante de promoção regulada por normas gerais da empresa, admitida pela legislação do trabalho, de sentença normativa ou de reajustamento salarial obtido pela categoria respectiva.
>
> § 5º Se, no período básico de cálculo, o segurado tiver recebido benefícios por incapacidade, sua duração será contada, considerando-se como salário-de-contribuição, no período, o salário-de-benefício que serviu de base para o cálculo da renda mensal, reajustado nas mesmas épocas e bases dos benefícios em geral, não podendo ser inferior ao valor de 1 (um) salário mínimo.
>
> § 6º O salário-de-benefício do segurado especial consiste no valor equivalente ao salário-mínimo, ressalvado o disposto no inciso II do art. 39 e nos §§ 3º e 4º do art. 48 desta Lei.
>
> § 7º O fator previdenciário será calculado considerando-se a idade, a expectativa de sobrevida e o tempo de contribuição do segurado ao se aposentar, segundo a fórmula constante do Anexo desta Lei. (Incluído pela Lei n. 9.876, de 26.11.1999)
>
> § 8º Para efeito do disposto no § 7º, a expectativa de sobrevida do segurado na idade da aposentadoria será obtida a partir da tábua completa de mortalidade construída pela Fundação Instituto Brasileiro de Geografia e Estatística – IBGE, considerando-se a média nacional única para ambos os sexos.
>
> § 9º Para efeito da aplicação do fator previdenciário, ao tempo de contribuição do segurado serão adicionados.
>
> I – cinco anos, quando se tratar de mulher;
>
> II – cinco anos, quando se tratar de professor que comprove exclusivamente tempo de efetivo exercício das funções de magistério na educação infantil e no ensino fundamental e médio;
>
> III – dez anos, quando se tratar de professora que comprove exclusivamente tempo de efetivo exercício das funções de magistério na educação infantil e no ensino fundamental e médio. (Incluído pela Lei n. 9.876, de 26.11.1999)
>
> § 10. O auxílio-doença não poderá exceder a média aritmética simples dos últimos 12 (doze) salários-de-contribuição, inclusive em caso de remuneração variável, ou, se não alcançado o número de 12 (doze), a média aritmética simples dos salários-de-contribuição existentes. (Incluído pela Lei n. 13.135, de 2015)

Como visto, o salário de benefício é o valor básico usado para o cálculo da renda mensal inicial dos principais benefícios previdenciários de pagamento continuado, exceto o salário-família e o salário-maternidade (art. 28 da Lei n. 8.213/1991). É a "importância apurada a partir dos salários de contribuição do segurado, sob a presunção de eles indicarem o nível da fonte de subsistência do trabalhador, substituível pela prestação previdenciária"[10].

A fórmula de cálculo do salário de benefício para os segurados em geral, excetuados os segurados especiais (trabalhador rural, pescador artesanal, etc..), consistirá na média aritmética simples dos maiores salários de contribuição correspondentes a 80% de todo o período contributivo, desde a competência julho de 1994. O fator previdenciário somente será aplicado, de forma obrigatória, na aposentadoria por tempo de contribuição e, se for favorável, na aposentadoria por idade e nas dos segurados com deficiência.

Portanto, se na ação trabalhista houver a condenação em verbas salariais e consequentemente o pagamento de contribuição previdenciária, o salário de benefício sofrerá alterações significativas, cabendo por parte do segurado a realização de uma revisão de seu benefício concedido pela Previdência Social.

As parcelas auferidas pelo trabalhador decorrentes da reclamatória trabalhista, que podem ou não repercutir nos benefícios previdenciários (passados, presente e futuros) do trabalhador, estão descritas no art. 28 da Lei n. 8.212/1991 (Lei de Custeio).

O Período Básico de Cálculo – PBC é o espaço de tempo em que se apuram os salários de contribuição que serão utilizados para encontrar o valor do benefício, que será formado pelas remunerações e contribuições constantes no CNIS, o qual poderá ser alterado a qualquer tempo.

O INSS utilizará as informações constantes no CNIS sobre os vínculos e as remunerações dos segurados, para fins de cálculo do salário de benefício, comprovação de filiação e relação de emprego.

Logo, na reclamatória trabalhista, é de suma importância o correto preenchimento da GFIP, para cada competência e de uma GPS para cada GFIP, a fim de que os recolhimentos figurem nas respectivas competências. Com essa observância, estaria configurado o período laboral abrangente que, no direito previdenciário, relaciona-se como PBC.

O objetivo principal da GFIP é abastecer o CNIS porque nela a empresa fornece todas as informações dos segurados que lhe prestem serviço, sendo que a GFIP atende as duas demandas: o recolhimento do FGTS e a obrigação acessória previdenciária.

Portanto, podemos afirmar que o valor do salário de contribuição influencia diretamente na apuração do salário de benefício e, por decorrência, no posterior cálculo da renda mensal inicial do benefício previdenciário. A renda mensal inicial corresponde à primeira parcela do benefício de prestação continuada a ser pago pela Previdência Social.

> Segundo o entendimento atual do INSS, os valores dos salários de contribuição constantes da ação trabalhista transitada em julgado serão computados, independente de início de prova material, ainda que não tenha havido o recolhimento das contribuições devidas a Previdência Social, respeitados os limites máximo e mínimo de contribuição.[11]

A título exemplificativo, segue decisão do TRF da 4ª Região no sentido de garantir a revisão da RMI da aposentadoria por tempo de serviço/contribuição em virtude do reconhecimento de diferenças salariais obtidas em ação trabalhista. Vejamos:

> PREVIDENCIÁRIO. VERBAS REMUNERATÓRIAS RECONHECIDAS EM AÇÃO TRABALHISTA. APOSENTADORIA POR TEMPO DE SERVIÇO/CONTRIBUIÇÃO. RMI. REVISÃO. DECADÊNCIA.
>
> 1. Na forma do entendimento da 3ª Seção desta Corte (Embargos Infringentes n. 0020626-47.2012.4.04.9999/RS, Relator o Desembargador Federal Paulo Afonso Brum Vaz), o prazo decadencial não pode alcançar questões que não foram aventadas quando do deferimento do benefício e que não foram objeto de apreciação pela Administração.
>
> 2. Consoante a jurisprudência pacífica desta Corte, logrando o segurado êxito em reclamatória trabalhista, no que pertine ao reconhecimento de diferenças salariais, tem o direito de postular a correspondente revisão da RMI de seu benefício.
>
> 3. O conteúdo da presente decisão deve ser levado em conta pelo INSS para fins de revisão da Renda Mensal Inicial do benefício de aposentadoria por tempo de contribuição da parte autora, com o pa-

---

(10) MARTINEZ, Wladimir Novaes. *Comentários à Lei Básica da Previdência Social*. 4. ed. São Paulo: LTr, 1997. t. II, p. 190.

(11) KRAVCHVCHYN, Jefferson Luis; KRAVCHVCHYN, Gisele Lemos; CASTRO, Carlos Alberto Pereira; LAZZARI, João Batista. *Prática Processual Previdenciária Administrativa e Judicial*. 4. ed. rev. e atual. Rio de Janeiro: Forense, 2013. p. 486.

gamento das diferenças correspondentes a contar da data do requerimento administrativo, respeitada, todavia, a prescrição quinquenal.

4. O termo inicial dos efeitos financeiros deve retroagir à data da concessão do benefício, ressalvada a prescrição quinquenal, tendo em vista que o deferimento de verbas trabalhistas representa o reconhecimento tardio de um direito já incorporado ao patrimônio jurídico do segurado. (AC n. 0013639-87.2015.4.04.9999/RS, Quinta Turma, Relatora Juíza Federal Gisele Lemke, em 28.11.2017.)

6. REVISÃO DO BENEFÍCIO PREVIDENCIÁRIO

A IN n. 77/2015 e as anteriores reconhecem que a falta de contribuição dos empregadores não pode prejudicar o segurado quanto ao acesso ao benefício, porém, pode interferir diretamente no cálculo do salário de benefício enquanto não for devidamente comprovado pelo segurado o valor dos salários de contribuição. Nesse ponto, é indiferente se houve ou não o recolhimento das contribuições, pois a sonegação por parte do empregador e a negligência da fiscalização não podem prejudicar o segurado.

O INSS pode exigir a documentação para providenciar a revisão do benefício que, inicialmente, será administrativa, pois há necessidade de prévio requerimento para posterior ingresso de ação contra o INSS, determinação pacificada pelo STF ao julgar a Repercussão Geral – Tema 350 (RE 631.240/MG, Rel. Min. Roberto Barroso, 03.09.2014). Logo, é necessário haver a pretensão resistida (lide) para o ingresso em juízo, sob pena de falta de interesse processual (art. 485, VI, do CPC).

O prazo da autarquia previdenciária para julgar o recurso de revisão de benefício, que precede eventual ajuizamento de ação trabalhista, é de 30 dias (art. 49 da Lei n. 9.784/1997[12]). Esse prazo poderá se estender a 60 dias, mediante a prorrogação expressamente motivada.

Na verdade, o segurado/autor da ação trabalhista encontra um óbice, pois quando a execução se encerra, é encaminhado para o arquivo definitivo e incinerado em alguns anos, acarretando a perda da prova material exigida na esfera administrativa da Previdência Social.

Portanto, reitera-se a importância da devida atenção no que tange ao preenchimento pelo empregador de uma GFIP para cada competência e o recolhimento das contribuições.

Ainda, na seara judicial, o Superior Tribunal de Justiça fixou entendimento pela majoração do benefício do segurado em virtude de condenação do empregador às parcelas previdenciárias na ação trabalhista. Vejamos:

> AGRAVO REGIMENTAL EM RECURSO ESPECIAL. REVISÃO DE BENEFÍCIO PREVIDENCIÁRIO. ALTERAÇÃO DO SALÁRIO-DE-CONTRIBUIÇÃO EM SEDE DE RECLAMAÇÃO TRABALHISTA. CONDENAÇÃO AO RECOLHIMENTO DE CONTRIBUIÇÕES. COBRANÇA DE CONTRIBUIÇÕES NÃO RECOLHIDAS EM ÉPOCA PRÓPRIA. RESPONSABILIDADE DA AUTARQUIA. INCIDÊNCIA DOS ARTS. 11, PARÁGRAFO ÚNICO, ALÍNEA A, E 33 DA LEI N. 8.212/1991.
>
> 1. O objeto da ação é a revisão de benefício previdenciário em virtude da majoração dos salários-de-contribuição perante a Justiça Laboral. Portanto, não há falar em desaproveitamento da sentença trabalhista em razão da falta de prova material apta ao reconhecimento do tempo de serviço.
>
> 2. Asseveraram as instâncias ordinárias que houve recolhimento das contribuições previdenciárias em face da condenação judicial aos acréscimos salariais (fls. 44 e 79).
>
> 3. Ainda que assim não fosse, caso não cumprida a ordem judicial, o que não se coaduna com as guias de fls. 13 e 14, de igual modo inexiste prejuízo em face de o INSS não ter participado da mencionada reclamatória, pois, desde então, tornou-se legalmente habilitado a promover a cobrança de seus créditos, conforme disposto nos arts. 11, parágrafo único, alínea *a*, e 33 da Lei n. 8.212/1991.
>
> 4. A par da inexistência de fundamentação recursal no intuito de ver reformada a correção monetária, percebe-se que esta foi fixada em sintonia com o entendimento jurisprudencial desta Corte sobre o tema em ações de natureza previdenciária.
>
> 5. Agravo regimental improvido. (STJ – AgRg no REsp n. 1048187/MG 2008/0081901-5, Relator Ministro Jorge Mussi, Quinta Turma, DJe 08.09.2008.)

A partir da ciência da condenação na Justiça do Trabalho, a União tornou-se legalmente habilitada a promover a cobrança de seus créditos. Inteligência dos arts. 11, parágrafo único, alínea *a*, 33, da Lei n. 8.212/1991 e 34, I, da Lei n. 8.213/1991.

---

(12) Art. 49 da Lei n. 9.784/1999: a Concluída a instrução de processo administrativo, a administração tem o prazo de até trinta dias para decidir, salvo prorrogação por igual período expressamente motivada."

Note-se que a maioria dos segurados que ingressam com ação trabalhista e alcançam êxito desconhecem que as contribuições previdenciárias obtidas naquela ação podem majorar os benefícios, já que o INSS não realiza a revisão de forma automática.

O êxito do segurado em anterior ação trabalhista, com relação ao reconhecimento de parcelas salariais, atribui-lhe o direito de postular a revisão dos salários de contribuição componentes do período básico de cálculo do benefício, ainda que a Autarquia Previdenciária não tenha participado da relação processual.

Enfatiza-se que a inclusão destes valores oriundos da ação trabalhista, além de poder majorar o valor do benefício, gera valores atrasados a serem recebidos no processo administrativo no INSS ou no processo Judicial que deverá ser movido.

Em decorrência de expressa determinação legal, os tetos previstos na legislação previdenciária, no tocante aos salários de contribuição e salário de benefício, devem ser observados quando do recálculo da renda mensal do benefício ora revisado, especialmente o disposto nos arts. 33, 41, § 3º, e 29, § 2º, Lei n. 8.213/1991. Nesse sentido, o seguinte precedente:

> PREVIDENCIÁRIO. REVISÃO DE BENEFÍCIO. DIFERENÇAS SALARIAIS RECONHECIDAS EM RECLAMATÓRIA TRABALHISTA.
>
> 1. O êxito do segurado em reclamatória trabalhista, no que pertine ao reconhecimento de diferenças salariais, atribui-lhe o direito de postular a revisão dos salários de contribuição componentes do período básico de cálculo do benefício, os quais, por consequência, acarretarão novo salário de benefício, sendo que o recolhimento das contribuições pertinentes, tratando-se de empregado, é ônus do empregador. [...].[13]

É de suma importância que o empregador preste as informações necessárias, no tocante aos meses de competências e salários de contribuição (parcelas remuneratórias de natureza salarial) para o CNIS.

Quanto à aplicação da decadência, o entendimento do STJ é no sentido de que o termo inicial da decadência é a coisa julgada trabalhista, isto é, começa a fluir a partir do trânsito em julgado de sentença trabalhista.

Portanto, o segurado/empregado tem o seu direito de pleitear a revisão de seu benefício, por até 10 anos após o trânsito em julgada da ação trabalhista:

> PROCESSUAL CIVIL E PREVIDENCIÁRIO. RECURSO ESPECIAL. DECADÊNCIA PARA O SEGURADO REVISAR BENEFÍCIO PREVIDENCIÁRIO. VIOLAÇÃO DO ART. 535 DO CPC. FALTA DE INTERESSE EM RECORRER. PARCELAS REMUNERATÓRIAS RECONHECIDAS PERANTE A JUSTIÇA DO TRABALHO. TERMO INICIAL PARA CONTAGEM DO PRAZO DECADENCIAL PREVISTO NO ART. 103 *CAPUT* DA LEI N. 8.213/1991. TRÂNSITO EM JULGADA DA SENTENÇA TRABALHISTA. ENTENDIMENTO QUE VEM SE FIRMANDO NO SUPERIOR TRIBUNAL DE JUSTIÇA. RECURSO ESPECIAL DO INSS CONHECIDO EM PARTE E NESSA PARTE NÃO PROVIDO.
>
> 1. Acerca da aplicação do prazo decadencial para o segurado revisar seu benefício, a tese foi analisada pela Primeira Seção do Superior Tribunal Justiça, no julgamento dos Recursos Especiais 1.309.529/PR, DJe de 04.06.2013 e 1.326.114/SC, DJe de 13.05.2013, ambos submetidos ao rito do recurso especial repetitivo, de Relatoria do Ministro Herman Benjamin.
>
> 2. No julgamento dos representativos da controvérsia, o STJ assentou que incide o prazo decadencial do art. 103 *caput* da Lei n. 8.213/1991, instituído pela Medida Provisória n. 1.523-9/1997, convertida na Lei n. 9.528/1997, também aos benefícios concedidos anteriormente a esse preceito normativo.
>
> 3. Há dois termos iniciais para contagem do prazo decadencial previsto no *caput* do art. 103 da Lei n. 8.213/1991: o primeiro a contar do dia primeiro do mês seguinte ao do recebimento da primeira prestação, o segundo, quando for o caso de requerimento administrativo, do dia em que tomar conhecimento da decisão indeferitória definitiva no âmbito administrativo.
>
> 4. Na hipótese de existir reclamação trabalhista em que se reconhece parcelas remuneratórias, como a do presente caso, o STJ vem sedimentando entendimento no sentido de que o prazo de decadência do direito à revisão do ato de concessão do benefício flui a partir do trânsito da sentença trabalhista.
>
> 5. Recurso especial do INSS conhecido em parte e nessa parte não provido.[14]

---

(13) TRF4, APELAÇÃO/REEXAME NECESSÁRIO N. 5027021-05.2010.404.7100, 6ª Turma, Des. Federal CELSO KIPPER, POR UNANIMIDADE, JUNTADO AOS AUTOS EM 31.05.2012); mesmo sentido: TRF4, APELAÇÃO/REEXAME NECESSÁRIO N. 5007384-34.2011.404.7100, 6ª Turma, Juíza Federal VIVIAN JOSETE PANTALEÃO CAMINHA, POR UNANIMIDADE, JUNTADO AOS AUTOS EM 01.06.2012); TRF4, APELAÇÃO/REEXAME NECESSÁRIO N. 0012031-93.2011.404.9999, 6ª Turma, Des. Federal JOÃO BATISTA PINTO SILVEIRA, POR UNANIMIDADE, DE 18.04.2012.

(14) STJ – REsp n. 1440868/RS (2014/0052027-0), Relator: Ministro MAURO CAMPBELL MARQUES, Data de Julgamento: 24.04.2014, T2 – SEGUNDA TURMA, Data de Publicação: DJe 02.05.2014.

Ressalta-se que é indispensável o requerimento administrativo para revisão de benefício, e em caso de indeferimento por parte do INSS, necessário se faz o ajuizamento da ação judicial para o reconhecimento de tais direitos com a consequente majoração da renda baseada em direitos reconhecidos na esfera trabalhista.

7. CONSIDERAÇÕES FINAIS

Diante do que foi apresentado neste estudo, podemos estabelecer uma síntese de como o segurado deve proceder para obter os efeitos da condenação trabalhista no âmbito previdenciário: a) ingressar com ação trabalhista objetivando a condenação do empregador ao pagamento de verbas remuneratórias; b) acompanhar a execução de ofício das contribuições previdenciárias incidentes sobre as verbas remuneratórias da condenação judicial; c) requerer o preenchimento pelo empregador de uma Guia de Recolhimento do FGTS e Informações à Previdência Social (GFIP) para cada competência e de uma Guia de Previdência Social (GPS) para cada GFIP; d) consultar se as alterações do salário de contribuição foram apropriadas pelo CNIS; e e) requerer ao INSS a majoração da RMI do benefício já concedido ou a ser concedido futuramente.

Na hipótese de não ter sido preenchida a GFIP pelo empregador, o segurado deve postular a retificação do CNIS e a consequente majoração da RMI do benefício na via administrativa e, sendo negada, terá que propor nova ação judicial tendo como parte passiva o INSS, cuja competência será da Justiça Federal ou na Justiça Estadual, nesta última hipótese nos casos de benefício acidentário.

Conclui-se que não basta a empresa/reclamada apresentar no processo trabalhista apenas o comprovante do recolhimento das contribuições sociais em guia única – GPS – e, sim, deverá comprovar também o preenchimento completo da GFIP com as informações cadastrais, com a individualização do fato gerador a que se refere cada competência. É de suma importância discriminar as contribuições previdenciárias relacionadas, mês a mês, sobre os valores devidos ao trabalhador, através das guias GFIPs, adotando procedimento imprescindível para a concessão de benefícios previdenciários, em consonância com o disposto no art. 225, IV, § 1º, do Decreto n. 3.048/1999.

O magistrado trabalhista ao promover a execução das contribuições sociais está contribuindo, sem dúvida, com o aumento da arrecadação do sistema previdenciário, contudo, ao não exigir o cumprimento integral das obrigações acessórias, acaba por permitir que o segurado/empregado sofra prejuízos de grande monta no âmbito previdenciário. Existem instrumentos processuais que devem ser utilizados para que as empresas cumpram as obrigações acessórias, como a aplicação de *astreinte* em favor do trabalhador.

O tema merece atenção redobrada de todos os envolvidos na ação trabalhista, quais sejam, tribunais, magistrados, advogados, procuradores, partes e gerentes de recursos humanos. Com isso, espera-se que as obrigações acessórias sejam cumpridas permitindo-se a correção dos vínculos laborais e salários de contribuição junto aos cadastro de informações sociais dos segurados da Previdência Social.

8. REFERÊNCIAS BIBLIOGRÁFICAS

ALEMÃO, Ivan. A intervenção da União representando a Previdência Social no Processo do Trabalho e suas consequências sociais e técnicas. *Revista LTr*, ano 72, p. 1.231-1.240, out. 2008.

BRASIL, Tribunal Regional do Trabalho da 17ª Região. Recomendação TRT. 17ª R. SECOR n. 03/2017.

FREITAS, Maria Aparecida de. O acesso à justiça e a tutela específica: lide trabalhista e obrigação de empregador informar dados à previdência social. *Revista do Tribunal Regional do Trabalho da 6ª Região*, Recife, v. 19, n. 36, 2009.

IBRAHIM, Fábio Zambitte. *Curso de direito previdenciário*. 19. ed. rev. e atual. Rio de Janeiro: Impetus, 2014.

LAZZARI, João Batista; KRAVCHVCHYN, Jefferson Luis; KRAVCHVCHYN, Gisele Lemos; CASTRO, Carlos Alberto Pereira. *Prática processual previdenciária administrativa e judicial*. 9. ed. rev. e atual. Rio de Janeiro: Forense, 2017.

RECEITA FEDERAL DO BRASIL. Manual da GFIP para SEFIP 8.4. Disponível em: <http://www.receita.fazenda.gov.br/Publico/Previdencia/SEFIP/ManualGFIPSEFIP%20KIT-SEFIPversao84.zip>. Acesso em: 13 maio 2012.

TRIBUNAL REGIONAL DO TRABALHO DA 4ª REGIÃO. AP: 00452001320095040023 RS 0045200-13.2009.5.04.0023, Relator: João Ghisleni Filho, Data de Julgamento: 26.11.2013, 23ª Vara do Trabalho de Porto Alegre.

TRIBUNAL REGIONAL DO TRABALHO DA 4ª REGIÃO. RO: 00014835920105040202/RS (0001483-59.2010.5.04.0202), Relator: Juraci Galvão Júnior, Data de Julgamento: 20.02.2014, 2ª Vara do Trabalho de Canoas.

TRIBUNAL REGIONAL FEDERAL DA 4ª REGIÃO, APELAÇÃO/REEXAME NECESSÁRIO N. 5027021-05.2010.404.7100, 6ª Turma, Des. Federal CELSO KIPPER; APELAÇÃO/REEXAME NECESSÁRIO N. 5007384-34.2011.404.7100, 6ª Turma, Juíza Federal VIVIAN JOSETE PANTALEÃO CAMINHA; APELAÇÃO/REEXAME NECESSÁRIO N. 0012031-93.2011.404.9999, 6ª Turma, Des. Federal JOÃO BATISTA PINTO SILVEIRA.

O Princípio da Segurança Jurídica e a Obrigação de Devolução de Benefícios Previdenciários Concedidos por Força de Decisão Judicial Cassada

ROBERTO DE CARVALHO SANTOS[1]

1. INTRODUÇÃO

O tema deste artigo aborda, de forma mais específica, a questão referente à necessidade de modulação temporal, inclusive pelo juiz de primeira instância, da decisão do Superior Tribunal de Justiça – STJ que entendeu pela obrigação do beneficiário vinculado ao Regime Geral de Previdência Social – RGPS devolver benefícios previdenciários que foram concedidos por força de decisão judicial posteriormente cassada (Tema 692).

Este artigo tem por finalidade analisar a insegurança jurídica provocada por essa mudança de entendimento do STJ, afetando decisões judiciais que já tinham sido proferidas com base em entendimento anterior da mencionada Corte e do Supremo Tribunal Federal – STF.

Diuturnamente, verifica-se que diversos magistrados, sem fazer qualquer *distinguishing,* têm aplicado esse novel entendimento consubstanciado no julgamento do repetitivo, autorizando o Instituto Nacional do Seguro Social – INSS a descontar os valores pagos com base em decisão judicial reformada no benefício que segurado porventura ainda perceba ou mesmo cobrar os valores integralmente pagos, com evidente alijamento dos princípios da segurança jurídica e da dignidade da pessoa humana.

2. A MUDANÇA DE ENTENDIMENTO DO SUPERIOR TRIBUNAL DE JUSTIÇA NO JULGAMENTO DO RESP 1.401.560/MT

O Poder Judiciário, sobretudo no âmbito dos tribunais superiores, propugnava o entendimento segundo o qual o art. 115, inciso II, § 1º, da Lei n. 8.213/1991, que prevê a obrigação de devolução de benefícios previdenciários recebidos indevidamente, somente poderia ser aplicado se houvesse a comprovação de má-fé por parte dos segurados ou dependentes vinculados ao RGPS.

O fundamento precípuo invocado para fundamentar essas decisões consiste na natureza alimentar dos benefícios previdenciários e, portanto, não seria cabível sustentar a repetição dos valores auferidos e cancelados após o devido processo legal, sejam eles deferidos em razão de erro da administração pública ou decorrente do cumprimento de decisão judicial, ainda que prolatada precariamente.

Em que pese esse cristalizado entendimento, o STJ, no julgamento do Tema 692 (apreciado sob o regime de recurso repetitivo no REsp n. 1.401.560/MT), modificou sua posição para sustentar que não se aplica o princípio da boa-fé objetiva para o segurado ou dependente que obteve um benefício com esteio em decisão judicial ainda não definitiva, eis que sabia – ou deveria saber – que o pronunciamento do Judiciário poderia ser modificado nas instâncias superiores ou pelo próprio juiz que proferiu o *decisum.* Com efeito, eventual reforma da decisão judicial culminaria na obrigação de devolução das verbas alimentícias.

Ressalte-se que o STJ, no julgamento do citado recurso representativo de controvérsia, não procedeu a qualquer modulação temporal dos efeitos da decisão, de maneira que diversas Cortes, sobretudo no âmbito das Turmas Recursais dos Juizados Especiais Federais, passaram a adotar esse entendimento para determinar a

---

(1) Advogado especialista em Direito Previdenciário. Pós-Graduado em Direito Previdenciário pelo IEJA/UNIG. Professor de Pós-Graduação em diversas instituições de ensino superior. Presidente do Instituto de Estudos Previdenciários – IEPREV. Membro da Comissão de Direito Previdenciário da OAB/MG.

devolução dos valores alimentares concedidos por força de decisão judicial posteriormente cassada, ainda que o *decisum* tenha sido prolatado antes do trânsito em julgado do mencionado repetitivo.

3. DA VIOLAÇÃO AO PRINCÍPIO DA SEGURANÇA JURÍDICA EM FACE DA MUDANÇA DO ENTENDIMENTO JURISPRUDENCIAL

O princípio da segurança jurídica, também conhecido como princípio da confiança legítima (proteção da confiança), é um dos princípios básicos do Estado de Direito, fazendo parte do sistema constitucional como um todo.

Como decorrência desse princípio geral do Direito, invoca-se também o princípio da boa-fé para impor ao Poder Público os deveres de agir com certa previsibilidade e de respeitar as situações constituídas pelas normas por ele editadas e reconhecidas, de modo a trazer estabilidade e coerência em seu comportamento.

A Lei n. 9.784, de 29 de janeiro de 1999, quando estabelece as disposições gerais no âmbito da Administração Pública Federal, determina a aplicabilidade desses postulados, conforme se infere da disposição contida no inciso XIII do parágrafo único do art. 2º do aludido diploma legal:

> Art. 2º A Administração Pública obedecerá, dentre outros, aos princípios da legalidade, finalidade, motivação, razoabilidade, proporcionalidade, moralidade, ampla defesa, contraditório, segurança jurídica, interesse público e eficiência.
>
> Parágrafo único. Nos processos administrativos serão observados, entre outros, os critérios de:
>
> (...)
>
> XIII – interpretação da norma administrativa da forma que melhor garanta o atendimento do fim público a que se dirige, vedada aplicação retroativa de nova interpretação.

Assim sendo, a nova hermenêutica sobre a aplicação da norma legal no âmbito da Administração Pública Federal não poderá ter aplicação retroativa, sob pena de ofensa ao postulado da segurança jurídica.

A mesma preocupação também deve existir no tocante à anulação do ato administrativo de concessão de um benefício previdenciário. O Poder Judiciário tem assentado, em diversos julgados, que o princípio da estrita legalidade conjuga-se, sistematicamente, com os princípios da boa-fé e da segurança jurídica.

Na mesma linha, LUISA CRISTINA PINTO NETO afirma:

> É possível sustentar que o princípio da legalidade (estrita) deve ceder, em determinados casos, diante de outros princípios, como o da segurança jurídica e da proteção à boa-fé. Pode-se, talvez com mais acerto, conceber a legalidade em sentido mais amplo, matizada pela segurança jurídica e pela proteção da boa-fé, admitindo preterir artigos de lei – ou melhor, regras jurídicas – para considerar uma situação nascida em confronto com tais artigos – *rectius*, regras – consolidada em virtude do decurso de tempo e da necessidade de estabilidade das relações sociais; (...)

Percebe-se que, contrariamente ao que tem sido preconizado pela própria administração pública, o novo entendimento objeto deste artigo tem sido aplicado com eficácia *ex tunc*, compelindo o segurado a devolver benefícios previdenciários que estavam sendo percebidos com base em uma decisão judicial – muitas delas proferidas em sede de sentença ou mesmo no âmbito de um tribunal de segunda instância.

Com relação ao julgamento do Tema 692 por parte do STJ operou-se o trânsito em julgado da decisão proferida por aquela Corte somente em 03.03.3017, quando já estava em vigor o Novo Código de Processo Civil.

Nos termos do art. 1.046 do CPC, em vigor desde 18 de março de 2016, com a redação que lhe deu a Lei n. 13.105, de 16 de março de 2015, suas disposições aplicar-se-ão, desde logo, aos processos pendentes.

O CPC 2015 traz consigo os seguintes artigos relacionados à modulação de efeitos e sobre o direito jurisprudencial:

> Art. 927 Os juízes e os tribunais observarão:
>
> (...)
>
> § 3º Na hipótese de alteração de jurisprudência dominante do Supremo Tribunal Federal e dos tribunais superiores ou daquela oriunda de julgamento de casos repetitivos, pode haver modulação dos efeitos da alteração no interesse social e no da segurança jurídica.
>
> § 4º A modificação de enunciado de súmula, de jurisprudência pacificada ou de tese adotada em julgamento de casos repetitivos observará a necessidade de fundamentação adequada e específica, considerando os princípios da segurança jurídica, da proteção da confiança e da isonomia.

Infere-se claramente que pela conjugação entre o *caput* do art. 927 – que menciona que os juízes e os tribunais – e o § 3º do mesmo artigo que a modulação – para a preservação do interesse social e da segurança jurídica – pode ser aplicada por todos os magistrados na hipótese de mudança de jurisprudência dominante, ainda que o órgão prolator não tenha modulado a eficácia de sua decisão como se procedeu no julgamento do Tema 692.

Nesse sentido, a Turma Nacional de Uniformização dos Juizados Especiais Federais proferiu a seguinte decisão a respeito do tema, determinando a aplicação do entendimento do STJ somente para decisões judiciais precárias concedidas após o trânsito em julgado do repetitivo proferido por aquela Egrégia Corte:

> EMBARGOS DE DECLARAÇÃO EM PEDIDO NACIONAL DE UNIFORMIZAÇÃO DE JURISPRUDÊNCIA. OMISSÃO. INEXISTÊNCIA. PRETENSÃO DE OBTENÇÃO DE EFEITOS INFRINGENTES COM BASE EM JURISPRUDÊNCIA FIRMADA, EM DEFINITIVO, APENAS APÓS O JULGAMENTO DO CASO. IRRETROATIVIDADE DOS PRECEDENTES. EMBARGOS CONHECIDOS, PORÉM NÃO PROVIDOS.
>
> 1. Trata-se de embargos de declaração, através dos quais o ente público pretende obter a reforma do julgado, uma vez que este teria desrespeitado o entendimento do STJ, manifestado em sede de recurso especial, julgado no dia 12.02.2014, sob o rito dos recursos repetitivos: REsp. n. 1.401.560.
>
> 2. Em seu recurso, o ente público alega que houve desrespeito à regra constante do art. 1.022, parágrafo único, inciso I, do CPC, segundo a qual, para efeitos de embargos de declaração considera-se omissa a decisão que [...] deixe de se manifestar sobre tese firmada em julgamento de casos repetitivos ou em incidente de assunção de competência aplicável ao caso sob julgamento.
>
> 3. Nos termos do art. 1.022 do CPC, cabem embargos de declaração contra qualquer decisão judicial, desde que a parte tenha como objetivo: a) esclarecer obscuridade ou eliminar contradição; b) suprir omissão de ponto ou questão sobre o qual devia se pronunciar o juiz de ofício ou a requerimento; c) corrigir algum erro material. No mesmo dispositivo, o Código esclarece que uma decisão judicial é considerada omissa quando: a) deixe de se manifestar sobre tese firmada em julgamento de casos repetitivos ou em incidente de assunção de competência aplicável ao caso sob julgamento; b) incorra em qualquer das condutas descritas no art. 489, § 1º, quais sejam, aquelas tidas como incapazes de proporcionar fundamentação para decisões judiciais.
>
> 4. Nos presentes embargos de declaração, contudo, não há qualquer omissão ou contradição a ser sanada. O acórdão recorrido, julgado na sessão do dia 23.02.2017, acompanhou a tese firmada por esta TNU em sua Súmula n. 51: Os valores recebidos por força de antecipação dos efeitos de tutela, posteriormente revogada em demanda previdenciária, são irrepetíveis em razão da natureza alimentar e da boa-fé no seu recebimento. Esse enunciado, por sua vez, somente foi revogado na sessão da TNU do dia 30.08.2017, em razão da aprovação, no âmbito do STJ, de tese em sentido contrário, elaborada por ocasião do julgamento do REsp. n. 1.401.560, julgado no dia 12.02.2014, com acórdão publicado em 13.10.2015, mas com embargos de declaração julgados apenas no dia 27.04.2016, cujo acórdão fora publicado em 02/05/2016. Todavia, em razão da interposição de recurso extraordinário nos citados embargos declaratórios (RE nos EDcl. No REsp.), bem como de agravo interno (AgInt no RE nos EDcl.), o trânsito em julgado do repetitivo em discussão (REsp. n. 1.401.560) ocorreu apenas no dia 03.03.2017, ou seja, em data posterior ao julgamento do feito cujo acórdão é agora embargado pelo ente público.
>
> 5. É importante lembrar que, quando do julgamento do presente PEDILEF, com base na Súmula n. 51 da TNU, mesmo estando em tramitação o REsp. n. 1.401.560, aliás, mesmo tendo ele já sido julgado, houve, no âmbito do STJ, posteriormente, julgados em sentido contrário, a exemplo do AREsp. n. 820.594, relator o Ministro Mauro Campbell, julgado no dia 23.02.2016 e do AgRg no REsp. n. 1.431.725, relator o Ministro Mauro Campbell Marques, julgado no dia 15.05.2014.
>
> 6. Dessa forma, entre o julgamento do referido recurso e a data do seu trânsito em julgado, teses opostas estavam sendo assumidas tanto pela TNU (TEMA 123), quanto pelo próprio STJ. Importante lembrar que o pedido de uniformização de interpretação de lei, formulado contra o entendimento desta TNU, vazado nos termos da agora cancelada Súmula n. 51 e veiculado através da PET. n. 10.996, relator o em. Ministro Mauro Campbell, somente foi apreciado, no mesmo sentido do REsp. n. 1.401.560, no dia 12/06/2017. O cancelamento da citada súmula, é importante registrar, ocorreu por ocasião do julgamento do PEDILEF n. 0004955-39.2011.4.0.6315, relator o em. Juiz Federal Frederico Koehler, o qual se deu na sessão do dia 30.08.2017.
>
> 7. Assim, a tese firmada no TEMA 692, no sentido de que a reforma da decisão que antecipa a tutela obriga o autor da ação a devolver os benefícios previdenciários indevidamente recebidos, somente tornou-se precedente obrigatório, nos termos do art. 927, III, do CPC, após o seu trânsito em julgado, nos termos acima.
>
> 8. Entender que o precedente em questão tornou-se obrigatório já na data do seu julgamento

(12.02.2014), ou na data da publicação do seu acórdão (13.10.2015), em razão das circunstâncias acima, traria demasiada insegurança jurídica para o cidadão e nenhum benefício para a construção de uma cultura jurisprudencial sólida, na qual os precedentes devem ser respeitados, para que, assim, possa ser erguida uma jurisprudência íntegra, coerente e estável, nos termos do art. 927 do CPC. E assim deve ser, porque o propósito que embalou o novo CPC e, especialmente, o citado dispositivo é exatamente a busca pela formatação de um sistema judiciário que opere em busca de assegurar a segurança jurídica, valor este que, no presente caso, especificamente, estaria sendo exatamente o valor sacrificado. Na prática, o que pretende a União é a retroatividade do precedente firmado, o que, em última análise, equivale à retroatividade de uma norma, fenômeno jurídico admitido apenas em casos expressamente admitidos por lei.

9. O recurso, assim, merece ser conhecido, porém não acolhido.

(TNU. Processo n. 5011505-13.2013.4.04.7205. Relator Juiz BIANOR ARRUDA BEZERRA NETO. Diário da União 25.10.2017 p. 73. Edição n. 66/2017)

RODRIGO MARTONE e ALICE MARINHO, em breve artigo que trata da modulação dos efeitos da decisão no Novo Código de Processo Civil, destacam que:

> A segunda questão e, a nosso ver, mais desafiadora do ponto de vista prático, diz respeito à observância e aplicação dessas orientações descritas nos incisos do art. 927 do novo CPC por todos os juízes de primeiro grau e tribunais aos seus respectivos casos concretos. Isso porque os §§ 2º a 4º do referido artigo regulamentam a alteração das decisões e orientações firmadas pelos tribunais (previstas nos incisos do art. 927), permitindo, inclusive, a modulação dos efeitos em casos de alteração da jurisprudência dominante do STF, demais tribunais superiores ou decorrentes do julgamento de demandas repetitivas.

HERMES ZANETI JR., ao comentar o disposto no art. 927 do Código de Processo Civil, defende a possibilidade de modulação dos efeitos da decisão por todos os órgãos judiciais, inclusive a primeira instância, caso o tribunal tenha se omitido em fazê-la:

> 9. **Modulação de efeitos da decisão.** O art. 927, § 3º, estabelece a possibilidade de modular os efeitos da decisão que altera o precedente, isto é, determinar o momento inicial de eficácia vinculante de precedente da nova decisão. O texto determina que o tribunal *poderá* modular; portanto, não prevê a obrigatoriedade. Poder-se-ia dizer que a modulação dos efeitos implicará, por vezes, dois precedentes vinculantes aplicáveis, cada um deles limitado a um lapso temporal. No caso de omissão da modulação dos efeitos da decisão que altere o precedente pelo tribunal, há três soluções que poderão ser sugeridas pela doutrina: a) aplicação de eficácia *ex tunc* (atinge fatos pretéritos não acobertados pela coisa julgada). Esta seria a mesma lógica das decisões em controle de constitucionalidade concentrado; b) aplicação *ex nunc* (atinge apenas fatos futuros ocorridos depois do precedente). Este é o caso do Enunciado n. 55 do Fórum Permanente de Processualistas Civis; c) depende de análise pelo julgador que irá aplicar a modulação dos efeitos no caso concreto, se necessário, aplicando ou deixando de aplicar o precedente alterado em razão da estabilidade e da confiança jurídica que ele gerou em cada caso.
>
> Na primeira solução, podemos dizer que a eficácia *ex tunc* tem a vantagem de ser mais aderente à tradição constitucional brasileira e permitir a analogia ao ordenamento já existente (art. 27, Lei n. 9.868/1999). Esta eficácia é a negação da modulação dos efeitos, já que retroagirá sempre que o tribunal, ao alterar um precedente, deixar de modular os efeitos da decisão. Entendemos que esta solução não é ideal, mas deve ser a regra apesar de não ser perfeita.
>
> Na segunda solução, a eficácia *ex nunc* apresenta a vantagem de não interferir nas demandas em curso e nos fatos pretéritos, evitando surpresas de mudança de direção. Contudo, afirmar que a decisão que altera o precedente, de regra, tenha eficácia apenas para o futuro, prospectiva, deixa de lado a função de vinculação dos precedentes que alteram o precedente anterior. Nesse sentido, uma decisão equivocada tomada pelo tribunal será perpetuada, por ausência da força vinculante, continuando tal decisão a causar efeitos negativos no mundo jurídico, mesmo após a reversão do entendimento no tribunal. Ademais, o Enunciado n. 55 do FPPC, que esposa a regra da eficácia *ex nunc*, parece pressupor que todos os julgadores irão saber quando estão reformando um precedente e que os precedentes não poderão ter uma reforma gradual e indireta. A metodologia de aplicação dos precedentes, entretanto, não segue esta lógica. Os sinais de que um precedente poderá ser modificado ou superado podem ter aparecido muito antes da decisão que efetivamente o modifica ou supera. Nem sempre os julgadores atuais sabem que sua decisão atual pode fornecer argumentos para a modificação de um precedente no momento futuro.
>
> Por fim, a terceira e melhor solução será aquela que relega a análise do caso concreto, no momento da superação do precedente, para que o tribunal vislumbre, na hipótese em julgamento, se há ou não se-

gurança jurídica e confiança legítima a ser resguarda e se a parte atuou de maneira orientada pelo entendimento anterior do tribunal, mantendo-se a estabilidade das decisões, nos casos de extrema injustiça. Trata-se, nesta hipótese, da *ponderação* dos efeitos da modulação da alteração do precedente. O tribunal deverá sopesar a confiança legítima depositada no precedente anterior (em razão da estabilidade de sua própria jurisprudência) com os efeitos jurídicos estabelecidos na *ratio decidendi* do novo precedente, precedente que altera o precedente anterior.

Portanto, no caso de omissão da modulação dos efeitos pelo tribunal, muito embora a regra seja a eficácia *ex tunc*, caberá ao juiz do caso futuro a análise da modulação dos efeitos na aplicação ou não do precedente alterado, com a adoção da terceira solução.

É o caso, nos parece, do julgamento do RE 509.809/RS, no qual o STF entendeu não caber ação rescisória em face de acórdão que, à época de sua prolação, estava em conformidade com a jurisprudência predominante do STF (Boletim Informativo do STF 764). O STF respeitou, apesar da mudança do seu entendimento, a confiança legítima do jurisdicionado que havia obtido uma decisão transitada em julgado antes da modificação do precedente pelo tribunal.

O § 3º do art. 927 elenca as hipóteses de modulação dos efeitos, alteração de jurisprudência dominante do STF e dos tribunais superiores ou julgamento de casos repetitivos, mas não se trata de rol taxativo. Entendemos que a modulação poderá se dar em todos os casos de alteração dos precedentes obrigatórios, não apenas nos casos ali determinados.

Como vimos, esse artigo trata da *alteração* dos precedentes, não de sua formação. Perceba-se, por derradeiro, que a *formação* dos precedentes também poderá admitir a modulação dos efeitos, como já ocorre com as decisões em controle de constitucionalidade concentrado e difuso (art. 525, §§ 12 e 13). Quando se tratar da formação de precedente (precedente original), que não afeta o entendimento anterior do tribunal, a decisão terá eficácia *ex tunc*, atingido todos os fatos pretéritos não acobertados pela coisa julgada, salvo expressa modulação.

Nesse sentido, é importante destacar que o NCPC tenta construir o modelo de precedentes brasileiros fundado nos princípios da coparticipação, coerência, integridade, estabilidade e da busca da efetiva colegialidade em sua formação.

A lição de NERY JUNIOR é bem elucidativa sobre a mudança de entendimento consolidado pelos tribunais (*overruling*):

> A LADIn 27 permite que o STF adote, nas decisões no processo de controle abstrato (concentrado) das leis e atos normativos (ADIn), a eficácia *ex tunc* ou *ex nunc* do acórdão, ficando o *dies a quo* da vigência de sua decisão até mesmo para além do trânsito em julgado. No controle concreto da constitucionalidade (difuso), o STF vem aplicado a mesma técnica. Reconhece que a regra geral sobre decisão que decreta a inconstitucionalidade de lei ou ato normativo é a da eficácia declaratória, vale dizer, retroativa (*ex tunc*), mas, de modo excepcional, determina que esses efeitos possam ser iniciados em outro momento, transformando a eficácia que seria *ex tunc* em eficácia *ex nunc*, a partir do trânsito em julgado de sua decisão que, no processo de controle concreto (*v.g.*, RE), reconhece a inconstitucionalidade de lei ou ato normativo. Ao adotar esse modelo, o STF alude à aplicação analógica e extensiva da autorização legal contida na LADIn 27 para processos de controle concreto da constitucionalidade das normas.
>
> (...)
>
> Agora há disposição expressa de lei permitindo a modulação no âmbito do STJ, TRF E TJ. (CPC 927 § 3º). Entretanto, nem precisaria haver previsão legal, tampouco aplicação analógica ou extensiva da LADIn 27, para que a solução hoje apregoada pelo STF quanto à eficácia *ex nunc* das decisões de inconstitucionalidade em RE fosse admitida pelo sistema. Dizemos isso porque referida decisão está em consonância com o próprio sistema constitucional brasileiro.
>
> Com efeito, o *princípio da segurança jurídica* pode indicar a eficácia *para o futuro* como solução para determinada situação concreta, no caso de o jurisdicionado haver praticado atos com fundamento na lei anteriormente considerada ou admitida como constitucional, porque não declarada a inconstitucionalidade durante a vigência da lei, circunstância que fazia atuar a presunção *iuris tantum* de constitucionalidade de que gozam todas as leis em vigor no País. Mais ainda, a segurança jurídica implica, outrossim, o respeito e a proteção à boa-fé objetiva com que se houve o jurisdicionado até então, fundando-se na lei presumivelmente constitucional ou na interpretação dada pelos tribunais no sentido de que essa lei valia e era eficaz.
>
> Também decorre da *segurança jurídica* a irretroatividade do direito, situação mais abrangente do que a irretroatividade da lei prevista na CF 5º, XXXVI, porque aqui a CF *dixit minus quam voluit*; se o direito pudesse retroagir, estariam sendo desrespeitados a *segurança jurídica*, o *ato jurídico perfeito* e a *coisa julgada*. Logo, a irretroatividade do direito e das normas jurídicas em sentido lato significa que leis e decisões judiciais não podem retroagir para prejudicar direitos. Outro fundamento, ainda, para a fixação dos efeitos *ex nunc* no processo de controle concentrado da constitucionalidade, é o da boa-

-fé com que devem agir os poderes públicos, aqui incluído o Poder Judiciário, poderes públicos esses que podem mudar sua conduta anterior, como, nomeadamente, o direito brasileiro tem amplamente admitido: a) STF 346 E 473; b) TFR 227; c) CTN 146; d) LPA 2º par. ún., XIII; e) mudança de orientação jurisprudencial dos tribunais. Tudo isso está a indicar a existência, no sistema constitucional brasileiro, de mecanismo apto a justificar decisão dos tribunais superiores (STJ, TST, STF E STM) de deflagrarem efeitos *ad futurum* às suas decisões que modiquem sua jurisprudência anterior ou que reconheçam, *incidenter tantum*, a inconstitucionalidade de lei ou ato normativo.

(...)

A permissão dada pelo CPC 927 § 3º para juízes e tribunais modularem as decisões associa-se à existência das razoes de a) segurança jurídica, b) a boa-fé do Poder Público (Executivo, Legislativo e Judiciário) e do administrado, contribuinte ou jurisdicionado, que agiu de acordo com o que estava prescrito na lei até então vigente ou na jurisprudência até então dominante e não pode ser apenado com solução detrimentosa que atinja e prejudique a sua esfera jurídica, bem como a c) irretroatividade do direito que não pode atingir situações consolidadas, oriundas da prática de atos conforme o sistema anterior (legal ou jurisprudencial), até então hígido e sem mácula. Os requisitos acima apontados estão em consonância com os exigidos pela LADIn 27 para a aplicação, *ex nunc*, dos efeitos da declaração de inconstitucionalidade pelo STF: *"razões de segurança jurídica ou de excepcional interesse social"*. Em síntese, podemos concluir no sentido de que se deve dar efeito *ad futurum* às decisões judiciais que reconhecem, tanto em abstrato (ADIn) como em concreto (RE contra decisão de qualquer juiz ou tribunal), a inconstitucionalidade de lei ou ato normativo, sempre que razões de segurança jurídica ou excepcional interesse social assim o exigirem.

29. *Overruling*. Eficácia *ex nunc*. Não obstante a regra geral de retroeficácia de inconstitucionalidade de lei, existe a possibilidade de o tribunal declarar efeitos apenas para o futuro. No caso de modificação de jurisprudência sedimentada, a eficácia *ex nunc* é obrigatória, em razão da boa-fé objetiva e da segurança jurídica. (...). Tendo em vista os princípios em que se baseia o direito brasileiro, o *overruling* sempre demandará modulação dos efeitos, não sendo tal modulação facultativa, com o texto comentado parece fazer crer.

A modulação temporal tem fundamento também no princípio da dignidade da pessoa humana e na estabilização das situações fáticas que foram submetidas ao Poder Judiciário.

Nesse sentido, é a lição de LENIO STRECK:

2.18. Modificação da jurisprudência e modulação de efeitos. Da mesma forma que se tem admitido para fins de controle de constitucionalidade, a modulação de efeitos deve garantir a proteção da confiança e os direitos do jurisdicionado na ocasião de modificação de jurisprudência. Essa lição referente à obrigatoriedade de os Poderes Públicos não surpreenderem o cidadão, por modificação de atos ou entendimentos, a partir da boa-fé objetiva, consiste em lição similar à aplicação da *fairness* preconizada por Dworkin. A aplicação do direito deve ser um jogo limpo.

2.18.1. Modulação de efeitos e interesse social. Com acerto, o CPC mencionou o interesse social e não o interesse público como parâmetro para se admitir a modulação de efeitos. A modulação de efeitos pode ser fundada em interesse social, mas não no interesse público. Essa possibilidade não é admitida apenas em razão da existência de previsão legislativa para a modulação embasada no interesse social, ela se coaduna com a concepção que conferimos à modulação de efeitos como instrumento para preservação de direitos fundamentais. Nesse contexto, a modulação deve ocorrer para amparar e conferir maior tutela e proteção para a sociedade civil, ao passo que o interesse público novamente nos remete a uma doutrina estatalista que subjuga a sociedade (autonomia social). Daí que a modulação fundada no interesse social somente pode ocorrer a partir da explicitação de que direitos fundamentais da sociedade estarão sendo privilegiados em razão do controle dos efeitos da decisão de inconstitucionalidade. Ao passo que, se fosse admitida a restrição com fundamento no interesse público, bastaria tão somente ao Estado afirmar que a mencionada restrição contribuiria para a coletividade como um todo, sem dizer que permitiria ao próprio Estado beneficiar-se dos atos inconstitucionais que praticou.

2.18.2. Modulação de efeitos e confiança legítima. Bastante salutar do ponto de vista democrático a menção à confiança legítima do cidadão nos atos do Poder Público como parâmetro para modulação de efeitos. Assim, com fundamento na confiança legítima, sempre que ficar comprovado que o jurisdicionado agiu de boa-fé e praticou e consolidou seu ato em conformidade com os preceitos normativos vigentes à época. Esse jurisdicionado não pode ser prejudicado pela superveniente alteração dessas bases normativas, seja essa alteração proveniente de alteração jurisprudencial ou legislativa (COVIELLO, Pedro José Jorge. La Protección de la Confianza del Administrado, cit., conclusiones, Buenos Aires: Abeledo Perrot, 2004, n. 12-17, p. 460-461).

Observa-se o princípio da segurança jurídica materializado no inciso XXXVI, da Constituição Federal:

> Art. 5º, XXXVI - a lei não prejudicará o direito adquirido, o ato jurídico perfeito e a coisa julgada.

Há de se ponderar também, sob uma perspectiva do Estado de Direito e do princípio da moralidade, da confiança legítima e boa-fé nas relações entre o Poder Público e os particulares. A confiança pode ser traduzida como o dever dos agentes públicos de não frustrarem, propositalmente, a justa expectativa criada no cidadão. Tal noção deve nortear tanto a administração pública quanto a jurisdição. Já a boa-fé pode ser entendida como sendo a atitude de lealdade e transparência, sem intenção de lesar direito individual ou coletivo, dos atos estatais.

4. DO PEDIDO DE UNIFORMIZAÇÃO 10.996-SC NO STJ E O TEMA 799 DO STF

Recentemente, essa questão novamente foi suscitada em razão de um pedido de uniformização apresentado ao STJ pelo INSS (Petição n. 10.996-SC), tendo sido proferida decisão para manter o entendimento do STJ.

No julgamento do pedido de uniformização, o STJ entendeu que, embora seja possível a revisão posterior da tese adotada em sede de recurso repetitivo, o Regimento Interno do Superior Tribunal de Justiça prevê procedimento específico para tanto, conforme arts. 256 e seguintes, "não sendo o Pedido de Uniformização de Interpretação de Lei o meio adequado para se atingir tal desiderato", conforme asseverou o Relator Ministro Mauro Campbell Marques. Esse pedido de uniformização, porém, ainda se encontra em tramitação e não teve seu julgamento concluído até a data de elaboração do presente artigo.

O Relator, ainda, fez menção ao Tema 799 julgado pelo Supremo Tribunal Federal que não reconheceu a presença do pressuposto da repercussão geral da temática referente aos valores recebidos em virtude de concessão de antecipação de tutela posteriormente revogada. Confira-se a ementa do julgado proferido pelo STF:

> RECURSO EXTRAORDINÁRIO COM AGRAVO. PREVIDENCIÁRIO E PROCESSUAL CIVIL. VALORES RECEBIDOS EM VIRTUDE DE CONCESSÃO DE ANTECIPAÇÃO DE TUTELA POSTERIORMENTE REVOGADA. DEVOLUÇÃO. MATÉRIA DE ÍNDOLE INFRACONSTITUCIONAL. OFENSA INDIRETA À CONSTITUIÇÃO. REPERCUSSÃO GERAL. INEXISTÊNCIA.
>
> I – O exame da questão constitucional não prescinde da prévia análise de normas infraconstitucionais, o que afasta a possibilidade de reconhecimento do requisito constitucional da repercussão geral. II – Repercussão geral inexistente. (ARE n. 722.421 RS, Relator Ministro PRESIDENTE, julgado em 19/03/2015, ACÓRDÃO ELETRÔNICO DJe-061 DIVULG 27.03.2015 PUBLIC 30.03.2015)

O STF entendeu, ainda, que a discussão a respeito da devolução de valores recebidos em virtude de tutela antecipada posteriormente revogada restringe-se à interpretação da legislação infraconstitucional pertinente. Assim, eventual ofensa ao texto constitucional seria meramente indireta.

Ocorre que o STF se já manifestou, em diversas oportunidades, sobre o tema em questão, subsistindo insidiosa desconformidade com o entendimento do STJ, conforme se infere das ementas abaixo transcritas:

> EMENTA: DIREITO PREVIDENCIÁRIO. AGRAVO REGIMENTAL EM RECURSO EXTRAORDINÁRIO COM AGRAVO. BENEFÍCIO PREVIDENCIÁRIO. NATUREZA ALIMENTAR. RECEBIMENTO DE BOA-FÉ EM DECORRÊNCIA DE DECISÃO JUDICIAL. TUTELA ANTECIPADA REVOGADA. DEVOLUÇÃO.
>
> 1. A jurisprudência do Supremo Tribunal Federal já assentou que o benefício previdenciário recebido de boa-fé pelo segurado, em decorrência de decisão judicial, não está sujeito à repetição de indébito, em razão de seu caráter alimentar. Precedentes.
>
> 2. Decisão judicial que reconhece a impossibilidade de descontos dos valores indevidamente recebidos pelo segurado não implica declaração de inconstitucionalidade do art. 115 da Lei n. 8.213/1991. Precedentes. 3. Agravo regimental a que se nega provimento.
>
> (ARE n. 734242 AgR, Relator(a): Min. ROBERTO BARROSO, Primeira Turma, julgado em 04.08.2015, PROCESSO ELETRÔNICO DJe-175 DIVULG 04-09-2015 PUBLIC 08.09.2015)
>
> 'DIREITO PREVIDENCIÁRIO. BENEFÍCIO RECEBIDO POR FORÇA DE DECISÃO JUDICIAL. DEVOLUÇÃO. ART. 115 DA LEI N. 8.213/1991. IMPOSSIBILIDADE. BOA-FÉ E CARÁTER ALIMENTAR. ALEGAÇÃO DE VIOLAÇÃO DO ART. 97 DA CF. RESERVA DE PLENÁRIO: INOCORRÊNCIA. ACÓRDÃO RECORRIDO PUBLICADO EM 22.9.2008.
>
> A jurisprudência desta Corte firmou-se no sentido de que o benefício previdenciário recebido de boa-fé pelo segurado em virtude de decisão judicial não está sujeito à repetição de indébito, dado o seu caráter alimentar. Na hipótese, não importa

declaração de inconstitucionalidade do art. 115 da Lei n. 8.213/1991, o reconhecimento, pelo Tribunal de origem, da impossibilidade de desconto dos valores indevidamente percebidos. Agravo regimental conhecido e não provido.'

(STF, Agravo Regimental no Recurso Extraordinário com Agravo n. 734.199/RS, Primeira Turma, Relatora Ministra Rosa Weber, julgado em 09.09.2014, DJe em 23.09.2014)

EMENTA DIREITO PREVIDENCIÁRIO. BENEFÍCIO RECEBIDO POR FORÇA DE DECISÃO JUDICIAL. DEVOLUÇÃO. ART. 115 DA LEI N. 8.213/1991. IMPOSSIBILIDADE. BOA-FÉ E CARÁTER ALIMENTAR. ALEGAÇÃO DE VIOLAÇÃO DO ART. 97 DA CF. RESERVA DE PLENÁRIO: INOCORRÊNCIA. ACÓRDÃO RECORRIDO PUBLICADO EM 15.04.2009.

A jurisprudência desta Corte firmou-se no sentido de que o benefício previdenciário recebido de boa-fé pelo segurado em virtude de decisão judicial não está sujeito a repetição de indébito, dado o seu caráter alimentar. Na hipótese, não importa declaração de inconstitucionalidade do art. 115 da Lei n. 8.213/1991, o reconhecimento, pelo Tribunal de origem, da impossibilidade de desconto dos valores indevidamente percebidos. Agravo regimental conhecido e não provido.

(AI 829.661 AgR, Relator(a): Min. ROSA WEBER, Primeira Turma, julgado em 18.06.2013, ACÓRDÃO ELETRÔNICO DJe-152 DIVULG 06.08.2013 PUBLIC 07.08.2013)

5. CONCLUSÃO

A celeuma envolvendo a obrigação de devolução de benefícios previdenciários baseados em decisão judicial posteriormente cassada tem gerado substancial insegurança jurídica após o julgamento do Tema 692 pelo STJ.

Muitas decisões judiciais foram proferidas com base no entendimento jurisprudencial de que, em matéria previdenciária, aplica-se o princípio da irrepetibilidade dos alimentos, não se podendo atribuir ao jurisdicionado as consequências da demora no julgamento de um processo judicial cujo pedido é a concessão de um benefício que visa à subsistência do segurado.

Não obstante a mudança de posicionamento por parte do STJ, que se consubstanciou em 03 de março de 2017 com o trânsito em julgado do 1.401.560/MT, bem como o cancelamento da Súmula n. 51 da TNU, que ocorreu por ocasião do julgamento do PEDILEF n. 0004955-39.2011.4.0.6315, o qual se deu na sessão do dia 30.08.2017, estão sendo proferidas decisões judiciais, sem qualquer modulação temporal, da obrigação de devolução das verbas alimentares, com evidente ofensa aos princípios da segurança jurídica e do interesse social.

O presente artigo defende a posição de que qualquer juiz ou tribunal que casse uma decisão que determinou o pagamento antecipado de um benefício previdenciário que proceda à modulação temporal do recurso repetitivo julgado pelo STJ, determinando a sua inaplicabilidade para decisões proferidas antes de 03 de março de 2017 e, no âmbito dos Juizados Especiais Federais, para decisões prolatadas antes de 30 de agosto de 2017. Outra hipótese de modulação temporal possível, caso não se aplique a total irretroatividade do repetitivo ou do cancelamento da Súmula pela TNU, é a sua incidência somente a partir das datas citadas no tocante às decisões proferidas antes do trânsito em julgado do repetitivo.

É indubitável que esse tema precisa ser reapreciado pelo STJ ou que o próprio Supremo Tribunal Federal cumpra seu papel de Corte Constitucional para aplicar a sua própria jurisprudência, pois existem diversos dispositivos constitucionais que estão sendo afrontados de forma direta com a aplicação do posicionamento firmado no Tema 692 pelo STJ.

Há de se ressaltar, contudo, que, enquanto esse entendimento prevalecer, compete às partes proceder ao devido *distinguishing*, destacando-se situações em que o magistrado concede o benefício *ex officio*, estabilização da decisão judicial após confirmação da decisão em segunda instância, dentre outras hipóteses previstas na doutrina e na própria jurisprudência.

É imperioso destacar, por fim, que, em atenção ao princípio da dignidade da pessoa humana, o STJ entendeu já que a devolução poderia ser feita de acordo com a posição do Ministro Herman Benjamin, ou seja, por intermédio de "desconto em folha de até 10% da remuneração dos benefícios previdenciários em manutenção até a satisfação do crédito, adotado por simetria com o percentual aplicado aos servidores públicos" (REsp n. 1.384.418).

O Decreto n. 3.048/1999 prevê, em seu art. 154, § 3º, a possibilidade de devolução de benefícios previdenciários auferidos pelo segurado, de forma parcelada, atendendo-se o percentual máximo de 30%.

O Judiciário, portanto, no caso concreto, poderá diminuir esse percentual, atendendo os princípios da dignidade da pessoa humana e da razoabilidade, sobretudo para não comprometer a sobrevivência do beneficiário vinculado ao RGPS.

No âmbito Conselho de Recursos do Seguro Social, a 3ª CAJ, no julgamento do acórdão n. 4.429/2013, fixou o percentual de 5% para o desconto no benefício do segurado que auferiu prestação indevidamente paga pelo INSS. O Conselho Pleno do antigo CRPS, no julgamento do Recurso 36086.000773/2011-00, manteve o acórdão proferido pela CAJ.

Por sua vez, a 04ª CAJ, nos autos do NB 094.929.097-1, deparou-se com um caso de acumulação indevida de benefícios de amparo previdenciário por invalidez com pensão por morte, entendendo pela obrigatoriedade de devolução dos valores pagos, fixando, porém, o percentual de 10% devolução a incidir sobre o benefício ativo.

6. REFERÊNCIAS BIBLIOGRÁFICAS

MARTONE, Rodrigo; MARINHO, Alice. O sistema de precedentes e a modulação de efeitos no novo CPC. Disponível em: <https://www.conjur.com.br/2017-fev-15/sistema-precedentes-modulacao-efeitos-cpc>. Acesso em: abr. 2018.

NERY JUNIOR, Nelson; NERY, Rosa Maria de Andrade. *Comentários ao Código de Processo Civil*. São Paulo: Revista dos Tribunais, 2015.

PINTO NETTO, Luisa Cristina. Ato de aposentadoria. Natureza jurídica, *registro pelo Tribunal de Contas e decadência*. Revista Brasileira de Direito Público. Belo Horizonte: Fórum, ano 4, n. 13, *p. 127, abr./jun. 2006*.

STRECK, Lenio. *Comentários ao Código* de Processo Civil. 11. ed. Saraiva, 3/2016.

ZANETI JR., Hermes. In: CABRAL, Antonio Passo; CRAMER, Ronaldo (Orgs.). Comentários ao Novo *Código de Processo Civil*. 2. ed. Rio de Janeiro: Forense, 2016.

Características Básicas e Provas da União Estável

Wladimir Novaes Martinez[1]

1. BREVÍSSIMO HISTÓRICO

O interesse pelo conceito técnico jurídico da união estável tomou vulto em 1973 e seu reconhecimento cível se deveu às necessidades do Direito Previdenciário. E, curiosamente, a união estável é a mais antiga das uniões monogâmicas.

Os registros mais remotos dizem respeito ao Pentateuco entre os judeus, Código de Manu e o Código de Hamurabi, entre os sumérios.

1.1. Direito Romano

Até que fosse estruturado o casamento formal na Roma antiga, caso um homem e uma mulher passassem a viver juntos, eram tidos como casados. Vale dizer, tecnicamente mantinham uma união estável (modelo jurídico inexistente à época).

O *confarreatio* foi a modalidade mais remota e solene de casamento, praticada pelos patrícios ao longo dos tempos.

Era obrigatório entre o rei das coisas sagradas, além de só poderem se casar por esta forma os sacerdotes que tinham de ser filhos de pessoas casadas pelo mesmo *confarreatio*.

O *coemptio* foi uma reconstituição simbólica do tempo vetusto em que os homens compravam as mulheres para poderem se casar. Requeria apenas cinco testemunhas, em presença das quais o noivo pagava ao pai da noiva uma moeda de prata ou de bronze colocada numa balança segurada por um homem.

O casamento *per usum* ou *usus* concretizava-se quando uma mulher tivesse coabitado de forma ininterrupta por um ano com um homem. Contudo, se durante esse ano ela tivesse passado três noites seguidas fora de casa, continuava solteira e sob a tutela do pai.

1.2. Tempos hodiernos

Ausente na sua primeira versão de 1960, o art. 11, inciso II, da LOPS, fazia menção a uma pessoa designada:

> que, se do sexo masculino, só poderá ser menor de (dezoito) anos ou maior de 60 (sessenta) anos ou inválida.

A companheira era uma pessoa designada; logo dependia umbilicalmente da vontade do segurado designante.

O § 3º também se referia à pessoa designada.

Um § 4º do mesmo artigo rezava:

> não sendo casado segurado civilmente, considerar-se-á designada a pessoa com que se tenha casado segundo o rito religioso, presumindo-se feita a declaração prevista no parágrafo anterior.

Ou seja, a lei equiparava o casamento religioso à união estável.

A primeira alusão expressa à companheira compareceu na Lei n. 5.890/1973, que mais uma vez alterou o art. 11 da LOPS, dizendo ser dependente:

> I – a esposa, o marido inválido, a *companheira* mantida há mais de 5 (cinco anos) os filhos de qualquer condição menores de 18 (dezoito anos) ou inválidos, e as filhas solteiras de qualquer condição menor de 21(vinte um) anos ou inválidas. (grifos nossos)

---

(1) Advogado Especialista em Direito Previdenciário Membro da OAB/SP – Comissão da Pessoa Idosa Membro da OAB/Vinhedo – Comissão da Seguridade Social Coordenador do Congresso Brasileiro de Previdência Social da LTr há 25 Anos. Autor de mais de 100 livros sobre Previdência Social Membro do Conselho Editorial da Revista de Previdência Social Presidente de Honra do GEP WNM. Colaborador da Revista de Previdência Social desde a Fundação há 44 anos e Suplemento Trabalhista da LTr; Revista Plenum; Revista de Direito Previdenciário e Revista Síntese da IOB e Repertório de Jurisprudência da IOB. Articulista Semanal do Jornal de Vinhedo e Tribuna de Vinhedo há 10 anos.

Previdenciariamente, a partir da Lei n. 8.213/1991, a união estável foi equiparada ao casamento. Embora suprimido do ordenamento jurídico, o prazo de cinco anos ainda perturba os exegetas mais informais. Em raros acórdãos, exigem essa permanência, sabendo que no casamento não há esse prazo. Então, se o *de cujus* falecesse antes de completar o indigitado quinquídio, coitada da companheira. E dele não se esqueceu o legislador ordinário de 1996.

O reconhecimento dos direitos dos companheiros é uma história triste do nosso Direito e mostra como sociólogos bem casados são puritanos, anacrônicos, incultos ou mal-intencionados.

1.3. Sacramento religioso

Sacramento é um instituto técnico eminentemente teológico que faz parte da igreja católica. Quando consagrado, de certa forma, ele sacraliza uma instituição e, portanto, merece o respeito dos fiéis.

Martinho Lutero definiu sacramento como "a situação em que um elemento (coisa material), através da palavra de Deus, transforma-se em outro. Em um sentido espiritual, não no sentido material, pois o vinho continua a ser vinho e o pão continua a ser pão".

Os sacramentos adotados pela Igreja Católica são batismo (ou crisma), confissão, eucaristia, ordem (sacerdotal), unção dos enfermos e matrimônio.

Eles são sinais nos quais a graça de Deus em Cristo é representada, selada e aplicada aos crentes, que, por sua vez, expressam a fé e obediência a Deus.

Segundo o Compêndio do Catecismo da Igreja Católica: "os sacramentos são sinais eficazes da graça, instituídos por Cristo e confiados à Igreja, mediante os quais nos é concedida a vida divina." (n. 224) "Os sacramentos não apenas supõem a fé, como também, através das palavras e elementos rituais, a alimentam, fortificam e exprimem. Ao celebrá-los, a Igreja confessa a fé apostólica. Daí o adágio antigo: *lex orandi, lex credendi*, isto é, a Igreja crê no que reza." (n. 228).

Em algum momento da história, a Igreja os instituiu e assim o casamento se beneficia dessa virtude teológica.

2. NUANÇAS PRÓPRIAS

A união estável apresenta nuanças a serem esmiuçadas, lembradas e apreendidas para ser concebida com alguma objetividade.

2.1. Liberdade de assunção

O homem e a mulher optam por uma convivência amiúde e sem os compromissos dos laços jurídicos matrimoniais. O verdadeiro conhecimento das individualidades proveniente do dia a dia pode ser atingido sem maiores consectários para as duas partes.

2.2. Facilidade de desfazimento

Se o casal reconhece não reunir as condições ideais para uma convivência diuturna adequada, ele tem condições de resgatar o estágio libertário que antes desfrutava e de, novamente, tentar encontrar o parceiro ideal.

2.3. Prevalência da diversidade

A diversidade propiciada por esse tipo de relação, tão assustadora para o comum dos mortais e cuja ausência tem levado tantos homens ao celibato, é própria daqueles que estão buscando uma cara-metade com a qual sempre sonharam.

2.4. Formalização do casamento

A cerimônia do casamento é onerosa, formal e exigente em termos de procedimentos burocráticos e tem algum custo para os despossuídos. Só recentemente o legislador pensou em diminuir os encargos da separação do casal.

2.5. Pureza de propósitos

Aparentemente, os unidos se aproximam inspirados em motivos emocionais e menos racionais, estão despreocupados com o patrimônio do parceiro ou de seus familiares. O objetivo é imediato: celebrarem o amor (em alguns casos, apenas a paixão) que os une. O fim de uma união estável é sempre menos estressante que a do casamento.

2.6. Restrições religiosas

Muitas religiões, seitas e filosofias de vida não acolhem outra forma de convivência mútua que não seja o casamento religioso ou civil, e esse é um aspecto negativo da união estável por ter sido posicionada historicamente como uma instituição menor do que o casamento.

2.7. Meios de persuasão

Em razão do *modus vivendi*, é mais difícil provar a união estável que o casamento.

2.8. Regulação dos bens

A aceitação dessa modalidade de convivência também se deve ao modo como os patrimônios são distinguidos.

2.9. Questão linguística

Existiria uma união estável, mas ninguém fala em casamento estável e não se afirme que todos o são.

3. PESSOALIDADE

À evidência solar, a união estável somente tem existência com dois seres humanos; desses parceiros, exigida a idade mínima de 20 anos e de outras capacitações positivadas no Código Civil.

4. AFETIVIDADE

A afetividade na união estável tem muito a ver com a afetividade.

São muitas as causas que levam os casais a manterem o casamento, a despeito das intempéries matrimoniais:

a) presença de filhos;
b) razões econômicas;
c) hábito;
d) companheirismo;
e) mútua assistência;
f) inércia; e
g) pressão familiar.

5. ESTABILIDADE

O título da instituição *per se* reclama a estabilidade da relação, sem altos e baixos, mas várias interrupções significativas da convivência devam ser consideradas, no caso de dúvidas acolhendo-se os períodos de convivência na mesma residência.

6. CONSTÂNCIA

Constância quer dizer contínua, permanente, a despeito de as normas silenciarem ao tempo de duração. Tanto quanto ocorre no casamento (fato que não tem preocupado o INSS), em várias circunstâncias, a relação pessoal da união estável é interrompida por fato relativo a um convivente (e até dos dois), homem ou mulher.

Não se trata de suspensão eventual nem separação judicial, mas um acontecimento que rompe a exigência conceitual da constância da relação.

Entre outras modalidades, pode ser por viagem de longa duração, ausência, infortúnio, sequestro ou prisão.

Nestes casos, ausente a vontade daquele que se afastou, a união estável deve ser mantida. Se o desaparecimento ultrapassar seis meses, há direito à pensão por morte. Visitas íntimas ou não ao preso de um convivente faz pensar na existência da união estável.

7. MÚTUA ASSISTÊNCIA

Os parceiros têm de se ajudar, cooperar amplamente, familiar e de modos diversos. Essa ajuda é física, psicológica e afetiva, o visgo que prende com visgo os casais.

8. PUBLICIDADE

Alguma publicidade é necessária, não havendo explicação para a sua ausência.

9. EXISTÊNCIA DE FILHOS

O conceito não impõe a existência de filhos em comum, adotados, agregados ou tutelados.

10. RESIDÊNCIA COMUM

Diz a Súmula n. 382 do STF:

> A vida em comum sob o mesmo teto, "more uxorio", não é indispensável à caracterização do concubinato.

Esta súmula, da década de 60, surpreende em relação à posição conservadora dos tribunais superiores, especialmente porque a esse tempo não seriam muitos os casos (hoje, bastante comuns) de companheiros vivendo em domicílios separados no regime jurídico da união estável.

Quer dizer, a convivência do casal não obriga a existência de uma única moradia, se estiverem presentes os demais elementos da definição. Evidentemente, é preciso pensar em pessoas vivendo em apartamentos separados no mesmo edifício e em residências térreas em bairros distintos de uma mesma cidade e até em duas cidades.

O que interessa é a disposição da constituição de um ambiente familiar, existência ou não de filhos, mútua assistência e cooperação e a continuidade da relação.

Claro, essa concepção se transporta para o casamento, pois às vezes um dos parceiros é obrigado a se domiciliar noutra cidade por motivo de trabalho e nunca se cogitou de exigir a mesma residência para os casados.

A preocupação da instituição da união estável é com a instabilidade da relação que poderia emergir da separação física dos unidos. O que mais indica a existência de duas residências é a necessidade do trabalho. Só recentemente alguns casais optaram por viverem separados, às vezes morando no mesmo prédio, para disporem de maior intimidade pessoal.

Evidentemente e *a fortiori*, esse raciocínio deverá se estendido às uniões homoafetivas.

11. PRESENÇA DE SEXO

Presente a afetividade e conforme a idade, o sexo é presumido e sem ser exigido.

12. FIDELIDADE MILITANTE

Alguns magistrados fazem desnecessária distinção entre casamento e união estável. Um homem casado pode manter uma companheira sem deixar de ser casado, mas isso não valeria para a configuração da união estável!

A fidelidade é parte do dever de respeito e lealdade entre os cônjuges, ainda que não compareça na legislação para configuração da união estável. A conclusão é da 3ª Turma do STJ, que negou o reconhecimento de união estável porque o homem mantinha outro relacionamento (Recurso Especial n. 1.267.832/RS, de 13.12.2011).

O Tribunal de Justiça de Minas Gerais havia negado o pedido de uma mulher de reconhecer a união por entender que o relacionamento dela com o homem teria sido apenas um namoro, sem objetivo de constituição de família.

A autora da ação afirmou que manteve convivência pública, duradoura e contínua com o homem, de julho de 2007 até a morte dele em 30 de novembro de 2008, e que o dever de fidelidade não estaria incluído entre os requisitos necessários à configuração da união estável.

A outra companheira contestou a ação, alegando ilegitimidade ativa da autora, que seria apenas uma possível amante do morto, com quem ela viveu em união estável desde o ano 2000 até o falecimento dele.

A ministra Nancy Andrighi disse que a discussão se cingia a definir se a união estável pode ser reconhecida entre as partes, mesmo diante da inobservância do dever de fidelidade pelo falecido, que mantinha outro relacionamento estável com segunda mulher.

A ministra reconheceu que tanto a Lei n. 9.278/1996 como o Código Civil não mencionam a observância do dever de fidelidade recíproca para que possa ser caracterizada a união estável, mas entendeu que a fidelidade é inerente ao dever de respeito e lealdade entre os companheiros.

Para a ministra, uma sociedade que apresenta como elemento estrutural a monogamia não pode atenuar o dever de fidelidade — que integra o conceito de lealdade e respeito mútuo — para inserir no âmbito do direito de família relações afetivas paralelas.

Andrighi admitiu que a jurisprudência do STJ não é uníssona ao tratar do tema e alertou que, ao analisar as lides que apresentam paralelismo afetivo, deve o juiz, atento às peculiaridades de cada caso, "decidir com base na dignidade da pessoa humana, na solidariedade, na afetividade, na busca da felicidade, na liberdade, na igualdade, bem assim, com redobrada atenção ao primado da monogamia, com os pés fincados no princípio da aeticidade".

13. PROVAS DA UNIÃO

Uma das principais características da união estável hetero ou homossexual é a informalidade fática da vida em comum. As pessoas passam a viver juntas sem a preocupação de demonstrar essa existência *more uxorio*, até mesmo sobrevindo filhos.

Quando um dos companheiros parceiros é segurado do RGPS e falece após 18 meses, portanto, cumprida a carência com vistas à pensão por morte (e até mesmo no caso do auxílio-reclusão), emerge o problema do companheiro supérstite provar a existência dessa relação e, destarte, pressupor-se uma eventual evidência da dependência econômica.

O INSS exige provas da subordinação quando da falta de provas de ter havido uma família protegida pela Previdência Social.

A autarquia apelou da sentença proferida pelo Juiz de Direito da Comarca de Valença do Piauí, que, para fins previdenciários, reconheceu a existência de união estável entre a autora e o instituidor da pensão.

O INSS sustentou nas razões da apelação que para a comprovação da união estável devem ser apresentados, no mínimo, três documentos dentre os elencados no art. 22, § 3º, do Decreto n. 3.048/1999 (RPS) e que, no caso, a autora não juntou documentos necessários para provar sua condição de dependente previdenciária do segurado falecido.

Ao analisar o ponto controvertido da ação, o reconhecimento de união estável para fins previdenciários, o relator, desembargador federal João Luiz de Souza apontou que, nos termos da Lei n. 8.213/1991, considera-se companheira a pessoa que, sem ser casada, mantém união estável com o segurado, possuindo dependência econômica presumida.

O magistrado asseverou que "com supedâneo no princípio da inexistência de hierarquia entre as provas, impõe-se reconhecer que a comprovação de união estável, para fins previdenciários, pode ser feita por qualquer meio de prova em direito admitida, pois não há, no ordenamento jurídico pátrio, norma que preveja a necessidade de apresentação de prova material, salvo na hipótese de reconhecimento de tempo de serviço, não cabendo, portanto, ao julgador aplicar tal restrição em situações nas quais a legislação assim não o fez".

Esse relator sustentou que "é forçoso concluir que a norma do decreto que elencou um rol de documentos que permitem o reconhecimento da união estável para fins previdenciários, não pode ser tida como taxativa e impeditiva ao reconhecimento daquela relação pelo poder judiciário, até porque é destinada precipuamente aos servidores do órgão previdenciário para análise dos processos administrativos de concessão de benefícios, de modo a padronizá-los e evitar fraudes".

O desembargador concluiu seu voto esclarecendo que, na hipótese do processo, da análise de todo o acervo probatório produzido, extrai-se que existem elementos suficientes para o reconhecimento da relação estável entre a autora o falecido segurado.

Acompanhando o voto do relator, o Colegiado negou provimento à apelação, no Processo n. 0024844-53.2007.4.01.9199/PI.

Conforme demonstrado no *A prova no Direito Previdenciário* (4. ed. São Paulo: LTr, ano 2015), um dos aspectos mais significativos do Direito Previdenciário Procedimental é o da demonstração do direito aos benefícios.

Ali foi relacionada uma infinidade de meios de provas, quase uma centena delas, que podem convencer o órgão gestor da previdência social ou o Poder Judiciário da existência de uma união estável.

Provas comerciais
1. Presença no contrato social como sócio-gerente ou cotista em sociedade limitada criada pelos conviventes (Decreto n. 3.708/2019).
2. Abertura de crediário em lojas comerciais.
3. Ser avalista do parceiro.

Provas civis
1. Atestado de óbito em que conste o convivente sobrevivente como testemunha.
2. Documento outorgando procuração de um para o outro membro da relação.
3. Designação testamentária da pessoa como herdeira.
4. Certidão relativa à adoção de filhos.
5. Pagamento de pensão alimentícia de fato.
6. Sentença condenatória de pensão alimentícia.
7. Usufruto de bem com caráter de alimentos.
8. Prova de rendimento para fins de financiamento.
9. Contrato de aluguel em conjunto.
10. Compromisso de venda e compra, documento particular ou público, de cessão de bem imóvel ou imóvel mediante escritura pública.
11. Declaração escrita ou gravada deixada pelo segurado.

Provas religiosas
1. Certidão de casamento religioso.
2. Certidão de batismo.

Provas administrativas
1. Designação numa APS do INSS.
2. Inscrição como beneficiário da GEAP.
3. Designação como dependente numa EFPC ou EAPC.
4. Deferimento de auxílio-reclusão.
5. Alvará para levantar saldo de benefícios no INSS.
6. Registro em Posto de Saúde, hospitais particulares ou do
7. INAMPS.

Provas securitárias
1. Seguro de vida em nome do membro supérstite.

Provas sociológicas
1. Ser sócio do mesmo clube ou associação de qualquer natureza.
2. Declaração firmada por vizinhos, zeladores ou porteiros de prédios.
3. Participação conjunta em congressos e outros eventos científicos.

Provas trabalhistas
1. Registro como empresário, contribuinte individual, empregado ou temporário em empresa do falecido.
2. Ficha de inscrição em sindicatos.
3. Ficha do PIS-PASEP.
4. Ficha do salário-maternidade.
5. Ficha do salário-família.
6. Designação em CTPS, FRE ou LRE.
7. Autorização para levantar FGTS ou PIS-PASEP.

Provas da previdência complementar
1. Concessão de pensão por morte pela EFPC.
2. Designação no VGPL

Prova tributária
1. Declaração como dependente para fins do Imposto de Renda.

Assistência à saúde
1. Designação em plano de saúde.
2. Declaração firmada pelo hospital de quem promoveu a internação, custeou as despesas etc.
3. Anotação em ficha de tratamento médico em que o dependente comparece como responsável pelo atendido.
4. Atestado médico do falecimento.

Provas pessoais
1. Cartas familiares ou de amor trocadas entre os membros.
2. Menção da pessoa constante em dedicatórias de livros.
3. Menção escrita em homenagem.
4. Prova de endereço comum.
5. Notas fiscais do sepultamento.
6. Bilhete de passagem adquirido em comum.
7. Ficha de Registro de hotéis, *resorts*, colônia de férias etc.
8. Gravação, imagem, fotografias em que apareçam juntos.
9. Declaração para efeito de seguro de automóvel.
10. Assunção de encargo doméstico.
11. Declaração firmada pelo condomínio vertical e horizontal ou loteamento.
12. Título de eleitor em que a interessada solteira seja identificada como casada.
13. Registro em *WhatsApp*.

Provas penais
1. Boletim de ocorrência policial.
2. Declaração oficial de estabelecimento penal relativo à visita íntima.

Provas bancárias
1. Conta corrente conjunta.
2. Empréstimos conjuntos.

Prova habitacional
1. Declaração junto ao BNH ou agente financeiro.

Provas cartoriais
1. Registro civil em cartório de notas, declaração das partes de que vivem ou viverão juntos.
2. Escritura pública.
3. Certidão privada emitida pelo Grupo Gay da Bahia, a partir de seu livro de registro.
4. Disposição testamentária particular ou cartorial.
5. Certidão de nascimento de filho.

Provas judiciais
1. Sentença em ação judicial.
2. Justificação judicial.
3. Alvará judicial para levantar atrasados.
4. Certidão de ação judicial, civil ou penal, em que a dependente tenha sido qualificada como autora, ré ou testemunha.

Provas da designação
1. Declaração verbal e registrada perante servidor da Previdência Social.
2. Anotação em CTPS.

Diversos meios
1. Nota fiscal de aquisição de bens domésticos.
2. Inscrição no SESI.
3. Boletim de Ocorrência.
4. Censo do IBGE.

Prova testemunhal
1. Depoimento testemunhal de vizinhos, colegas de serviço e demais pessoas tem validade, principalmente quando os depoentes conviveram com os unidos por largo tempo.

Justificação Administrativa
1. Procedimento específico previsto no PBPS e promovido pelo INSS com a presença de início razoável de prova material e depoimentos testemunhais.

PARTE III
TEMAS CONTROVERTIDOS SOBRE CUSTEIO PREVIDENCIÁRIO

Pagamento de Lucros e Resultados – Condições Legais para não incidência de Contribuição Previdenciária e Controvérsias Jurisprudenciais na Interpretação da Norma Legal

Ana Paula Fernandes[1]

1. INTRODUÇÃO

O pagamento da participação nos lucros e resultados – PLR, para trabalhadores, empregados ou não de uma empresa, sem o recolhimento da contribuição previdenciária, está assegurado pelo art. 7º, inciso XI, da CF.

O dispositivo estabelece que são direitos dos trabalhadores urbanos e rurais participação nos lucros, ou resultados, desvinculada da remuneração, e, excepcionalmente, participação na gestão da empresa. Assim, se a participação dos lucros está excluída do conceito de remuneração, a contribuição incidirá apenas sobre os demais rendimentos, estes sim, de caráter remuneratório.

Esta previsão tem um contexto histórico importante, permitir que o Brasil seja competitivo no mercado internacional, gerando oportunidade de negócios e em contrapartida participação de ordem financeira aos empregados.

Há notícias da prática do Instituto da Participação em Lucros desde o século XVIII como método de incentivo e combate a greves. No século XIX, inclusive, o Instituto foi defendido pela Igreja Católica como método de distribuição de justiça social.

No Brasil o Instituto sempre foi muito utilizado, mas somente com advento da Constituição Federal de 1988, posteriormente regulamentado pela Lei n. 10.101/2000, que as parcelas pagas aos empregados a este título deixaram de sofrer a incidência da contribuição previdenciária, tributação esta que por vezes pesa nos custos da iniciativa privada e dificulta as condições reais de participação de empresas brasileiras no mercado externo.

O instrumento é fundamental às Empresas como instrumento de gestão e inclusão no mercado, auxilia no alcance de metas e traz o diferencial necessário para trabalhar melhor a margem de lucratividade sem influenciar no preço final do produto.

Ganha o empregador e ganha o empregado, eis que ambos podem usufruir dos benefícios da referida norma. Contudo, para que a parcela paga aos empregados a título de PLR não seja tributada há que se cumprir uma extensa lista de requisitos dispostos na lei, os quais muitas vezes ainda são agravados pela interpretação dada pelo Fisco à regra.

O intuito deste artigo é demonstrar quais regras são estas e qual o posicionamento do Poder Judiciário e do Conselho Administrativo de Recursos Fiscais – CARF sobre a interpretação e aplicação da regra aos casos que tramitam no conselho para julgamento.

2. PAGAMENTO DE LUCROS E RESULTADOS – PLR

Para melhor compreender a incidência ou não de contribuição previdenciária sobre a Participação em Lucros e Resultados é importante primeiro entender o conceito e abrangência do instituto.

---

(1) Bacharel em Direito (Faculdade de Direito de Curitiba). Pós-graduada em Processo Civil (Instituto Bacellar). Pós-graduanda em Direito Previdenciário e Processo Previdenciário (PUC/PR). Mestre em Direito Econômico e Socioambiental – Linha de pesquisa Sociedades e Direito (PUC/PR). Conselheira dos Contribuintes na 2ª Turma da Câmara Superior – CARF. Advogada licenciada para exercer mandato de Agente Público.

A PLR é tida como um elemento fundamental de gestão, surgiu da Administração participativa, a qual entende que a organização deve ter sua estrutura hierárquica horizontal com um mínimo de níveis possível. Por meio da administração participativa, os funcionários são integrados, podendo participar das decisões, além de participar financeiramente dos lucros e resultados da empresa.

Historicamente, o primeiro registro de participação de funcionários nos lucros ou resultados de uma organização, segundo Martins[2], data de 1794:

> (...) Albert Gallatin, secretário do Tesouro de Jefferson, distribuiu aos empregados uma parte dos lucros das indústrias de vidro. Napoleão Bonaparte em 1812 por meio de um decreto concedeu, também, aos artistas de Comédie Française a participação nos lucros após o calculo financeiro do final do ano. De forma mais sistematizada, a participação passou a ser observada na Inglaterra em 1850 como forma de combater os movimentos grevistas. Nos Estados Unidos a ideia chega em meados do século XIX, ano de 1889. A discussão sobre a participação dos trabalhadores nos lucros teve o apoio da Igreja Católica com o Papa Leão XIII que na encíclica "Rerum Novarum" de 1891, preconizava a participação nos lucros pelos trabalhadores como medida de justiça social.

Mas, é somente após a Segunda Guerra Mundial que a PLR ganha efetiva realidade nas empresas e, a partir da década de 1950, com a influência das organizações japonesas, ela se solidifica nas relações de trabalho. A remuneração variável surge como alternativa de modernização e motivação das relações produtivas para as organizações.

De acordo com Tuma[3], muitas empresas avançaram para a Administração Participativa, implementando a PLR, empurradas pela revolução tecnológica e pelo desafio da competitividade. A abertura dos mercados e a globalização da economia, entre outros fatores, criaram um ambiente de competitividade que obrigou as empresas a focalizar o planejamento estratégico em duas prioridades: satisfação dos clientes e aumento da produtividade. Por outro lado, os impactos da tecnologia da informação simplificaram e, ao mesmo tempo, sofisticaram as organizações.

Neste cenário que a PLR passa a integrar diversos textos constitucionais do Brasil, mas, somente a redação da Carta Constitucional de 1988 que vem a ser regulamentada no ordenamento jurídico, trazendo efetividade jurídica ao Instituto.

Mesmo assim, as discussões jurídicas sobre o tema se multiplicaram, isso por que a norma traz diversos pontos que são interpretados de forma diametralmente oposta pela Fazenda Nacional e pelos Contribuintes.

Essa diferença na interpretação leva a verba paga a título de PLR de um extremo a outro na folha de pagamento: ou ela é tida como legítima e sobre ela não se recolhe nenhuma contribuição previdenciária ou, se considerada como ilegítima, é tida como salário indireto e sobre ela recaem todas as contribuições (patronal, terceiros, SAT/RAT, inclusive retenção da parcela dos segurados), o que onera significativamente as contribuições tributárias sobre folha de pagamento.

3. CONTRIBUIÇÃO PREVIDENCIÁRIA PATRONAL

O legislador ordinário foi muito zeloso ao instituir a base legal de custeio previdenciário, fazendo-a de modo expresso na Constituição Federal, em seu art. 195, I, *a*.

A CF/1988 elegeu o trabalho (atividade laboral remunerada) como fato gerador da incidência de contribuição social previdenciária.

Contudo, para melhor esclarecer detalhes de sua aplicabilidade, tratou de disciplinar a aplicação do referido artigo por meio da edição da Lei n. 8.212/1991, conhecida como Lei de Custeio da Previdência Social.

Observando tanto o art. 195 da CF/1988 como a referida Lei de Custeio, depreendemos que a tributação previdenciária está claramente limitada a rendimentos do trabalho.

A doutrina segue neste sentido, como podemos observar as pontuações de ZAMBITTE IBRAHIM[4]:

> Tanto histórica como normativamente, a contribuição previdenciária é delimitada a rendimentos do trabalho, tendo em vista o objetivo das prestações previdenciárias em substituir rendimentos habituais do trabalhador, os quais, por regra, são derivados da atividade laboral. Ou seja, a legislação vigente, de forma muito

---

(2) MARTINS, Sergio Pinto. *Participação dos empregados nos lucros das empresas*. São Paulo: Malheiros, 1996.
(3) TUMA.
(4) IBRAHIM, Fábio Zambitte. *Curso de Direito Previdenciário*. 22. ed. Niterói: Impetus, 2016. p. 89.

clara, delimita a incidência previdenciária, em qualquer hipótese, a rendimentos do trabalho.

Partindo da premissa de que a contribuição previdenciária é devida tão somente sobre as parcelas recebidas a título de remuneração pelo trabalho, são incabíveis as alegações da Fazenda Nacional de que as parcelas advindas de Participação nos Lucros e Resultados – PLR devam sofrer tal incidência. Isso por que a PLR tem relação intrínseca com remuneração do capital – lucro.

Essa distinção é fundamental para que se possa compreender o motivo da não incidência de contribuição previdenciária patronal sobre a Participação nos Lucros e Resultados – PLR recebida pelos trabalhadores.

Para melhor compreender, é preciso levar em conta que a participação referida (PLR) tem uma relação intrínseca com o resultado auferido, ela depende exclusivamente do êxito, enquanto que a remuneração advinda do trabalho independe do risco para ser adimplida, basta a contraprestação do trabalho.

Professor Zambitte Ibrahim[5] bem esclarece esta dicotomia entre as referidas verbas:

> É também intuitivo, mesmo para o público leigo, que um conceito não se confunde com o outro. É natural e facilmente perceptível que o trabalho, de modo algum, possui liame imediato com o lucro. Não são incomuns as situações de empresários que, mesmo após longa dedicação ao seu mister, não alcançam qualquer proveito econômico e, não raramente, ainda observam relevante perda patrimonial. Já para trabalhadores, com ou sem vínculo empregatício, o rendimento do trabalho é assegurado pela lei, pois não cabe a eles o risco da atividade econômica, o qual, por natural, é assumido pelo empresário. Seus rendimentos traduzem mera contraprestação pela atividade profissional desempenhada.

Mas isso não significa que os rendimentos advindos do capital não serão tributados. Eles serão, contudo, não como rendimentos advindos do trabalho que sofrem incidência de contribuição previdenciária, serão tributados com imposto próprio que é aplicável sobre a renda.

O próprio ordenamento jurídico tratou de fazer esta distinção por meio do art. 43 do CTN, especificando que, diferentemente da Contribuição Previdenciária, é o imposto de renda a tributação que engloba tanto proventos do trabalho quanto aqueles advindos do capital:

> Art. 43. O imposto, de competência da União, sobre a renda e proventos de qualquer natureza tem como fato gerador a aquisição da disponibilidade econômica ou jurídica:
>
> I – de renda, assim entendido o produto do capital, do trabalho ou da combinação de ambos;
>
> II – de proventos de qualquer natureza, assim entendidos os acréscimos patrimoniais não compreendidos no inciso anterior.
>
> § 1º A incidência do imposto independe da denominação da receita ou do rendimento, da localização, condição jurídica ou nacionalidade da fonte, da origem e da forma de percepção.

Observe-se que esta foi uma opção da própria Constituição Federal que, mesmo após a EC n. 20/1998, **optou por tributar somente os rendimentos do trabalho.**

Assim, embora a EC n. 20/1998 tenha ampliada as possibilidades de incidência da cota patronal previdenciária, disciplinado posteriormente pela Lei n. 9.876/1999, ao dar nova redação para o art. 22, I da Lei n. 8.212/1991, responsável pela previsão da cota patronal previdenciária, ainda assim se restringe a verba advinda do trabalho. Vejamos:

> Art. 22. A contribuição a cargo da empresa, destinada à Seguridade Social, além do disposto no art. 23, é de:
>
> I – vinte por cento sobre o total das remunerações pagas, devidas ou creditadas a qualquer título, durante o mês, aos segurados empregados e trabalhadores avulsos que lhe prestem serviços, destinadas a retribuir o trabalho, qualquer que seja a sua forma, inclusive as gorjetas, os ganhos habituais sob a forma de utilidades e os adiantamentos decorrentes de reajuste salarial, quer pelos serviços efetivamente prestados, quer pelo tempo à disposição do empregador ou tomador de serviços, nos termos da lei ou do contrato ou, ainda, de convenção ou acordo coletivo de trabalho ou sentença normativa.

Observe-se que o legislador ordinário, ao disciplinar as inovações trazidas pela Emenda Constitucional citada, alargou a incidência da cota patronal previdenciária, mas, desta vez, com a competência tributária prévia devidamente estabelecida.

---

(5) IBRAHIM, Fábio Zambitte. *Pagamentos de lucros e resultados a diretores e administradores não-empregados*. A questão da contribuição previdenciária. Migalhas. Acesso em: 17 maio 2016.

No entanto, como se percebe do preceito reproduzido, a incidência é, ainda, restrita aos rendimentos do trabalho.

Para melhor compreender esta alteração – ampliação da base de incidência da cota patronal – é necessário mencionar que a alteração produzida pela nova lei foi unicamente no sentido de incluir outros segurados além da categoria dos empregados.

Não por incluir valores outros além dos rendimentos do trabalho, mas, unicamente, pela inserção de remunerações pagas ou devidas a outros segurados, além de empregados, mantendo, portanto, a mesma regra quanto ao tipo de rendimentos, isto é que esse seja advindo do trabalho.

Professor ZAMBITTE[6] esclarece a questão:

> Este sempre foi o real objetivo da alteração constitucional, aqui devidamente conquistado. Novamente, não há qualquer previsão na Lei n. 8.212/1991 que albergue a incidência de contribuições previdenciárias sobre os lucros e resultados de diretores não-empregados. Não é de imposto de renda que se trata, mas sim de contribuição previdenciária.
>
> Neste ponto, merece referência a Lei n. 8.212/1991, no art. 28, III, a qual prevê, como salário-de-contribuição de contribuintes individuais, a remuneração auferida em uma ou mais empresas ou pelo exercício de sua atividade por conta própria. O pagamento de lucros e resultados, como visto, não reflete remuneração, pois não se trata de rendimento do trabalho.
>
> Aqui, não há inclusão de tais valores na base previdenciária, seja do segurado ou da empresa. Como reconhece o próprio Regulamento da Previdência Social – RPS, no art. 201, § 5º, somente na hipótese de ausência de discriminação entre a remuneração do capital e do trabalho, na precisa dicção do RPS, é que haverá a potencial incidência sobre o total pago ou creditado ao contribuinte individual, haja vista a comprovada fraude.

Com esta nova organização na classificação dos segurados da Previdência Social (Lei n. 9.876/1999) resta evidente que as parcelas recebidas pelos contribuintes individuais somente terão a respectiva incidência previdenciária sobre os valores que visarem retribuir o trabalho, nunca o capital, deixando nítida a não incidência da Contribuição Previdenciária patronal sobre a PLR.

4. LEI N. 10.101/2000 – FORMALIDADES PARA IMPLEMENTAÇÃO DA PLR

A Lei n. 10.101/2000 disciplina as formalidades necessárias para a caracterização de Participação nos Lucros e Resultados. Assim, um conjunto de disposições esclarece quando se trata ou não de parcela não remuneratória e isenta de contribuições previdenciárias.

Isso se faz necessário, logicamente, para evitar que o instituto seja desvirtuado, ou que verbas de natureza remuneratória sejam taxadas como pagamento de PLR com o fim unicamente de burlar o sistema tributário e não pagar contribuições previdenciárias.

Dentre esses requisitos formais, existe a negociação entre empregadores e empregados, por meio de comissão, integrada também por um representante do sindicato da categoria ou de convenção/acordo coletivo.

Portanto, como requisitos materiais com regras claras e objetivas quanto aos direitos substantivos e das regras adjetivas, inclusive mecanismos de aferição do seu cumprimento, periodicidade da distribuição, vigência e prazos de revisão.

O critério de pagamento pode ter por base, entre outros, índices de produtividade, qualidade ou lucratividade ou de programas de metas, resultados e prazos, pactuados previamente.

> Lei n. 10.101/2000
>
> Art. 2º A participação nos lucros ou resultados será objeto de negociação entre a empresa e seus empregados, mediante um dos procedimentos a seguir descritos, escolhidos pelas partes de comum acordo:
>
> I – Comissão paritária escolhida pelas partes, integrada, também, por um representante indicado pelo sindicato da respectiva categoria;
>
> II – Convenção ou acordo coletivo.
>
> § 1º Dos instrumentos decorrentes da negociação deverão constar regras claras e objetivas quanto à fixação dos direitos substantivos da participação e das regras adjetivas, inclusive mecanismos de aferição das informações pertinentes ao cumprimento do acordado, periodicidade da distribuição, período de vigência e prazos para revisão do acordo, podendo ser considerados, entre outros, os seguintes critérios e condições:
>
> I – Índices de produtividade, qualidade ou lucratividade da empresa;
>
> II – Programas de metas, resultados e prazos, pactuados previamente.
>
> § 2º O instrumento de acordo celebrado será arquivado na entidade sindical dos trabalhadores.

---

(6) IBRAHIM, Fábio Zambitte. Acesso em: 17 maio 2016.

§ 3º Não se equipara a empresa, para os fins desta Lei:

I – A pessoa física;

II – A entidade sem fins lucrativos que, cumulativamente:

a) não distribua resultados, a qualquer título, ainda que indiretamente, a dirigentes, administradores ou empresas vinculadas;

b) aplique integralmente os seus recursos em sua atividade institucional e no País;

c) destine o seu patrimônio a entidade congênere ou ao poder público, em caso de encerramento de suas atividades;

d) mantenha escrituração contábil capaz de comprovar a observância dos demais requisitos deste inciso, e das normas fiscais, comerciais e de direito econômico que lhe sejam aplicáveis.

§ 4º Quando forem considerados os critérios e condições definidos nos incisos I e II do § 1º deste artigo:

I – A empresa deverá prestar aos representantes dos trabalhadores na comissão paritária informações que colaborem para a negociação

II – Não se aplicam as metas referentes à saúde e segurança no trabalho.

Art. 3º A participação de que trata o art. 2º não substitui ou complementa a remuneração devida a qualquer empregado, nem constitui base de incidência de qualquer encargo trabalhista, não se lhe aplicando o princípio da habitualidade.

(...)

~~§ 2º É vedado o pagamento de qualquer antecipação ou distribuição de valores a título de participação nos lucros ou resultados da empresa em periodicidade inferior a um semestre civil, ou mais de duas vezes no mesmo ano civil.~~ (revogado)

§ 2º É vedado o pagamento de qualquer antecipação ou distribuição de valores a título de participação nos lucros ou resultados da empresa em mais de 2 (duas) vezes no mesmo ano civil e em periodicidade inferior a 1 (um) trimestre civil. (Redação dada pela Lei n. 12.832, de 2013)

§ 3º Todos os pagamentos efetuados em decorrência de planos de participação nos lucros ou resultados, mantidos espontaneamente pela empresa, poderão ser compensados com as obrigações decorrentes de acordos ou convenções coletivas de trabalho atinentes à participação nos lucros ou resultados.

4.1. Pacto prévio ou acordo prévio

Uma das maiores discussões acerca da legitimidade do contrato de PLR é a inexistência de pacto prévio anterior ao pagamento da PLR.

No âmbito do CARF – Tribunal Administrativo – existem várias correntes de pensamento a respeito do que seria a expressão 'pacto prévio' prevista em na Lei.

Recentes estudos demonstram que a jurisprudência da Corte, observada de 2010 até 2016, já se dividiu em quatro posicionamentos distintos a respeito do momento da assinatura do acordo:

(i) necessidade de assinatura antes do início do exercício relativo ao cumprimento das metas;

(ii) possibilidade de assinatura no exercício seguinte ao cumprimento das metas, em razão de a Lei n. 10.101/2000 não trazer "limite temporal para a celebração dos acordos" e, consequentemente, pela impossibilidade de assinatura no exercício seguinte em razão de não haver incentivo à produtividade, com precedente da CSRF;

(iii) possibilidade de assinatura até período em que possa vislumbrar um incentivo à produtividade, mas não necessariamente até o fim do período a que se refere; e

(iv) possibilidade até antes do pagamento da PLR, havendo também precedente da CSRF nesse sentido.

Para a Fazenda Nacional vige o entendimento de que a data de assinatura do acordo – posterior ao início do período de apuração do PLR – retira da verba uma característica essencial à recompensa pelo esforço feito para alcance de metas.

Contudo, parte significativa da doutrina discorda frontalmente deste entendimento, por compreender que ele desconfigura a real intenção do poder Legislativo na adoção da PLR.

A relação globalizada entre os países, as trocas mercantis, a participação do Brasil nos mercados externos contribuiu para a adoção da PLR no Brasil, a fim de torna-lo competitivo no mercado externo, bem como trazer um incentivo aos seus empregados e trabalhadores, a fim de que esta produtividade trouxesse lucro e participação para aqueles que se encontram na base da pirâmide, no plano da força de trabalho.

Exigir algo que a Lei não exigiu consiste em criar regras mais gravosas que aquelas que foram elaboradas pelo Congresso, fugindo assim do real objetivo da norma legal. Hoje não se fala mais no positivismo exacerbado, mas que a norma ainda é a matriz, o ponto de partida de onde se retira o Direito.

Sendo assim, defende-se que a PLR pode ser assinada até a data do efetivo pagamento realizado aos trabalhadores, pois a Lei não impôs limite temporal para a celebração dos acordos. Isso ocorre por ser notório que um conjunto de fatores de ordem burocrática são conjugados até a finalização destes acordos. Pensar diferente significaria criar um requisito temporal não existente na lei, o qual não poderia ser imposto ao Contribuinte, quanto menos poderia ele ser penalizado com base numa regra não positivada.

Pelo que se verifica, este era o posicionamento da Câmara Superior de Recursos Fiscais – CSRF até 2015, favorável à possibilidade de o acordo ser firmado no curso do exercício, desde que o pagamento fosse feito após a sua assinatura. Foram rechaçados nesta época os posicionamentos de que o acordo poderia ser firmado após o término do exercício, mesmo tendo o pagamento ocorrido após o término das negociações, bem como o posicionamento de que o acordo deveria ser firmado antes do início do exercício.

Contudo, o CARF vem, desde a nova composição da Câmara Superior da 2ª Seção, adotando por voto de qualidade, o entendimento de que acordo prévio seria aquele assinado antes do exercício para o qual o contrato de PLR se destina:

> Acórdão n. 9202005.716
> PARTICIPAÇÃO NOS LUCROS OU RESULTADOS. REQUISITOS DA LEI N. 10.101/2000. CELEBRAÇÃO DO ACORDO APÓS O INÍCIO DO PERÍODO DE APURAÇÃO.
> As regras para percepção da PLR devem constituir-se em incentivo à produtividade, devendo assim ser estabelecidas previamente ao período de aferição. Regras e/ou metas estabelecidas no decorrer do período de aferição não estimulam esforço adicional.

Esse entendimento é recente e contraria tanto a jurisprudência do Poder Judiciário como a jurisprudência pacífica da composição anterior do Conselho:

4.2. Regras claras e objetivas – mecanismos de aferição

A Lei de regência do PLR, n. 10.101/2000, ao definir os procedimentos pelas partes, ressaltou que os exemplos não seriam taxativos e deixou claro no § 1º, II, parte final, do art. 2º, que os critérios e condições ali indicados não necessariamente esgotariam os modelos possíveis para estabelecimento de metas.

A importância de se comprovar que há regras claras é a de que o empregado saiba qual será a recompensa pelo esforço extra que está colocando numa determinada tarefa e que além das regras consiga entender qual o mecanismo utilizado para valorar o cumprimento destas metas.

A posição do Carf atualmente, por voto de qualidade, tem sido:

> Acórdão n. 9202005.705
> PARTICIPAÇÃO NOS LUCROS OU RESULTADOS REQUISITOS DA LEI N. 10.101/2000. REGRAS CLARAS E OBJETIVAS PARA FIXAÇÃO DO DIREITO À PERCEPÇÃO.
> Os instrumentos decorrentes de negociação deverão conter regras claras e objetivas quanto à fixação dos direitos substantivos de participação nos lucros ou resultados, com base no atingimento de metas ou referidos resultados. Adicionalmente, para caracterização de regras claras, é necessária a existência de mecanismos de aferição do resultado do esforço, o que não se observou no caso sob análise.

Contudo, na maioria dos casos, a fiscalização autua a empresa com alegação de que o plano de PLR não possuía regras claras e objetivas em razão da alegada falta de assinatura prévia, segundo a qual entende a Fazenda Nacional que corrompe a ideia de que o trabalhador teve o conhecimento das regras.

Observe-se, que para saber se há conhecimento das regras, se estas são claras e objetivas, basta que se observe as negociações entre a empresa e seus empregados, as quais serão realizadas, ou por comissões paritárias, com participação de empregados e sindicato, ou, ainda, por meio de convenções ou acordos coletivos, dentro das formalidades já conhecidas. Quando se chega a assinatura do acordo, este já foi deveras vezes debatido e negociado pelas partes, todos capazes, assim definidos pela Lei.

Relevante notar, portanto, que a alegação de **falta de regras claras e objetivas**, só prospera quando o critério de análise das metas não foi definido, nem estabelecido no próprio acordo de participação nos lucros.

O que não se pode é glosar todo contrato pela simples conjetura de que o descumprimento de um requisito automaticamente macula o cumprimento do requisito seguinte, até por que esta análise muitas vezes compreende conteúdo interpretativo, que foge da literalidade da norma.

A análise na verdade prescinde de verificação de legalidade e legitimidade de partes. Assim, tendo o acordo observado as exigências legais, e verificado que os partícipes têm legitimidade e idoneidade para acordar, as regras estabelecidas foram claras para os pactuantes.

O que não é aceitável é que a Receita Federal por meio da fiscalização faça juízo de valor, permitindo que cada auditor, eivado de subjetivismo, analise o contrato indo contra tudo que foi acordado nas inúmeras reuniões de negociação da PLR. Isso por que descabe tutela de terceiros, salvo expressa ilegalidade que deva ser denunciada de ofício aos órgãos competentes.

Neste sentido segue voto vencido da minha lavra, conselheira dos contribuintes:

> Acórdão n. 9202005.969
>
> (...)
>
> A Lei de regência do PLR, n. 10.101, de 19 de dezembro de 2000, ao definir os procedimentos pelas partes ressaltou que os exemplos não seriam taxativos e deixou claro no § 1o, II, parte final, do art. 2º, que os critérios e condições ali indicados não necessariamente esgotaria os modelos. Relevante notar que a negociação se deu à luz do previsto no inciso I da sobredita Lei conforme o ACORDO DE PARTICIPAÇÃO DOS EMPREGADOS NOS RESULTADOS exibido alhures:
>
> Relevante notar, portanto, que a alegação de falta de regras claras e objetivas, não prospera, pois, o critério foi definido, e foi estabelecido no próprio acordo de participação nos lucros.
>
> De tudo que foi exposto, tendo o acordo observado as exigências legais, considerando que os partícipes têm legitimidade e idoneidade para acordar, entendo que as regras assim estabelecidas restaram claras para os pactuantes. Entendo também que ainda que se faça juízo de que não as regras não se apresentem justas, o juízo de valor que se faça e eivado de subjetivismo por isso descabe tutela de terceiros salvo expressa ilegalidade que deva ser denunciada de ofício.

Não haveria razão de ser criada comissão de empregados, a participação do sindicato e as inúmeras reuniões se estivessem ainda sob o crivo do que a Receita considera como mecanismos claros de aferição.

Assim, se as próprias partes, legalmente estabelecidas, chegarem a um acordo, seus termos serão imponíveis a terceiros, quando a própria regra delimita que era cabível a eles a negociação em assembleia.

4.3. Periodocidade ou semestralidade

Com relação à questão da periodicidade do pagamento, a regra geral é que estes não ultrapassem dois pagamentos anuais.

Na primeira redação legal a exigência era que houvesse um intervalo de seis meses entre um e outro, mas, na adequação da norma, este período foi reduzido para três meses, mantido, contudo, o número de pagamentos anuais em duas únicas oportunidades para o mesmo contrato.

Assim, na análise de um caso concreto, apenas os pagamentos específicos que ultrapassem o interstício temporal determinado em lei é que deveriam ser considerados como base de cálculo da contribuição previdenciária.

Esta interpretação é a que melhor atende aos objetivos da Lei n. 10.101/2000, e foi utilizada em diversos precedentes do CARF nos anos de 2014 e 2015.

Cumpre registrar que o Superior Tribunal de Justiça também já abordou o tema, identificando o procedimento a ser realizado quanto ao Programa de PLR, nos casos de terem sido realizados pagamentos em períodos inferiores a seis meses:

> "TRIBUTÁRIO. PARTICIPAÇÃO NOS LUCROS E RESULTADOS. PERIODICIDADE MÍNIMA DE SEIS MESES. ART. 3º, § 2º, da Lei n. 10.101/2000 (CONVERSÃO DA MP 860/1995) C/C O ART. 28, § 9º, j, DA LEI N. 8.212/1991. (...)
>
> 1. Hipótese em que se discute a incidência de contribuição previdenciária sobre parcelas distribuídas aos empregados a título de participação nos lucros e resultados da empresa. 2. O Banco distribuiu parcelas nos seguintes períodos: a) outubro e novembro de 1995, a título de participação nos lucros; e b) dezembro de 1995 a junho de 1996, como participação nos resultados. 3. As participações nos lucros e resultados das empresas não se submetem à contribuição previdenciária, desde que realizadas na forma da lei (art. 28, § 9º, j, da Lei n. 8.212/1991, à luz do art. 7º, XI, da CF). 4. O art. 3º, § 2º, da Lei n. 10.101/2000 (conversão da MP n. 860/1995) fixou critério básico para a não-incidência da contribuição previdenciária, qual seja a impossibilidade de distribuição de lucros ou resultados em periodicidade inferior a seis meses. 5. Caso realizada ao arrepio da legislação federal, a distribuição de lucros e resultados submete-se à tributação. Precedentes do STJ. 6. A norma do art. 3º, § 2º, da Lei n. 10.101/2000 (conversão da MP n. 860/1995), que veda a distribuição de lucros ou resultados em periodicidade inferior a seis meses, tem finalidade evidente: impedir aumento salarial disfarçado cujo intuito tenha sido afastar ilegitimamente a tributação previdenciária.
>
> (...)
>
> 12. Escapam da tributação apenas os pagamentos que guardem, entre si, pelo menos seis meses de distância. Vale dizer, apenas os valores recebidos pelos empregados em outubro de 1995 e abril de 1996 não sofrem a incidência da contribuição pre-

videnciária, já que somente esses observaram a periodicidade mínima prevista no art. 3º, § 2º, da Lei n. 10.101/2000 (conversão da MP n. 860/1995) (...)"

(STJ, REsp n. 496.949/PR, Segunda Turma, Rel. Min. Herman Benjamin, DJ 31.08.2009)

A Justiça do Trabalho, com maior legitimidade para discussão da natureza da verba, tem aplicado uma interpretação alinhada com a Constituição Federal, valorizando o resultado das negociações coletivas de trabalho, por força do art. 7º, XXVI, e nesse sentido, mais importante do que a rubrica que identifica o pagamento feito ao empregado, é a apuração da sua real natureza jurídica.

Certamente, o legislador, quando fez constar no art. 3º da Lei n. 10.101/2000 que a participação nos lucros e resultados "*não substitui ou complementa a remuneração devida a qualquer empregado, nem constitui base de incidência de qualquer encargo trabalhista, não se lhe aplicando o princípio da habitualidade*", não teve como objetivo isentar de encargos toda e qualquer verba paga a título de "PLR".

Assim, na análise dos casos concretos, deve-se verificar se o conceito trazido na Constituição Federal, e regulamentado na Lei n. 10.101/2000, foi observado pelas partes que negociaram o instrumento coletivo, definidor das regras de participação dos empregados nos lucros ou resultados das empresas.

O Tribunal Superior do Trabalho vem se manifestando quanto a esta temática, possibilitando intervalos menores quando isso tiver sido pactuado em convenção ou acordo coletivo. Vejamos:

RECURSO DE EMBARGOS EM RECURSO DE REVISTA. INTERPOSIÇÃO SOB A ÉGIDE DA LEI N. 11.496/2007. PARTICIPAÇÃO NOS LUCROS. PAGAMENTO PARCELADO. A jurisprudência desta Subseção, calcada no art. 7º, XXVI, da Magna Carta, sinaliza no sentido da viabilidade de norma coletiva estabelecer periodicidade de pagamento da participação nos lucros inferior à semestral. Ressalva de entendimento da Ministra Relatora. (TST, E-RR – 194200-95.2003.5.02.0462, Subseção I Especializada em Dissídios Individuais, Ministra Relatora Rosa Maria Weber, DJ 07.05.2010)

PARTICIPAÇÃO NOS LUCROS. NATUREZA E PAGAMENTO PARCELADO. PREVISÃO EM ACORDO COLETIVO. A decisão recorrida não reconheceu como válida a norma coletiva (acordo coletivo) que, expressamente, retratando a vontade de sindicato profissional e empresa, dispôs que o pagamento da participação nos lucros, relativa ao ano de 1999, seria feito de forma parcelada e mensalmente. O fundamento é de que o art. 3º, § 2º, da Lei n. 10.101/2000 dispõe que o pagamento de antecipação ou distribuição a título de participação nos lucros ou resultados não pode ocorrer em período inferior a um semestre ou mais de duas vezes no ano cível. O que se discute, portanto, é a eficácia e o alcance da norma coletiva. O livremente pactuado não suprime a parcela, uma vez que apenas estabelece a periodicidade de seu pagamento, em caráter excepcional, procedimento que, ao contrário do decidido, desautoriza, *data venia*, o entendimento de que a parcela passaria a ter natureza salarial. A norma coletiva foi elevada ao patamar constitucional e seu conteúdo retrata, fielmente, o interesse das partes, em especial dos empregados, que são representados pelo sindicato profissional. Ressalte-se que não se apontou, em momento algum, nenhum vício de consentimento, motivo pelo qual o acordo coletivo deve ser prestigiado, sob pena de desestímulo à aplicação dos instrumentos coletivos, como forma de prevenção e solução de conflitos. (TST, E-ED-RR – 1236/2004-102-15-00, Subseção I Especializada em Dissídios Individuais, Ministro Milton de Moura França, DJ 24.04.2010)

Somente as parcelas que não respeitaram a semestralidade nos termos na Lei, e que não continham periodicidade menor, expressamente pactuada em instrumentos coletivos, poderão ser tidas como verbas de natureza remuneratória.

Assim, havendo possíveis descumprimentos a estas regras acima expostas, afetará apenas aqueles indivíduos e competências mensais, nos quais as ilegalidades sejam verificadas no caso concreto, sem afetar os demais indivíduos que se encontram com as formalidades respeitadas, ainda que se encontrem sob um mesmo contrato ou programa de PLR.

Esse entendimento foi aplicado no caso concreto, Acórdão – CARF N. 9202-005.978, Declaração de Voto de minha lavra, da seguinte forma:

> (...)
>
> O acórdão recorrido também consigna como matéria incontroversa que os 02 (dois) únicos pagamentos havidos no ano de 2008 referem-se a PLR's distintas, com intervalo de, pelo menos, 6 (seis) meses entre os pagamentos da mesma PLR. O Contribuinte alega em seu favor que tendo em conta (1) ao intervalo de pagamento superior a 6 (seis) meses da PLR celebrada; e (2) à renovação anual do seu tradicional programa da PLR, há ocasiões em que coexistem pagamentos de PLR's distintas num mesmo semestre. Assim há que se considerar que se cada PLR se refere a um ano exercício, não há proibição legal para que o Contribuinte receba estas num mesmo ano o que pode inclusive ocorrer num mesmo

semestre, excetuando neste caso específico, a regra do intervalo de seis meses, que a meu ver é aplicado para pagamentos oriundos de um mesmo acordo de PLR. Neste quesito específico também não há que se falar em descumprimento as Regras formais para pagamento de PLR.

Contudo, importante ressaltar que o entendimento que tem prevalecido por voto de qualidade, voto vencedor, é o seguinte:

Acórdão – CARF N. 9202-005.978

PLR. PERIODICIDADE. OBSERVÂNCIA DA PERIODICIDADE SEMESTRAL. Nos termos da legislação vigente a época os fatos geradores, era vedado o pagamento de qualquer antecipação ou distribuição de valores a título de participação nos lucros ou resultados da empresa em periodicidade inferior a um semestre civil, ou mais de duas vezes no mesmo ano civil, sendo que os dois requisitos são cumulativos.

4.4. Participação do sindicato

A participação do sindicato não pode ser interpretada como indispensável à celebração dos contratos de PLR. Ora, assegurar a prestação de assistência não é a mesma coisa que tornar obrigatória a participação do representante sindical para feitura do acordo.

O que deve ocorrer sempre é a convocação do sindicato para que participe de todas as etapas da negociação, contudo, se este se nega a participar, seja por omissão ou por não comparecimento, não tem o condão de paralisar as negociações, muito menos desconsiderá-las, pois isso prejudica a comissão de empregados, contraria o princípio da livre negociação e a razoabilidade do instituto, que não pode ficar a mercê de interesses, que muitas vezes são de ordem política, e não jurídica.

A comissão de empregados deve ser prestigiada, participando de todas as negociações, e, em se tratando de acordos replicados, ou seja, acordos reiteradamente repetidos, todos os anos tendo, inclusive, o sindicato participado dos primeiros acordos, este pode ser mantido pela comissão de empregados.

Observe-se que a CLT fala da obrigatoriedade da participação do sindicato para elaboração de acordos e convenções coletivas, o que não se estende nos termos da CLT para a legitimidade da PLR, vez que esta não trata de direitos coletivos, mas sim de direitos individuais plúrimos.

O Precedente Normativo n. 35 do Tribunal Regional da 2ª Região deixa claro o caráter meramente assistencial do sindicato no acordo firmado por comissão escolhida pelas partes para distribuição de PLR, dispondo:

PRECEDENTE NORMATIVO N. 35 – PARTICIPAÇÃO NOS LUCROS OU RESULTADOS:

Empregados e empregadores terão o prazo de 60 (sessenta) dias para a implementação da medida que trata da participação dos trabalhadores nos lucros ou resultados das empresas, sendo que para tal fim deverá ser formada em 15 (quinze) dias, uma comissão composta por 3 (três) empregados eleitos pelos trabalhadores e igual número de membros pela empresa (empregados ou não) para, no prazo acima estabelecido, concluir estudo sobre a Participação nos Lucros (ou resultados), fixando critérios objetivos para sua apuração, nos termos do art. 7º, inciso XI, da Constituição Federal, sendo assegurada aos Sindicatos profissional e patronal a prestação da assistência necessária à condução dos estudos.

Ademais, o TST entendeu desnecessária a participação do representante do sindicato, porque a instituição de Plano de Participação nos Lucros e Resultados não versa sobre direito coletivo, mas apenas sobre direitos individuais plúrimos:

'PARTICIPAÇÃO NOS LUCROS ART. 7º, XIX, DA CONSTITUIÇÃO FEDERAL. INCONSTITUCIONALIDADE DA LEI REGULAMENTADORA (LEI N. 10.101/2000). INTERVENÇÃO SINDICAL. NULIDADE DE CLÁUSULA DO PROGRAMA DE PARTICIPAÇÃO NOS LUCROS. É preciso remontar ao histórico regulamentador do art. 7º, XI, da Constituição Federal, que assegura aos trabalhadores 'participação nos lucros ou resultados, desvinculada da remuneração e, excepcionalmente, gestão na empresa, conforme definido em lei'. A regulamentação da norma constitucional operada pela Medida Provisória n. 1.698-48 dispunha em seu art. 2º que: 'A participação nos lucros ou resultados será objeto de negociação entre a empresa e seus empregados, mediante um dos procedimentos a seguir descritos, escolhidos pelas partes de comum acordo: I comissão escolhida pelas partes, integrada, também, por um representante indicado pelo sindicato da respectiva categoria dentre os empregados da empresa; II convenção ou acordo coletivo'. O STF, apreciando Medida Cautelar na ADIn n. 1.861-0, decidiu suspender a eficácia da expressão 'dentre os empregados da empresa', por aparente inconstitucionalidade com o art. 8º, III, da Carta Magna, o que traz à ilação a permanência do dispositivo que autoriza a pactuação por meio de comissões dirigidas à discussão acerca da participação nos lucros, infirmando, assim, a sua pretendida inconstitucionalidade. As sucessivas medidas provisórias procuraram se ajustar à decisão do STF e culminaram com a edição da Lei n. 10.101/2000. Verifica-se, dessa forma, que a empresa-reclamada, ao pretender tratar da participação nos lucros e resultados diretamente com uma comissão composta por representantes dos empregados, garantido a participação do sindicato mediante a escolha de um representante nas comissões, procedeu em estrita observância à legislação vigente. Enveredando, ainda, pela seara da obrigatoriedade de intermédio da entidade sindical na negociação a ser procedida, aquela **não se vislumbra, em face de os interesses discriminados no ajuste não serem de natureza coletiva, aplicáveis indistintamente a todos os trabalhadores interessados, mas sim de caráter individual plúrimo, considerado individualmente, por conta da contribuição de cada um na obtenção dos lucros ou resultados, cujo debate prescinde da participação sindical**. A par da insubsistência da declaração de inconstitucionalidade da Lei n. 10.101/2000, permanece a ilegalidade atribuída à cláusula constante do subitem 1.1 do Programa de participação nos lucros e resultados de 1998, por prática discriminatória, que culminou com a extensão da aludida verba à reclamante, sobre a qual não se insurge a recorrente, que se limita a impugnar o reconhecimento da contrariedade constitucional, subsistindo um dos fundamentos autorizadores da procedência da reclamatória trabalhista. (RR n. 804.029/2001.6, Rel. Min. Antônio José de Barros Levenhagen, DJ em 06.06.2003, p. 836).

Entretanto, como medida preventiva, segundo alguns doutrinadores é recomendável que a comissão escolhida pelas partes seja integrada, também, por representante indicado pelo sindicato da respectiva categoria, devendo, portanto, na ausência deste, utilizar do disposto no art. 617 da CLT.

Assim, caso o sindicato representante da categoria, regularmente notificado (por escrito) não compareça ao ato de celebração do acordo para distribuição de PLR, ou se mantenha omisso, poderia aplicar, por analogia, o disposto no art. 617 da CLT, que trata dos acordos coletivos de trabalho, nos seguintes termos:

> Art. 617. Os empregados de uma ou mais empresas que decidirem celebrar Acordo Coletivo de Trabalho com as respectivas empresas darão ciência de sua resolução, por escrito, ao Sindicato representativo da categoria profissional, que terá o prazo de 8 (oito) dias para assumir a direção dos entendimentos entre os interessados, devendo igual procedimento ser observado pelas empresas interessadas com relação ao Sindicato de respectiva categoria econômica.
>
> § 1º Expirado o prazo de 8 (oito) dias sem que o Sindicato tenha-se desincumbido do encargo recebido, poderão os interessados dar conhecimentos do fato à Federação a que estiver vinculado o Sindicato e, em falta dessa, à correspondente Confederação, para que, no mesmo prazo, assuma a direção dos entendimentos. Esgotado esse prazo, poderão os interessados prosseguir diretamente na negociação coletiva até final.

O acordo para distribuição de PLR celebrado sem a participação de representante sindical deverá ter uma de suas vias depositada, para fins de registro e arquivo, nos órgãos do Ministério do Trabalho, conforme o *caput* do art. 614 da CLT.

As decisões do CARF têm exigido, também por voto de qualidade, sob qualquer hipótese, a participação de membro do sindicato. Observe-se excerto do voto vencedor mantido por qualidade:

> Acórdão n. 9202005.708
>
> (...)
>
> Desta maneira, uma vez descumprido o preceito legal, que traz como mandatória, na composição da comissão de negociação, a participação do sindicato (e não seu simples convite à participação), entendo cabível a caracterização de quaisquer pagamentos/recebimentos a título de PLR como de natureza remuneratória, ou seja, não há que se cogitar de aplicação da hipótese de não incidência (desvinculação da remuneração) para nenhuma das parcelas pagas, quando do referido descumprimento por determinado programa de PLR.

Os votos divergentes, que são dos contribuintes, defendem, que havendo justificativa plausível, demonstrada a omissão do sindicato ou sendo o contrato de PLR advindo de previsão em convenção ou acordo coletivo, sua ausência não desnatura o plano acordado entre as partes, vejamos:

> Acórdão n. 9202005.708
>
> E deste modo, tendo sido convidado e não tendo interesse em participar considero válidas as alegações do Contribuinte. Assim, a participação do sindicato na hipótese prevista no art. 2º, I, da Lei n. 10.101/2000 não pode ser interpretada como indispensável à celebração do respectivo instrumento o que deve sempre ocorrer é a prévia convocação do sindicato. Todavia, se o sindicato se omite e não comparece, as negociações feitas não podem ficar

paralisadas nem ser desconsideradas, já que isso, além de prejudicar os empregados, contrariaria os princípios da livre negociação e da razoabilidade, ferindo os objetivos da própria Lei n. 10.101/2000.

Observe-se ainda, que a comissão de empregados participou de toda a negociação, fls. 185, tendo, portanto, conhecimento das questões pactuadas. E que se tratava de acordos replicados, sendo que no ano anterior foi acompanhado e depositado no Sindicato.

(...)

É fato que as isenções devem ser interpretadas literalmente, conforme previsão expressa do Código Tributário Nacional, contudo a análise sistemática da norma exige uma conjugação com outros diplomas legais.

Para a Receita Federal, a participação do Sindicato é obrigatória e cabe à empresa tomar todas as medidas necessárias para tanto, mesmo que isso exija uma medida judicial.

Discute atualmente no Tribunal Administrativo a aplicação do Art. 616, da CLT, nos casos em que houver a recusa do Sindicato em participar de negociações coletivas.

Discordo totalmente desta possibilidade, o art. 616 da CLT é aplicável somente aos casos de recusa do Sindicato na participação de negociações visando à elaboração de Convenções ou Acordos Coletivos de Trabalho.

No caso do PLR firmado a partir da discussão com a comissão nos moldes da Lei, importa tão somente que a empresa comprove que houve a convocação do Sindicato para participação das negociações e que este por deliberalidade própria deixou de anuir as negociações.

Portanto, diante da jurisprudência atual sobre o tema, a ausência do Sindicato quando devidamente intimado, não deve ser considerado requisito para descaracterização do PLR. O argumento é tão válido que era inclusive, correspondia ao entendimento da composição anterior deste colegiado.

4.5. Territorialidade

Muito se discute sobre a extensão do acordo de negociação de PLR da matriz para suas filiais, quando estas se encontram em diferentes bases territoriais sindicais. Via de regra, um sindicato só pode atuar na extensão de sua base.

O CARF tem decidido por voto de qualidade que a extensão do acordo da matriz para sua filial fere o princípio da territorialidade sindical e que, por este motivo, restaria desconsiderada a natureza de PLR dos pagamentos realizados para os empregados daquela unidade, cujo sindicato da base não participou das negociações.

Comumente, os Contribuintes alegam em seu favor que a extensão dos pagamentos da PLR previamente pactuada tem sempre como objetivo precípuo contemplar o maior número possível de funcionários, a fim de estimular a integração do capital com o trabalho, bem como estabelecer condições iguais para todos os trabalhadores da empresa, independentemente da base sindical a qual pertencem.

Em voto vencido de minha lavra, acompanhada pelos conselheiros dos contribuintes, tem-se defendido este posicionamento exarado na declaração de voto do acórdão Acórdão 9202-005.978:

> "Ao estender a aplicação da tradicional PLR pactuada pela matriz aos pequenos escritórios regionais 'sem' acordo coletivo, a Contribuinte apenas flexibiliza a regra de limitação territorial de abrangência do Sindicato, conforme previsto pela CLT em seu art. 619 e admitido pelo próprio Ministério do Trabalho e Emprego (MTE).
>
> Ainda, que tal flexibilização também levou em consideração a envergadura institucional do Sindicato signatário da PLR da matriz, que noticiou orgulhosamente que "Os acordos firmados (...) têm servido como referência para outras categorias profissionais pelo Brasil".
>
> Por certo, o pagamento da PLR nos termos do Acordo Coletivo negociado, inclusive para trabalhadores que prestam serviço em locais distintos daqueles da base territorial do sindicato, configura direito adquirido dos empregados que se enquadrem nos critérios estabelecidos no instrumento coletivo, cumprindo assim regras trabalhistas de equiparação.
>
> Destarte, concluo que o referido acordo coletivo de trabalho tem o condão de amparar a PLR paga aos seus empregados, inclusive aos trabalhadores da empresa que prestam serviço em locais distintos (outras unidades) daqueles da base territorial do sindicato.

Este entendimento visa conceder direitos e garantias iguais aos trabalhadores de uma mesma empresa, sem estar refém das condições impostos por um ou outro sindicato no momento da negociação das normas.

5. CONSIDERAÇÕES FINAIS

Partindo da premissa que a participação em Lucros e Resultados auferidos pela Empresa consistem em um direito constitucional garantido ao trabalhador, o qual em contrapartida fica isento da incidência de contribuição previdenciária, é possível afirmar que o entendimento da Receita Federal em sede de fiscalização denota um alargamento forçado da base de cálculo do tributo.

A norma traz uma benesse legal, vantajosa sem dúvida para empresas e trabalhadores, legalmente instituída pelo poder legislativo, a fim de regulamentar uma diretriz constitucional, contudo, de difícil instrumentalização prática.

Isso por que, ao interpretar os requisitos de formalidade do contrato de PLR, a fiscalização vai além da letra da lei, pois, não há razoabilidade em se exigir que a negociação do contrato seja findada e assinada antes do período de apuração do lucro, ou, ainda, dizer que um pagamento em desacordo da regra invalide todo o restante que foi realizado em consonância com a ordem legal. Ainda, o desrespeito às regras de Direito do Trabalho, que exigem que trabalhadores de uma mesma empresa e em mesma função usufruam dos mesmos direitos, quando o fiscal autua a empresa por pagar aos trabalhadores de uma filial o mesmo contrato assinado na matriz.

Não se pode aceitar que as regras do contrato sejam ou não consideradas válidas dentro do juízo de valor do fiscal, vez que este não foi eleito pela lei como parte necessária nas negociações de PLR, isso por que de nada adianta se realizar diversas reuniões de negociação se o fiscal subjetivamente puder invalidá-las mais tarde sob o argumento de falta de clareza ou de não apuração dos mecanismos de aferição de desempenho, passando por cima das partes legítimas que lá estiveram e pactuaram.

Pode-se verificar fortemente nestas interpretações o braço pesado do Estado arrecadador, que interpreta e aplica a norma a *contrário sensu* da intenção do legislador, que implementou a Lei n. 10.101/2000.

Não resta dúvida, como bem decidido pelo STJ nas ações que discutem a referida verba, que devem ser preenchidos os requisitos da Lei para que o pagamento não seja enquadrado como salário indireto, contudo, existem limites interpretativos que devem ser respeitados pela Receita Federal para que a norma não perca sua validade e utilidade no mundo jurídico.

6. REFERÊNCIAS

DIMOULIS, D.; MARTINS, L. *Teoria Geral dos Direitos Fundamentais*. 3. ed. São Paulo: Revista dos Tribunais, 2011.

FRANÇA, R. L. *Hermenêutica Jurídica*. 10. ed. São Paulo: Revista dos Tribunais, 2010.

GRAU, Eros Roberto. *A ordem econômica na Constituição de 1988*. 15. ed. São Paulo: Malheiros, 2012.

IBRAHIM, Fábio Zambitte. *Curso de Direito Previdenciário*. 22. ed. Niterói: Impetus, 2016.

_____. *Pagamentos de lucros e resultados a diretores e administradores não-empregados*. A questão da contribuição previdenciária. Migalhas. Disponível em: <http://www.migalhas.com.br/dePeso/16,MI239286,41046-Pagamentos+de+lucros+e+resultados+a+diretores+e+administradores>. Acesso em: 17 maio 2016.

MARTINS, Sergio Pinto. *Participação dos empregados nos lucros das empresas*. São Paulo: Malheiros, 1996.

MAXIMIANO, Antônio César Amaru. *Teoria Geral da Administração*: da escola científica à competitividade na economia globalizada. 2. ed. São Paulo: Atlas, 2000.

SARLET, I. W. *A Eficácia dos Direitos Fundamentais*. 6. ed. Porto Alegre: Livraria do Advogado, 2006.

O Pagamento de Lucros e Resultados a Diretores Estatutários – Reflexos no Custeio Previdenciário

FÁBIO ZAMBITTE IBRAHIM[1]

1. INTRODUÇÃO

A temática dos lucros e resultados e seus reflexos previdenciários continua na ordem do dia. Além das complexidades na avaliação dos programas ofertados a empregados, os planos direcionados a dirigentes de sociedades anônimas entrou no debate, tendo em vista a opinião rigorosa do fisco pela incidência das contribuições previdenciárias, pouco importando as características do plano e adequação à legislação específica.

No presente artigo, a questão será apreciada de forma acadêmica e afastada das paixões que movem a matéria nas instâncias administrativa e judicial. A contribuição previdenciária tem base imponível delimitada constitucionalmente, e deve ser a partir dessa premissa que o estudo se desenvolverá.

2. FUNDAMENTOS NORMATIVOS DA CONTRIBUIÇÃO PREVIDENCIÁRIA PATRONAL – RENDIMENTOS DO TRABALHO *VERSUS* RENDIMENTOS DO CAPITAL

A base normativa das contribuições previdenciárias, além do art. 195, I, *a*, da Constituição, é a Lei n. 8.212/1991. Esta, até pela delimitação expressa da Lei Maior, restringe a tributação previdenciária a rendimentos do trabalho, somente[2]. Tanto histórica como normativamente, a contribuição previdenciária é adstrita a rendimentos do trabalho, tendo em vista o objetivo das prestações previdenciárias de substituir rendimentos habituais do trabalhador, os quais, por regra, são derivados da atividade laboral, ou seja, a legislação vigente, de forma muito clara, delimita a incidência previdenciária, em qualquer hipótese, a **rendimentos do trabalho**. A dicotomia entre rendimentos do trabalho e capital, de forma alguma, é tema inédito. Desde Adam Smith, é consensual que o salário decorre do trabalho, enquanto o lucro retrata o rendimento do capital investido pelo empresário[3]. Mesmo na atualidade, os economistas contemporâneos, ainda que eventualmente críticos às premissas e consequências do sistema capitalista, não arguem qualquer contrariedade a esta clássica concepção[4].

É também intuitivo, mesmo para o público leigo, que um conceito não se confunde com o outro. É natural e facilmente perceptível que o trabalho, de modo algum, possui liame imediato com o lucro. Não são incomuns as situações de empresários que, mesmo após

---

(1) Advogado, professor titular de Direito Previdenciário e Tributário do Instituto Brasileiro de Mercado de Capitais (IBMEC). Professor adjunto de Direito Financeiro da Universidade do Estado do Rio de Janeiro (UERJ). Professor e coordenador de Direito Previdenciário da Escola de Magistratura do Estado do Rio de Janeiro (EMERJ). Doutor em Direito Público pela UERJ. Mestre em Direito pela PUC/SP. Foi auditor fiscal da Secretaria de Receita Federal do Brasil. Presidente da 10ª Junta de Recursos do Ministério da Previdência Social.

(2) Mesmo com a atual redação do art. 195 da Constituição, na forma da EC n. 20/1998, a previsão normativa ainda limita a incidência a rendimentos do trabalho, somente alargando a tributação a rendimentos pagos a pessoas com ou sem vínculo empregatício, ao contrário da previsão original, que somente permitia a tributação de valores pagos a empregados. O alcance da nova redação do art. 195, I, *a*, da CF/1988, foi objeto do RE n. 565.160, Rel. Min. Marco Aurélio Mello, que se limitou a expor a necessidade de habitualidade dos pagamentos para fins de incidência.

(3) Em suas palavras: No momento em que o patrimônio ou capital se acumulou nas mãos de pessoas particulares, algumas delas naturalmente empregarão esse capital para contratar pessoas laboriosas, fornecendo-lhes matérias-primas e subsistência a fim de auferir lucro com a venda do trabalho dessas pessoas ou com aquilo que este trabalho acrescenta ao valor desses materiais. Ao trocar-se o produto acabado por dinheiro ou por trabalho, ou por outros bens, além do que pode ser suficiente para pagar o preço dos materiais e os salários dos trabalhadores, deverá resultar algo para pagar os lucros do empresário, pelo seu trabalho e pelo risco que ele assume ao empreender *esse negócio* (A Riqueza das Nações. Coleção Os Economistas. Abril Cultural: São Paulo, 1983. p. 77-78). Também reconhecendo a distinção ontológica entre os conceitos, David Ricardo (*Princípios de economia política e tributação*. Coleção Os Economistas. Abril Cultural: São Paulo, 1983) e Karl Marx (*O capital*: o processo de produção do capital. Coleção Os Economistas, v. I, tomos I e II. Abril Cultural: São Paulo, 1983)

longa dedicação ao seu mister, não alcançam qualquer proveito econômico e, não raramente, ainda observam relevante perda patrimonial. Já para trabalhadores, com ou sem vínculo empregatício, o rendimento do trabalho é assegurado pela lei, pois não cabe a eles o risco da atividade econômica, o qual é assumido pelo empresário. Seus rendimentos traduzem mera contraprestação pela atividade profissional desempenhada.

Por fim, a distinção encontra espaço, também, no direito positivo brasileiro, por meio do art. 43 do Código Tributário Nacional – CTN, o qual dispõe:

> Art. 43. O imposto, de competência da União, sobre a renda e proventos de qualquer natureza tem como fato gerador a aquisição da disponibilidade econômica ou jurídica:
>
> I – <u>de renda, assim entendido o produto do capital, do trabalho ou da combinação de ambos;</u>
>
> II – de proventos de qualquer natureza, assim entendidos os acréscimos patrimoniais não compreendidos no inciso anterior.
>
> § 1º A incidência do imposto independe da denominação da receita ou do rendimento, da localização, condição jurídica ou nacionalidade da fonte, da origem e da forma de percepção. (grifei)

Como se nota do art. 43, I, do CTN, renda tributável, para fins do imposto sobre a renda e proventos de qualquer natureza, é aquela decorrente do produto do capital e/ou trabalho, ou seja, se há incremento patrimonial – e este é o aspecto nuclear do imposto sobre a renda – proveniente de lucros da atividade econômica pelo empresário ou, cumulativamente, das retribuições pecuniárias pelos seus serviços, há, em qualquer hipótese, renda tributável.

A base de incidência do imposto de renda é mais ampla que os rendimentos do trabalho. Incluem-se proventos de capital e trabalho. Ambos configuram renda. A dicção legal é cristalina e não deixa qualquer dúvida sobre a separação necessária entre os conceitos. Igualmente transparente a Constituição de 1988, mesmo após a EC n. 20/1998, ao optar por tributar, para fins previdenciários, somente os rendimentos do trabalho.

Aqui, enfim, são extraíveis duas conclusões importantes. Primeiro, existe uma distinção relevante, reconhecida ontológica e normativamente, entre rendimentos do trabalho e do capital. Segundo, tal distinção, ainda que secundária para o imposto de renda, tendo em vista seu foco na majoração do patrimônio do contribuinte (renda líquida), é fundamental para a contribuição previdenciária patronal, restrita, por mandamento constitucional e legal expresso, a rendimentos do trabalho, somente. Ignorar tal previsão traz como consequência o equívoco da tributação previdenciária sobre lucros e resultados a administradores não empregados.

3. A IMPOSSIBILIDADE DE CONTRIBUIÇÃO PREVIDENCIÁRIA PATRONAL DE ACORDO COM A LEGISLAÇÃO PREVIDENCIÁRIA E A LEI N. 6.404/1976

Após o advento da Emenda Constitucional n. 20/1998, ao ampliar as possibilidades de incidência da cota patronal previdenciária, a correspondente adequação legal veio com a Lei n. 9.876/1999, ao dar nova redação ao art. 22, I, da Lei n. 8.212/1991, responsável pela previsão da cota patronal previdenciária:

> *Art. 22. A contribuição a cargo da empresa, destinada à Seguridade Social, além do disposto no art. 23, é de:*
>
> *I – vinte por cento sobre o total das* **remunerações** *pagas, devidas ou creditadas a qualquer título, durante o mês, aos segurados empregados e trabalhadores avulsos que lhe prestem serviços,* **destinadas a retribuir o trabalho***, qualquer que seja a sua forma, inclusive as gorjetas, os ganhos habituais sob a forma de utilidades e os adiantamentos decorrentes de reajuste salarial, quer pelos serviços efetivamente prestados, quer pelo tempo à disposição do empregador ou tomador de serviços, nos termos da lei ou do contrato ou, ainda, de convenção ou acordo coletivo de trabalho ou sentença normativa.* (grifei)

Como se nota – e não poderia ser diferente – o legislador ordinário, em perfeita adequação ao novo mandamento constitucional, alargou a incidência da cota patronal previdenciária, como era desejado desde a Lei n. 7.787/1989, mas, desta vez, com a competência tributária prévia devidamente estabelecida. No entanto, como se percebe do preceito reproduzido, a incidência é, ainda, restrita aos rendimentos do trabalho.

Dito de outra forma, amplia-se a base de incidência da cota patronal **não** por incluir valores outros além dos rendimentos do trabalho, mas, unicamente, pela inserção de remunerações pagas ou devidas a outros segurados, além de empregados. Este sempre foi o objetivo da alteração constitucional, aqui devidamente conquistado. Novamente, não há qualquer previsão na Lei n. 8.212/1991 que albergue a incidência de contribuições previdenciárias sobre os lucros e resultados de diretores não empregados, qualificados como *contribuintes individuais* na Lei n. 8.212/

---

(4) Neste sentido, ver Thomas Piketty. *O Capital no Século XXI*.

1991 (art. 12, V, *f*). Não é de imposto de renda que se trata, mas sim de contribuição previdenciária.

Neste ponto, merece referência a Lei n. 8.212/1991, no art. 28, III, a qual prevê, como salário de contribuição de contribuintes individuais, *a remuneração auferida em uma ou mais empresas ou pelo exercício de sua atividade por conta própria*. O pagamento de lucros e resultados, como visto, não reflete remuneração, pois não se trata de rendimento do trabalho. Aqui, não há inclusão de tais valores na base previdenciária, seja do segurado, seja da empresa. O próprio Regulamento da Previdência Social – RPS, no art. 201, § 5º, expressa que, somente na hipótese de ausência de discriminação entre a remuneração do capital e do trabalho, haverá a potencial incidência sobre o total pago ou creditado ao contribuinte individual, haja vista a possível fraude. Assim, dispõe o aludido preceito:

> Art. 201. A contribuição a cargo da empresa, destinada à seguridade social, é de:
>
> (...)
>
> § 5º *No caso de sociedade civil de prestação de serviços profissionais relativos ao exercício de profissões legalmente regulamentadas, a contribuição da empresa referente aos segurados a que se referem as alíneas g a i do inciso V do art. 9º, observado o disposto no art. 225 e legislação específica, será de vinte por cento sobre:*
>
> *I – a remuneração paga ou creditada aos sócios em decorrência de seu trabalho, de acordo com a escrituração contábil da empresa; ou*
>
> *II – os valores totais pagos ou creditados aos sócios, ainda que a título de antecipação de lucro da pessoa jurídica, quando <u>não houver discriminação entre a remuneração decorrente do trabalho e a proveniente do capital social</u> ou tratar-se de adiantamento de resultado ainda não apurado por meio de demonstração de resultado do exercício.* (grifei)

Apesar de se tratar, em regulamento, de tema específico da tributação de sócios administradores de sociedades civis, os quais, não raramente, camuflam suas remunerações por meio de lucros arbitrados e desprovidos de suporte contábil, há importante reconhecimento, ainda que implícito, da ausência de tributação dos rendimentos derivados do capital. Também incabível arguir que o tratamento dado a sócios administradores de sociedades prestadoras de serviço não possa, como exposto no art. 201, § 5º, do RPS, se aplicar a administradores não empregados de sociedades anônimas. Esta distinção não existe na legislação previdenciária. Desde o advento da Lei n. 9.876/1999, ao criar o segurado *contribuinte individual*, mediante a unificação das categorias autônomo, equiparado a autônomo e empresário, nota-se a rígida adequação de tais segurados ao mesmo regramento. Este aspecto consta, expressamente, da exposição de motivos do Projeto de Lei n. 1.527/1999, que resultou na Lei n. 9.876/1999[5].

A previsão é, em certa medida, desnecessária, tendo em vista a falta de suporte constitucional para sua tributação. De toda forma, sua inclusão em regulamento, externando a interpretação da própria Administração, reflete relevante fundamento para o adequado tratamento previdenciário aos valores de lucros e resultados pagos a administradores. A ideia geral é no sentido de que contribuintes individuais somente terão a respectiva incidência previdenciária sobre os valores que visarem retribuir o trabalho, e nunca o capital. Em resumo, estamos diante de uma não incidência.

---

(5) 13. *A primeira modificação proposta é a homogeneização das categorias de segurados obrigatórios. Há atualmente sete categorias de segurados do Regime Geral de Previdência Social – RGPS, quais sejam: empregado, empregado doméstico, trabalhador avulso, empresário, trabalhador autônomo, equiparado a autônomo e segurado especial. Embora possuam características próprias que as distingam entre si sob a ótica da relação de trabalho, não se justifica tal segmentação do ponto de vista previdenciário. Basta verificar, a par de tal separação, que os segurados empresário, trabalhador autônomo e equiparado a autônomo têm o mesmo tratamento diante da Previdência Social, tanto no que se refere aos benefícios a que fazem jus, como em relação à forma de recolhimento da contribuição.*

14. Na verdade, essas categorias se justificavam quando, ainda, o Direito Previdenciário era uma vertente do Direito do Trabalho, sem autonomia ou traços próprios. Por isso, os segurados foram classificados segundo a relação de trabalho. Contudo, atualmente, embora o Direito Previdenciário mantenha laços muito próximos com o Direito trabalhista, possui princípios, normas, regras e instituições específicos e suficientemente amplos de forma a caracterizar um corpo próprio. Com isso, torna-se passível conferir aos segurados tratamento segundo as características que possuam dentro do Direito Previdenciário, independentemente da relação de trabalho.

15. A proposta de homogeneizar o tratamento dispensado aos diversos grupos de segurados coaduna-se com a moderna teoria econômica e com a recente doutrina previdenciária, segundo as quais a Previdência Social deve ser neutra do ponto de vista da relação laboral. Por outro lado, o tratamento contributivo diferenciado gera distorções no mercado de trabalho. Ao alterar o custo da mão-de-obra via encargos previdenciários diferenciados, a diversidade de modalidades contributivas aumenta os custos de informação, contratação e operação das unidades produtivas. A adaptação dos arranjos institucionais das empresas a esta complexidade conduz a perdas de eficiência e produtividade no âmbito das firmas e do sistema econômico. (...)

16. Dentro deste escopo, com o intuito de atualizar a Previdência Social diante da evolução do mercado de trabalho, propomos a instituição da categoria "contribuinte individual", englobando os atuais empresários, trabalhadores autônomos, equiparados a autônomos e trabalhadores avulsos, com idêntico tratamento contributivo. (Diário da Câmara dos Deputados, Setembro de 1999, Terça, 21, p. 43.251.)

Também importa notar o art. 152 da Lei n. 6.404/1976[6] ao estabelecer que eventual distribuição de valores derivados do trabalho ou capital é atribuição da Assembleia Geral, nas regras internamente estabelecidas. A inaplicabilidade da Lei n. 10.101/2000 ao caso, tendo em vista também a existência de regramento mais específico, não implica admissão, na base previdenciária, de valores completamente desvinculados do rendimento do trabalho.

Os rendimentos pagos a administradores não empregados, nos termos da Lei n. 6.404/1976, em posição oposta aos valores pagos a empregados, não possuem correlação necessária com o trabalho, não existindo, portanto, a mesma natureza contraprestacional que o salário. Em razão disto, para empregados, seria necessária lei qualificando e delimitando os valores desprovidos de natureza salarial, dentro de um quadro normativo rigoroso. Para administradores, como a regra é diversa, a necessidade de legislação específica perde o sentido.

Pouco referido, mas igualmente importante, como forma de evidenciar a ausência de natureza salarial de lucros e resultados pagos a administradores não empregados, é a regulamentação da matéria na Lei de Falências (Lei n. 11.101/2005). A citada lei, no art. 83, prevê a prioridade dos créditos trabalhistas no processo de falência, limitados a 150 salários mínimos (inciso I). Já os créditos devidos de sócios e administradores, no extremo oposto da lista, são qualificados como créditos subordinados (inciso VIII). Ora, se os valores devidos a administradores são dotados de natureza salarial, como deseja a fiscalização federal, como poderiam não possuir o mesmo privilégio que os valores devidos a empregados, nos limites previstos na Lei n. 11.101/2005? Não poderia a lei prever uma igualdade de natureza jurídica para fins tributários e outra para fins trabalhistas e falimentares. Sob qualquer perspectiva, a premissa fiscal não se sustenta.

4. O ATUAL ENTENDIMENTO DA RECEITA FEDERAL DO BRASIL – RFB E DO CARF

No que diz respeito ao atual posicionamento da RFB, pode-se afirmar que, em síntese, adota-se uma premissa correta, que é a inaplicabilidade da Lei n. 10.101/2000 aos diretores estatutários, para obter uma conclusão errada, que é a inclusão de todo e qualquer valor pago a tais segurados na composição do salário de contribuição. O entendimento é atualmente estampado na Solução de Consulta COSIT n. 368/2014:

CONTRIBUIÇÕES SOCIAIS PREVIDENCIÁRIAS EMENTA: DIRETOR DE SOCIEDADE ANÔNIMA. CONDIÇÃO DE SEGURADO. PARTICIPAÇÃO NOS LUCROS E RESULTADOS. LEI N. 10.101, DE 2000. SALÁRIO-DE-CONTRIBUIÇÃO. CONTRIBUINTE INDIVIDUAL. O diretor estatutário, que participe ou não do risco econômico do empreendimento, eleito por assembleia geral de acionistas para o cargo de direção de sociedade anônima, que não mantenha as características inerentes à relação de emprego, é segurado obrigatório da previdência social na qualidade de contribuinte individual, e a sua participação nos lucros e resultados da empresa de que trata a Lei n. 10.101, de 2000, integra o salário-de-contribuição, para fins de recolhimento das contribuições previdenciárias. SEGURADO EMPREGADO. O diretor estatutário, que participe ou não do risco econômico do empreendimento, eleito por assembleia geral de acionistas para cargo de direção de sociedade anônima, que mantenha as características inerentes à relação de emprego, é segurado obrigatório da previdência social na qualidade de empregado, e a sua participação nos lucros e resultados da empresa de que trata a Lei n. 10.101, de 2000, não integra o salário-de-contribuição, para fins de recolhimento das contribuições previdenciárias.

A inaplicabilidade da Lei n. 10.101/2000 a segurados não empregados, como administradores e diretores de sociedades anônimas, é inquestionável, até pela previsão constitucional aplicável ao tema (art. 7º, XI, CF/1988) ser voltada a empregados. A própria dicção da Lei n. 10.101/2000 retrata esse recorte normativo, ao delimitar seu objeto à *participação dos trabalhadores nos lucros ou resultados da empresa*, além de diversos dispositivos claramente restritos à relação de emprego. Sem embargo, daí a concluir que, na hipótese de segurados não empregados, o eventual pagamento de lucros e resultados torna-se, quase que magicamente, verba remuneratória; carece de fundamentação. A regra válida, enfim, é a incidência sobre rendimentos do trabalho, exclusivamente. No caso particular dos empregados, como forma de estabelecer controles mais rígidos e coibir fraudes, optou-se, constitucionalmente, por lei regulamentadora da matéria[7]. Para os demais,

---

(6) Art. 152. A assembléia-geral fixará o montante global ou individual da remuneração dos administradores, inclusive benefícios de qualquer natureza e verbas de representação, tendo em conta suas responsabilidades, o tempo dedicado às suas funções, sua competência e reputação profissional e o valor dos seus serviços no mercado.

(7) Pessoalmente, sempre entendi de forma diversa, em defesa da imunidade pura e simples dos lucros e resultados, mas, em sentido diverso, entendeu o STF que, para empregados, o PLR somente escaparia à tributação previdenciária com a edição da lei regulamentadora da matéria (RE n. 569.441).

não há qualquer necessidade. Os pagamentos de lucros e resultados, desde sempre, estão de fora da base previdenciária, salvo comprovada fraude.

Ainda, no âmbito administrativo, todavia, o Conselho Administrativo de Recursos Fiscais – CARF, após alguma vacilação no tema, tem assumido posição voltada à incidência das contribuições previdenciárias, adotando premissa de que quaisquer valores pagos a diretores não empregados seriam passíveis de tributação, à semelhança da RFB. Neste sentido:

> PARTICIPAÇÃO NOS LUCROS E RESULTADOS. ADMINISTRADORES NÃO EMPREGADOS (ESTATUTÁRIOS). AUSÊNCIA DE PREVISÃO LEGAL PARA EXCLUSÃO DO SALÁRIO DE CONTRIBUIÇÃO – INAPLICABILIDADE DA LEI 10.101/2000 E DA LEI 6.404/1976. Tratando-se de valores pagos aos diretores não empregados, não há que se falar em exclusão da base de cálculo pela aplicação da Lei n. 10.101/2000, posto que nos termos do art. 2º da referida lei, essa só é aplicável aos empregados. A verba paga aos diretores não empregados possui natureza remuneratória. A Lei n 6.404/1976 não regula a participação nos lucros e resultados para efeitos de exclusão do conceito de salário de contribuição, posto que não remunerou o capital investido na sociedade, mas, sim, efetivamente o trabalho executado pelos diretores, compondo dessa forma, o conceito previsto no art. 28, II da Lei n. 8.212/1991. A regra constitucional do art. 7º, XI possui eficácia limitada, dependendo de lei regulamentadora para produzir a plenitude de seus efeitos, pois ela não foi revestida de todos os elementos necessários à sua executoriedade.
>
> *PARTICIPAÇÃO NOS LUCROS OU RESULTADOS. DEMONSTRAÇÃO DE PARTICIPAÇÃO DOS SINDICATOS NA NEGOCIAÇÃO PARA PAGAMENTO DA PLR. FALTA DE INDICAÇÃO DO NOME DO ENTE SINDICAL NO INSTRUMENTO DE ACORDO. DESCARACTERIZAÇÃO DO ACORDO. IMPOSSIBILIDADE.*
>
> *Mesmo que não conste do instrumento de negociação para pagamento da PLR o nome do ente sindical, caso se comprove que este participou das negociações, deve-se considerar como cumprida a regra que exige a participação dos sindicatos nas tratativas para pagamento da PLR.*
>
> (...) PAGAMENTO DE PARTICIPAÇÃO NOS LUCROS A SEGURADOS SEM VÍNCULO DE EMPREGO. FALTA DE PREVISÃO DA SUA EXCLUSÃO DA BASE DE CÁLCULO DAS CONTRIBUIÇÕES PREVIDENCIÁRIAS.

> Os valores pagos aos administradores (diretores não empregados) a título de participação nos lucros sujeitam-se a incidência de contribuições, por não haver norma que preveja a sua exclusão do salário de contribuição.[8]

Pela percepção atualmente dominante da Câmara Superior da 2ª Seção do CARF, o reconhecimento do pagamento de lucros e resultados como parcela tributável do ponto de vista previdenciário é quase certo. Salvo eventual mudança jurisprudencial – que é improvável no atual momento – são poucas as chances de sucesso em impugnação administrativa. Por outro lado, no Judiciário, o tema ainda encontra espaço para o debate.

5. O ENTENDIMENTO DOS TRIBUNAIS SUPERIORES

Os Tribunais Superiores não possuem posição definida. O Supremo Tribunal Federal – STF recentemente entendeu pela inexistência de repercussão geral da matéria, inadmitindo recurso extraordinário que questionava exatamente a incidência em questão, ou seja, muito embora se trate de uma matéria de relevância econômica inegável para muitas das grandes empresas brasileiras, tal aspecto foi ignorado pela Corte, ao menos por enquanto. Segue a ementa da decisão mencionada:

> Segundo agravo regimental no recurso extraordinário. Art. 7º, XI, da Constituição. Norma não auto-aplicável. Participação dos empregados nos lucros ou resultados da empresa. Regulamentação. Lei n. 10.101/2000. Distribuição de lucros aos sócios e administradores. Lei n. 6.404/1976. Contribuição previdenciária. Natureza jurídica da verba. Ausência de repercussão geral. Questão infraconstitucional. 1. O preceito contido no art. 7º, XI, da Constituição não é auto-aplicável e a sua regulamentação se deu com a edição da Medida Provisória n. 794/1994, convertida na Lei n. 10.101/2000. 2. O instituto da participação dos empregados nos lucros ou resultados da empresa de que trata o art. 7º, XI, CF, a Lei n. 10.101/ 2000 e o art. 28, § 9º, Lei n. 8.212/1991, não se confunde com a distribuição de lucros aos sócios e administradores autorizada no art. 152 da Lei n. 6.404/ 1976. 3. A Corte tem, reiteradamente, negado repercussão geral a questões envolvendo a incidência da contribuição previdenciária sobre parcelas pagas a trabalhador, com habitualidade ou não, quando pende celeuma acerca da natureza jurídica das ver-

---

(8) CARF, *DOU* 06.11.2013, Processo n. 16682.720575/201111, Rel. Cons. Kleber Ferreira de Araújo. No mesmo sentido, v. CARF, *DOU* 04.05.2009, Processo n. 11474.000079/2007-01, Rel. Cons. Elaine Cristina Monteiro e Silva Vieira e CARF, *DOU* 09.06.2014, Processo n. 15504.021486/200881, Rel. Cons. Rycardo Henrique Magalhães de Oliveira.

bas. Acolhimento da pretensão que passa, necessariamente, pela análise da natureza jurídica das verbas à luz da Lei n. 6.404/1976. 4. Agravo regimental não provido.[9]

Por outro lado, neste mesmo decisório, o STF teceu algumas considerações relevantes, que corroboram as impressões supramencionadas. Como expôs o relator:

(...)

*Referida Lei n. 10.101/2000, regula a **participação dos empregados** nos lucros ou resultados da empresa, dispondo em seu art. 3º que essa participação não substitui ou complementa a remuneração devida a qualquer empregado, nem constitui base de incidência de qualquer encargo trabalhista. Dando efetividade ao comando do art. 7º, VI, da Constituição, nos termos da lei regulamentadora, o art. 28, § 9º da Lei n. 8.212/1991, exclui da base de incidência da contribuição previdenciária os valores recebidos pelo empregado, a título da participação nos lucros da empresa.*

É de se notar, portanto, que esse instituto em nada se confunde com a distribuição de lucros autorizada no art. 152 da Lei n. 6.404/1976. Como decidido, a Lei n. 10.101/2000, que regulamentou o art. 7º, XI, da Constituição refere a empregado, excluindo os integrantes de sociedades empresariais que ocupam a função de diretores/administradores, sem vínculo empregatício.

Dessa forma, sem reparos o acórdão do Tribunal de origem, o qual entendeu ser:

"Inaplicável ao diretor não empregado o disposto no art. 7º da CF/1988, que alude ao trabalhador, bem como inaplicável a regra que da Lei n. 8.212/1991 que dispõe que a participação nos lucros não integra o salário-de-contribuição (art. 28, § 9º, letra "j"), porquanto este é contribuinte individual e não faz parte da folha de salários, tampouco possui vínculo empregatício com a empresa." (grifos no original)

(...)

Ou seja, ainda que não admitindo a repercussão geral da matéria, a Corte expressamente apontou a inaplicabilidade da legislação previdenciária relativa ao pagamento de lucros e resultados de empregados, como pretende fazer o fisco. Quanto ao Superior Tribunal de Justiça – STJ, o tema ainda se encontra em aberto, com algumas decisões inadmitindo os recursos especiais que discutem o tema, adotando por base a Súmula n. 7/STJ[10] por exigirem reanálise de questão fático/probatória[11]. Por outro lado, há precedente desta Corte admitindo a incidência, sob alegação de tratamento desproporcional entre empregados e não empregados[12].

6. CONCLUSÃO

O tema ainda sofre com as compreensões equivocadas sobre base tributável previdenciária, não raramente, tentando igualar as dinâmicas impositivas do imposto de renda e da cota patronal previdenciária. Tal premissa, além de contrária a todos os preceitos legais vigentes, ainda ignora o papel do sistema protetivo como substituidor de rendimentos habituais, responsáveis pela manutenção do segurado e sua família. A tentativa de alargamento forçado da base previdenciária, mais do que uma preocupação abstrata com a correta aplicação das regras legais e constitucionais de competência tributária, traduz uma arbitrariedade estatal com foco exclusivo no aumento de receitas para um sistema atuarialmente desequilibrado.

Tais excessos do Estado brasileiro somente tendem a gerar insegurança no setor privado e, paradoxalmente, incentivar medidas legislativas que acabam por alargar hipóteses de não incidência, como as recentes previsões de abonos e prêmios. É hora de buscarmos, com alguma serenidade, o alcance verdadeiro das contribuições previdenciárias, reconhecendo a viabilidade de pagamentos de lucros e resultados desprovidos de conteúdo remuneratório, em respeito às opções legislativas e às escolhas legítimas das empresas.

---

(9) Segundo Agravo Regimental no RE n. 636.899-DF, Rel Min. Dias Toffoli.

(10) Súmula n. 7/STJ: A pretensão de simples reexame de prova não enseja recurso especial.

(11) Nesse sentido, a título de exemplo, v. STJ, *DJ* 06.11.2014, REsp n. 1.260.984, Rel. Min. Mauro Campbell Marques e STJ, *DJ* 02.03.2016, REsp n. 1.562.047, Rel. Des. Conv. Diva Malerbi.

(12) REsp n. 1.226.136, Rel. Min. Sérgio Kukina, 18.05.2017.

Importância da Fiscalização da Empresa sobre os Trabalhadores no Cumprimento das Normas de Saúde e Segurança no Trabalho

GISELI CANTON NICOLAO YOSHIOKA[1]

1. INTRODUÇÃO

As normas de Saúde e Segurança no Trabalho – SST são de observância obrigatória, de caráter cogente, por todas as empresas que contratem trabalhadores para prestarem serviços em suas dependências, dada sua natureza de direito público e social, de origem constitucional.

As mesmas regras de segurança e higiene laboral também impõem observância obrigatória pelos trabalhadores, sob pena de sofrerem medidas disciplinares pelo seu descumprimento.

Contudo, mesmo a lei prescrevendo ser dever do trabalhador cumprir as normas de SST, dentre os deveres por parte do empregador previstos pela legislação pertinente impende a ele fiscalizar o efetivo cumprimento de tais regras por seus subordinados.

A fiscalização por parte da empresa encontra-se presente todas as vezes que alguma conduta de segurança deva partir do trabalhador, uma vez que é da empresa a responsabilidade pelo risco do negócio, atraindo, nesse contexto, a responsabilidade civil, devendo manter o meio ambiente laboral hígido, afastando todos os riscos de segurança ou saúde ao trabalhador, inclusive, responsabilizando-se pelo correto uso dos meios de segurança utilizados pelos empregados.

Busca-se, assim, demonstrar com o presente artigo não apenas a obrigatoriedade, mas, sobretudo, a importância da fiscalização pela empresa para levar a êxito toda a estrutura investida na segurança e saúde dos trabalhadores, sob pena de ser inócuo todo esse esforço diante de um acidente do trabalho, no qual a empresa não consiga demonstrar que fiscalizou o efetivo uso dos equipamentos de proteção pelo trabalhador acidentado.

2. NORMAS DE SAÚDE E SEGURANÇA NO TRABALHO – SST – CONCEITO E OBRIGATORIEDADE

A saúde e a segurança no trabalho possuem fundamento constitucional desde a Carta Magna de 1937, constituindo-se, atualmente, na seguinte redação conforme disposição na Constituição Federal de 1988, *in verbis*:

> Art. 7º São direitos dos trabalhadores urbanos e rurais, além de outros que visem à melhoria de sua condição social: (...)
>
> XXII – redução dos riscos inerentes ao trabalho, por meio de normas de saúde, higiene e segurança; (...)

A Consolidação das Leis do Trabalho – CLT, por sua vez, dispôs caber às empresas "cumprir e fazer cumprir as normas de segurança e medicina do trabalho"[2].

A CLT ainda repassou ao Ministério do Trabalho a atribuição de estabelecer as disposições complementares às normas relativas à segurança e medicina

---

(1) Advogada. Formada pela Pontifícia Universidade Católica do Paraná – PUC em 2002. Especialista em Direito do Trabalho pela UNICURITIBA. Especialista em direito previdenciário e processual previdenciário aplicado pela PUC/PR. Pós-graduanda em direito previdenciário dos Servidores Públicos pelo IEPREV. Professora em cursos de especialização em Direito Previdenciário e Direito do Trabalho. Membro da Comissão de Direito Previdenciário da OAB/PR – Gestões 2013/2015 e 2016/2018. Atuações nas áreas de Direito Previdenciário Empresarial e de Pessoa Física. Sócia do escritório de advocacia Fernandes & Canton Advocacia e Consultoria Jurídica desde 2010.

(2) Art. 157. Cabe às empresas: I – cumprir e cumprir e fazer cumprir as normas de segurança e medicina do trabalho; (...)

do trabalho[3], o qual, em 1978, através da Portaria n. 3.214, de 08 de junho, editou 28 (vinte e oito) Normas Regulamentadoras – NRs. Atualmente, as normas de Saúde e Segurança no Trabalho – SST estão previstas em 36 (trinta e seis) NRs.

Segundo previsão constante da primeira Norma Regulamentadora, as NRs regulamentam a segurança e medicina do trabalho e são de observância obrigatória pelas empresas privadas e públicas e pelos órgãos públicos da administração direta e indireta, bem como pelos órgãos dos Poderes Legislativo e Judiciário, que possuam empregados regidos pela CLT[4]. Aplica-se também, solidariamente, a responsabilidade entre as empresas integrantes de grupo econômico em relação aos empregados a seu serviço no cumprimento das Normas Regulamentadoras sobre saúde e segurança no trabalho[5].

A legislação previdenciária, da qual também resultam importantes reflexos quando da inobservância das normas de proteção ao trabalhador, como veremos alguns exemplos nos tópicos seguintes, impõe a responsabilidade para a empresa na adoção de medidas de proteção e segurança da saúde do trabalhador[6].

Observa-se, ainda, conforme previsão da CLT[7] e reproduzida no item 1.2 da NR-1[8], estarem as empresas obrigadas ao cumprimento de outras normas que disponham sobre o mesmo tema, como regulamentos sanitários dos respectivos Estados ou Municípios, bem como a convenções ou acordos coletivos de trabalho, aos quais as empresas se encontrem adstritas.

Independente da legislação infraconstitucional citada, importa destacar a proteção constitucional dada à saúde e à segurança do trabalhador. Integrando o ramo do Direito Público, trata-se de direito social indisponível dos trabalhadores, ou seja, direito público subjetivo, e, por isso, o seu cumprimento é de caráter cogente, não sendo passível de derrogação pela vontade das partes, conforme explica Fernando Maciel:

> Merece ser destacado que, em face de seu caráter de ordem pública, as normas jurídicas atinentes à saúde e segurança dos trabalhadores são de observância cogente, não havendo qualquer margem de discricionariedade para os seus destinatários.[9]

Como se vê, a saúde e a segurança no trabalho possuem importância primordial no desenvolvimento da atividade econômica da empresa, antecedendo, muitas vezes, a sua própria constituição, como é o caso da Inspeção Prévia, prevista pela NR-2, para emissão do Certificado de Aprovação de Instalações – CAI, capaz de assegurar que o novo estabelecimento inicie suas atividades livre de riscos de acidentes e/ou de doenças do trabalho, sob pena de interdição; do Programa de Prevenção de Riscos Ambientais – PPRA, regulamentado pela NR-9, que objetiva antecipar os riscos no ambiente de trabalho, eliminá-los ou preveni-los através da implantação de medidas de proteção; e do Exame Médico Admissional, constante do Programa de Controle Médico e Saúde Ocupacional – PCMSO, previsto na NR-7, que deverá ser realizado antes que o trabalhador assuma suas atividades[10].

---

(3) Art. 200. Cabe ao Ministério do Trabalho estabelecer disposições complementares às normas de que trata este Capítulo, tendo em vista as peculiaridades de cada atividade ou setor de trabalho, especialmente sobre: (...)

(4) NR-1. Disposições Gerais: 1.1. As Normas Regulamentadoras – NR, relativas à segurança e medicina do trabalho, são de observância obrigatória pelas empresas privadas e públicas e pelos órgãos públicos da administração direta e indireta, bem como pelos órgãos dos Poderes Legislativo e Judiciário, que possuam empregados regidos pela Consolidação das Leis do Trabalho – CLT.

(5) 1.6.1. Sempre que uma ou mais empresas, tendo, embora, cada uma delas, personalidade jurídica própria, estiverem sob direção, controle ou administração de outra, constituindo grupo industrial, comercial ou de qualquer outra atividade econômica, serão, para efeito de aplicação das Normas Regulamentadoras – NR, solidariamente responsáveis a empresa principal e cada uma das subordinadas.

(6) Art. 19. (...)
§ 1º A empresa é responsável pela adoção e uso das medidas coletivas e individuais de proteção e segurança da saúde do trabalhador.

(7) Art. 154. A observância, em todos os locais de trabalho, do disposto neste Capítulo, não desobriga as empresas do cumprimento de outras disposições que, com relação à matéria, sejam incluídas em códigos de obras ou regulamentos sanitários dos Estados ou Municípios em que se situem os respectivos estabelecimentos, bem como daquelas oriundas de convenções coletivas de trabalho.

(8) 1.2. A observância das Normas Regulamentadoras – NR não desobriga as empresas do cumprimento de outras disposições que, com relação à matéria, sejam incluídas em códigos de obras ou regulamentos sanitários dos estados ou municípios, e outras, oriundas de convenções e acordos coletivos de trabalho.

(9) MACIEL, Fernando. *Ações regressivas acidentárias*. 3. ed. São Paulo: LTr, 2015. p. 49.

(10) 7.4.3. A avaliação clínica referida no item 7.4.2, alínea a, com parte integrante dos exames médicos constantes no item 7.4.1, deverá obedecer aos prazos e à periodicidade conforme previstos nos subitens abaixo relacionados:
7.4.3.1. no exame médico admissional, deverá ser realizada antes que o trabalhador assuma suas atividades; (...)

Porém, não apenas para a empresa as normas de saúde e segurança se impõem. A CLT aduz em seu art. 158, parágrafo único, alínea *b*, que *"constitui ato faltoso do empregado a recusa injustificada: (...) b) ao uso dos equipamentos de proteção individual fornecidos pela empresa"*, seguida pela NR-1, com a mesma redação[11].

O descumprimento dessas normas pode ocasionar diversos resultados, tanto de cunho disciplinar/punitivo, quanto financeiro, como veremos no tópico seguinte.

3. CONSEQUÊNCIAS NO DESCUMPRIMENTO DAS NORMAS DE SST

Tamanha é a importância do cumprimento das normas de saúde e segurança no trabalho, que a sua inobservância gera reflexos em diversas esferas do direito, como trabalhista, previdenciária, civil e criminal.

Ainda, na esfera administrativa, a empresa já está sujeita a multas aplicadas pelo Ministério do Trabalho – MTE e pela Receita Federal do Brasil – RFB, além do risco de embargo de obra de construção civil ou interdição do estabelecimento, de máquinas ou de equipamentos e do Termo de Ajuste de Conduta – TAC, proposto pelo Ministério Público.

No âmbito trabalhista, o descumprimento das normas de SST pode ocasionar o pagamento de adicionais de insalubridade e periculosidade; a estabilidade provisória para o acidentado; além da ação civil pública;

Na esfera do Direito Previdenciário, a inobservância do regramento de proteção ao trabalhador sujeita a empresa à Ação Regressiva Acidentária – ARA, a ser interposta pelo Instituto Nacional do Seguro Social – INSS, conforme previsão do art. 120 da Lei n. 8.213/1991. Ainda, no aspecto previdenciário/tributário, poderá gerar aumento da alíquota do Seguro de Acidente do Trabalho – SAT, decorrente da incidência do Fator Acidentário de Prevenção – FAP.

No âmbito civil, qualquer doença do trabalho ou ocupacional ou acidente no trabalho, dos quais resultem lesões corporais, poderão acarretar despesas com o tratamento médico, indenizações pelos danos materiais e/ou estéticos, pagamento de pensões vitalícias, na hipótese de falecimento do trabalhador.

Por fim, na seara criminal, a própria legislação previdenciária (art. 19, § 2º, da Lei n. 8.213/1991) dispõe constituir infração penal o descumprimento das normas de segurança[12]. O Código Penal tipifica como crime de perigo o descumprimento das normas de segurança no trabalho que ocasione risco ou perigo de vida ou à saúde do trabalhador (art. 132); crime de lesão corporal, no caso de resultar dano físico ou lesão corporal ao trabalhador (art. 129, § 6º); e crime de homicídio, na hipótese de morte do trabalhador (art. 121).

Há consequências também para o trabalhador quando deixar de observar regras de segurança, devendo garantir tanto sua segurança física, bem como a dos demais colegas de trabalho. Prevê o art. 158 da CLT, copiado pela NR-1, item 1.8.1, já citada, constituir ato faltoso do empregado a recusa injustificada em relação à observância das instruções expedidas pelo empregador sobre a prevenção a acidentes no trabalho e quanto ao correto uso dos Equipamentos de Proteção Individual – EPIs fornecidos pela empresa.

Raimundo Simão de Melo assente nesse sentido:

> Os empregados também têm obrigação no cumprimento das normas de segurança, podendo até ser punidos com advertência, suspensão das atividades e, finalmente, com dispensa por justa causa. Mas tudo deve ser feito de forma coerente com a falta praticada pelo trabalhador, com bom-senso, pois, antes de qualquer punição, deve a empresa demonstrar que cumpriu fielmente a parte, adotando as medidas protetivas, fornecendo os EPIs e orientando adequadamente os trabalhadores.[13]

Desta forma, muitas são as consequências geradas pela simples falta de implementação das normas de saúde e segurança no trabalho, bem como nas hipóteses que resultem danos físicos, estéticos e/ou materiais aos empregados.

Nesse sentido, buscando evitar qualquer reflexo danoso à relação de trabalho, as empresas necessitam não só cumprir as normas de SST, bem como fiscalizar a sua efetivação, como no caso de uso obrigatório e correto dos EPIs, e a importância dessa fiscalização,

---

(11) 1.8. Cabe ao empregado: a) cumprir as disposições legais e regulamentares sobre segurança e saúde do trabalho, inclusive as ordens de serviço expedidas pelo empregador; 1.8.1. Constitui ato faltoso a recusa injustificada do empregado ao cumprimento do disposto no item anterior.

(12) Art. 19. (...)
§ 2º Constitui contravenção penal, punível com multa, deixar a empresa de cumprir as normas de segurança e higiene do trabalho.

(13) MELO, Raimundo Simão de. *Direito ambiental do trabalho e a saúde do trabalhador*: responsabilidades legais, dano material, dano moral, dano estético. São Paulo: LTr, 2013. p. 130.

como meio de prova, será demonstrado na sequência do presente artigo.

4. A RESPONSABILIDADE CIVIL DO EMPREGADOR EM RELAÇÃO AOS ACIDENTES DO TRABALHO

Sem qualquer pretensão de esgotar a matéria sobre a responsabilidade civil do empregador quando envolve o acidente do trabalho, objetiva-se apenas alertar para a existência do instituto, que o vincula automaticamente em caso de dolo ou culpa nas situações de sinistro ou doença laboral.

Dispõe o art. 7º, XXVIII, da Constituição Federal de 1988: "São direitos dos trabalhadores urbanos e rurais, além de outros que visem à melhoria de sua condição social: (...) XXVIII – seguro contra acidente de trabalho, a cargo do empregador, sem excluir a indenização a que está obrigado, quando incorrer em dolo ou culpa."

Daí advém a responsabilidade subjetiva do empregador, nas hipóteses de dolo ou culpa, obrigando-se o lesado, neste caso o empregado, a comprovar: "*a) existência do acidente; b) do dano; c) do nexo causal entre ambos; d) que o empregador teria atuado de forma dolosa ou culposa (com imprudência, negligência ou imperícia).*"[14]

A responsabilidade subjetiva do empregador decorre do seu poder diretivo em obrigar o empregado a cumprir todas as normas estabelecidas pela empresa e, principalmente, aquelas advindas de normas estabelecidas pelo Estado para manter seguro e salubre o ambiente laboral.

Mais severa para a empresa é ainda a responsabilidade objetiva nas atividades de risco, para as quais a responsabilidade civil é inerente ao risco do negócio, embasado no art. 927, parágrafo único, do Código Civil de 2002[15]. Aqui ocorre a inversão do ônus probatório, hipótese em que será do empregador a obrigação de prova da sua correta conduta frente ao cumprimento das regras de higiene e segurança no trabalho.

A culpa concorrente, prevista no art. 945 do Código Civil[16], hipótese na qual o trabalhador contribui para o evento danoso, apesar de responsabilizar a empresa, equaliza a pena aplicada decorrente dos danos ocasionados ao trabalhador, na medida em que ela não contribuiu sozinha para o sinistro ou doença do trabalho gerado.

Enfim, ainda na seara da responsabilidade civil, gerará a concausa e cometerá ato ilícito, imputando à empresa as correspondentes consequências, todas as ocasiões em que o empregador agir com ação ou omissão voluntária, negligência ou imprudência, resultando na violação do direito e causando dano a outrem (art. 186 do CC[17]).

5. A FISCALIZAÇÃO PELA EMPRESA SOBRE OS EMPREGADOS NO CUMPRIMENTO DAS NORMAS DE SST

As normas de saúde e segurança no trabalho, além de prevenir o trabalhador contra doenças e acidentes laborais, dá eficácia a princípios constitucionais, como a dignidade da pessoa humana e a dignidade do trabalho, e adequa o Brasil a padrões internacionais de proteção ao trabalhador.

Somado a isso, como vimos, a omissão no cumprimento de tais normas traz sérios prejuízos na seara jurídica do empregador e, principalmente, ao empregado.

Porém, mesmo que o empregador cumpra todas as medidas de saúde e segurança no ambiente laboral, em um eventual acidente de trabalho, considerado este quando o empregado sofre um acidente relacionado ao trabalho ou é acometido por uma doença laboral, sobre a empresa imediatamente recairá a responsabilidade civil, nas variadas formas citadas anteriormente, atrelada ao risco do negócio.

Essa responsabilidade subjetiva só poderá ser elidida mediante a demonstração de que, além do seu cumprimento a todas as normas legais sobre o tema, com o mesmo rigor também fiscalizou o cumprimento por parte dos seus trabalhadores contratados.

Vale dizer, uma vez implantadas todas as normas de saúde e segurança no trabalho, passa o empregador a ter uma nova obrigação: a de fiscalizar o efetivo cumprimento pelos trabalhadores das mesmas normas, no tocante aos dispositivos a que estejam obrigados.

---

(14) PACHECO, Iara Alves Cordeiro. *Acidente do trabalho*: causas e consequências da sonegação da CAT. 2. ed. São Paulo: LTr, 2016. p. 116.

(15) Art. 927. Aquele que, por ato ilícito (arts. 186 e 187), causar dano a outrem, fica obrigado a repará-lo.
Parágrafo único. Haverá obrigação de reparar o dano, independentemente de culpa, nos casos especificados em lei, ou quando a atividade normalmente desenvolvida pelo autor do dano implicar, por sua natureza, risco para os direitos de outrem.

(16) Art. 945. Se a vítima tiver concorrido culposamente para o evento danoso, a sua indenização será fixada tendo-se em conta a gravidade de sua culpa em confronto com a do autor do dano.

(17) Art. 186. Aquele que, por ação ou omissão voluntária, negligência ou imprudência, violar direito e causar dano a outrem, ainda que exclusivamente moral, comete ato ilícito.

Na prática, tem-se que, na hipótese de um acidente do trabalho, será da empresa o ônus probatório em demonstrar que fiscalizou seus empregados e/ou trabalhadores contratados quanto ao cumprimento das normas de SST, objetivando, assim, afastar sua responsabilidade sobre aquele sinistro ou contingência.

A CLT é imperiosa, conforme a previsão constante em seu art. 157, já citado e transcrito em nota; porém, cabe aqui transcrevê-lo novamente, *in verbis*:

> Art. 157. Cabe às empresas:
> I – cumprir e fazer cumprir as normas de segurança e medicina do trabalho; (...)

No mesmo sentido, as NRs trouxeram essa obrigação às empresas em fiscalizar constantemente o ambiente laboral quanto ao cumprimento de todas as normas relativas à segurança e saúde do trabalhador. Eis alguns exemplos:

Começando com a primeira norma regulamentadora – NR-1, item 1.7[18], que apenas ratificou a redação da CLT, art. 157, enfatizando a necessidade de a empresa, após orientação aos trabalhadores sobre riscos no trabalho e respectivas normas de SST, exigir seu cumprimento.

A NR-5, item 5.6, "j", determina que CIPA, constituída pelas empresas a ela obrigadas, promovam o "cumprimento das Normas Regulamentadoras, bem como cláusulas de acordos e convenções coletivas de trabalho, relativas à segurança e saúde no trabalho".

A NR-6, que regulamenta as regras sobre concessão e uso de EPI, dispõe que o empregador encontra-se impelido a, além de conceder, exigir e orientá-lo quanto ao correto uso, guarda e conservação do EPI[19].

A NR-9, que, como já mencionada, estabelece a obrigatoriedade da elaboração e implementação, por parte de todos os empregadores e instituições que admitam trabalhadores como empregados, do Programa de Prevenção de Riscos Ambientais – PPRA, determina como uma das responsabilidades do empregador "*estabelecer, implementar e assegurar o cumprimento do PPRA como atividade permanente da empresa ou instituição*".

A NR-10, que dispõe sobre Segurança em Instalações e Serviços em Eletricidade, estipula que "*toda equipe deverá ter um de seus trabalhadores indicado e em condições de exercer a supervisão e condução dos trabalhos*" (item 10.11.6). Neste contexto, esse trabalhador indicado será indiretamente o representante do empregador na obrigação de fiscalização do cumprimento das normas de SST.

Inequívoco, portanto, que para o legislador o fato de a empresa comprovar que cumpriu com as normas de SST, principalmente, de ter fornecido o EPI ao trabalhador, não a exime do pagamento de eventual indenização se não demonstrar igualmente que também orientou o *modus operandi* do relativo equipamento e fiscalizou o seu efetivo uso.

O comportamento dos tribunais ratifica a relevância da fiscalização por parte da empresa, no afastamento da responsabilidade civil sobre a empresa:

> CIVIL E PROCESSUAL CIVIL. RESPONSABILIDADE CIVIL. AÇÃO INDENIZATÓRIA REGRESSIVA. INSS. ACIDENTE DE TRABALHO. MORTE DO SEGURADO. ART. 120 DA LEI N. 8.213/1991. CULPA DO EMPREGADOR E DA PETROBRAS CONFIGURADA. NECESSIDADE DE CONSTITUIÇÃO DE CAPITAL AFASTADA. HONORÁRIOS ADVOCATÍCIOS. (...) 7. A prova técnica é lídima e esclarecedora na apuração do ocorrido. Ressalta, inclusive, que a empresa não observou os procedimentos das normas internas da Petrobras, relativamente à prévia inspeção do adaptador onde ocorreu o sinistro, o que poderia ter evitado o acidente. A culpa da empresa é inquestionável. Por sua vez, verifica-se que as inspeções, treinamentos e EPI entregues foram insuficientes, visto que o acidente ocorreu não por culpa do funcionário, mas por não terem sido adotadas todas as medidas necessárias à segurança do trabalhador que foi vítima de acidente fatal. 8. Não há como excluir a responsabilidade da Petrobras, que, como contratante da Empresa B. J. SERVICES DO BRASIL e empreendedora de serviços de alto risco, deve constantemente promover segurança no meio laboral, bem como realizar constantes fiscalizações, bem como a tomar todas as providências necessárias para garantir a segurança e a saúde dos funcionários no ambiente de trabalho. 9. Estando caracterizada a responsabilidade das empresas rés pela ocorrência do acidente que vitimou o segurado, conforme a prova dos autos, as empresas devem ressarcir solidariamente o INSS pelos pagamentos efetuados a título de pensão por morte concedida em decorrência do sinistro em exame. (...). (TRF5 – 3ª Turma – AC n. 200984010007290 – Relator: Desembargador Fe-

---

(18) 1.7. Cabe ao empregador:
    a) cumprir e fazer cumprir as disposições legais e regulamentares sobre segurança e medicina do trabalho; (...)

(19) 6.6.1 Cabe ao empregador quanto ao EPI: (...)
    b) exigir seu uso; (...)
    d) orientar e treinar o trabalhador sobre o uso adequado, guarda e conservação; (...)

deral Carlos Rebêlo Júnior – Dec. em 21.09.2017 – DJE de 27.09.2017.)

Acidente do trabalho. Fornecimento de EPI. Fiscalização pelo empregador. Culpa exclusiva do empregado. Demonstrado que o empregador forneceu EPI's e treinamento, bem como fiscalizou a utilização dos equipamentos por seus empregados, o dano decorrente da falta de uso do aparelho de proteção individual, em desrespeito às ordens do tomador de serviços e em descumprimento às regras do contrato, deve ser imputado exclusivamente ao empregado, sob pena de se transmutar a reponsabilidade em objetiva. (TRT-4 – RO n. 0000989-02.2012.5.04.0405/RS Redator: Manuel Cid Jardon. Data de julgamento: 24.04.2014, 7ª Vara do Trabalho de Caxias do Sul.)

A fiscalização é, portanto, necessária para comprovar o cumprimento de todas as fazes de proteção ao trabalho, as quais a empresa se encontra obrigada.

5.1. Da prova da fiscalização por parte do empregador

Após compreender a importância da fiscalização, é necessário ter em mente que a efetividade da prova é sempre maior se materializada, do que apenas testemunhal. Portanto, a fiscalização deverá ser reduzida a termo para que possa servir de prova quando necessária.

Para tanto, a empresa deve implantar rotinas de fiscalização diária, ou por turno, do cumprimento das normas de segurança e higiene no trabalho, elaborando diários de fiscalização impresso ou eletrônico, para fazer constar todas as condutas de controle por parte do responsável por tal função.

Todas as medidas disciplinares, inclusive a verbal, devem ser relatadas.

Tal proceder resulta em formalizar o documento de forma contemporânea à época dos fatos, a fim de demonstrar a existência da fiscalização.

Muitas vezes, conforme o enquadramento da empresa no Serviço Especializado em Saúde e Medicina do Trabalho – SESMT, a empresa dispõe de um Técnico de Segurança para fazer tal vigilância. Em sua ausência, a responsabilidade pode ser atribuída a qualquer pessoa, para quem esteja responsável pela fiscalização, podendo ser até mesmo pessoas do quadro da gerência.

Somente após reduzir a termo a fiscalização é que estará a empresa efetivamente resguardada, fechando o ciclo de implantação das normas de saúde e segurança no meio ambiente laboral.

6. CONCLUSÃO

A importância da fiscalização da empresa, e sua correspondente prova, nas rotinas de segurança e saúde no trabalho foi tratada no presente artigo a fim de evidenciar uma preocupação pouco vista na prática.

A jurisprudência demonstra ser a comprovação da fiscalização fator determinante para afastar da empresa a responsabilidade total ou parcial sobre os danos gerados para o trabalhador em caso de acidente do trabalho.

Deve ficar claro que, mesmo que a empresa demonstre o total cumprimento das medidas de segurança, uma vez ocorrido um sinistro ou doença laboral, do qual sua existência pressupõe uma conduta indevida do trabalhador no seu dever de cumprimento das regras de SST, ela somente terá condições de ser isentada de sua responsabilidade civil e/ou penal caso comprove que fiscalizava as rotinas de trabalho e que exigia daquele trabalhador integralmente o cumprimento das medidas de segurança.

Como se resolve em todas as searas do direito, é a prova material essencial à solução das lides. Porém, muitas vezes, falta ao hábito do legislado medidas simples para formalizar uma ou várias condutas em cumprimento à lei.

No que pertine ao presente objeto de estudo (proteção do trabalhador), poderá ser a fiscalização (reduzir a termo) a prova que propiciará ao contratante da mão de obra remunerada a elisão de sua responsabilidade sobre os dados causados à vítima (trabalhador), na hipótese de acidente do trabalho.

7. REFERÊNCIAS BIBLIOGRÁFICAS

BRAGA, Felipe P. Netto. *Responsabilidade Civil*. São Paulo: Saraiva, 2008.

CASTRO, Carlos Alberto Pereira de; LAZZARI, João Batista. *Manual de direito de previdenciário*. 19. ed. São Paulo: LTr, 2016.

IBRAHIM, Fábio Zambitte. *Curso de direito previdenciário*. 22. ed. Rio de Janeiro: Impetus, 2016.

MACIEL, Fernando. *Ações regressivas acidentárias*. 3. ed. São Paulo: LTr, 2015.

MELO, Raimundo Simão de. *Direito ambiental do trabalho e a saúde do trabalhador*: responsabilidades legais, dano material, dano moral, dano estético. São Paulo: LTr, 2013.

PACHECO, Iara Alves Cordeiro. *Acidente do trabalho*: causas e consequências da sonegação da CAT. 2. ed. São Paulo: LTr, 2016.

PULINO, Daniel. Acidente do trabalho: ação regressiva contra as empresas negligentes quanto à segurança e à higiene do trabalho. *Revista de Previdência Social*, LT, v. 3, n. 1, abr.-jun. 1996.

ROCHA, Daniel Machado da; JUNIOR, José Paulo Baltazar. *Comentários à Lei de Benefícios da Previdência Social*. 11. ed. São Paulo: Atlas, 2014.

RODRIGUES, Silvio. *Direito Civil*: responsabilidade civil. 20. ed. São Paulo: Saraiva, 2003. v. 4.

Teoria Geral do Plano de Custeio da Seguridade Social

MIGUEL HORVATH JÚNIOR[1]
RAFAEL VASCONCELOS PORTO[2]

1. INTRODUÇÃO

O presente artigo tem o propósito de oferecer ao leitor uma introdução teórica ao custeio da seguridade social desenvolvendo as bases fundamentais do plano de custeio, sem, contudo, adentrar em detalhes mais específicos de caráter tributário, atuarial ou mesmo da conformação mais precisa das contribuições em espécie.

Nesse diapasão, a proposta de trabalho é partir dos princípios constitucionais atinentes ao ramo – quais sejam, o da diversidade da base de financiamento, o da equidade na forma de participação no custeio e o da *contrapartida direta*[3] – e deles se valer como ferramenta para analisar a relação existente entre os planos de custeio e de benefícios (num cotejo, de ir e vir), numa análise de sobrevoo da regra-matriz das contribuições destinadas à Seguridade Social, com enfoque especial nas previdenciárias em sentido estrito.

2. PRINCÍPIOS CONSTITUCIONAIS APLICÁVEIS AO CUSTEIO

Dentre os princípios previstos expressamente na Constituição Federal no âmbito da Seguridade Social, podemos apontar dois que são direcionados especificamente ao custeio: o da diversidade da base de financiamento e o da equidade na forma de participação no custeio. O terceiro princípio com o qual pretendemos trabalhar é o da *contrapartida direta*, que não está – na concepção que adotamos – expresso na CRFB, ao menos não de forma evidente, decorrendo de uma construção interpretativa a partir de outras normas constitucionais – o que delinearemos melhor adiante, mas é importante deixar desde já consignado, destacando-se, inclusive, que não se confunde com o que a doutrina costuma denominar "regra da contrapartida".

Iniciaremos nossa análise pelo princípio da diversidade da base de financiamento – o mais simples dos três, por despertar menos controvérsias –, que nos permitirá efetuar um breve desenvolvimento histórico do custeio e, a partir daí, construir o raciocínio teórico que o presente artigo objetiva atingir.

Em seguida, abordaremos o princípio da equidade na forma de participação no custeio, que cumpre papel mais relevante na estruturação conceitual e especialmente teleológica das contribuições para a seguridade social, especialmente as previdenciárias (em sentido estrito), para, depois, adentrarmos na lógica da teoria geral do seguro, para identificação (ou não) do *elo* entre a relação de custeio e a de benefício. Por fim, analisaremos o princípio da contrapartida direta, que desempenha uma função de conexão ainda mais íntima entre custeio e cobertura.

2.1. Diversidade da base de financiamento

Em brevíssimo escorço histórico[4], podemos apontar que a Seguridade Social consiste num momento culminante de evolução, no qual Previdência e Assistência

---

(1) Mestre e Doutor em Direito Previdenciário pela PUC/SP. Professor da Pós-Graduação da Pontifícia Universidade Católica de São Paulo. Procurador Federal (Membro da Advocacia-Geral da União – AGU).

(2) Mestrando em Direito pela Pontifícia Universidade Católica de São Paulo (PUC/SP). Juiz Federal Titular da Vara Única da Subseção Judiciária de Poços de Caldas – MG. Ex-Defensor Público Federal. Bacharel em Direito pela Universidade Federal de Minas Gerais.

(3) O termo "princípio da contrapartida direta" é uma proposição nossa, cujo conceito será desenvolvido adiante.

(4) Para maior aprofundamento, *vide* os seguintes artigos: 1) PORTO, Rafael Vasconcelos. Teoria Geral do Risco Social, *mimeo*; e 2) PORTO, Rafael Vasconcelos. Previdência e(m) crise. *Revista Brasileira de Direito Previdenciário*, Lex Magister, Porto Alegre, v. 7, n. 39, p. 50-77, jun./jul. 2017.

[sociais] são acopladas para constituir um todo unitário de proteção social – embora numa relação de subsidiariedade/complementariedade, na qual os subsistemas ainda possuem plena autonomia, tanto prática quanto teórica. Anteriormente a tal conjugação, cabe analisar, portanto, a evolução, até então paralela, de cada um dos ramos, também de modo bastante resumido.

A assistência social evoluiu da assistência privada (caritativa) para a pública (financiada e administrada pelo Estado), havendo um estágio intermediário em que o Estado se pôs primeiramente como incentivador (inclusive por meio da legislação posta) e, posteriormente, como organizador/administrador das verbas destinadas voluntariamente (ou por vezes até compulsoriamente) por particulares.

Já a previdência social tem sua origem no mutualismo, sendo que, num primeiro momento, os próprios trabalhadores se reuniram voluntariamente para organizar ou contratar um seguro contra riscos sociais (especialmente laborativos); num segundo momento, passou a ser imposta ao empregador a contratação de um seguro junto à iniciativa privada e, num terceiro momento, ocorreu a assunção pelo Estado da administração do seguro social, geralmente acompanhada de expansão da cobertura para outras categorias além dos empregados e, por não se pretender imputar a empregadores o financiamento de um seguro para outros trabalhadores que não os [seus] empregados, de aporte de recursos por parte do próprio Estado a partir de fontes distintas. Destarte, podemos perceber que o financiamento evolui progressivamente em termos de número de fontes: inicialmente, só os próprios trabalhadores; depois, agregam-se os empregadores; e, a seguir, o Estado. Em tal momento, tinha-se o que se denomina "custeio tripartite" (ou "tríplice"): trabalhadores (que usufruem da cobertura), empregadores (que se beneficiam do trabalho prestado[5]) e Estado. Nos anos vindouros, surgem outras fontes mais de custeio, pelo que já não se pode mais, na atualidade, falar estritamente em "custeio tripartite", embora a expressão carregue um significado ainda importante para delinear a ideia contemporânea de seguro social[6].

Destarte, a CRFB traz um desenho em que, ao lado da expressa referência ao princípio ora em exame, resta estabelecido que o financiamento da seguridade social será (art. 195, *caput*) direto (o que se dará por meio das contribuições sociais) e indireto (o que se dará por meio de aporte direto a partir dos orçamentos dos entes públicos). Ademais, dentro das contribuições que enumera (há a possibilidade de a União estabelecer contribuições residuais por meio de lei complementar, respeitados os limites previstos no art. 154, I), há aquelas devidas pelo empregador/contratante (art. 195, I) e a devida pelos segurados (art. 195, II), mas há também a devida pelo "importador de bens ou serviços do exterior, ou de quem a lei a ele equiparar" (art. 195, IV) e a incidente "sobre a receita de concursos de prognósticos" (art. 195, III). Em síntese, a CRFB prevê a contribuição estatal (o que denomina "financiamento indireto"), por parte de empregadores/contratantes, por parte dos próprios segurados e outras duas espécies distintas.

Anota Balera que: "em perspectiva genérica, a diretriz da diversidade das bases de financiamento funciona como premissa para que seja mensurada a carga tributária que cada categoria social deve suportar. Considerado dentro do contexto em que se insere, o princípio pretendeu ampliar, de imediato, as bases de financiamento da seguridade social. Na tradição do nosso Direito Positivo (...) recaía exclusivamente sobre a folha de pagamento de salários a contribuição previdenciária. (...) O constituinte, ao pôr remédio a essa situação assaz crítica, tratou de diversificar desde logo as bases de financiamento do sistema."[7]

Por um lado, a diversidade da base de financiamento é um princípio visto pela doutrina como expressão da solidariedade. Senão, vejamos: "O financiamento da seguridade social é de responsabilidade de toda a comunidade, na forma do art. 195 da CF. Trata-se da aplicação do princípio da solidariedade, que impõe a todos os segmentos sociais — Poder Público, empresas e trabalhadores — a contribuição na medida de suas possibilidades. A proteção social é encargo de todos porque a desigualdade social incomoda a sociedade como um todo."[8] Destarte, chama-se toda a sociedade,

---

(5) Wagner Balera salienta, quanto ao assunto, que "o empregador (...) [provoca] especial despesa para o Estado. A atividade do empregador gera contingências sociais (...) que deflagram a atividade estatal de seguridade (...). Essas utilidades específicas devem ser custeadas, também de modo especial, pelos empregadores" (A contribuição social sobre o lucro. *Revista de Direito Tributário*, v. 67, São Paulo: Malheiros, p. 292-322).

(6) Há autores que entendem que há já seguro social no momento em que o Estado impõe ao empregador a contratação obrigatória de um seguro laborativo para seus empregados junto à iniciativa privada, mas, para outros, o seguro social propriamente dito surge apenas quando o Estado assume a administração do fundo e também verte ele mesmo aportes a este.

(7) BALERA, Wagner. A contribuição social sobre o lucro. *Revista de Direito Tributário*, v. 67, p. 292-322.

(8) SANTOS, Marisa Ferreira dos. *Direito Previdenciário Esquematizado*. 4. ed. São Paulo: Saraiva, 2014. p. 41.

por meio da criação de fontes diversificadas, para aportar recursos à seguridade social, espraiando o ônus e, outra face da moeda, sem sobrecarregar demasiadamente um único setor, embora se deva onerar mais, por uma razão lógica, aqueles que usufruem, direta (segurados) ou indiretamente (empresários), da cobertura previdenciária[9].

Por outro lado, contudo, aponta a doutrina que há também uma utilidade prática – pragmática, financista – na existência de variadas fontes de custeio, como bem ressalta Fábio Zambitte Ibrahim: "Enfim, a ideia da diversidade da base de financiamento é apontar para um custeio da seguridade social o mais variado possível, de modo que oscilações setoriais não venham a comprometer a arrecadação de contribuições. Da mesma forma, com amplo leque de contribuições, a seguridade social tem maior possibilidade de atingir sua principal meta, que é a universalidade de cobertura e atendimento."[10] Em suma, é aquela arraigada ideia de não investir tudo numa única fonte, senão diversificar os investimentos de modo a amainar o risco, o que é salutar em se tratando de um sistema que necessita de solidez e atende continuamente milhões de pessoas em situação de necessidade social. Aponta Peter L. Bernstein que: "Em 1952, o ganhador do prêmio Nobel Harry Markowitz (...) demonstrou matematicamente por que colocar todos os ovos na mesma cesta é uma estratégia incrivelmente arriscada, e por que a diversificação é o melhor negócio para um investidor ou gerente de empresa. Essa revelação desencadeou o movimento intelectual que revolucionou Wall Street, as finanças corporativas e as decisões empresariais em todo o mundo; seus efeitos até hoje se fazem sentir."[11] É nessa linha de pensamento, portanto, que laborou nosso Constituinte.

2.2. Equidade na forma de participação no custeio

Esse princípio é um desdobramento do princípio da igualdade. A participação do trabalhador não pode ser a mesma da empresa, assim como a contribuição da empresa não se confunde com a participação do Estado. Trata-se de um princípio que tem o objetivo de justiça na delimitação da forma de participação de todos aqueles que devem contribuir para o sistema. Todos os membros da sociedade contribuem para a manutenção do sistema de acordo com sua capacidade contributiva.

Segundo a doutrina majoritária, o princípio em estudo expressa parcialmente o princípio tributário (genérico) da capacidade contributiva. Com efeito, tendo em vista a já apontada ideia de solidariedade e outros princípios (como o da isonomia) e objetivos fundamentais (tal como "erradicar a pobreza e a marginalização e reduzir as desigualdades sociais e regionais", consagrado no art. 3º, III) previstos na CRFB, a seguridade social – e mesmo a previdência – não deixa de desempenhar também um papel redistributivo. Neste sentido, anota Balera que: "a equidade é a dimensão específica da isonomia no campo do custeio da seguridade social. (...) Assim é que a equidade no custeio tal como o princípio da capacidade contributiva acabam adjudicando aos tributos 'uma função política e colocando o critério fiscal sob a influência preponderante de sua repercussão no terreno social, subordinando o seu *quantum* à capacidade econômica do contribuinte."[12]

Não obstante, tal fator não é o único – e talvez não seja o principal – que deve ser levado em conta na análise do princípio da equidade (até porque, sendo as contribuições sociais espécies do gênero "tributo", não haveria necessidade de se valer aqui de outra – é dizer, diversa – expressão), sendo preciso sopesar também o dispêndio, potencial ou real, que a atividade ou setor tributado pode gerar à seguridade.

Neste sentido, afirma Balera que: "Para bem cumprir essa função política, a legislação fiscal deverá impor ao empregador uma tributação equitativa. A medida da capacidade econômica de certa empresa, e a carga fiscal que lhe incumbe suportar, estará relacionada, necessariamente, com o lugar social que a mesma ocupa e com as repercussões da respectiva atividade no universo da seguridade social."[13]

No subsistema previdenciário, pautado na teoria geral do seguro – em que o prêmio pago deve guardar

---

(9) Flávio Roberto Batista anota que "um exame da execução orçamentária da seguridade social dos anos 2008 a 2011 revela que a soma das contribuições dos segurados e de seus respectivos empregadores (...) responde por cerca de metade de todo o financiamento da seguridade social e por entre noventa e cem por cento do montante necessário para saldar todos os gastos efetuados com benefícios previdenciários" (Reformas da Previdência sob o Prisma do Custeio e da Distribuição de Benefícios: um olhar de totalidade. *Revista do TRF3*, ano XXIV, n. 117, p. 17-30, abr./jun. 2013).

(10) *Curso de Direito Previdenciário*. 20. ed. Niterói: Impetus, 2015. p. 94.

(11) *Desafio aos Deuses*: a fascinante história do risco. 21. ed. Tradução de Ivo Korylowski. Rio de Janeiro: Elsevier, 1997. p. 06.

(12) BALERA, Wagner. A contribuição social sobre o lucro. *Revista de Direito Tributário*, v. 67, p. 294.

(13) BALERA, Wagner. A contribuição social sobre o lucro. *Revista de Direito Tributário*, v. 67, p. 294-295.

relação proporcional com a magnitude do risco coberto –, tal concepção é até mais vigorosa[14].

Neste sentido, anota Marisa Ferreira dos Santos: "A nosso ver, a equidade na forma de participação no custeio não corresponde, exatamente, ao princípio da capacidade contributiva. O conceito de 'equidade' está ligado à ideia de 'justiça', mas não à justiça em relação às possibilidades de contribuir, e sim à capacidade de gerar contingências que terão cobertura pela seguridade social. Então, a equidade na participação no custeio deve considerar, em primeiro lugar, a atividade exercida pelo sujeito passivo e, em segundo lugar, sua capacidade econômico-financeira. Quanto maior a probabilidade de a atividade exercida gerar contingências com cobertura, maior deverá ser a contribuição."[15] Em suma, além da capacidade contributiva, é preciso levar em conta também outros fatores, como especialmente o risco gerado pela atividade, já que isto acarreta mais despesas para o subsistema previdenciário e tende a gerar também para os subsistemas de saúde e assistência.

Veremos, adiante, que as contribuições endereçadas aos segurados costumam se pautar mais na capacidade contributiva (progressividade das alíquotas e sistemas de inclusão), enquanto o risco surge como um fator que desempenha um papel mais relevante nas contribuições direcionadas ao empregador.

É possível dizer que o princípio da equidade é, de certo modo, complementado pelo que consta no § 9º do art. 195 da CRFB, apenas, contudo, quanto às contribuições das empresas, *in verbis*: "As contribuições sociais previstas no inciso I do *caput* deste artigo poderão ter alíquotas ou bases de cálculo diferenciadas, em razão da atividade econômica, da utilização intensiva de mão-de-obra, do porte da empresa ou da condição estrutural do mercado de trabalho." Assim, há outros critérios que poderão ser utilizados na dosagem da alíquota ou na diferenciação da base de cálculo; todavia, em nosso entender, tais critérios devem ser utilizados com observância de uma proporcionalidade pautada no princípio da equidade.

2.3. Contrapartida

A doutrina costuma denominar "regra da contrapartida" (embora alguns se valham, mesmo aqui, do termo "princípio da contrapartida") aquela prevista no § 5º do art. 195 da CRFB: "nenhum benefício ou serviço da seguridade social poderá ser criado, majorado ou estendido sem a correspondente fonte de custeio total."[16]

De nossa parte, preferimos reservar o termo "contrapartida" para outro fenômeno, tendo em vista que, a nosso sentir, ele transmite a ideia de um vínculo entre um dever contributivo do segurado e o seu direito à cobertura. Todavia, a disposição mencionada consiste apenas numa regra (em sentido forte) de precedência da fonte de custeio, aplicável, frise-se, à Seguridade Social como gênero[17]. Tal fonte não precisa estar vinculada ao próprio beneficiário ou instituidor, o que é óbvio se considerarmos que é aplicável também na assistência social e na saúde, setores nos quais não se exige a contrapartida direta. Repisando, vemos no disposto no § 5º do art. 195 da CRFB uma regra de preexistência de fonte de custeio (que, inclusive, comporta uma dimensão recíproca, no sentido de que não pode haver criação de fonte de custeio sem expansão da cobertura), que consiste num elemento de garantia do sistema, evitando a expansão desmedida de proteção sem a indicação do manancial financeiro, inclusive de quem suportará tal encargo.

Destarte, o *princípio da contrapartida direta* é, em nossa visão, justamente essa exigência de uma

---

(14) Anota Balera "Como pano de fundo desse vínculo, sutilmente estabelecido pela legislação, podemos identificar o vetusto contrato de seguro, inspirador do modo bismarckiano de financiamento dos programas de tipo previdenciário. A relação sinistro/prêmio, inerente ao contrato de seguro, estabelece que, quanto maior o risco de sinistro, tanto maior deve ser o prêmio vertido pelo tomador do seguro" (In: A contribuição social sobre o lucro. *Revista de Direito Tributário*, v. 67, p. 296).

(15) SANTOS, Marisa Ferreira dos. *Direito Previdenciário Esquematizado*. 4. ed. São Paulo: Saraiva, 2014. p. 41.

(16) João Batista Lazzari e Carlos Alberto Pereira de Castro apontam que "tal princípio tem íntima ligação com o princípio do equilíbrio financeiro e atuarial, de modo que somente possa ocorrer aumento de despesa para o fundo previdenciário quando exista também, em proporção adequada, receita que venha a cobrir os gastos decorrentes da alteração legislativa, a fim de evitar o colapso das contas do regime. Tal determinação constitucional nada mais exige do legislador senão a conceituação lógica de que não se pode gastar mais do que se arrecada" (*Manual de Direito Previdenciário*. 15. ed. Rio de Janeiro: Forense, 2013. p. 95-96). Sobre o princípio do equilíbrio financeiro e atuarial, anotam os mesmos autores que "na execução da política previdenciária, atentar sempre para a relação entre custeio e pagamento de benefícios, a fim de manter o sistema em condições superavitárias, e observar as oscilações da média etária da população, bem como sua expectativa de vida, para a adequação dos benefícios a estas variáveis" (*idem*, p. 99).

(17) O professor Wagner Balera (anotações de classe – Mestrado) considera que se trata de uma via de mão-dupla, ou seja, não se pode criar, majorar ou estender benefício sem a correspondente fonte de custeio, mas também não se pode criar fonte nova de custeio sem repercussão nos benefícios, salvo no caso de comprovada crise sistêmica, para garantir a manutenção do plano de benefícios.

vinculação contributiva do segurado para com o sistema, o que é aplicável tão somente ao subsistema previdenciário, que é o único efetivamente contributivo. Trata-se, assim, de princípio constitucional, extraível de diversas normas (inclusive a acima mencionada, da prévia fonte de custeio, mas não só) e, especialmente, da própria teoria geral do seguro. Com efeito, os elementos do seguro são: prêmio, risco, sinistro e indenização. Tem-se, em primeiro lugar, um pagamento que gera uma cobertura a riscos determinados; se e quando ocorrido o sinistro, ou seja, materializado o risco, passa-se a uma segunda fase, que consiste no pagamento da indenização. No âmbito do seguro social, a indenização corresponde, *mutatis mutandis*, à contribuição social (especialmente a devida pelo próprio segurado) e a indenização é o benefício (ou seja, é paga em caráter continuativo). Nesse sentido, o princípio da contrapartida consiste na exigência de filiação prévia ao regime antes da ocorrência do sinistro e, em alguns casos, no aporte de um número mínimo de contribuições (carência) a fazer despertar outros segmentos da cobertura. Trata-se de um princípio cuja utilização lógica se revela bastante útil no momento da concessão de benefícios, notadamente os não programados.

3. RELAÇÃO JURÍDICA DE CUSTEIO

Podemos conceituar "relação jurídica obrigacional" como o vínculo intersubjetivo de atributividade que se estabelece entre duas ou mais pessoas, normativamente regulado, tendo por objeto uma prestação. No âmbito do Direito Previdenciário, é relevante o conceito de "filiação", já acima suscitado, que consiste no vínculo jurídico que se estabelece entre o segurado e a Previdência Social.

Cabe esclarecer que para o segurado obrigatório, que é aquela espécie de segurado cujo recolhimento é compulsório, o simples exercício de atividade remunerada – que gera a obrigação de contribuir – já o qualifica como segurado (automaticidade da filiação), segundo diz a legislação de regência. Já para o segurado facultativo, a filiação ocorre com a inscrição (que é um ato meramente formal, pelo qual o interessado "se apresenta" ao INSS) e o recolhimento da primeira contribuição, tendo em vista que não exerce atividade remunerada e manifesta vontade em ter acesso à proteção previdenciária de caráter contributivo.

Cabe referenciar, brevemente, que, quando o contribuinte individual, que é o segurado que trabalha "por conta própria", é responsável pelo próprio recolhimento (excepcionalmente não será, quando prestar serviço à pessoa jurídica), parcela da doutrina entende que a filiação dependerá da inscrição seguida do primeiro recolhimento[18]. Confere-se, assim, um enfoque à responsabilidade tributária, ou seja, não sendo esta do trabalhador, não lhe pode ser exigida ou imputada, razão pela qual basta que ele comprove o exercício da atividade para fazer jus à cobertura, devendo o poder público fiscalizar o recolhimento junto ao contratante. Embora a lei diga expressamente o contrário quanto à filiação (já para cômputo da carência, exige a contribuição), é certo que quanto aos efeitos desta – o principal deles é a aquisição da qualidade de segurado –, a jurisprudência tem exigido a contribuição para seu reconhecimento, como se vê, por exemplo, na Súmula n. 52 da TNU: "Para fins de concessão de pensão por morte, é incabível a regularização do recolhimento de contribuições de segurado contribuinte individual posteriormente a seu óbito, exceto quando as contribuições devam ser arrecadadas por empresa tomadora de serviços." A nosso sentir, tal posicionamento está adequado à realidade, já que não se poderia exigir fiscalização por parte do poder público acerca de uma atividade autônoma, por vezes exercida em âmbito residencial e sem escrituração formal.

Pois bem, estando o segurado numa relação contributiva (é dizer, seja ou não sua a obrigação de contribuir e, em sendo, havendo contribuição efetiva), ele está filiado à Previdência Social, o que significa estar sob o manto da proteção securitária. Assim, há, a nosso sentir, uma relação que tem um caráter, de certo modo, dúplice, já que há, de um lado, a obrigação contributiva e, de outro, a cobertura, com o potencial de gerar uma relação de prestação de benefício, a depender da interposição do sinistro. A cobertura surge a partir da relação contributiva, concomitantemente ou condicionada a um período mínimo de carência, razão pela qual visualizamos um nexo entre as relações de custeio e prestacional[19].

---

(18) SANTOS, Marisa Ferreira dos. *Direito Previdenciário Esquematizado*. 4. ed. São Paulo: Saraiva, 2014. p. 157.

(19) O tema, contudo, não é pacífico em doutrina. Com efeito, interessante e desafiador debate doutrinário, no que tange à efetivação da proteção social, se coloca em torno da análise das relações jurídicas de custeio e de benefício, para se aferir se entre elas existe um liame ou se são autônomas e distintas. Para a teoria unitária, embora se possa identificar o conteúdo de cada uma dessas relações, elas estão, congênita e hermeticamente, interligadas, numa relação inclusive sinalagmática; já para as teorias separatistas ou escisionistas, as relações são distintas e autônomas, razão pela qual a proteção previdenciária, materializada na entrega das prestações, deve ser concedida

Esclarecem Lazzari e Castro que: "há duas espécies (...) de relações decorrentes da aplicação da legislação previdenciária: a relação de custeio e a relação de prestação. Numa delas, o Estado é credor, noutra, devedor. Na primeira, o Estado impõe coercitivamente a obrigação de que as pessoas consideradas pela norma jurídica como contribuintes do sistema de seguridade – logo, contribuintes também da Previdência Social – vertam seus aportes, conforme as regras para tanto estabelecidas. Na segunda, o Estado é compelido, também pela lei, à obrigação de dar – pagar benefício – ou de fazer – prestar serviço – aos segurados e dependentes que, preenchendo os requisitos legais para a obtenção do direito, o requeiram."[20]

Balera e Fernandes[21] ressalvam a existência de discussão doutrinária quanto ao número de relações jurídicas de seguridade social, consoante explica Pedro Vidal Neto, por eles citado. Relatam a existência de não apenas duas, senão três interpretações possíveis, que podem ser resumidas da seguinte forma: (i) há única relação jurídica de seguridade social, bastante complexa, mas que abarca a cotização e prestação; (ii) duas são as relações jurídicas securitárias, sendo uma de custeio e outra de prestação; (iii) e, por fim, há os que percebem a presença de três relações jurídicas: filiação, cotização e prestação. Alinham-se, aqueles autores, à interpretação segundo a qual duas são as relações de seguridade social: uma de custeio e outra prestacional. Defendem, nessa linha de raciocínio, que o conceito aglutinante do sistema de seguridade social – a "justiça securitária" – está presente nas duas relações jurídicas: no âmbito da relação prestacional, denomina-se "bem-estar securitário"; já na relação de custeio, pode ser chamada de "solidariedade securitária". Em síntese, a relação de custeio tem como objeto o pagamento de determinada quantia pelo sujeito passivo (devedor) ao sujeito ativo (credor) a título de contribuição destinada ao custeio das atividades de seguridade social. Já a relação jurídica prestacional tem como objeto algum benefício ou serviço devido pelo sujeito passivo (devedor) ao sujeito ativo (credor), em decorrência da verificação de certo risco ou necessidade social. A fim de atingir o objetivo do sistema do direito da seguridade social – a "justiça securitária" – encontramos, no ordenamento jurídico, princípios e regras, que conformam as duas relações jurídicas fundamentais. A "justiça securitária" encontra-se presente em qualquer norma do ordenamento, que assegure direitos relacionados à saúde, previdência ou assistência, bem como em qualquer norma relativa ao financiamento dessas atividades. Por isso, a justiça securitária, nos quadrantes da seguridade social, ao mesmo tempo, "delimita a contribuição que cada um desses atores sociais deve prestar para a costura da sociedade ideal" e "quer ser expressão da equânime distribuição dos benefícios sociais para quantos deles necessitem", deixando clara a sua presença em ambas as relações.

Por sua vez, Daniel Machado da Rocha, inspirando-se na lição de Ilídio das Neves, aduz que: "Uma divisão metodológica do ordenamento jurídico previdenciário (...) que pode ser interessante do ponto de vista didático é a seguinte: a) normas que tratam da estrutura da proteção social: abrangem as medidas políticas de prevenção e de superação do estado de necessidade para a consecução dos fins assecuratórios da previdência social, a definição dos riscos a serem protegidos e os direitos prestacionais que serão alcançados, bem como os beneficiários protegidos; b) normas que tratam do sistema de custeio: contemplam o regime de financiamento, a definição dos contribuintes e das contribuições, a metodologia para a definição dos níveis de contribuição e benefício, etc.; c) normas que tratam das entidades administradoras dos regimes de previdência: englobam os vínculos que envolvem os beneficiários e as entidades de previdência, os procedimentos de acesso às prestações previdenciárias e as relações que são desenvolvidas entre as diversas entidades de previdência."[22]

É importante consignar, ainda com Rocha, que: "As contribuições dos segurados, em nosso sistema, não apenas financiam os benefícios previdenciários, como também instrumentam o processo de determinação dos benefícios (...), o qual guardará certa proporção com os aportes vertidos."[23] Com efeito, o cálculo do valor dos benefícios leva em conta, em geral, o valor da base de cálculo das contribuições vertidas pelos segurados – denominada "salário de contribuição" – como um dos elementos – o principal, a bem dizer – para

---

e honrada ainda que sem uma contributividade direta real. A adesão a esta segunda concepção favorece os segurados em situação de vulnerabilidade social. Sustentamos que no direito positivo brasileiro é possível vislumbrar claramente a conectividade entre as relações.

(20) *Manual de Direito Previdenciário*. 15. ed. Rio de Janeiro: Forense, 2013. p. 131.
(21) BALERA, Wagner; FERNANDES, Thiago D'Avila. *Fundamentos da Seguridade Social*. São Paulo: LTr, 2015. p. 64.
(22) *O Direito Fundamental à Previdência Social*: na perspectiva dos princípios constitucionais diretivos do sistema previdenciário brasileiro. Porto Alegre: Livraria do Advogado, 2004. p. 126.
(23) *O Direito Fundamental à Previdência Social*: na perspectiva dos princípios constitucionais diretivos do sistema previdenciário brasileiro. Porto Alegre: Livraria do Advogado, 2004. p. 156.

estabelecer a renda mensal inicial. Em síntese, afere-se a média dos 80% maiores salários de contribuição, retirados do período básico de cálculo (que consiste num decurso temporal delimitado, que hoje corresponde a todo o período desde a competência "julho/1994" e até a data de entrada do requerimento – DER), chegando-se ao salário de benefício, sendo que nas aposentadorias programadas pode incidir ainda outro elemento, que é o fator previdenciário. A renda mensal inicial consiste num percentual do salário de benefício (por exemplo, no auxílio-doença será de 91%).

Sobre o fator previdenciário destacamos que:

> O Brasil baseando-se na experiência da capitalização escritural, introduziu o fator previdenciário, que foi denominado como 'capitalização virtual', já que permite o atrelamento dos valores trazidos ao sistema pelos segurados aos valores dos benefícios, sem a necessidade imediata da troca do regime de repartição (que é o regime adotado pelo sistema previdenciário brasileiro, também conhecido como regime de caixa (...) Neste aspecto a introdução do fator previdenciário não cria nenhum requisito adicional, mas tão somente estabelece parâmetros que levam em conta o maior tempo de permanência no sistema e a idade em que o segurado exercitara seu direito. Quanto mais tempo contribuir e maior for sua idade, consequentemente terá direito a um percentual maior (...) A idade não é requisito de elegibilidade, mas sim critério atuarial, assim temos que não há idade mínima de corte, antes da qual se possa dizer que alguém fica excluído do benefício. O que ocorre a partir de então é que quem se retirar do mercado de trabalho mais cedo terá seu benefício com valor menor, já que contribuiu mesmo e irá receber o benefício por mais tempo. O menor valor seve para reparar o sistema deste ônus (...) com a introdução do regime de 'capitalização virtual' efetivado pela Lei n. 9.876, de 26 de novembro de 1999, o princípio da solidariedade não foi abandonado, porém sofreu mitigação, já que cada segurado terá seu 'lote' de contribuição e com base nele e em outros elementos, como v. g., idade, terá seu benefício calculado. Permanecendo ainda a formação de uma massa comum de contribuições, que garantem o pagamento mensal dos benefícios.[24]

Ainda acerca do fator previdenciário, cabe trazer a lição de Flávio Roberto Batista:

> O fator previdenciário é comumente interpretado como um mecanismo de redução do valor das aposentadorias que estimula o segurado a se aposentar mais tarde. Sua função no sistema, entretanto, vai muito além desta. (...) desde que o sistema previdenciário brasileiro (...) tornou-se (...) um regime de repartição simples, (...) toda verba que ingressa no sistema é imediatamente utilizada para pagar os benefícios atualmente em manutenção. Trata-se do mecanismo conhecido por solidariedade transgeracional (...). Os sistemas previdenciários de repartição simples entraram na alça de mira dos governos neoliberais que se espalharam pelo mundo, primeiro na Europa e nos Estados Unidos, com a ascensão ao poder de Thatcher e Reagan no final da década de 1970, mas também nos países em desenvolvimento, incluindo o Brasil, ao longo das décadas de 1980 e 1990. O motivo de tal rejeição (...) está ligado ao fato de que (...) o Estado deve arcar com eventuais insuficiências financeiras das contribuições [específicas] (...). A solução a que se chegou [no Brasil] foi buscar simular um sistema de capitalização dentro do próprio sistema de repartição, com inspiração no sistema sueco de capitalização virtual ou escritural. Para tanto, era necessário desenvolver uma fórmula matemática que induzisse o sistema a operar segundo os dois pilares essenciais a qualquer sistema de capitalização: o pagamento dos benefícios com recursos oriundos da própria contribuição dos segurados e o rendimento de juros a partir do investimento do capital acumulado pelas contribuições vertidas. Para simular a primeira característica, a ideia é muito simples, bastando que o segurado não receba, em média, mais dinheiro do que contribuiu. Na impossibilidade de verificar financeiramente tal ocorrência, em razão da não acumulação de recursos, a comparação deve ser feita em termos temporais, de modo que o segurado não receba benefícios por mais tempo do que contribuiu. Por isso, a primeira parte da fórmula do fator previdenciário consiste numa comparação entre o tempo total de contribuição com a expectativa de sobrevida do segurado. (...) Considerando que o segurado jamais entrega todos os seus rendimentos ao custeio (...), mas apenas parte (...), o tempo de contribuição, ao ingressar na fórmula, deve ser multiplicado pela alíquota de

---

(24) HORVATH JUNIOR, Miguel. Uma Análise do Fator Previdenciário. *Revista de Direito Social*, ano 1, n. 2, Sapucaia do Sul: Editora Notadez, p. 53, 2001.

contribuição, que corresponde sempre a trinta e um por cento, representando uma soma dos onze por cento descontados do trabalhador e dos vinte por cento pagos pelo empregador sobre sua folha de remunerações. A expectativa de sobrevida (...) é divulgada na forma de uma tábua que estabelece a expectativa de sobrevida para cada idade e não coincide perfeitamente com a expectativa média de vida ao nascer, uma vez que, conforme cada indivíduo aumenta a idade e supera as principais causas de óbito relativas a sua faixa etária – a mortalidade infantil, a violência urbana, as doenças coronárias, certos tipos de neoplasia, etc., a expectativa de quantos anos mais a pessoa viverá em média muda. (...) é imprescindível inclusive porque permite calcular a expectativa de sobrevida das pessoas que já ultrapassaram a expectativa de vida média ao nascer. Por isso, a primeira parte da fórmula consiste em dividir o tempo de contribuição, multiplicado pela alíquota de trinta e um por cento, pela expectativa média de sobrevida na idade em que requerido o benefício, simulando, assim, o pagamento dos benefícios pelos próprios recursos aportados ao sistema pelo beneficiário. (...) a segunda parte da fórmula tem a função de simular os rendimentos de juros pelos recursos acumulados. Por isso, a estrutura do fator previdenciário é similar à da fórmula dos juros simples (...). A fração que representa a taxa de juros simulada tem por numerador uma soma da idade do segurado com a multiplicação de seu tempo de contribuição pela alíquota de trinta e um por cento. Este numerador jamais alcançará a contagem centenária, ficando, em média, entre sessenta e setenta. Sendo o denominador da fração fixo, sempre igual a cem, logicamente a fictícia taxa de juros do sistema de capitalização virtual brasileiro apresenta um valor médio de sessenta a setenta por cento. Essa taxa é irrisória se comparada aos rendimentos de qualquer sistema previdenciário de capitalização real (...). Além disso, o fator previdenciário tornou o sistema automaticamente reformável, pois inclui em sua fórmula uma variável – a expectativa de sobrevida (...). O fator previdenciário possui apenas um "defeito", na visão dos reformadores da previdência social, que consiste no fato de ele não contemplar atuarialmente a concessão de pensões por morte, principalmente as pensões vitalícias de cônjuges jovens.[25]

Sobre os regimes de financiamento esclarece Machado da Rocha o seguinte:

No modelo de repartição simples (...), os atuais contribuintes esperam que os seus benefícios sejam suportados pelas gerações vindouras. No modelo de capitalização, associado à ideia de poupança individual, trata-se de assegurar, mediante cotização prévia e individualizada de cada segurado, a constituição de reservas para o custeio dos benefícios que serão mantidos em período posterior. (...) não tem sido possível afirmar a superioridade prévia de um sistema sobre outro, em face da profunda diversidade de circunstâncias que influenciam uma macrorrealidade, devendo cada país eleger um sistema compatível com o seu contexto peculiar. (...) O sistema misto de previdência foi adotado pelos países que promoveram reformas no seu sistema de previdência. Seguindo recomendação do Banco Mundial, passaram a adotar "pilares múltiplos de proteção". Esses pilares seriam destinados a reequilibrar as funções redistributivas, de poupança e de seguro dos programas de previdência consistindo: a) um pilar obrigatório gerenciado pelo governo, com fins redistributivos, e financiado a partir dos impostos o qual concederia prestações não ligadas às remunerações (*flat-rate*), no modelo universalista, ou proporcionais à remuneração até um teto baixo nos países que apresentam um modelo laboralista (no qual as prestações previdenciárias se vinculam aos proventos oriundos do trabalho); b) um segundo pilar que pode ser facultativo ou obrigatório de poupança, não-redistributivo – que aplica a técnica da previdência em modalidades coletivas, por intermédio de mutualidade, fundações de empresas, fundos de pensões e seguradoras privadas – gerenciado pelo setor privado, baseada na solidariedade do grupo e, em regra, plenamente capitalizado; e c) um pilar voluntário, individual, financiado por capitalização, para aquelas pessoas que desejam mais proteção na aposentadoria. (...) Na capitalização escritural

---

(25) BATISTA, Flávio Roberto. Reformas da Previdência sob o Prisma do Custeio e da Distribuição de Benefícios: um olhar de totalidade. *Revista do TRF3*, ano XXIV, n. 117, p. 24-27, abr./jun. p. 24-27.

(ou capitalização virtual), combina-se a forma de financiamento do sistema de repartição simples com a mecânica de cálculo de aposentadorias do sistema de capitalização. A geração ativa continua recolhendo contribuições para o financiamento dos inativos, porém a aposentadoria de cada indivíduo é calculada com base nas suas próprias contribuições, capitalizadas por uma taxa de juros fictícia, havendo uma acumulação apenas contábil. Quando o segurado passa para a inatividade, o capital virtual será convertido em uma anualidade ou mensalidade vitalícia, considerando-se a expectativa de sobrevida da geração dos jubilados. (...) O sistema foi desenvolvido pela Suécia, tendo sido adotado também pela Itália. No Brasil, com o advento da Lei n. 9.876/99, a qual modificou a regra de cálculo da aposentadoria por tempo de contribuição (...) introduziu no sistema previdenciário brasileiro princípios que regem o sistema de capitalização escritural.[26]

Destarte, podemos perceber, em suma, que as duas relações fundamentais – a contributiva e a prestacional – são interdependentes inclusive do ponto de vista financeiro, ou seja, tal como se dá em qualquer relação de seguro, o valor do "prêmio" é influenciado pela magnitude do risco, mas, também, como não poderia deixar de ser, pelo valor potencial da indenização[27] (e vice-versa).

4. PANORAMA BASILAR DAS CONTRIBUIÇÕES SOCIAIS

É hoje entendimento pacificado na doutrina e na jurisprudência o de que as contribuições sociais possuem natureza tributária, embora ainda seja disputado o seu encaixe entre as espécies de tributos, até mesmo porque há controvérsia acesa quanto à própria quantidade de espécies (e subespécies). No mais das vezes, a classificação se diferencia em virtude do critério classificatório escolhido e não por haver efetivamente divergência sobre algum ponto essencial subjacente. Na lição de Wagner Balera: "a distinção entre a contribuição social e os impostos, segundo classificação cunhada por Geraldo Ataliba, é estabelecida pelo papel que o Estado é chamado a desempenhar na relação jurídica. Os impostos podem ser definidos como tributos não vinculados, porque não exigem contraprestação do Estado. Por seu turno, taxas e contribuições encontram-se vinculadas a certa atuação estatal, diferindo tão somente quanto ao grau de referibilidade entre o agir do Poder Público e o obrigado. (...) [Nas] taxas, é direta (...) e imediata (...). No que diz respeito às contribuições, infiltra-se elemento intermediário (...) [:] o risco, caracterizando a referibilidade ao obrigado como indireta e mediata."[28] Para o presente estudo, no qual damos enfoque justamente a esse papel desempenhado pela contribuição social como "prêmio", a ensejar cobertura sobre o risco, cabe adotarmos tal classificação.

Pois bem, conforme ensina Fabiana Del Padre Tomé[29], são três as espécies de contribuição: sociais, de intervenção no domínio econômico e de interesse das categorias profissionais ou econômicas. As sociais subdividem-se em: genéricas (art. 149, *caput*, CRFB) e destinadas ao financiamento da seguridade social (art. 149, parágrafo único, e art. 195, CRFB), sendo esta última a única espécie que aqui nos interessa.

Neste passo, cumpre observar, ademais, que, dentre as contribuições destinadas à Seguridade Social, temos aquelas que são expressamente enumeradas pela CRFB, que, contudo, permite também, no âmbito de uma competência residual da União, a instituição de contribuições adicionais. Dentre as enumeradas, temos as seguintes (art. 195, CRFB): as devidas pelo empregador, incidentes sobre a receita ou faturamento (COFINS), sobre o lucro (CSLL) e sobre a folha de salários; a devida pelos segurados da Previdência; a incidente sobre a receita de concursos de prognósticos; e a do importador de bens ou serviços do exterior. Dentre estas, há as que são classificadas doutrinariamente como "contribuições previdenciárias" (em sentido estrito), em virtude do que dispõe o art. 167, XI, da CRFB, estabelecendo ser vedada "a utilização dos recursos provenientes das contribuições sociais de que trata o art. 195, I, *a* (do empregador sobre a folha de salários), e II (dos segurados), para a realização de despesas distintas do pagamento de

---

(26) ROCHA, Daniel Machado da. *O Direito Fundamental à Previdência Social*: na perspectiva dos princípios constitucionais diretivos do sistema previdenciário brasileiro. Porto Alegre: Livraria do Advogado, 2004. p. 159-161.

(27) Usando como exemplo o seguro de automóvel, pode ser que o seguro de um veículo mais caro (seja para reparos, seja para aquisição de um novo) tenha um prêmio mais barato em virtude de o seu proprietário residir em local menos sujeito a furtos e roubos (ou mesmo acidentes) do que o de outro segurado que possui um automóvel mais barato, porém, resida em local que oferece um risco maior.

(28) BALERA, Wagner. *Sistema de Seguridade Social*. 7. ed. São Paulo: LTr, 2014. p. 59.

(29) *Contribuições para a Seguridade Social*: à luz da Constituição Federal. 2. ed. Curitiba: Juruá, 2013. p. 95-s.

benefícios do regime geral de previdência social de que trata o art. 201. Tais contribuições, previdenciárias em sentido estrito, merecem nossa especial atenção no presente trabalho, visto que, em virtude de sua natureza mesma, se vinculam de modo mais visceral aos princípios que dantes examinamos – e, por tal razão, fornecem uma base de estudo muito mais rica e pertinente.

5. O FINANCIAMENTO DA SEGURIDADE SOCIAL

Os recursos aportados constituem o cabedal financeiro apto a dar sustentação aos encargos gerados pelo programa de benefícios. Segundo o já multicitado art. 195 da CRFB: "A seguridade social será financiada por toda a sociedade, de forma direta e indireta, nos termos da lei, mediante recursos provenientes dos orçamentos da União, dos Estados, do Distrito Federal e dos Municípios, e das seguintes contribuições sociais. O financiamento direto, como vimos, é aquele decorrente das contribuições. É importante ressaltar que a opção do Constituinte foi por sustentar a Seguridade Social, ao menos primordialmente, com tributos específicos a ela destinados, pelo que o financiamento indireto possui uma perspectiva complementar.

Neste sentido, anotam Lazzari e Castro: "O modelo de financiamento da Seguridade Social previsto na Carta Magna se baseia no sistema contributivo, em que pese ter o Poder Público participação no orçamento da Seguridade, mediante a entrega de recursos provenientes do orçamento da União e dos demais entes da Federação, para a cobertura de eventuais insuficiências do modelo, bem como para fazer frente a despesas com seus próprios encargos previdenciários, recursos humanos e materiais empregados."[30]

Cabe referenciar, contudo, que se trata de uma opção do nosso constituinte, já que há outras formas de financiamento, sendo que o Direito comparado atual já dá provas suficientes disso mesmo. Tomemos à guisa de exemplo a Nova Zelândia, que possui um modelo não contributivo no qual as verbas destinadas aos programas de proteção social são todas sacadas do orçamento fiscal geral, destacando-se da massa de recursos hauridos pela via ordinária dos impostos certas partes (cotas) que custearão a seguridade social.

A vinculação do segurado e do empregador com o custeio do sistema contribui, do ponto de vista político, para criar um maior consenso em torno do financiamento, ou seja, o fato de quem usufrui do sistema mais de perto ser responsável pela maior parte de seu financiamento facilita uma maior adesão política à sua manutenção. Ademais, como já deixamos devidamente explanado, possibilita que o valor do benefício guarde proporção com o rendimento na ativa.

Esping-Andersen aduz que os sociais-democratas buscaram um *Welfare State* que promovesse a igualdade com os melhores padrões de qualidade e não uma igualdade das necessidades. Assim, todas as camadas são incorporadas a um sistema universal de seguro, mas, mesmo assim, os benefícios são graduados de acordo com os ganhos habituais. Todos se beneficiam, todos são dele dependentes e, assim, supostamente todos se sentirão obrigados a pagar. De outra parte, os enormes custos de manutenção de um sistema de bem-estar solidário, universalista e desmercadorizante indicam que é preciso minimizar os problemas sociais e maximizar os rendimentos. A melhor forma de conseguir isso é, obviamente, com o maior número possível de pessoas trabalhando e com o mínimo possível vivendo de transferências sociais. Os perigos de reações violentas contra o *welfare state* não dependem dos gastos, mas do caráter de classe dos *welfare states*. Aqueles que contemplam a classe média – sejam eles sociais-democratas (como na Escandinávia) ou corporativistas (como na Alemanha) – forjam lealdades por parte desta, o que é crucial à sustentação política do sistema. Os *welfare states* residuais, liberais, como os do EUA, do Canadá e, cada vez mais, da Grã-Bretanha, dependem da lealdade de uma camada social numericamente pequena e muitas vezes politicamente residual, o que pode gerar instabilidade, especialmente em momentos de crise. Em suma, retirar o interesse/vigilância da classe média na/sobre a previdência social (no Brasil, ela já não se interessa pela saúde pública e, por óbvio, também não pela assistência social) é um passo decisivo para o seu sucateamento[31].

Como já adiantamos, as contribuições previdenciárias (contribuições sociais de seguridade social em sentido estrito) são as que nos interessam mais de perto no presente trabalho, por razões que se mostrarão óbvias logo adiante, contudo, é conveniente traçar breves linhas sobre as demais. Vamos a isso.

---

(30) ROCHA, Daniel Machado da. *O Direito Fundamental à Previdência Social*: na perspectiva dos princípios constitucionais diretivos do sistema previdenciário brasileiro. Porto Alegre: Livraria do Advogado, 2004. p. 217.

(31) ESPING-ANDERSEN, Gosta. As Três Economias Políticas do *Welfare State*. *Revista Lua Nova*, n. 24, 1991. Tradução de Dinah de Abreu Azevedo, extraído de *The three worlds of Welfare State*. Princeton University Press, 1990.

No que tange às contribuições que têm a empresa como sujeito passivo, opta o constituinte por estabelecer três bases de cálculo diversas, quais sejam, a folha de salários, a receita ou faturamento e o lucro. Com isto, visa "atacar" todas as expressões de riqueza da atividade, uma vez que a empresa tem função social e se beneficia ainda que diretamente do sistema de proteção social, uma vez que se o trabalhador se sente seguro e protegido obterá maiores índices de produtividade.

De fato, caso não houvesse incidência sobre o faturamento, o empresário poderia empreender um planejamento tributário de modo a distribuir previamente os ganhos, reduzindo o lucro juridicamente considerável. Assim, atinge-se esses dois momentos da atividade empresarial. A OIT já demonstrou que a tributação baseada na folha de salários tende a se apresentar como socialmente regressiva e recomenda que o custeio da seguridade social encontre fundamento financeiro nos chamados tributos progressivos, o que consiste no suporte teórico à implementação dessas outras espécies de contribuição.

No que tange à contribuição sobre a folha de salários e demais rendimentos, há quem a condene, tendo em vista que onera a contratação de mão de obra, desestimulando-a, nos termos do que, como acima frisamos, revelou estudo da OIT. Não obstante, o emprego de mão de obra é um fato mais intimamente ligado ao montante de risco previdenciário (em sentido estrito) gerado e apto a demonstrar a vantagem auferida pelo contratante a partir de tal risco, pelo que, numa ideia similar à do princípio ambiental do "poluidor-pagador" (ou "usuário-pagador"), quem usufrui mais deve pagar mais e o modo de se aferir quem usufrui mais é justamente a contribuição sobre a folha – muito embora o desemprego seja também, por si próprio, um risco social, apto a ameaçar seriamente o sistema caso se avolume. É um equilíbrio sem dúvida dificultoso, mas há de se levantar também o já suscitado argumento do consenso político, no sentido de ser facilitada a adesão quando se cobra de quem gera diretamente o gasto. Destarte, opta-se por um ponto intermediário no qual se atinge o empregador também em outras frentes, distribuindo melhor o ônus, sem, contudo, abrir mão da contribuição sobre a folha.

A Contribuição Social sobre o Faturamento – COFINS esteve presente na primeira lei previdenciária brasileira, a Eloy Chaves (1932), que instituía a contribuição sobre o faturamento das empresas (as estradas de ferro). Do mesmo modo, as contribuições para o PRORURAL, em sua maioria, tomaram por base de cálculo o faturamento das empresas. Assim, trata-se de modalidade já há muito consagrada no Direito nacional.

Já a Contribuição Social sobre o Lucro Líquido – CSLL teve sua concepção originária Lei Orgânica da Previdência Social – LOPS (1960), mas não como se de um tributo autônomo se tratasse. Segundo sua fórmula, o imposto adicional de renda incidente sobre o lucro das pessoas jurídicas teve parcela de sua receita carreada para os cofres da Previdência Social. Balera anota que, ainda hoje, tal contribuição se assemelha ao IRPJ[32], salientando que "qualquer fato pode estar apto a gerar dois tributos de espécies diferentes".

O importador de bens ou serviços do exterior, ou quem a lei a ele equiparar, também contribuirá para o sistema da seguridade social, como vimos. A origem remota do preceito é a Lei n. 159, de dezembro de 1935. Posteriormente extinta, foi substituída pela taxa a que se referia o art. 71 da LOPS.

A receita de concursos de prognósticos, por sua vez, é um remanescente atual das antigas "cotas de previdência", que, a partir de 1960, a LOPS definira como modalidades de contribuições da União. Na forma do § 1º do art. 26 da Lei n. 8.212/1991, deve-se entender concursos de prognósticos todos e quaisquer concursos de sorteios de números, loterias, apostas, inclusive as realizadas em reuniões hípicas, nos âmbitos federal, estadual, do Distrito Federal e municipal.

Passaremos, no tópico seguinte, a analisar o Plano de Custeio, oportunidade em que examinaremos maiores detalhes em torno das contribuições previdenciárias em sentido estrito.

6. O PLANO DE CUSTEIO

Plano de custeio é um conjunto de normas que codificam as receitas que dão o suporte para que o sistema de proteção social obtenha recursos para cumprir suas obrigações. É uma previsão de

---

(32) No ponto, anota que "Assiste razão a Gilberto de Ulhôa Canto quando sustenta: 'É certo que uma prestação compulsória que tenha como origem situação idêntica à definida como aspecto material do fato gerador do imposto sobre a renda será, em realidade, imposto sobre a renda e não contribuição social.' A matéria tributável – o lucro –, medida da hipótese de incidência da contribuição social, de nenhum modo se relacionou com a vantagem diferencial auferida pelo empregador em razão da existência e funcionamento do aparato de proteção." (In: A Contribuição Social Sobre o Lucro. *Revista de Direito Tributário*, v. 67, p. 312.)

dispêndio do sistema de seguridade social. Os fins de um plano de custeio são:

a) planificação econômica do regime;

b) a busca do equilíbrio técnico-financeiro do sistema.

Conquanto a Lei n. 8.212/1991 se apresente como instituidora do plano de custeio, tecnicamente, não tem estas características, já que não lastreada em estudos econômicos, demográficos e atuariais. Nosso plano de custeio se trata na realidade em um emaranhado de contribuições, muitas das quais já existentes no sistema anterior e num rol de verbas orçamentárias. O importante ressaltar é que, SEM PREVISÃO, NÃO HÁ PROTEÇÃO. Esta assertiva conforma o princípio doutrinário da necessidade de planejamento, pois sua falta provoca distorções e desequilíbrio financeiro ao sistema, tal como a chamada crise da previdência da década de 1980.

Balera também considera que a lei não cria verdadeiramente um plano de custeio no sentido técnico.

Com efeito, para ele: "a lei de custeio, ao dispor sobre os recursos, não estabelece relação entre despesas e receitas (...). Deveras, não é possível afirmar que (...) contenha (...) um plano de custeio, o que se poderia supor pela ementa. Cria, sem nenhum apoio técnico, apenas o catálogo dos recursos. A exigência constitucional do equilíbrio financeiro e atuarial obriga o legislador a cuidar das projeções aptas a legitimar a criação e a majoração de contribuições sociais. (...) o plano de custeio deve conter previsão de insumos e despesas, baseado em avaliações atuariais (...). Timidamente, o art. 96 (...) estabelece (...) que se ajuste à proposta orçamentária a projeção atuarial da seguridade social, (...) [mas] é daquelas [normas] a que não se conferiu eficácia (....)."[33]

Balera considera que: "a implementação dos programas a serem desenvolvidos pela seguridade social exige prévia definição a respeito do regime financeiro de todo o arcabouço de proteção; fixação precedente das contribuições por meio das quais os segurados e as empresas a ele aderem e, finalmente, disciplina minudente da aplicação de reservas a serem auferidas em cada exercício (...) nestes termos, (...) é o Plano de Custeio que dirá, por conseguinte, qual a composição do custo de cada prestação a ser concedida na conformidade do Plano de Prestações."[34]

É importante mencionar que a Lei de Custeio surge concomitantemente à Lei de Benefícios (Lei n. 8.213/1991), sendo que ambas são atualmente regulamentadas pelo Decreto n. 3.048/1999. Isto explicita, de certo modo, a necessária correlação que o Plano de Custeio deve possuir com o Plano de Benefícios.

Convém, na sequência, analisar as contribuições previdenciárias separadamente, divididas conforme quem seja o sujeito passivo.

6.1. Contribuição previdenciária devida pelo empregador/contratante

A contribuição sobre a folha de salários e demais rendimentos, conforme demonstraremos a seguir, possui, além da proporcionalidade meramente aritmética – que se impõe pela aplicação de uma alíquota sobre uma base de cálculo variável, consistente na folha de salários –, também traços de progressão geométrica – que se desenvolve especialmente por meio de alíquotas diferenciadas. É certo que a base de cálculo já permite, como descrevemos anteriormente, perquirir e implementar uma carga que guarde relação com a utilização efetiva ou potencial do sistema. Não obstante, a variação da alíquota desenvolve esse viés com eficiência ainda maior.

É o risco (em sentido amplo, a englobar o potencial e o materializado), portanto, o elemento que se interpõe entre o sistema de custeio e o prestacional, ou seja, a partir da observância do que ocorre neste, dita as linhas que devem reger aquele, o que encontra abrigo claro no âmbito da contribuição da empresa.

Podemos observar que a própria CRFB faz expressa referência a isso no § 4º de seu art. 239:

> O financiamento do seguro-desemprego receberá uma contribuição adicional da empresa cujo índice de rotatividade da força de trabalho superar o índice médio da rotatividade do setor, na forma estabelecida por lei.

É possível reconhecer aí, sem sombra de dúvidas, uma utilidade extrafiscal de desestímulo à rotatividade – que pode ter sido até mesmo desejada (ou não), mas o objetivo mais específico é onerar mais quem desperta uma utilização maior do seguro-desemprego.

A legislação ordinária, por sua vez, consagra ao menos duas outras hipóteses em que o risco gerado irá funcionar como "bico dosador". A primeira delas se refere à contribuição incidente em razão do grau de incidência de incapacidade laborativa decorrentes dos

---

(33) BALERA, Wagner. *Sistema de Seguridade Social*. 7. ed. São Paulo: LTr, 2014. p. 60-61.

(34) BALERA, Wagner. A Contribuição Social Sobre o Lucro. *Revista de Direito Tributário*, v. 67, p. 300/301.

riscos ambientais do trabalho (GIILRAT), que consiste num adicional incidente sobre a contribuição das empresas, cuja alíquota varia entre 1%, 2% e 3% conforme a atividade seja considerada de risco leve, médio ou grave, respectivamente, quanto à ocorrência de acidentes do trabalho. A equidade, relacionada com o grau de risco da atividade, permitirá que se atinja aqui dúplice repercussão: a) preventiva, porque estimula a adoção de medidas que ampliam a segurança no trabalho; e b) repressiva, por onerar aqueles que provoquem maior número de acidentes.

A segunda delas consiste num adicional sobre o GIILRAT que financiará a concessão das aposentadorias especiais. Conforme previsão do § 6º do art. 57 da Lei n. 8.213/1991, as alíquotas daquela contribuição "... serão acrescidas de doze, nove ou seis pontos percentuais, conforme a atividade exercida pelo segurado a serviço da empresa permita a concessão de aposentadoria especial após quinze, vinte ou vinte e cinco anos de contribuição, respectivamente". Trata-se, portanto, de um adicional pautado na incidência de utilização pela empresa de trabalhadores sujeitos à atividade insalubre. Entendo que tal adicional não desempenha, *prima facie*, aquele mesmo duplo papel que apontamos quanto ao GIILRAT, já que não tem uma função primordial de desestímulo e punição (como inegavelmente há quanto a acidentes de trabalho), já que o desenvolvimento de atividade insalubre é, talvez na imensa maioria dos casos, imprescindível para certos setores essenciais da economia, como a mineração por exemplo. Então, o que há aí é aquela ideia de "usuário-pagador", ou seja, o empresário que desenvolve a atividade, com ela lucra e onera mais a Previdência, deve arcar com os custos daí decorrentes, ao menos em parte. Há, ademais, o FAP – Fator Acidentário de Prevenção, criado pela Lei n. 10.666/2003, que pode reduzir em até 50% ou aumentar em até 100% essa alíquota, que se baseia no desempenho da empresa dentro de seu segmento econômico (critério *bonus/malus*). Aí, já se pode vislumbrar um caráter preventivo/repressivo.

Não obstante a importância do risco, há outros fatores que são levados em conta na contribuição dos empregadores/empresa. O empregador doméstico contribui com alíquota diferenciada, de 8,0%, o que homenageia a natureza do vínculo (para serviço doméstico, sem fins lucrativos) e o caráter do contratante (pessoa física ou família), é dizer, não seria equânime impor carga equivalente à do empresário que desenvolve atividade econômica a partir do uso de mão de obra.

A associação desportiva que mantém equipe de futebol profissional, em substituição à contribuição sobre a folha e para o SAT, recolhe com alíquota de cinco por cento sobre receita bruta, decorrente dos espetáculos desportivos de que participem em todo território nacional em qualquer modalidade desportiva, inclusive jogos internacionais, e de qualquer forma de patrocínio, licenciamento de uso de marcas e símbolos, publicidade, propaganda e de transmissão de espetáculos desportivos. Caberá à entidade promotora do espetáculo a responsabilidade de efetuar o desconto. Trata-se de contribuição que visa também se adequar à situação fática do sujeito passivo.

De se destacar também a forma diferenciada de contribuição do empregador rural (pessoa física, de 2,1% sobre a comercialização; pessoa jurídica e agroindústria, de 2,6%). Em virtude da sazonalidade ínsita à atividade rural, revela-se mais adequado tributar apenas quando há comercialização. Aqui também, portanto, há uma acomodação à realidade fática.

Cabe referenciar, por fim, que, no caso de certas instituições financeiras (§ 1º do art. 22 da Lei n. 8.212/1991[35]), é devida a contribuição adicional de 2,5% sobre a folha. Tal sobrecarga se baseia naquela disposição constitucional que aparenta complementar o princípio da equidade, que já anteriormente citamos:

> As contribuições sociais previstas no inciso I do *caput* deste artigo poderão ter alíquotas ou bases de cálculo diferenciadas, em razão da atividade econômica, da utilização intensiva de mão-de-obra, do porte da empresa ou da condição estrutural do mercado de trabalho. (§ 9º do art. 195)

Houve questionamento acerca da constitucionalidade da exação no bojo do RE (Recurso Extraordinário) n. 598.572, sendo que o STF entendeu ser válido o incremento descrito. Não há, contudo, precisão sobre qual seria exatamente o fundamento de tal tratamento diferenciado, já que nos parece que os critérios postos pelo dispositivo constitucional citado precisam guardar uma relação de proporcionalidade para com o princípio da equidade, ou seja, não são autônomos (é dizer, não pode o legislador ordinário escolher aleatoriamente qual setor econômico irá onerar mais pesadamente). Pode-se argumentar que se deve ao tipo de atividade econômica, que é essencialmente especulativo, retirando seu lucro especialmente do setor produtivo sem que produza qualquer bem de consumo, ou pode-se justificar a partir da (relativamente) escassa utilização de

---

(35) A Lei n. 12.715/2012 altera a alíquota da contribuição para uma série de empresas.

mão de obra, já que as atividades bancárias se encontram altamente automatizadas por meio da utilização de recursos eletrônicos. De todo modo, parece-nos que seria salutar que o legislador indicasse expressamente no corpo da lei o fim social ao qual a contribuição se destina, mas estamos demasiado longe desse estágio de evolução democrática. A Lei n. 7.689/1988, que cuida da CSLL, estabelece alíquota maior para um rol semelhante de contribuintes.

6.2. Contribuição previdenciária devida pelos segurados

Nas contribuições devidas pelos segurados, o "bico dosador" se pauta mais pela capacidade contributiva, o que dá aplicação à função redistributiva que a previdência social deve também possuir, o que de resto deve pautar toda a atividade estatal. Tendo em vista que a contribuição incide sobre a remuneração e repercute no âmbito prestacional – como examinamos acima –, o critério de aferição da capacidade contributiva é, e deve ser mesmo, a remuneração percebida. Não faria sentido, assim, buscar outras formas de expressão econômica, como o patrimônio.

Pois bem, na contribuição que denominamos "básica"– devida pelo empregado, inclusive doméstico, e trabalhador avulso –, temos a alíquota variando entre 8, 9 e 11%, conforme o valor do salário de contribuição (que se pauta na remuneração, dentro de um limite, o denominado "teto do RGPS"). Trata-se da clássica alíquota progressiva, utilizada também no imposto de renda, por exemplo.

Já no que concerne ao contribuinte individual e o facultativo não há, em princípio, variação de alíquota em virtude do salário de contribuição. Não obstante, cabe apontar a existência dos denominados "regimes diferenciados de contribuição". Assim, caso o segurado opte pela exclusão do direito ao benefício de aposentadoria por tempo de contribuição, a alíquota de contribuição incidente sobre o limite mínimo mensal do salário de contribuição será: para o facultativo e o contribuinte individual que trabalha por conta própria, sem relação de trabalho com empresa ou equiparado, de 11%; para o microempreendedor individual ou o segurado facultativo sem renda própria que se dedique exclusivamente ao trabalho doméstico no âmbito de sua residência, desde que pertencente à família de baixa renda, de 5%.

Cabe mencionar, ainda, a regra, com previsão constitucional (§ 8º do art. 195), para o segurado especial, que recolhe com alíquota de 2,1% sobre a comercialização da produção, o que se baseia na já apontada sazonalidade da atividade rural. Cumpre chamar a atenção para a circunstância de que aqui não se trata da cota da empresa, como se dá lá na contribuição devida pelo empregador rural, mas sim da contribuição devida como segurado (autônomo).

Outro dado importante a ser aqui considerado é o relativo à transferência da responsabilidade tributária ao contratante pela retenção e recolhimento da contribuição devida pelo segurado a seu serviço. Isto se dá no caso de empregados, trabalhadores avulsos e contribuintes individuais[36] a serviço de pessoa jurídica e também no do empregado doméstico. Tal transferência de responsabilidade, como vimos, gera a automaticidade da filiação. A intenção do legislador, ao estabelecer tal regra, é a de retirar da esfera de disponibilidade do segurado a retenção (ou seja, se é o empregador quem desconta da remuneração do trabalhador e recolhe, terá menos interesse em sonegar, sendo que pode responder inclusive criminalmente por isso), além de facilitar a fiscalização e a cobrança compulsória. Reza o art. 33, § 5º, da Lei de Custeio (Lei n. 8.212/1991), que o desconto de contribuição e de consignação legalmente autorizadas sempre se presume feito oportuna e regularmente pela empresa a isso obrigada, não lhe sendo lícito alegar omissão para se eximir do recolhimento, ficando diretamente responsável pela importância que deixou de receber ou arrecadou em desacordo com o disposto nesta Lei. Nesse § 5º, há o acatamento do princípio doutrinário da automaticidade das prestações. Tal presunção de recolhimento das contribuições previdenciárias alcança o segurado empregado, o empregado doméstico, o trabalhador avulso e o contribuinte individual prestador de serviço, tão somente.

6.3. A relação entre custeio e carência

A relação, de natureza securitária, entre o prêmio pago pelo segurado com o risco coberto se revela

---

(36) Machado da Rocha anota que "as profundas mudanças sentidas no âmbito do mercado de trabalho obrigaram a previdência social a criar um mecanismo que (...) não apenas evitasse a grande evasão de receita na categoria dos contribuintes individuais como também permitisse a esses segurados desfrutar efetivamente da cobertura previdenciária. Assim, para as empresas, também restou estipulada uma obrigação de retenção e repasse das contribuições devidas pelos contribuintes individuais (...)" (ROCHA, Daniel Machado da. *O Direito Fundamental à Previdência Social*: na perspectiva dos princípios constitucionais diretivos do sistema previdenciário brasileiro. Porto Alegre: Livraria do Advogado, 2004. p. 153).

especialmente por meio da carência. Com efeito, a lei exige, em regra, um período mínimo de contribuição para fazer despertar a cobertura, variável conforme o evento coberto. Assinala Almansa Pastor que a exigência de período de cotização prévia objetiva defender o sistema, a fim de que os gastos gerais deste tenham mínimo de equilíbrio compensatório com os recursos previamente ingressados[37]. A OIT, recolhendo os dados da legislação comparada, considera que a carência é indispensável para que o sistema de seguro social seja dotado de lastro financeiro e para que se evitem inscrições em momentos nos quais os riscos já se avizinham. Traço marcante do antigo esquema do seguro, tal como fora engendrado pelos fenícios e aprimorado pelos romanos, a carência implica estabelecimento de lastro financeiro inicial para a sustentação do plano. O estabelecimento de certo lapso de tempo necessário à aquisição do direito e das prestações é, em si mesmo, típico ato de previdência. As verbas que integram o Fundo de Seguridade Social se transformam em propriedade comum da coletividade protegida. Parcelas desse fundo, deixando de pertencer à comunidade, integrarão o patrimônio jurídico do sujeito de direito no exato instante em que o mesmo se veja colhido pela situação de necessidade. A carência, no seguro privado, está preordenada a permitir a constituição do necessário lastro financeiro para que o direito possa ser exercido.

Para Feijó Coimbra: "mais acertado seria ver-se na exigência de período mínimo de vinculação, para a concessão de certas prestações, a natural cautela contra tentativas de fraude, pelas quais se intentasse configurar uma filiação, de fato não existente, a fim de obter uma prestação indevida. Essa cautela, contudo, será desnecessária em um regime de seguridade plena, em que a suspeita de fraude – ao menos em tal sentido – não se justificará, em caso algum, pois a vinculação se fará generalizada."[38]

Daniel Machado da Rocha anota que: "(...) muitas prestações demandam um tempo mínimo de vinculação ao regime assecuratório, requisito nominado de carência, (...) como imposição decorrente da densificação do princípio do equilíbrio financeiro e atuarial (...). Contudo, (...) determinadas situações de necessidade social, excepcionais, permitem que o requisito de contrapartida seja afastado (...)."[39]

A exigência da carência decorre da natureza contributiva do sistema previdenciário e tem como finalidade a manutenção do equilíbrio financeiro e atuarial. A exigência da carência é flexível de acordo com a análise levada a cabo pelo legislador infraconstitucional, sob o enfoque do impacto da ocorrência do sinistro junto à sociedade[40].

7. CONCLUSÕES

Convém, no último item, deixar consignadas, em breves linhas, as conclusões às quais chegamos após o raciocínio empreendido ao longo do trabalho.

A primeira delas consiste na defesa que fizemos em torno da existência de três princípios nucleares no âmbito do custeio da seguridade social. Dois estão expressos na CRFB: o da diversidade da base de financiamento e o da equidade na forma de participação no custeio. O outro, não explícito, é extraível do regime constitucional aplicável ao setor, ou seja, de outras regras e princípios constitucionais, consistindo, ademais, no elo que liga as relações de benefício e custeio, corolário do sistema positivo brasileiro.

Entendemos que o princípio da diversidade da base de financiamento dá vazão a duas ordens de valores: por um lado, há um conteúdo de solidariedade, pois busca a participação de diversos setores da sociedade; por outro, desenvolve um conceito economicista, consistente na ideia de combinar fontes diversas de investimento.

Quanto ao princípio da equidade na forma de participação no custeio, demonstramos que, embora expresse parcialmente o princípio tributário genérico da capacidade contributiva, há outros fatores típicos do setor que devem ser levados em conta ao se estabelecer a carga que deve incidir sobre cada contribuinte, como por exemplo – e, quanto às contribuições a cargo dos contratantes, especialmente – o impacto financeiro gerado pela atividade empreendida.

Em seguida, defendemos que o termo "contrapartida" para designar a regra estampada no § 5º do art. 195 da CRFB pode gerar alguma confusão no tocante aos efeitos entre a relação jurídica de custeio e benefício, a qual determina apenas a existência de prévia fonte de custeio, enquanto "contrapartida" aparenta

---

(37) PASTOR, José Manuel Almansa. *Derecho de la Seguridad Social*. 2. ed. Madrid: Tecnos, 1977. p. 483.
(38) COIBRA, Feijó. *Direito Previdenciário Brasileiro*. 7. ed. Rio de Janeiro: Edições Trabalhistas, 1997. p. 143.
(39) ROCHA, Daniel Machado da. *O Direito Fundamental à Previdência Social*: na perspectiva dos princípios constitucionais diretivos do sistema previdenciário brasileiro. Porto Alegre: Livraria do Advogado, 2004. p. 149.
(40) HORVATH JUNIOR, Miguel. *Direito Previdenciário*. 10. ed. São Paulo: Quartier Latin, 2014. p. 251-252.

determinar uma correlação entre custeio e benefício quanto ao sujeito passivo da contribuição – ou ao menos fica mais adequado assim. Destarte, usamos o termo "contrapartida", agregando-lhe o adjetivo "direta" para evitar ambiguidade, para designar justamente esse caráter contributivo do sistema em relação ao segurado: é o princípio da contrapartida direta, decorrência da teoria geral do seguro.

No passo seguinte, sustentamos que o direito positivo brasileiro acolhe a teoria unitária no que tange ao liame existente entre as relações de custeio e prestacional, ao menos como regra generalíssima, havendo exceções pontuais como o caso do segurado especial. Desenvolvemos essa ideia inclusive quanto ao cálculo do valor dos benefícios, o que fica ainda mais explícito na análise do fator previdenciário.

Traçamos o panorama basilar das contribuições devidas à seguridade social, consignando seu encaixe dentro do sistema tributário nacional, inclusive quanto à sua classificação, e delimitamos ainda a existência da subespécie "contribuições previdenciárias em sentido estrito", que são as que nos interessavam mais de perto. Assim, nas linhas posteriores, após pincelarmos o cenário do plano de custeio, trabalhamos com tais contribuições em cotejo com as ideias dantes desenvolvidas, especialmente os princípios basilares.

Por fim, tecemos breves considerações em torno da relação entre o custeio e a carência, sustentando a ideia de que, muito embora a legislação use o termo indistintamente, há carência em sentido técnico e estrito apenas quanto aos benefícios não programados, o que traz consequências para alguns debates jurisprudenciais, como, por exemplo, o recolhimento extemporâneo de contribuições por parte do contribuinte individual (debate o qual, contudo, desborda do escopo do trabalho e deverá ser feito em outra ocasião).

Acreditamos que o presente artigo possui uma funcionalidade especial como introdução ao plano de custeio da seguridade social, especialmente para o estudioso que irá começar a se debruçar sobre o tema, permitindo que adquira uma noção geral que propiciará uma melhor costura, em termos de raciocínio, nos estudos subsequentes. Com efeito, ao compreender a lógica imanente e subjacente do sistema, o caminhar posterior se torna mais simplificado e profícuo.

8. REFERÊNCIAS BIBLIOGRÁFICAS

BALERA, Wagner. *Sistema de Seguridade Social*. 7. ed. São Paulo: LTr, 2014.

_____. *Noções Preliminares de Direito Previdenciário*. 2. ed. São Paulo: Quartier Latin, 2010.

_____. A contribuição social sobre o lucro. *Revista de Direito Tributário*. São Paulo: Malheiros, 1996. v. 67.

_____; FERNANDES, Thiago D'Avila. *Fundamentos da Seguridade Social*. São Paulo: LTr, 2015.

BATISTA, Flávio Roberto. Reformas da Previdência sob o Prisma do Custeio e da Distribuição de Benefícios: um olhar de totalidade. *Revista do TRF3*, ano XXIV, n. 117, abr./jun. 2013.

BERNSTEIN, Peter L. *Desafio aos Deuses*: a fascinante história do risco. Tradução de Ivo Korylowski. 21. ed. Rio de Janeiro: Elsevier, 1997.

CASTRO, Carlos Alberto Pereira de; LAZZARI, João Batista. *Manual de Direito Previdenciário*. 15. ed. Rio de Janeiro: Forense, 2013.

ESPING-ANDERSEN, Gosta. As Três Economias Políticas do *Welfare State*. *Revista Lua Nova*, n. 24, 1991. Tradução de Dinah de Abreu Azevedo, extraído de *The three worlds of welfare state*. Princeton University Press, 1990.

HORVATH JÚNIOR, Miguel. *Direito Previdenciário*. 11. ed. São Paulo: Quartier Latin, 2018.

_____. Uma Análise do Fator Previdenciário. *Revista de Direito Social*, ano 1, n. 2, Sapucaia do Sul: Editora Notadez, 2001.

IBRAHIM, Fabio Zambitte. *Curso de Direito Previdenciário*. 20. ed. Niterói: Impetus, 2015.

PASTOR, José Manuel Almansa. *Derecho de la Seguridad Social*. 2. ed. Madrid: Tecnos, 1977.

PAULSEN, Leandro. *Direito Tributário*: Constituição e Código Tributário à luz da doutrina e da jurisprudência. 16. ed. Porto Alegre: Livraria do Advogado, 2014.

REALE, Miguel. *Lições Preliminares de Direito*. 27. ed. 9. tir. São Paulo: Saraiva, 2010.

ROCHA, Daniel Machado da. *O Direito Fundamental à Previdência Social*: na perspectiva dos princípios constitucionais diretivos do sistema previdenciário brasileiro. Porto Alegre: Livraria do Advogado, 2004.

SANTOS, Marisa Ferreira dos. *Direito Previdenciário Esquematizado*. 4. ed. São Paulo: Saraiva, 2014.

TOMÉ, Fabiana Del Padre. *Contribuições para a Seguridade Social*: à luz da Constituição Federal. 2. ed. Curitiba: Juruá, 2013.

A Possibilidade de Compensação do Crédito Tributário antes do Trânsito em Julgado

THEODORO VICENTE AGOSTINHO[1]
MARCELINO ALVES DE ALCÂNTARA[2]

1. INTRODUÇÃO

A compensação é instituto jurídico disciplinado pelo art. 368 do Código Civil, nos seguintes termos: "*se duas pessoas forem ao mesmo tempo credor e devedor uma da outra, as duas obrigações extinguem-se, até onde se compensarem.*" Não obstante a reciprocidade das obrigações, considera-se condição intrínseca à compensação, a liquidez e a exigibilidade atual das dívidas, assim como a fungibilidade dos débitos (CC/2002, arts. 369 e 370).

Nesse contexto, a compensação adquire relevância econômica e jurídica, representando importante instrumento de equilíbrio entre crédito e débito, possibilitando aos contribuintes a satisfação de seus créditos ativos perante a Fazenda Pública.

O Código Tributário Nacional consagrou-a como uma das modalidades de extinção do crédito tributário (art. 156, II)[3], mas omitiu-se no que se refere a sua regulamentação, remetendo, por seu turno, aos entes tributantes a competência para editar lei ordinária que a autorize, conforme dispõe o art. 170 do CTN, *in litteris*:

> A lei pode, nas condições e sob as garantias que estipular, ou cuja estipulação em cada caso atribuir à autoridade administrativa, autorizar a compensação de créditos tributários com créditos líquidos e certos, vencidos ou vincendos, do sujeito passivo contra a Fazenda pública.
>
> Parágrafo único. Sendo vincendo o crédito do sujeito passivo, a lei determinará, para os efeitos deste artigo, a apuração do seu montante, não podendo, porém, cominar redução maior que a correspondente ao juro de 1% (um por cento) ao mês pelo tempo a decorrer entre a data da compensação e a do vencimento.
>
> Art. 170-A. É vedada a compensação mediante o aproveitamento de tributo, objeto de contestação judicial pelo sujeito passivo, antes do trânsito em julgado da respectiva decisão judicial.

Infere-se do dispositivo supramencionado que, além da aprovação em lei específica (nestes termos, verifica-se uma vinculação inafastável ao princípio da estrita legalidade) de cada um dos entes federados, os quais deverão instituir e regular esse instituto no âmbito de sua competência fiscal[4], outro requisito legalmente previsto para a compensação é a espera do trânsito em julgado da decisão judicial.

Em outras palavras, o art. 170-A dirige à autoridade administrativa a incumbência de recusar a compensação que extinguiria o crédito tributário do contribuinte, enquanto não transitar em julgado a decisão que reconheça a existência desse crédito.

A esse respeito, tendo em vista que referido dispositivo foi incluído no Código Tributário Nacional

---

(1) Doutorando e Mestre em Direito Previdenciário pela PUC/SP.
(2) Mestre em Direito Previdenciário pela PUC/SP.
(3) Há, nesse caso, que se problematizar a expressão "crédito tributário" eleita pelo legislador, eis que esta é o objeto da obrigação tributária, tornando-se líquido e certo a partir do lançamento. Conforme extrai-se do art. 113, § 1º, do CTN, o crédito decorre da obrigação principal. Dessa forma, o que se extingue, de fato, é a obrigação tributária exigível, sendo o crédito um dos elementos dessa relação tributária. Assim, desaparecido o "crédito", desaparece, consequentemente, a "obrigação" tributária que lhe é inerente.
(4) "Art. 24, I, Constituição Federal/1988: Compete à União, aos Estados e ao Distrito Federal legislar concorrentemente sobre: I – direito tributário, financeiro, penitenciário, econômico e urbanístico;(...)"

em 2001, pela Lei Complementar n. 104/2001, surge a necessidade de debatê-lo e reinterpretá-lo à luz dos institutos processuais da Repercussão Geral, no Supremo Tribunal Federal[5] e dos Recursos Repetitivos, no Superior Tribunal de Justiça[6].

Desse modo, faz-se necessário problematizar o instituto da compensação tributária (notadamente no âmbito federal) a fim de enquadrá-lo na ordem jurídica atual, qual seja, no contexto de inovações no debate, questionando soluções mais eficazes nessa relação entre o fisco e o contribuinte.

Feitas estas breves considerações, buscaremos analisar o teor do art. 170-A do Código Tributário Nacional considerando a restrição imposta pelo legislador em relação ao trânsito em julgado.

2. O INSTITUTO DA COMPENSAÇÃO

Como visto acima, o instituto da compensação encontra-se previsto no art. 156 do Código Tributário Nacional, mais precisamente, na segunda hipótese de extinção do crédito tributário.

Esse encontro de contas entre fisco e contribuinte é acolhido pelo Código Tributário Nacional desde que ressalvada, em atendimento ao princípio da indisponibilidade dos bens públicos, a exigência de autorização legal.

Desse modo, a possibilidade de compensação está condicionada à lei ordinária a ser editada pelos respectivos entes federados. Em se tratando da União Federal, a hipótese encontra seu fundamento no art. 74 da Lei n. 9.430/1996[7].

No mais, aquilo que definimos como "obrigação tributária" está diretamente vinculado à relação instituída entre o sujeito ativo (credor) e sujeito passivo (devedor), tendo como objeto uma prestação de natureza pecuniária, nos termos do art. 3º do Código Tributário Nacional[8].

Verifica-se, nesse contexto, que o tributo será o valor, decorrente de uma obrigação, devido pelo sujeito passivo ao sujeito ativo. Tal situação, configura a regra, a qual é excepcionada pelo "crédito do sujeito passivo", situação que ocorre quando o fisco, excepcionalmente, figurará no polo passivo da relação jurídica.

E, nesse ponto, observa-se que o termo tributo não pode ser confundido com "créditos do sujeito passivo". Essa, inclusive, é a lição do Professor Paulo de Barros Carvalho:

> Eis o motivo pelo qual defino "crédito tributário" como o direito subjetivo de que é portador o sujeito ativo de uma obrigação tributária e que lhe permite exigir o objeto prestacional, representando por uma importância em dinheiro, tendo ele nascimento com a construção de um enunciado fáctico, posto pelo consequente de norma individual e concreta.
>
> Por outro lado, situações há em que o Fisco figura no pólo passivo da relação jurídica. Fala-se, nesse caso, em "débito do Fisco", consequência do pagamento indevido, e constituído, também, no consequente de outra norma individual e concreta.[9]

Temos, portanto, a formação da relação jurídico-tributária, qual seja: crédito tributário (direito subjetivo de o fisco receber determinada prestação patrimonial do sujeito passivo) e débito do Fisco (dever jurídico de o Fisco devolver determinada prestação patrimonial ao

---

(5) Regulamentado pela Lei n. 11.418, de 2006, que acrescentou os arts. 543-A e 543-B ao Código de Processo Civil, e pela Emenda 21 ao Regimento Inerno do Supremo Tribunal Federal, o instituto da Repercussão Geral vem sendo aplicado desde 3 de maio de 2007. Com o advento do novo Código de Processo Civil (Lei n. 13.105, de 2015), a Repercussão Geral passou a ser disciplinada pelos arts. 1.030 a 1.035 do novel código.

(6) A Lei n. 11.672/2008 inseriu o art. 543-C no antigo Código de Processo Civil, regulando a aplicação do instituto do Recurso Repetitivo pelo Superior Tribunal de Justiça. O novo Código de Processo Civil (Lei n. 13.105, de 2015) trouxe uma subseção específica (arts. 1.036 e 1.037) sobre o julgamento dos Recursos Especial e Extraordinário selecionados como recurso repetitivo. De acordo com o seu art. 1.036, os processos deverão ser afetados pelos Tribunais Superiores como recurso repetitivo nas hipóteses em que houver uma multiplicidade de recursos com fundamento em idêntica questão de direito. O art. 1.037 do NCPC determina que, após selecionado o(s) recurso(s) como repetitivo, o ministro relator do Superior Tribunal de Justiça (STJ) ou do Supremo Tribunal Federal (STF) proferirá decisão de afetação em que deverá (i) identificar com precisão a questão a ser submetida a julgamento; e (ii) determinar a suspensão de processamento de todos os processos pendentes, individuais ou coletivos, que versem sobre a questão e tramitem no território nacional.

(7) De qualquer forma, no âmbito administrativo da Receita Federal do Brasil, o procedimento de compensação é regulado pela Instrução Normativa RFB n. 1.300/2012.

(8) "Art. 3º Tributo é toda prestação pecuniária compulsória, em moeda ou cujo valor nela se possa exprimir, que não constitua sanção de ato ilícito, instituída em lei e cobrada mediante atividade administrativa plenamente vinculada."

(9) CARVALHO, Paulo de Barros. *Direito tributário, linguagem e método*. 2. ed. São Paulo: Noeses, 2008. p. 477.

sujeito passivo), que figuram em lados opostos e, ao se encontrarem, como forças atuantes na relação obrigacional, anulam-se. Nesse sentido, leciona J. M. Carvalho Santos:

> A compensação não é senão uma forma de pagamento, precisamente porque faz extinguir as obrigações. A diferença única está em que, na compensação, o pagamento é feito, obrigatoriamente em virtude de lei, sem necessidade de o devedor entregar ao credor a importância devida. O próprio credor se paga deixando de pagar o que deve ao seu devedor.[10]

Assim, dentre os requisitos mínimos estabelecidos para que a compensação possa ser autorizada por cada ente federativo, encontram-se as seguintes exigências: (I) reciprocidade de obrigações; (ii) liquidez das dívidas; (iii) exigibilidade das obrigações; e (iv) fungibilidade das coisas devidas.

Por fim, é importante ressaltar que, atualmente, não é mais necessária a prévia autorização do fisco para a realização da compensação. Em síntese, trata-se de um ato unilateral do contribuinte (sujeito à fiscalização da Receita Federal do Brasil)[11].

3. INTERPRETAÇÃO AO ART. 170-A DO CÓDIGO TRIBUTÁRIO NACIONAL

O art. 170-A do CTN, introduzido pela Lei Complementar n. 104/2001, manifestamente disciplinou uma vedação quanto ao momento processual em que a compensação pode ser feita: após o trânsito em julgado da ação judicial na qual esse direito está sendo pleiteado.

Extrai-se do referido dispositivo legal que a intenção do legislador foi garantir segurança às relações jurídicas, a fim de evitar a compensação naqueles casos em que o contribuinte questiona a validade do tributo. Buscou-se, portanto, evitar o risco que poderia ser causado ao erário, ante a incerteza do resultado da demanda.

Tal limitação é plenamente compreensível considerando-se que o processo judicial, nos moldes então vigentes, não permitia decisões que produzissem efeitos que ultrapassassem o interesse das partes litigantes.

Ocorre que, diante das alterações sofridas após a edição do art. 170-A do CTN, surgiu a necessidade de sua reinterpretação, adequando seus preceitos ao momento jurídico atual, a fim de possibilitar a harmonia das normas jurídicas vigentes em nosso ordenamento,

Assim, analisando o preceito normativo sob a luz das decisões prolatadas na sistemática da Repercussão Geral ou Recurso Repetitivo [12], a necessidade do trânsito em julgado não estaria mitigada?

Pois bem. Em análise mais realista da conjuntura jurídica atual, considera-se a circunstância de que não haveria mais razão para a discussão judicial, uma vez que, ao tratar-se de recursos sobre idêntica matéria, estes devem seguir os precedentes das cortes superiores e instâncias administrativas.

Em outras palavras, a norma extraída do art. 170-A do CTN poderia ser excepcionada, considerando-se a compensação tributária na pendência de decisão judicial definitiva, doravante a orientação do STF ou do STJ, vinculando as instâncias inferiores.

A fim de alçar legitimidade ao argumento, uma das inovações apresentadas foi a alteração da Lei n. 10.522/2002 pela Lei n. 12.844/2013 [13], oferecendo a prerrogativa para que a Procuradoria-Geral da Fazenda Nacional deixe de contestar, recorrer ou desistir de recursos já interpostos nos casos em que exista decisão proferida nos termos dos arts. 543-B e 533-C do CPC/1973 (correspondente ao art. 1.036 do NCPC).

A observância pela uniformização dos entendimentos e celeridade processual não foi preterida no

---

(10) CARVALHO SANTOS, J. M. *Código Civil Brasileiro Interpretado*. Rio de Janeiro: Freitas Bastos, 1964. v. XIII, p. 216.

(11) PROCESSUAL CIVIL E TRIBUTÁRIO. ART. 535 DO CPC. OFENSA. NÃO-OCORRÊNCIA. CSLL. COMPENSAÇÃO. LEI APLICÁVEL. ÉPOCA DA PROPOSITURA DA AÇÃO. (...). 6. ADEMAIS, NO QUE CONCERNE ÀS NORMAS RELATIVAS À COMPENSAÇÃO TRIBUTÁRIA SUSCITADAS PELA UNIÃO (ARTS. 73 E 74 DA LEI N. 9.430/1996), É CEDIÇO QUE, COM O ADVENTO DA LEI N. 10.637/2002, JÁ NÃO SE EXIGE A AUTORIZAÇÃO PRÉVIA DA ADMINISTRAÇÃO TRIBUTÁRIA. A CONTRIBUINTE REALIZA A COMPENSAÇÃO, SUJEITANDO-SE À POSTERIOR FISCALIZAÇÃO FAZENDÁRIA. 7. Também é pacífico que se aplica a norma vigente à época da propositura da ação (agosto de 2007), ou seja, o art. 74 da Lei n. 9.430/1996 com a redação dada pela Lei n. 10.637/2002. 8. Agravo Regimental não provido. (AgRg no REsp n. 1.249.913/RJ, Rel. Ministro Herman Benjamin, Segunda Turma, julgado em 06.09.2011, DJe 12.09.2011.)

(12) Através das Leis ns. 11.418/2006 e 11.672/2008, criou-se o sistema de julgamentos de recursos repetitivos no STF e no STJ, respectivamente. No STF (arts. 543-B e 543-C do CPC/1973) correspondente ao art. 1.036 do NCPC.

(13) Inovação de grande relevância trazida pela Lei n. 12.844/2013 foi a menção expressa aos precedentes, tanto do STF como do STJ, julgados sob o rito dos arts. 543-B e 543-C do CPC/1973.

Novo Código de Processo Civil, eis que referido diploma consagrou a valorização dos procedentes judiciais. Inclusive, no que tange à repercussão geral e julgamento de recursos repetitivos, os mecanismos estão mais efetivos com o "Incidente de Resolução de Demandas Repetitivas"[14].

Desse modo, a reinterpretação que se busca alcançar diz respeito à adequação do art. 170-A do CTN, especialmente, aos institutos da Repercussão geral, amparada por decisões proferidas pelo STF e/ou pelo STJ, em sede de Recursos Repetitivos.

Em linhas gerais, se o sistema jurídico foi alterado posteriormente à edição do dispositivo em análise, deverá ser interpretado em consonância com as normas que instrumentalizam as garantias constitucionais.

Negar tais interpretações feriria outros princípios, sob pena de inconstitucionalidade. Como exemplo, a negativa ao contribuinte da compensação do seu crédito antes do trânsito em julgado viola o art. 37 da Constituição Federal, cujo conteúdo prevê os princípios da moralidade e da eficiência administrativa[15].

Como o escopo do presente estudo não é abarcar todas as hipóteses que vão de encontro às premissas aqui apresentadas, nos deteremos em apreciar, no próximo tópico, como a jurisprudência – judicial e administrativa – tem se posicionado em relação aos comandos do art. 170-A do CTN.

4. ANÁLISE JURISPRUDENCIAL

Primeiramente, cumpre salientar que o art. 170-A do CTN não se aplica às compensações ditas legais e voluntárias, uma vez que estas não estão vinculadas ao trânsito em julgado de decisão judicial, pois o crédito pleiteado é reconhecido na esfera administrativa[16].

A despeito das reivindicações dos contribuintes, as decisões judiciais que prevaleciam eram proferidas em favor do Fisco, considerando ilegal a compensação entre débito e crédito tributário sob litígio judicial[17]. Inclusive, o STJ afirmou, em 2010, que a vedação à compensação também deveria ser aplicada às ações em que se discutem tributos considerados inconstitucionais pelo STF[18].

---

(14) Previsto no Capítulo VIII, art. 976 e seguintes, do Código de Processo Civil, trata-se de "instrumento a ser utilizado para demandas que possuem questões jurídicas comuns, de modo que essas questões sejam decididas de modo uniforme".

(15) Art. 37. A administração pública direta e indireta de qualquer dos Poderes da União, dos Estados, do Distrito Federal e dos Municípios obedecerá aos princípios de legalidade, impessoalidade, moralidade, publicidade e eficiência e, também, ao seguinte: (Redação dada pela Emenda Constitucional n. 19, de 1998)

(16) Esta hipótese de compensação encontra-se regulada no art. 41 da IN RFB n. 1.300/2012, nos seguintes termos: Art. 41. O sujeito passivo que apurar crédito, inclusive o crédito decorrente de decisão judicial transitada em julgado, relativo a tributo administrado pela RFB, passível de restituição ou de ressarcimento, poderá utilizá-lo na compensação de débitos próprios, vencidos ou vincendos, relativos a tributos administrados pela RFB, ressalvadas as contribuições previdenciárias, cujo procedimento está previsto nos arts. 56 a 60, e as contribuições recolhidas para outras entidades ou fundos.

(17) TRIBUTÁRIO E PROCESSUAL CIVIL. AGRAVO REGIMENTAL EM AGRAVO DE INSTRUMENTO. CONTROVÉRSIA LIMITADA À COMPENSAÇÃO ANTES DO TRÂNSITO EM JULGADO. ART. 170-A, DO CTN. INAPLICABILIDADE. 1. Os sucessivos regimes de legais de substituição tributária, consoante pacífico entendimento da Primeira Seção externado no julgamento do EREsp 488.992/MG, não retroagem, por isso que "a Lei Complementar n. 104/2001, que introduziu no Código Tributário o art. 170-A, segundo o qual "é vedada a compensação mediante o aproveitamento de tributo, objeto de contestação judicial pelo sujeito passivo, antes do trânsito em julgado da respectiva decisão judicial". Agregou-se, com isso, novo requisito para a realização da compensação tributária: a inexistência de discussão judicial sobre os créditos a serem utilizados pelo contribuinte na compensação. Atualmente, portanto, a compensação será viável apenas após o trânsito em julgado da decisão, (...)." 2. In casu, verifica-se que a presente demanda foi ajuizada antes da entrada em vigor do art 170-A, do CTN, introduzido pela Lei Complementar n. 104/2001, vigente em 11.01.2001, portanto, inaplicável o referido dispositivo. 3. Precedentes desta Corte: AgRg nos EREsp 611.099/SC, Rel. Ministra Denise Arruda, Primeira Seção, julgado em 27.02.2008, DJe 17.03.2008; EREsp 359.014/PR, Rel. Ministro Herman Benjamin, Primeira Seção, julgado em 13.12.2006, DJ 01.10.2007 p. 203; EREsp 628.079/SE, Rel. Ministro Luiz Fux, Primeira Seção, julgado em 13.06.2007, DJ 13.08.2007 p. 321. 5. Agravo regimental desprovido. (AgRg no Ag 940.481/RJ, Rel. Ministro Luiz Fux, Primeira Turma, julgado em 18.11.2008, DJe 15.12.2008).

(18) PROCESSUAL CIVIL E TRIBUTÁRIO. (...) COMPENSAÇÃO. REGRA DO ART. 170-A DO CTN. APLICABILIDADE. DEMANDA AJUIZADA APÓS A VIGÊNCIA DA LC N. 104/2001. (...) 3. O DISPOSTO NO ART. 170-A DO CTN, QUE EXIGE O TRÂNSITO EM JULGADO PARA FINS DE COMPENSAÇÃO DE CRÉDITO TRIBUTÁRIO, SOMENTE SE APLICA ÀS DEMANDAS AJUIZADAS APÓS A VIGÊNCIA DA LEI COMPLEMENTAR N. 104/2001, OU SEJA, A PARTIR DE 11.01.2001, o que se verifica na espécie. Ademais, o referido dispositivo legal também se aplica às hipóteses de reconhecida inconstitucionalidade do tributo indevidamente recolhido, SEGUNDO ENTENDIMENTO FIRMADO EM SEDE DE RECURSO REPRESENTATIVO DA CONTROVÉRSIA (REsp n. 1.167.039/DF). (...) (REsp 1.266.798/CE, Rel. Ministro Mauro Campbell Marques, Segunda Turma, julgado em 17.04.2012, DJe 25.04.2012.)

O art. 170-A foi criado para evitar a situação de ser preciso reverter uma compensação que foi autorizada em primeira instância e, depois, negada no julgamento dos tribunais superiores. O motivo da norma tinha razão de ser, pois o processo cujo objeto apontava a existência de créditos a serem repetidos ou compensados, nos moldes então vigentes, não permitia decisões em que os efeitos ultrapassassem as partes ali estabelecidas.

Acontece que hoje em dia não faz mais sentido exigir que o contribuinte tenha de esperar o trânsito em julgado de seu processo para conseguir a compensação. E isso decorre do fato de que, se não se pode mais mudar o entendimento dos Tribunais Superiores (em face do posicionamento produzido nas decisões sob a sistemática da Repercussão Geral ou Recurso Repetitivo – não há mais espaço para a discussão judicial, pois os recursos sobre idêntica matéria devem seguir os termos do precedente das cortes superiores), por que exigir a continuidade da discussão?

O debate gerou questionamentos que foram incorporados, ocasionando novo posicionamento em julgamento de recurso representativo de controvérsia, quando o STJ manifestou o entendimento de que o art. 170-A do CTN não se aplica às ações judiciais propostas em data anterior à vigência da LC n. 104/2001, entendimento este que já vem sendo observado pelos tribunais inferiores[19]. Nesse sentido, o julgado abaixo colacionado:

TRIBUTÁRIO E PROCESSUAL CIVIL. EMBARGOS DE DECLARAÇÃO. ERRO MATERIAL. OCORRÊNCIA. REFORMA DO JULGADO COM EFEITO INFRINGENTE. COMPENSAÇÃO ANTES DO TRÂNSITO EM JULGADO. POSSIBILIDADE. ART. 170-A DO CTN. INAPLICABILIDADE. RECURSO REPETITIVO. 1. Constatada a existência de erro material no acórdão embargado, impõe-se a correção do julgado. 2. A Primeira Seção do STJ, no julgamento do REsp 1.164.452/MG, submetido ao regime do art. 543-C do Código de Processo Civil (recursos repetitivos), reafirmou o entendimento de que, em se tratando de compensação de crédito objeto de controvérsia judicial, não se aplica às demandas ajuizadas anteriormente à vigência da LC n. 104/2001, de 10.01.2001, o disposto no art. 170-A do CTN, que veda a compensação antes do trânsito em julgado da respectiva decisão judicial. 3. A ação foi ajuizada em 10 de fevereiro de 2000, antes, portanto, da publicação da Lei Complementar n. 104/2001 (em 10.01.2001), motivo pelo qual não se adotam, no caso, os ditames do art. 170-A do Código de Tributário Nacional, introduzido pela referida lei complementar. Inexiste, assim, vedação legal à compensação antes do trânsito em julgado da decisão que a concedeu. 4. Embargos de Declaração da empresa acolhidos com efeito modificativo. (STJ – EDcl nos EDcl no AgRg no REsp 1.130.446 DF 2009/0056418-9, Relator: Ministro Herman Benjamin, Data de Julgamento: 23.11.2010, T2 – Segunda Turma, Data de Publicação: DJe 04.02.2011.)

Desse modo, o atual cenário jurisprudencial, embora ainda necessite de evoluções quanto a uma interpretação mais sistemática da norma, evoluiu nos últimos anos em alguns aspectos, na medida em que a restrição

---

(19) *Vide* recente decisão exarada pelo Tribunal Regional Federal da Terceira Região (TRF3): PROCESSUAL CIVIL. REMESSA OFICIAL E APELAÇÃO. TRIBUTÁRIO. RECOLHIMENTO INDEVIDO À UNIÃO. DEVOLUÇÃO. COMPENSAÇÃO. POSSIBILIDADE. LEI 10.637/2002. ART. 170-A DO CTN. INCIDÊNCIA. CORREÇÃO MONETÁRIA E JUROS DE MORA. DEVIDOS. HONORÁRIOS ADVOCATÍCIOS MANTIDOS. A ausência de postulação do crédito na órbita administrativa não afasta o interesse de recorrer ao Judiciário. Verificada a resistência do fisco, manifestada na contestação e no recurso, em admitir a compensação nos moldes pleiteados e autorizados nas IN n. 403/2004 e n. 460/2004, há que se reconhecer o interesse processual como condição necessária ao prosseguimento da ação, a qual configura meio adequado para obtenção do resultado pretendido. Ademais, não há que se falar em impossibilidade jurídica do pedido, dado que a pretensão da contribuinte está prevista no art. 165 do CTN, o que afasta a vedação do art. 74, *caput* e § 12, inciso II, *e*, da Lei n. 9.430/1996, de modo que não se identifica motivo para a extinção do processo nos termos do art. 267, inciso VI, do Código de Processo Civil/1973. É legítima a pretensão inicial da empresa, porquanto comprovado o pagamento indevido do imposto (ICMS) à União quando o sujeito ativo é o ente da Federação. A compensação dos valores indevidamente pagos deve ser efetuada de acordo com o disposto na Lei n. 10.637/2002, vigente à época da propositura da demanda, conforme entendimento do Superior Tribunal de Justiça exarado no Recurso Especial n. 1.137.738/SP, representativo da controvérsia, a qual estabelece que a compensação se dará com débitos relativos a quaisquer tributos e contribuições administrados pela Secretaria da Receita Federal quando autorizado pelo fisco. A matéria referente ao art. 170-A do Código Tributário Nacional foi decidida pelo Superior Tribunal de Justiça no julgamento dos Recursos Especiais ns. 1.164.452/MG e 1.167.039/DF, representativos da controvérsia, que também foram submetidos ao regime de julgamento previsto pelo art. 543-C do Código de Processo Civil/1973, nos quais fixou a orientação no sentido de que essa norma deve ser aplicada tão somente às demandas propostas após sua entrada em vigor, que se deu com Lei Complementar n. 104/2001, mesmo na hipótese de o tributo apresentar vício de constitucionalidade reconhecido pelo Supremo Tribunal Federal. (...) (TRF 3ª Região, Quarta Turma, APELREEX – APELAÇÃO/REMESSA NECESSÁRIA – 1209405 – 0007844-31.2004.4.03.6114, Rel. DESEMBARGADOR FEDERAL André Nabarrete, julgado em 27.10.2016, e-DJF3 Judicial 1 Data: 20.12.2016.)

à compensação passou a ser aplicada com ponderação pelo Poder Judiciário, trazendo alguma vantagem aos contribuintes que ajuizaram suas ações antes da entrada em vigor da Lei Complementar n. 104/2001.

Quando o tributo é declarado inconstitucional em ação direta de inconstitucionalidade ou ação de constitucionalidade (controle concentrado), a decisão do STF tem efeito para todos (*erga omnes*). O efeito previsto na lei, entretanto, não é o mesmo para as decisões em Recurso Repetitivo e Repercussão Geral.

A grande celeuma é que não se encontra previsto no rol do art. 74 da Lei n. 9.430/1996[20] o indébito decorrente de ilegalidade ou inconstitucionalidade reconhecido em sede de Repercussão Geral ou Recurso Repetitivo. E é aí que aparecem diversos desentendimentos com a Receita Federal do Brasil.

Nestes termos, o efeito previsto na lei para os institutos da Repercussão Geral e Recurso Repetitivo, por ora, é preponderantemente processual e tem efeitos no âmbito do Poder Judiciário — que fica sujeito à aplicação do entendimento que prevaleceu no *leading case*.

No mais, a Receita Federal do Brasil ficaria impedida de constituir créditos tributários, condicionada, por sua vez, à manifestação de parecer emitido pela Procuradoria-Geral da Fazenda Nacional[21], que deveria reproduzir, junto a seus órgãos decisórios, o entendimento adotado tanto pelo STJ como pelo STF nas suas decisões.

Assim, a partir do momento em que a Procuradoria emite o Parecer que reconhece o precedente da Repercussão Geral e Recurso Repetitivo e a ilegalidade ou inconstitucionalidade de um tributo, ela deixa de recorrer aos processos ainda em curso e a Receita Federal não pode mais (a partir deste momento) autuar o contribuinte (e deve aceitar as compensações).

Verifica-se, portanto, vedação de atuação da PGFN contrária aos entendimentos fixados nos julgados no regime de repercussão geral ou de recursos repetitivos, ou seja, estando sedimentado o entendimento nos referidos tribunais superiores, presume-se o óbice a entendimento divergente.

No âmbito administrativo, o **Conselho Administrativo de Recursos Fiscais – Carf** tem se sensibilizado às nuances contidas nos aspectos práticos da questão[22], respeitando as orientações proferidas no contexto de Recursos Repetitivos e/ou em Repercussão Geral. Vejamos:

---

(20) Art. 74. O sujeito passivo que apurar crédito, inclusive os judiciais com trânsito em julgado, relativo a tributo ou contribuição administrado pela Secretaria da Receita Federal, passível de restituição ou de ressarcimento, poderá utilizá-lo na compensação de débitos próprios relativos a quaisquer tributos e contribuições administrados por aquele Órgão. (Redação dada pela Lei n. 10.637, de 2002)

§ 1º A compensação de que trata o *caput* será efetuada mediante a entrega, pelo sujeito passivo, de declaração na qual constarão informações relativas aos créditos utilizados e aos respectivos débitos compensados. (Redação dada pela Lei n. 10.637, de 2002)

§ 2º A compensação declarada à Secretaria da Receita Federal extingue o crédito tributário, sob condição resolutória de sua ulterior homologação. (Incluído pela Lei n. 10.637, de 2002)

§ 3º Além das hipóteses previstas nas leis específicas de cada tributo ou contribuição, não poderão ser objeto de compensação mediante entrega, pelo sujeito passivo, da declaração referida no § 1º: (Redação dada pela Lei n. 10.833, de 2003)

I – o saldo a restituir apurado na Declaração de Ajuste Anual do Imposto de Renda da Pessoa Física; (Incluído pela Lei n. 10.637, de 2002)

II – os débitos relativos a tributos e contribuições devidos no registro da Declaração de Importação; (Incluído pela Lei n. 10.637, de 2002)

III – os débitos relativos a tributos e contribuições administrados pela Secretaria da Receita Federal que já tenham sido encaminhados à Procuradoria-Geral da Fazenda Nacional para inscrição em Dívida Ativa da União; (Redação dada pela Lei n. 10.833, de 2003)

IV – o débito consolidado em qualquer modalidade de parcelamento concedido pela Secretaria da Receita Federal – SRF; (Redação dada pela Lei n. 11.051, de 2004)

V – o débito que já tenha sido objeto de compensação não homologada, ainda que a compensação se encontre pendente de decisão definitiva na esfera administrativa; e (Redação dada pela Lei n. 11.051, de 2004)

VI – o valor objeto de pedido de restituição ou de ressarcimento já indeferido pela autoridade competente da Secretaria da Receita Federal – SRF, ainda que o pedido se encontre pendente de decisão definitiva na esfera administrativa.

(21) A Lei n. 12.844/2013 exige da PGFN a emissão de um parecer reconhecendo a ausência de interesse público em continuar a discussão quando exista decisão do STF, com base no art. 543-B do CPC/1973, ou decisão do STJ com base no art. 543-C do CPC/1973 (contanto que, nesse caso, não caiba mais recurso ao STF) O objetivo do parecer a ser editado pela Procuradoria é a orientação dos seus subordinados para que cumpram a decisão do STF e/ou STJ.

(22) Neste sentido, aliás, o próprio Regimento Interno do CARF (PORTARIA MF N. 343, DE 09 DE JUNHO DE 2015.), tem várias previsões que disciplinam como proceder no julgamento de temas que envolvem decisões exaradas em sede Repercussão Geral e/ou Recurso Repetitivo. *Vide*:

Art. 62. Fica vedado aos membros das turmas de julgamento do CARF afastar a aplicação ou deixar de observar tratado, acordo internacional, lei ou decreto, sob fundamento de inconstitucionalidade.

Assunto: Contribuição para o PIS/Pasep

Período de apuração: 01.03.2003 a 30.04.2003

PEDIDO DE COMPENSAÇÃO. CRÉDITO DECORRENTE DE AÇÃO JUDICIAL. ART. 170-A. AÇÃO AJUIZADA ANTES DA LEI COMPLEMENTAR N. 104. APLICAÇÃO DO ART. 62-A DO RICARF. MATÉRIA JULGADA NA SISTEMÁTICA DE RECURSO REPETITIVO PELO STJ.

Nos termos do art. 62-A do Regimento Interno do CARF, as decisões definitivas de mérito, proferidas pelo Supremo Tribunal Federal e pelo Superior Tribunal de Justiça em matéria infraconstitucional, na sistemática prevista pelos arts. 543-B e 543-C da Lei n. 5.869, de 11 de janeiro de 1973, Código de Processo Civil, deverão ser reproduzidas pelos conselheiros no julgamento dos recursos no âmbito do CARF.

No presente caso, o Superior Tribunal de Justiça, em julgamento realizado na sistemática do art. 543-C do Código de Processo Civil, entendeu que em se tratando de compensação de crédito objeto de controvérsia judicial, é vedada a sua realização "antes do trânsito em julgado da respectiva decisão judicial", conforme prevê o art. 170-A do CTN, vedação que, todavia, não se aplica a ações judiciais propostas em data anterior à vigência desse dispositivo, introduzido pela LC 104/2001. Precedentes do STJ. Recurso Especial do Contribuinte Provido. (Acórdão n. 9303-002.911. Recurso Especial do Contribuinte. Data da Sessão 10.04.2014.)

Desta feita, embora o debate esteja calcado na importância de se respeitar as orientações adotadas no contexto de Recursos Repetitivos ou em Repercussão Geral, essa situação não está, de fato, completamente implementada, não oferecendo ao contribuinte segurança suficiente para saber qual procedimento adotar.

5. CONSIDERAÇÕES FINAIS

Conforme problematizado nas linhas acima, o dispositivo previsto no art. 170-A do CTN veementemente negou o instituto da compensação tributária antes do trânsito em julgado.

Na esteira das inovações apresentadas, questionou-se a permissão para compensação de tributos federais, ainda que pendente discussão judicial sobre os respectivos créditos. Nesse cenário, surge a situação na qual, havendo entendimento em sentido favorável ao

---

§ 1º O disposto no *caput* não se aplica aos casos de tratado, acordo internacional, lei ou ato normativo:

I – que já tenha sido declarado inconstitucional por decisão definitiva plenária do Supremo Tribunal Federal; (Redação dada pela Portaria MF n. 39, de 2016)

II – que fundamente crédito tributário objeto de:

a) Súmula Vinculante do Supremo Tribunal Federal, nos termos do art. 103-A da Constituição Federal;

b) Decisão definitiva do Supremo Tribunal Federal ou do Superior Tribunal de Justiça, em sede de julgamento realizado nos termos dos arts. 543-B e 543-C da Lei n. 5.869, de 1973, ou dos arts. 1.036 a 1.041 da Lei n. 13.105, de 2015 – Código de Processo Civil, na forma disciplinada pela Administração Tributária; (Redação dada pela Portaria MF n. 152, de 2016)

c) Dispensa legal de constituição ou Ato Declaratório da Procuradoria-Geral da Fazenda Nacional (PGFN) aprovado pelo Ministro de Estado da Fazenda, nos termos dos arts. 18 e 19 da Lei n. 10.522, de 19 de julho de 2002;

d) Parecer do Advogado-Geral da União aprovado pelo Presidente da República, nos termos dos arts. 40 e 41 da Lei Complementar n. 73, de 10 de fevereiro de 1993; e

e) Súmula da Advocacia-Geral da União, nos termos do art. 43 da Lei Complementar n. 73, de 1993. (Redação dada pela Portaria MF n. 39, de 2016)

§ 2º As decisões definitivas de mérito, proferidas pelo Supremo Tribunal Federal e pelo Superior Tribunal de Justiça em matéria infraconstitucional, na sistemática dos arts. 543-B e 543-C da Lei n. 5.869, de 1973, ou dos arts. 1.036 a 1.041 da Lei n. 13.105, de 2015 – Código de Processo Civil, deverão ser reproduzidas pelos conselheiros no julgamento dos recursos no âmbito do CARF. (Redação dada pela Portaria MF n. 152, de 2016)

Art. 72. As decisões reiteradas e uniformes do CARF serão consubstanciadas em súmula de observância obrigatória pelos membros do CARF.

Art. 74. O enunciado de súmula poderá ser revisto ou cancelado por proposta do Presidente do CARF, do Procurador-Geral da Fazenda Nacional, do Secretário da Receita Federal do Brasil ou de Presidente de Confederação representativa de categoria econômica habilitada à indicação de conselheiros.

§ 1º A proposta de que trata o *caput* será encaminhada por meio do Presidente do CARF.

§ 2º A revisão ou o cancelamento do enunciado observará, no que couber, o procedimento adotado para sua edição.

§ 3º A revogação de enunciado de súmula entrará em vigor na data de sua publicação no Diário Oficial da União.

§ 4º Se houver superveniência de decisão definitiva do Supremo Tribunal Federal ou do Superior Tribunal de Justiça, em sede de julgamento realizado nos termos dos arts. 543-B e 543-C da Lei n. 5.869, de 1973, ou dos arts. 1.036 a 1.041 da Lei n. 13.105, de 2015 – Código de Processo Civil, que contrarie súmula do CARF, esta súmula será revogada por ato do presidente do CARF, sem a necessidade de observância do rito de que tratam os §§ 1º a 3º. (Redação dada pela Portaria MF n. 152, de 2016)

contribuinte, obtido por meio de Recursos Repetitivos e de Repercussão Geral, deverá a Fazenda Pública sujeitar-se a ele.

Tal interpretação é condizente com as alterações que marcaram nosso sistema jurídico deste a edição do art. 170-A do CTN. À época da LC n. 104/2001, que o introduziu no ordenamento, justificava-se a tentativa de evitar transtornos para o erário, decorrentes das compensações de tributos baseados em provimentos jurisdicionais provisórios, que poderiam ser reformados em momento posterior.

Portanto, resta clara a necessidade de adequar a vedação contida na norma, para que passe a ser interpretada conforme os precedentes representativos de controvérsia julgados sob o sistema de recursos repetitivos no STF e no STJ.

Assim, propõe-se a adoção de alguns critérios para a implementação da compensação:

a) o "trânsito em julgado" no art. 170-A deve ser interpretado como o trânsito em julgado da decisão que encerrou a discussão do Recurso Repetitivo ou daquele julgado com Repercussão Geral — e não aquele do processo proposto pelo contribuinte (*inter parts*). Com isso, o contribuinte poderia ir direto à via administrativa para conseguir a compensação, sem precisar de aguardar o trânsito em julgado em decisão judicial de seu caso específico;

b) não se deveria submeter as decisões das cortes superiores ao aval da Procuradoria da Fazenda Nacional ou qualquer outra instituição: simplesmente, deve-se cumpri-las, de imediato. No máximo, o contribuinte poderia (logo na primeira instância) provocar a Procuradoria para que se pronuncie no prazo de 30 dias e se concorda com a compensação que foi feita, independente do trânsito em julgado.

Em síntese, a partir dos fundamentos supraexpostos, pode-se inferir a necessidade de uma releitura do art. 170-A do CTN. Muito longe de esgotar o tema, eis que questões como a diferenciação entre as várias modalidades de compensação, por exemplo, não foram abordadas, procurou-se no presente debate, em linhas gerais, enquadrar o instituto no ordenamento jurídico atual, questionando seus alcances e limitações.